中国政法大学案例研习系列教材

国际私法案例研习

GUOJISIFA ANLIYANXI

朱子勤◎编著

中国政法大学出版社

2014·北京

图书在版编目（ＣＩＰ）数据

国际私法案例研习 / 朱子勤编著.—北京：中国政法大学出版社，2014.1
ISBN 978-7-5620-5193-0

Ⅰ.①国…　Ⅱ.①朱…　Ⅲ.①国际私法－案例　Ⅳ.①D997

中国版本图书馆CIP数据核字(2013)第316835号

出 版 者	中国政法大学出版社
地　　址	北京市海淀区西土城路 25 号
邮寄地址	北京 100088 信箱 8034 分箱　邮编 100088
网　　址	http://www.cuplpress.com（网络实名：中国政法大学出版社）
电　　话	010-58908435(第一编辑部)　58908334(邮购部)
承　　印	北京华正印刷有限公司
开　　本	720mm×960mm　1/16
印　　张	27.75
字　　数	513 千字
版　　次	2014 年 1 月第 1 版
印　　次	2014 年 1 月第 1 次印刷
印　　数	1～5000 册
定　　价	45.00 元

❖ 作者简介

朱子勤 国际法学院副教授，中国政法大学航空与空间法中心研究员。从教二十余年，主要从事国际私法和国际航空法的研究，讲授《国际私法》、《国际航空法》和《国际民事诉讼与商事仲裁》等课程。合著有《世界贸易组织 WTO 法律规则》、《网络侵权中的国际私法问题研究》等十余部著作，发表论文十余篇。

···◆ 编写说明

中国政法大学是一所以法学为特色和优势的大学，培养应用型、复合型、创新型和国际化的法律职业人才是我校长期以来的人才培养目标。高度重视学生法律实务技能培养，提高学生运用法学与其他学科知识方法解决实际法律问题的能力，是我校长期以来人才培养的优良传统。

开展案例教学是实现应用型法律职业人才培养目标的重要措施之一。中国政法大学具有案例教学的优良传统，建校之初就非常重视案例教学，开设了一系列的案例课程，多次组织编写案例教材。2005 年，法学专业本科培养方案开始设置系统、独立的案例课组，明确要求学生必须选修一定数量的案例课程。2008 年，法学人才培养模式改革实验班开始招生，在必修课程中开设了 15 门案例课程。2012 年，实验班案例课程设置进一步优化，在必修课程中设置 11 门案例课程的同时，还开设了一定数量的案例课程供学生选修。经过长期的教学实践，案例课程已经成为我校课程体系的重要组成部分，成为推动教学方法改革的重要抓手，深受学生欢迎。

2012 年，国家实施"卓越法律人才教育培养计划"，我校同时获批应用型复合型、涉外型和西部基层型全部三个卓越法律人才教育培养基地。为了做好卓越法律人才教育培养基地建设工作，全面深化法学专业综合改革，培养卓越法律人才，学校决定启动"中国政法大学案例研习系列教材"的编写工作。本套案例研习教材的建设理念是：在宏观思路上，强调理论性与实践性相结合，在重视基础理论的同时，根据法律职业人才培养需要，突出实践性的要求，一方面案例内容来自于实践，另一方面理论与实践相结合，培养学生解决实际问题的能力。在架构设计上，强调体系性与专题性相结合，既要基本涵盖对应课程的全部教学内容，符合体系要求，又要突出个别重点专题。在教材体例上，强调规范性与灵活性相结合，在符合基本体例规范要求的同时，可以根据不同课程实际情况有所变通。

　　本套案例研习教材的作者们长期在教学一线工作，法学知识渊博，教学经验丰富，因此，本套教材格外强调教学适用性，能够充分满足课程教学需要，能够充分发挥教师和学生两个主体的积极性，满足应用型法律职业人才培养的需要。

中国政法大学

2013 年 8 月

❖ 前 言

我校目前的国际私法课有《国际私法》、《国际民事诉讼与仲裁程序》、《国际私法研讨课》、《国际私法判例研习》、《国际私法案例研习（英汉双语）》、《当代冲突法判例研习（英汉双语）》等课程，其中案例课所占比例较大，但为配合本科生教学所出版的配套案例教材只有一本，即由中国政法大学出版社出版的《国际私法教学案例》，该案例教材出版于 1999 年，至今已十余年，已不能适应我校案例教学的需要。特别是 2010 年《中华人民共和国涉外民事关系法律适用法》颁布以来，迫切需要一本反映近年来国际私法最新实践的案例教材，《国际私法案例研习》的出版满足了这一需求。

《国际私法案例研习》设总论、法律适用和程序三编，分为十四章，共收集了 202 个案例，包括 123 个经典案例和 79 个拓展案例。案例选择面向三个方面：①国际私法传统经典案例。这些案例促成了国际私法相关学说和制度的创立，这部分国外案例较多，大部分引自外国法院的判决，少部分来源于外国国际私法教材。②外国法院涉及中国的案件，均引自外国法院的判决。③中国法院的判例，包括适用《中华人民共和国民法通则》的判例和适用《中华人民共和国涉外民事关系法律适用法》的判例，其中重点搜集了新法适用后的判例，目的是探讨新法在适用中存在的问题。需要说明的一点是，有很少的一部分案例是在其他案例书中出现的，但没有找到原判决，而这些案例涉及的国际私法问题又没有案例来阐明，故直接注明引自其他案例教材。

本案例教材不仅适合在校的本科生与研究生使用，也可为实务界研究国际私法理论与实践作为参考，但由于编著者能力有限，书中存在的不足之处，望各位读者批评指正。

借本书出版之际，感谢我校国际法学院国际法专业研究生王小倩、阳露、冯舸、李海军为本书的完成所做的大量工作；感谢中国政法大学出版社编辑为本书的出版所付出的辛勤劳动；感谢中国政法大学对本教材编写的支持与资助。

编者

2013 年 12 月

❖目 录

第二编　法律适用

第三编　程　序

第一编　总　论

第一章

国际私法发展史

知识概要

　　国际私法是一门特殊的法学学科，这种特殊不仅仅体现在它不同于一般的实体法和程序法，其特殊性更体现在其历史发展过程，没有哪一门学科像国际私法一般，受到了众多学者的理论影响，这种理论影响是深远且全面的。国际私法发展史本身就可以说是一部冲突法学说发展史，这些丰富多彩又各执一端的学说不仅影响了国际私法的立法，也为涉外案件的解决提供了理论支持。

　　国际私法的萌芽可以追溯到古罗马和古希腊时代，但那时仅仅是在商事领域的小小萌芽。在封建主义的桎梏下，国际私法必然无法发展，国际私法只有在商业交往和文化交往频繁的地区才能获得发展[1]。巴托鲁斯的法则区别说被广泛地认为是国际私法诞生的标志。巴托鲁斯将法则分为人法和物法，这种划分被许多学者视为"法则区别说"的基础。之后法则区别说在法国和德国又有了长足的发展，代表人物有杜摩兰、达让特莱、赫尔特等。

　　欧洲大陆实为国际私法诞生和发展的温床，17～19世纪的欧洲大陆学者的一系列学说不仅构成了国际私法的基石，更是将影响范围辐射至英国、美国乃至世界各国。彼时，荷兰学者亦对国际私法提出自己的一套学说，其中以胡伯的"国际礼让说"最为著名。胡伯认为，一国之所以适用另一国的法律审理某一涉外民商事案件，是出于对另一国法律的礼让，这种做法是为了保护当事人的权益，也是为了本国的法律能够在另一国得到承认并被适用。虽然胡伯的理论在后世遭到了激烈的批判，但是其正面影响亦是不可忽视的。英国学者戴西就是在受到了胡伯国际礼让说的影响之后，构建了自己的既得权理论。国际礼

---

　　[1]　杜涛：《德国国际私法：理论、方法和立法的变迁》，法律出版社2006年版，第23页。

让说远渡重洋来到了美洲大陆，被美国学者比尔吸收，比尔在此基础上形成了自己的既得权学说。另一位美国学者兼法官斯托雷，将国际礼让说吸收得更为彻底。斯托雷的学说实为国际礼让说和属地主义的混合产物，而该理论的核心观点认为，一个国家在其自己的领域内享有绝对的主权和管辖权，所以一国的法律只有在该国的领域和管辖范围以内，才具有固有效力。一国法律只有得到他国的同意，才能在后者境内发生效力。真正开美国国际私法先河的当首推斯托雷，其学说在当时具有很大的影响，其主要观点不仅为美国法学界所接受，而且还统治了美国司法实践约一百年之久[1]。

彼时德国学派中最为著名的学者当举两人，即魏希特和萨维尼。魏希特对传统法则区别说进行了严厉的批判，并提出了自己的三原则：①优先适用成文冲突法规范；②依据国内法弥补法律漏洞；③在有疑问的情况下适用法院地法。萨维尼则提出了著名的法律关系本座说，他认为每一种法律关系在逻辑上和性质上必然与某一特定的法律制度相联系，每一法律关系都有一个确定的"本座"，即一个它在性质上必须归属的法域。法院进行法律选择时，应根据法律关系的性质确定法律关系的本座所在地，而该本座所在地的法律就是该法律关系所应适用的法律。

20世纪50年代以前，美国的国际私法理论并未引起人们的很大关注，其中最主要的原因之一乃是它始终没有能够脱离大陆法系国际私法理论发展的轨迹，就是被誉为"美国国际私法之父"的斯托雷也只不过是步荷兰学者胡伯之后尘，发扬了国际礼让说。随着库克本地说对美国传统国际私法学说的批判，美国传统国际私法流派开始衰退。20世纪50年代以后，美国国际私法各家学说就力图从社会本来的面貌，而不是通过法律传统的有色眼镜去考察社会。他经常使用经济学的、社会学的以及其他社会科学的方法去考虑问题，美国的法学家一直都是那些力求社会变革和法律变革的先驱者中的成员。此时期，涌现了一大批优秀的国际私法学者及形形色色的法律选择方法，例如凯弗斯的结果选择说、柯里的政府利益分析说、艾伦茨威格的法院地法说、利弗拉尔的法律选择五点考虑以及里斯与美国《第二次冲突法重述》所确立的最密切联系说。所谓的《冲突法重述》不是一部法典，当然也不具备法律效力，其作用是通过对大量案例的整理和研究、对各种理论的分析和综合，归纳出一些一般性的原则或规则来指导法院审理涉外民事案件。美国《第一次冲突法重述》的理论基础是比尔教授提出的既得权学说，而美国《第二次冲突法重述》的理论基础则是里斯教

---

[1]　邓正来：《美国现代国际私法流派》，中国政法大学出版社2006年版，第14页。

授所倡导的"最密切联系说"。这一学说至今仍深深地影响美国司法界乃至全世界的国际私法立法与学术发展。

明史观今,在历史浩如烟海的学说与案例中翻寻,有些观点已经消失不见,有些观点却依然闪闪发光。分析前人的理论与实践,能够更好地理解国际私法这一学科,也才能更好地发展国际私法这一学科。

经典案例

案例一: **卡罗诉阿拉巴马大南方铁路公司案**
(Carroll v. Alabama Great Southern R. R. Co.)[1]

[基本案情]

原告,卡罗先生,是阿拉巴马州的居民,且是阿拉巴马大南方铁路公司的一名雇员。被告阿拉巴马大南方铁路公司是阿拉巴马州的一家公司,运营一条从田纳西州横穿阿拉巴马州至密西西比州的铁路。原告与被告于阿拉巴马州签订了劳动合同。事发时,原告作为刹车工于阿拉巴马州至密西西比州的一列火车上工作。火车行至密西西比州时,由于两节车厢之间的连接索突然裂开,导致了原告受伤。事后查明,裂开的连接索本是一条有故障的连接索,在火车出发时,连接索即处于故障状态。被告的相关雇员有查明火车是否存在故障的责任,但是由于疏忽未能履行认真检查义务,导致了本次事故。

原告于阿拉巴马州法院提起诉讼,要求被告对其人身伤害进行赔偿。彼时,根据阿拉巴马州的雇主责任法,原告能够获得赔偿。而如果根据密西西比州的法律,原告则无法从其雇主处得到赔偿。因为密西西比州法律规定了"其他雇员原则"(fellow servant rule),即由于其他雇员的疏忽造成某一雇员的人身伤害,则其他雇员承担责任,雇主不负责任。最后阿拉巴马州法院适用了密西西比州的法律审理了本案。

[法律问题]

1. 为什么法院要适用外国法或外州法?阿拉巴马州法院的法官更熟悉阿拉巴马州法律,那么为什么阿拉巴马州法院不适用阿拉巴马州法律审理一些案件?

2. 如果本案不适用阿拉巴马州法律,那么阿拉巴马州法院为什么一开始要受理本案?

---

〔1〕 97 Ala. 126, 11 So. 803 (1892).

[参考结论与法理分析]

（一）法院意见

法院认为，在火车驶离阿拉巴马州前，事故没有发生，伤害未能造成。所有发生在阿拉巴马州的行为不能产生本案的诉因。产生诉权的事实，即伤害事实发生在密西西比州的，诉讼行为基于此事实才能产生。只有在密西西比州，诉因才能产生，即发生事故的时间和地点都在密西西比州的，该州法律才能适用于本案。

根据阿拉巴马州法律第 2590 条的规定，本州法律不能管辖发生在另一州的事实或行为，也不能排除或剥夺不在本法下产生的权利或责任。在制定法情形下，在某地施加的过失伤害行为即在某地形成诉讼权利，但这种诉讼权利可能是瞬息性的，另一国或另一州出于礼让（comity）可能会承认这种诉讼权利并保护之。但是，在阿拉巴马州之外施加的侵害行为，我州法律不能授予受害人求偿损害的权利，受害人必须根据本地法（the local law）获取其权利。根据密西西比州的法律，本案的原告并无向雇主求偿损害的权利，故本州法院无法保障其权利。

（二）法理分析

本案发生在 1892 年，反映了美国传统国际私法理论中的属地主义和既得权说，且受到了胡伯国际礼让说的极大影响。此阶段美国国际私法的推动者首推两人，即斯托雷和比尔。

1. 斯托雷的学说。斯托雷在其学说中引进了荷兰学者胡伯的"国际礼让说"，并且在吸收胡伯的学说的同时，结合美国本身的判例实践，形成了以"国际礼让说"为特点的一套理论体系，为美国国际私法的发展开辟了新的道路。因此，斯托雷被誉为"英美冲突法之父"。到 19 世纪后半叶，"国际礼让说"进一步发展成为指导美国法院选择法律的主要理论。

斯托雷在其《法律冲突论》一书中提出了三条基本的国际私法原则：

（1）国家在其领域之内有绝对的主权和管辖权，因此该国法律直接规范其领域内所有动产和不动产，所有居住于其领域内的本国人和外国人，以及所有域内的契约及行为等。

（2）国家的任何法律都不能直接地影响和约束该国领土范围之外的财产和人，不论这些人是出生于该国还是外国。

（3）一国的法律要在他国取得效力，就必须要取得他国法律和制度明示或暗示的同意。

斯托雷提出的这三条原则与胡伯的原则非常相似，但这三条原则更加完美和确切。前两条原则明确表现了属地主义法律思想，在这种属地主义的基础上，他提出了外国法的适用必须取得国家的同意。至于国家要同意外国法适用的理由，斯托雷认为这是国家间在贸易交往中一种相互利益的要求，是基于一种礼貌，而不是基于义务或责任。一国适用了他国的法律，公平地对待他国公民，为的是获得互惠，使自己的法律和公民也能够在外国得到适用和公平对待，他认为这就是"国际礼让"，是适用外国法律的唯一根据。

斯托雷的观点不像欧洲大陆的学者那样强调法律的属人性，而是强调法律的属地性。这主要是因为美国独立后不久，大量外来移民进入美国，而资产阶级一方面要排挤英法等大国在美国的工业和贸易优势；另一方面又要抵抗欧洲"神圣同盟"的威胁，所以斯托雷以属地主义为核心，以判例法的实践为根据，来建立自己的国际私法体系。

2. 比尔的既得权说。继斯托雷之后，美国传统国际私法发展史上的另一个代表人物是哈佛大学的教授比尔（Joseph H. Beale）。20 世纪初，英国学者戴西的"既得权理论"流传到了美国，比尔教授为这种理论的传播和发展起了巨大的作用。20 世纪 30 年代比尔出版了三大卷的《论法律冲突》（A Treaties on the Conflict of Laws，1935），在这些著作中，他始终贯穿并且发展了戴西的"既得权理论"，提出了自己的"既得权说"。

比尔在著作中提出一国法院的任务只是绝对地适用本国法，不能直接承认和适用外国法，但是，为了维护涉外经济关系的稳定性，在任何地方都应当承认根据适当的法律创设的权利。跨国或跨州民事纠纷实际上是当事人之间的权利或义务之争，而当事人的民事权利并不是与生俱来的，而是法律"赋予"（vested）的。因此，如某一行为在行为地被认为是有效的，那么在任何地方都不能对其效力提出质疑。比尔认为，只有当特定事件发生后，当事人才取得法律上的权利。这些特定事件发生在哪里，哪里的法律就应成为解决当事人之间纠纷的准据法，即当事人依该特定事件发生地法而产生的既得权利，其他国家应予承认。由于这些特定事件表现为住所的取得、合同的缔结和履行、侵权行为的发生等，以它们作为连结点而形成的美国传统冲突法与欧洲传统国际私法同出一辙，均为一些固定的冲突规则。

比尔所提出的理论当时被认为是自斯托雷以来，美国国际私法中最有意义和影响力的理论。比尔的"既得权说"，一方面试图避免适用外国法与属地主权之间的矛盾，另一方面似乎也较为注重当事人的合法权益的保护。但是，该学说并没有达到其本来目的，即避免或消除直接适用外国法所引起的麻烦，反而使问题趋于复杂化。因为根据"既得权说"法院不能直接承认和适用外国法，而在实践中，法院承认或执行某个外国权利的先决条件就是必须首先根据该外国权利赋予国的法律本身来看该权利是否是合法取得的，这就难免出现一种恶性循环。因此，比尔的"既得权说"从一开始就受到了美国其他一些学者的批判。

案例二：   太平洋雇佣保险公司诉工业事故委员会案
(Pacific Employers Insurance Co. v. Industrial Accident Commission)[1]

[基本案情]

美国马萨诸塞州的一个居民与该州杜威和阿尔米化学公司缔结了一份书面雇佣合同，同意他以化学工程师和化学家的身份替该公司在马萨诸塞州的实验室做研究工作。在1935年9月的雇佣期中，雇主将其派往该公司在加利福尼亚州的一家部门工厂工作，作为暂时性的技术顾问以求改进雇主在那家部门工厂制造的产品质量。他期望在他完成任务以后回到雇主在马萨诸塞州的实验室工作，但在此时，他不幸在加利福尼亚州遭到了伤害。

于是，他便要求加利福尼亚州工业事故委员会指定太平洋雇佣保险公司（系杜威和阿尔米化学公司的太平洋海岸分公司）对其在被雇佣期间于加利福尼亚州受到的伤害加以补偿。加利福尼亚州工业事故委员会因此责成该保险公司根据加利福尼亚州保险法所规定的保险补偿费对其进行补偿。

太平洋雇佣保险公司则在加利福尼亚州地方上诉法院提出上诉，要求撤销加利福尼亚州工业事故委员会作出的责成它对被雇佣人进行补偿的决定。其根据有两点：①由于被雇佣人长期在马萨诸塞州的公司总部工作，而且只是暂时出差来加利福尼亚州并不幸遭受伤害的，所以他应当受马萨诸塞州工人补偿法的保护，不应当受加利福尼亚州工人补偿法的保护；②加利福尼亚州工业事故委员会在适用加利福尼亚州法律的同时，拒绝给予马萨诸塞州法律以诚实信用。

[法律问题]

美国《宪法》第4条规定："每个州对于他州的公共法律、案卷和司法程序，应给予充分的信任和尊重。国会得以一般法律规定这类法律、案卷和司法程序如何证明和具有的效力。"即著名的诚实信用条款。依据本条款，本案加州法院是否应该排除本州法律而适用马萨诸塞州工人补偿法审理本案？为什么？

---

[1]   District Court of Appeal, Second District, Division 3, California., 335 P. 2d 12, 1959. 参见邓正来：《美国现代国际私法流派》，中国政法大学出版社2006年版，第35～37页。

［参考结论与法理分析］

（一）法院意见

加利福尼亚州地方上诉法院驳回了该保险公司的上述请求，美国最高法院也采取了维持原判的态度。

在该案中，加利福尼亚州是侵权发生地，而马萨诸塞州则是雇佣关系合同缔结地。根据美国传统国际私法的规定：被雇佣人的伤害应当适用被雇佣人与雇佣人之间雇佣关系发生的最终行为地法，即雇佣关系合同缔结地法，在该案中，也就是应该适用马萨诸塞州的法律。

然而值得我们注意的是，美国最高法院在该案中却坚持采用侵权发生地法，即加利福尼亚州的法律，这无疑背离了美国传统国际私法理论所主张的那种方法。美国最高法院的这一判决所采用的分析方法在考察相互冲突的利益时主张：诚实信用条款并不要求某个州忽视本州的政策利益而去适用另一个州的法律。显而易见，这种利益分析法为此后的"政府利益分析说"的出现和发展提供了坚实的判例依据。

（二）法理分析

本案有以下几个意义：首先，这一案例表明，加利福尼亚州在该案中是侵权发生地州，而马萨诸塞州则是雇佣关系发生地州。根据管辖权原则，这两个州对该案件都能进行管辖，而且也都可以主张适用各自的法律。因此，美国最高法院这一判决的意义在于：只要法院地在该案中具有利益，那么它就可以适用法院地法。其次，美国最高法院的这一判决，对美国《第一次冲突法重述》的中心思想，即那种认为惟有足以构成某一个法律关系的最终行为地才具有适用法律的权利的观点，给予了有力的打击，致使这一观点不再成为一项绝对的原则，进而还为产生国际私法的新原则提供了条件。

此时，美国传统国际私法理论开始衰落。库克提出了"本地法学说"，对传统国际私法理论进行了批判。库克明确和彻底地强调属地主义的观念，主张法院在审理涉外民事案件时只适用本地法或者适用合并到本地法中的外国法规范；法院只保护根据本地法所创设的权利，而不保护根据外国法所产生的权利。库克的"本地法学说"的指导思想尽管跟美国传统国际私法理论有区别，但基本上还是一致的，其重点仍然是寻找一种适用外国法的根据。伴随着库克的"本地法学说"对美国传统国际私法学说的批判，美国各级法院在司法实践中也逐渐开始出现了背离美国传统国际私法理论而寻求新的道路的趋向。

案例三：　　　　　　　**贝科克诉杰克逊案**

(Babcock v. Jackson)[1]

[基本案情]

1963 年 9 月，住所在美国纽约州的杰克逊夫妇邀请同住一城的贝科克小姐同他们一同驱车去加拿大做周末旅行。汽车由杰克逊先生驾驶。当汽车到达加拿大安大略省时，汽车突然失去控制，冲出公路，撞在一堵墙上，致使贝科克小姐严重受伤。贝科克小姐回到纽约后，便向法院提起诉讼，要求杰克逊先生赔偿损失。

根据当时安大略省的法律规定，除以盈利为目的运载乘客外，汽车的所有者和驾驶者对乘客因车祸造成的任何损失概不负责。但是，当时纽约州的法律则规定即使在这种情况下被告亦应对原告负赔偿责任。被告以侵权适用侵权行为地法这一原则为理由，要求法院适用安大略省的法律，驳回原告提出的赔偿要求。初审法院作出判决支持了被告的主张，原告不服遂提出上诉。

[法律问题]

1. 法院除了考虑侵权行为地这一连接因素外，是否应该考虑其他因素？

2. 根据对本案的分析，何地与本案有最密切联系？

[参考结论与法理分析]

(一) 法院意见

根据安大略省在事故发生时实施的制定法，汽车的所有者或驾驶者，如果不是在营业过程中以获取报酬为目的而运载乘客，对其携带的任何人的死亡或人身伤害所致的损失或损害，均不承担任何责任。那么问题很明确：对侵权行为应否提供救济，是否在任何情况下都应依侵权行为地法决定；或者说，在决定应适用的法律选择规则时，是否也应考虑到其他的与准许或否认这种补偿所要达到的目的有关的因素？

面对本案争议，通过将纽约州和安大略省在本诉讼中的相关"接触点"和"利益"加以比较，答案就明确了，即纽约州的利益是更大和更为直接的，而安大略省的利益在任何程度上说都是微不足道的。本诉讼涉及一个纽约州的车主在驾驶汽车的过程中的失误所致的一个纽约州的搭乘者的伤害。停放该汽车的车库位于纽约州；该车在纽约州领取执照并且在该州保险；在车主和搭乘者外出度假时，该汽车从纽约州出发，并以该州为终点。与之形成鲜

---

〔1〕 Babcock v. Jackson, 12N. Y. 2d 473, 191N. E. 2d 279 (1963).

明对照的是，安大略省与该事故之间的唯一联系是，该纯属偶然的事故发生在那儿。

毫无疑问，纽约州的政策是，要求侵权者对因其过失所致的搭乘者的伤害进行赔偿。该州的立法机关一再拒绝通过一部否认或限制给予此类补偿的立法，而我们的法院没有任何理由和根据仅仅因为该事故发生在其境外就与上述政策相背离。要知道，受到该事故影响的只是纽约州的居民，且事故发生于对以纽约州为基地的汽车的操作。相反，在否认给予赔偿方面，安大略省却没有明显可见的利益，因为要求得到赔偿的搭乘者和被要求给予赔偿的车主都不是安大略人。据说，安大略省的搭乘法的目标是防止搭乘者与司机相勾结，对保险公司提出欺诈性的权利要求。显然，该搭乘法试图防范的此类欺诈性的权利要求是那些被安大略省的被告和保险公司提出的权利要求。纽约州的被告是否被强加了一种义务，或该州的保险公司是否受到了欺骗并不是安大略省立法者所关注的问题。这种关心并不会仅仅因为事故发生在那里而不是发生在别的地方而变成必要的。

上诉法院认为，尽管法院过去在决定发生事故的外国司法辖区的搭乘法是否有效时一直适用传统的冲突规则，但本案所面临的问题在过去的案例中既未被提出过，也没有被讨论过。传统的规则如此得僵化，这一现状告诉我们，如果不考虑实体性的政策和目的，那将会导致不公正的结果。

上诉法院决定，推翻原判，驳回被告关于起诉不能成立的动议。

（二）法理分析

这是纽约州法院首次将"重心说"和利益分析方法适用于侵权行为法律适用领域的案件，是一个著名的被学者广泛讨论的案例。

根据美国法院原来采用的传统冲突规则，对于侵权行为争议，应适用侵权行为地法。依此规则，如果法院在确定侵权行为地方面没有遇到困难，法律选择的结果便是确定的、无争议的。就本案的事实而言，依传统做法适用侵权行为地法——加拿大安大略省的法律，显然会导致不合理的结果。这样做既有违纽约州的利益，又不会促进安大略省的利益。然而，纽约州上诉法院在作出这一判决时可能不会想到，由这一判决引出的法律选择问题在后来演变得多么复杂。在本案中，除了侵权行为地偶然地发生于安大略省之外，其他的因素几乎都一边倒地指向了纽约州。然而在后来的案件中，情况变得复杂得多。由此提出的问题是，如果特定案件的接触点不是高度地集中于一州，或者，在适用法律方面拥有利益的州不止一个，采用新方法是否也能行得通？法院在通过采用新方法追求结果的合理性的同时能否依然使结果的确定性得到保证？

在后来最密切联系原则的发展过程中，这两个问题一直困扰着司法界和理论界，法官和学者们都试图采取各种方法去解决这两个问题。美国《第二次冲突法重述》第6条的规定集中体现了最密切联系思想，并吸收了结果选择说、政府利益分析说，同时还一定程度上保留了传统国际私法中的某些法律选择方法。这种保留实际上就是试图平衡法律选择过程中的灵活性和确定性。该条规定了7点法律选择的因素[1]，用以指引法官进行法律选择。值得注意的是，这7点因素并无主次顺序之分，其重要性因案件的性质不同而各异，法院应予综合考虑。

案例四：　　　　　　　　　　米尔科维奇诉萨里案
（Milkovich v. Saari）[2]

[基本案情]

原告米尔科维奇、被告萨里和拉德（Rudd）都是加拿大安大略省桑德湾（Thunder Bay）城的居民。1968年11月8日，他们三人一行驱车离开桑德湾城前往美国明尼苏达州图鲁斯（Duluth）城购买货物并观看演出。他们所坐的小车的所有权属于被告萨里，而且是他驾车开了第一段路程。当车子开到美国明尼苏达州鸽子江（pigeon river）美国海关以后，由被告拉德接替萨里继续驾车，约在离边界40英里处的美国境内，小车偏离公路撞在路边的岩石上，致使原告米尔科维奇受伤。原告伤后在图鲁斯城住院治疗约两个多月，而后回到她在桑德湾城的家中。

被告萨里的小车的车库、注册登记地以及保险地都是在加拿大安大略省。安大略省的法律如果适用于该案，那么根据其有关乘客法规的规定，原告就必须对被告的显著过失行为负举证责任，才能获得赔偿。然而，明尼苏达州法律

---

〔1〕　美国《第二次冲突法重述》第6条规定："法律选择的原则

1. 法院，除受宪法约束外，应遵循本州关于法律选择的立法规定。

2. 在无此种规定时，与适用于选择法律的规则有关的因素包括：

（1）州际及国际体制的需要；

（2）法院地的相关政策；

（3）其他利害关系州的相关政策以及在决定特定问题时这些州的有关利益；

（4）对正当期望的保护；

（5）特定领域法律所依据的政策；

（6）结果的确定性、可预见性和一致性，以及

（7）将予适用的法律易于确定和适用。"

〔2〕　Supreme Court of Minnesota, 1973, 295 Minn. 155. 参见邓正来：《美国现代国际私法流派》，中国政法大学出版社2006年版，第165~168页。

中却不具有这种乘客法规。

[**法律问题**]

侵权行为适用侵权行为地这一冲突法规则是否能满足侵权领域的所有案件？如果不能，那么还有哪些辅助规则？这些辅助规则背后的理论依据是什么？

[**参考结论与法理分析**]

（一）法院意见

审理本案的托德（Todd）法官指出："有关侵权这一'冲突法'领域，在过去10年里经历了戏剧化的变化。在那之前，大多数法院都愿意接受'行为地法'说，这个理论在适用时被证明很方便，因为在任何一个特定的法院地所发生的事故都能确定这一点，即事故发生地的法律会得到适用。然而，各界学者都对这个根深蒂固的学说予以了抨击，'贝科克诉杰克逊案'更是给了它以迎头痛击。"

托德法官在反对美国传统国际私法理论时，介绍了另一个采用利弗拉尔教授方法的著名判例，即美国新罕布什尔州法官凯尼森审理的克拉克诉克拉克案（Clark v. Clark，1966）。托德法官指出，正当纽约州法院在变革传统国际私法遇到困难之际，新罕布什尔州最高法院在受理克拉克诉克拉克案时，凯尼森法官在该案中所采用的理论后来被全国法院所效仿。

托德法官在引用克拉克案观点之后，对萨里案得出结论，原告米尔科维奇应当被准许根据美国普通法中有关过失的规定进行起诉，而且不应当受到加拿大安大略省有关乘客法规中举证责任的约束。托德法官指出："在本案中，重要的因素是法院地利益的优先和适用较好的法律。在我们寻求较好的法律规范时，我们深信普通法中有关的责任规范要比安大略省乘客法规中有关的责任规范要好一些。据此，我们主张明尼苏达州法律应当适用于该案件。"

（二）法理分析

1. 相似案例。本案援引了凯尼森法官审理的克拉克案。在克拉克案中，克拉克夫妻驱车离开他们在新罕布什尔州的住所前往该州另一个地区旅游，并准备当晚返回。当他们途径佛蒙特州时，车子出现了事故，致使克拉克夫人受伤。后来，克拉克夫人在新罕布什尔州法院对其丈夫起诉，并主张法院应当适用新罕布什尔州法律来调整他们之间的权利义务关系。新罕布什尔州没有有关的乘客法规，而佛蒙特州却有此规定。凯尼森法官在决定适用何州法律时，对传统的"行为地"法则进行了回顾和批评，主张采用影响法律选择五个因素的理论来解决该案件的法律适用问题。这个理论正是由利弗拉尔教授首先倡导的。

凯尼森法官在采用利弗拉尔教授的理论时分析道，在影响法院选择法律的五点考虑或标准中，前三个考虑因素几乎不会有什么问题。结果的可预见性这一因素可以不予考虑，因为这一因素基本上只与合意性法律关系有关，而且也只有在这种关系中当事人才需要和可能事先知晓用什么法律来调整他们的法律关系。很清楚，在该案中，维持州际秩序和国际秩序这个因素也不是很重要，因为根据这一因素，也即司法任务的简单化也根本不会有问题，因为一个法院如果被要求适用另一个州的法律，那么它是完全有能力实施好那个州的法律的，这与司法任务的复杂化是两个问题。

凯尼森法官指出，在决定法律选择问题上，最后两个影响因素具有最主要的作用。具体到克拉克案来说，凯尼森法官认为，新罕布什尔州法院在适用法院地法方面具有利益，据此他得出结论道，既然新罕布什尔州法院具有利益，那么毫无疑问新罕布什尔州法律是较好的法律，应当适用于克拉克案。

2. 理论依据。在美国现代国际私法学界中，有许多学者试图能够发现一些影响法律选择的基本因素，以改变美国传统国际私法所主张的机械且呆板的法律选择方法。利弗拉尔教授经过长期分析研究，总结出来影响法院选择法律的基本因素，并把他们归纳为五个方面，故称之为"影响法律选择的五点考虑"（five - choice - influencing considerations）或称之为"影响法律选择的五个因素"（five - choice - influencing factors）。这五个因素分别是：①结果的可预见性；②维持州际秩序和国际秩序；③司法任务的简单化；④法院地政府利益优先；⑤适用较好的法律规范。

案例五： **库尼诉奥斯古德机械公司**
（Cooney v. Osgood Machinery, Inc）[1]

［基本案情］

在 1957 年至 1958 年间，科林兄弟公司（Kling Brother, Inc.，之后被本案第三方被告希尔公司（Hill Acme Co.）继承）生产了一台 16 英尺宽的切割机，该机器可以用来切割大片金属。1958 年，该机器通过一家纽约州的经销商，即本案被告奥斯古德机械公司，卖给了美国标准公司旗下的坦克工厂。奥斯古德公司还协助美国标准公司安装以及初步运行该机器。1961 年，美国标准公司关闭了坦克工厂，直到 1969 年前，该机器下落不明。1969 年，克鲁斯公司不知从何种途径获得了此机器，并将之卖给了密苏里州的一家公司——保尔穆勒公司（Paul Mueller Co.，下称穆勒公司）。

穆勒公司将该机器安装在其位于密苏里州的工厂内，并对之进行了改造，

---

[1] Court of Appeals of New York, 1993, 81 N. Y. 2d 611.

增加了一个脚部的开关。1978 年 10 月，原告库尼先生，一名在该工厂内工作的密苏里州居民，在清洗该机器的时候受伤。当时该机器正在运行，一块木片卡进了机器脚部开关导致原告库尼先生无法关闭机器，以致受伤。

在密苏里州，库尼获得了工人补偿金。根据密苏里州法法律，雇主提供了此种补偿金后，即不承担任何其他责任，无论是对其雇员或是对其他任何人。故库尼先生不能对其雇主穆勒公司提起侵权损害之诉。于是，库尼先生在位于纽约州伊利郡的高等法院提起了针对奥斯古德公司，即该机器最初的经销商的产品侵权责任之诉（很明显，密苏里州对奥斯古德公司不具有属人管辖权）。

之后，奥斯古德公司又提起了对穆勒公司、美国标准公司、希尔公司的第三方之诉。穆勒公司援引密苏里州法律的规定，要求法院撤销奥斯古德公司对其的指控。对比密苏里州法律和纽约州法律，纽约州法律允许对雇主的赔偿诉讼。高等法院在进行了法律选择分析后，最后认为本案应当适用纽约州法律。

[法律问题]

法院是否应当支持穆勒公司的要求，即撤销对其的第三方诉讼以及交叉诉讼？换而言之，本案应当适用密苏里州法律还是纽约州法律？理论依据是什么？

[参考结论与法理分析]

（一）法院意见

纽约高等法院在进行法律选择分析后，认为本案应当适用纽约州的法律。上诉部门经一致同意，撤销了高等法院的裁决，并撤销了对穆勒公司的第三方诉讼及其他交叉诉讼。

法院在判决中阐述到，纽约州法院已经摒弃了传统的侵权行为地规则，而青睐于"利益分析说"。法院形容利益分析说是寻求对解决特定纠纷具有最大利益的适用法律之方法。

密苏里州的工人补偿法背后的精神或者策略是，雇主无论有无过错都应当对受伤的雇员给予特定的补偿，作为交换，法律赋予雇主免于承担进一步责任的豁免权。这实际上是规定了雇主承担严格责任，不问雇主存在过错或过失与否，一律要求雇主对雇员予以补偿，进而换取豁免。这可以视为一种权益平衡或者说是权益交换。美国不少州有这样的规定，有些州仅规定雇主免予受到直接来自于受伤雇员的损害赔偿诉讼，有些州例如密苏里州就扩大至任何第三方的赔偿诉讼。

因此，密苏里州的政策选择实际暗含了重大的州利益。美国《第二次冲突法重述》中写道："否定特定州的工人补偿法规定的这种豁免权，就会打击该州为了限制工业事故成本以及保证此类成本支付的公平性和确定性所作出的努力。"[1]"使一个人受到工人补偿法的责任追究外,还要受到进一步的、不设限制的侵权责任追究或过失致人死亡的责任追究,会折损该州的工人补偿政策中给予该人的权益。"

与密苏里州的利益表现在维护本州工人补偿法的一致贯彻不同,纽约州的利益在于保障诉讼当事人受到公平对待。在传统法律规则和责任归责原则下,当超过一个侵权行为人对原告的损害负有责任时,排除相关过错程度不谈,每一个侵权行为人都有可能承担判决的全部赔偿责任。实际上,原告也不需要起诉所有侵权行为人,就能够从"深口袋"(deep pocket,意指有钱来支付法庭判决)中获得全部赔偿。

就此来看,密苏里州的利益和纽约州的利益在本案中似乎是不可调和的,实现一州的利益必须牺牲另一个州的利益,所以必须要找到从二者中进行挑选的方法。

接着,法院认为本案存在真实冲突,可以援引纽约州的纽梅尔(Neumeier)第二规则,即当诉讼各方当事人的住所地法有利于各方当事人,并且诉讼在这些住所地其中之一进行的情形下,该规则要求适用侵权行为地。本案依此规则,即适用密苏里州法,这种方法能够保证公平地适用法律,既不倾向法院地法,也不倾向住所地法。此外,还能避免当事人进行法院挑选(forum shopping)。

法院认为,选择准据法应当要保护当事人的合理预期。就本案来讲,纽约州之所以牵涉进来是因为其是被告之一奥斯古德公司的住所地。作为主要在密苏里州开展生产经营活动的穆勒公司,无法预见到其会因为其雇员受伤而在纽约州被诉。

最后,法院决定适用密苏里州法律审理本案,尽管两个州的利益在本案中无法调和,但是本案事故发生在密苏里州,适应密苏里州的法律也更符合当事人的合理预期。

(二)法理分析

本案法院在进行法律选择的过程中,运用了政府利益分析说和纽梅尔规则。接下来我们就来介绍一下二者的基本内容。

1. 政府利益分析说。"政府利益分析说"是20世纪最为激进的理论,产生于20世纪四五十年代,60年代步入鼎盛时期,影响至今。该学说的主要倡导人是美国著名法学家布雷纳德·柯里(Brainerd Currie)教授。因此,不少国际私法学者都称柯里为"政府利益分析方法之父"。

---

[1] Restatement [Second] of Conflict of Laws § 184, comment b, at 547.

1963 年柯里将以往的一些论文汇编成一本《冲突法论文集》出版。在其著作中，柯里认为每个国家或州的法律背后都隐含着这个国家或州的政府利益，而这种利益是通过适用其法律来实现的。因此，冲突法的核心问题实际上就在于如何调和或解决不同国家或州之间的利益冲突。当两个或两个以上的法律发生冲突时，就必须了解和分析法律背后的目的或政府利益，并在此基础上确定应当适用何国或州的法律。

柯里将法律冲突分为"虚假冲突"和"真实冲突"两种，前者是指与案件有关的几个国家（州）的法律虽然规定不同，但实际上只有一个国家（州）的法律在案件中存在利益，此时就应适用具有利益的那个国家（州）的法律。在柯里看来，后者是一种真正意义上的法律冲突，是指与案件有关的几个国家（州）的法律规定不同，同时也都存在利益的一种情况。对于这类冲突，法院应通过分析对其中一国（州）的政策和利益作更加审慎的解释，以避免冲突发生：如果发现有关利益冲突无法避免的，则应适用法院地法律；如果法院地对本案并无利益存在但两国（州）存在无法避免的利益冲突的，应援引不方便法院原则（Forum Non Convenience）放弃管辖权，回避这个问题；如果确实不能回避，就要选择一个较好的实体法适用。由此可以看出，柯里认为法院地法是法律适用的首要原则，"在正常的情况下，甚至在涉外案件中，应理所当然地要求法院适用法院地的实体法"。基于这一思想，柯里对传统的冲突规则深恶痛绝。他指出，我们一直期待着冲突法问题能依照从欧洲大陆移植过来的法典而得到解决，但这种法典根本不考虑法则和规则中所包含的政策，甚至不顾及相互冲突的法律的内容，因此应当将整个冲突法及其冲突规则一起全部予以抛弃。柯里的理论一经产生即引起理论界的广泛讨论和立法、司法界的重视。

2. 纽梅尔规则。1972 年，纽约州最高法院在纽梅尔诉屈纳（Neumeier v. Kuebner）案件中总结了跨州交通事故案件的三条法律选择规则。其中第一条规定："如果乘客与驾驶者在同一州有住所，且该车辆亦在该州登记，则驾驶者的注意义务应依据该州法律确定。"可见，纽梅尔规则第一条实际上就是共同属人法，只是该规则的适用范围仅限于交通事故案件。但到了 1985 年审理的舒尔茨诉美国童子军案中（Schultz v. Boy Scouts of America, Inc.），该法院将该规则的适用范围扩大到一般侵权案件。

第二条规则是为了解决真实冲突的情况，即在当事人来自不同的州，且各当事人的住所地法又分别有利于各当事人的情形下，则适用伤害地法（place of injury）。

第三条规则适用于其他当事人的住所地不同的案件。规则规定此类案件适用事故发生地法，除非此做法会造成州际司法体系的失衡或者对诉讼当事

人产生极大的不确定因素。这条规则实际上一般以伤害地或者法院地作为选
法因素。

案例六：　　　　　菲利普斯诉通用汽车公司
(Phillips v. General Motors Corp.)[1]

[基本案情]

1997 年 12 月 22 日，达瑞尔·伯德（Darrell Byrd）驾驶一辆 1985 年型号的
雪弗兰轻型小卡车从位于蒙大拿州的家前往北卡罗来纳州过圣诞节，同行的还
有妻子安洁拉（Angela）以及两个儿子提摩西（Timothy）、山缪（Samuel）。车
行至堪萨斯州境内，与另一辆卡车相撞，并造成大火。达瑞尔、安洁拉、提摩
西都在事故中丧生，山缪重伤送至医院接受治疗。

直至事故发生时，伯德一家定居在蒙大拿州。事故车辆为 1985 年型号的雪
弗兰轻型小卡车，最初由通用汽车公司在北卡罗来纳州出售。1995 年，达瑞尔
·伯德在北卡罗来纳州购得此车。购车时，他提供了一个北卡罗来纳州的地址。
此型号的雪弗兰汽车由通用汽车公司设计、检测、生产、出售，其中，油箱的
设计存在缺陷。

原告菲利普斯是山缪·伯德的法定监护人，同时也是伯德一家财产的代表人。
菲利普斯定居在北卡罗来纳州，山缪在事故发生后亦居住在北卡罗来纳州。关于
对达瑞尔、安洁拉、提摩西的遗产继承程序由蒙大拿州的第九地区法院进行受理。

菲利普斯在蒙大拿州对被告通用汽车公司提起产品责任侵权之诉，要求其
对事故承担损害赔偿责任和惩罚赔偿责任。本案发生时，蒙大拿州尚无侵权领
域的冲突法规则，也没有相关判例。后蒙大拿州法院运用了《第二次冲突法重
述》中的最密切联系说解决了本案的法律适用问题。

[法律问题]

根据最密切联系说，本案应当适用哪个州的法律？

[参考结论与法理分析]

（一）法院意见

菲利普斯主张，根据《第二次冲突法重述》（下称《重述》）中的最密切联
系说，本案应当适用蒙大拿州法。而通用汽车公司同样依据最密切联系说，却
认为本案应当适用堪萨斯州法。法院认同菲利普斯方的意见。

---

[1]　298 Mont. 438, 995 P. 2d 1002 (Mont. 2000).

1. 《重述》中的相应条款。关于人身伤害和过错致死的问题规定在《重述》的第 146 条[1]和第 175 条[2]：当事人的权利义务应当由损害发生州的法律决定，除非另一个州对本案具有更密切的联系。如何认定这种"更密切联系"规定在第 145 条第 2 款[3]。侵权行为构成要素、抗辩、过错分配、损害赔偿都依据最密切联系原则确定的法律决定。

2. 最密切联系分析。依据《重述》规定，在本案中损害发生地法，即堪萨斯州法应当一般地适用产品责任和过错致死诉讼，除非另一个州具有更密切联系。根据第 145 条第 2 款的规定并结合第 6 条的规定，考察是否存在另一个具有更密切联系的州时，须从以下几个因素分析：

（1）州际及国际体制的需要。在本案中，这个因素并没有指出适用哪个特定州的法律存在某种重要性，但法院认为这个因素正支持了适用最密切联系原则。

（2）利害关系州的政策。第 6 条中的第二和第三考虑因素是法院地州和其他利害关系州的政策。这一标准要求我们考虑适用具有相关联系的州的法律是否会巩固该法的立法目的。基于以下原因，蒙大拿州与本案有更密切联系。

第一，损害发生地。如前所述，在产品责任和过错致死案件中，损害发生地法是原则性应当适用的准据法，除非有更密切联系地。本案的损害发生地在堪萨斯州。堪萨斯州法规定了对抗产品责任方的诉因是产品的缺陷设计。该州产品责任法的立法目的是规范在该州进行产品销售，并防止缺陷产品对该州居民造成人身伤害。就本案来看，并不存在在堪萨斯州进行的产品销售，亦没有堪萨斯州居民在本案中受到人身伤害。

第二，加害行为发生地。伯德一家是在北卡罗来纳州购买的涉案汽车，通用汽车公司向法庭作了一份简要声明，表示北卡罗来纳州对本案具有适用该州

---

　　[1]　《重述》第 146 条规定："在人身损害诉讼中，当事人的权利义务依损害发生地州的本地法。但在该特定问题上，按照第 6 条规定的原则，某另一州与该事件及当事人有重要联系时除外。在后一种情况下，依该另一州的本地法。"

　　[2]　《重述》第 175 条规定："死亡之诉权，在非法致死诉讼中，当事人的权利义务依伤害发生地州的本地法。但在该特定问题上，按照第 6 条规定的原则，某另一州与该事件及当事人有更重要的联系时除外，在后一种情况下，依该另一州的本地法。"

　　[3]　《重述》第 145 条第 2 款规定："在采用第 6 条的原则决定适用于某个问题的法律时，应当加以考虑的联系包括：

（1）损害发生地。

（2）加害行为发生地。

（3）当事人的住所、居所、国籍、公司成立地和营业地，和

（4）当事人之间有联系时其联系最集中的地方。这些联系应按其对特定问题的重要程度加以衡量。"

法律的政府利益，但是，通用汽车公司并没有说明北卡罗来纳州的什么法应该得到适用。法院认为，即使伯德一家仍为北卡罗来纳州的居民，该州法院也不会适用本州法，因为该州的侵权冲突法规则仍然运用传统的损害发生地法。就本案来说，北卡罗来纳州法院应当会适用堪萨斯州的法律，因为他们仍然坚持"既得权"理论。此外，北卡罗来纳州的产品责任法的适用范围不包括该州居民在该州购买的产品，但是在该州领域外受到产品缺陷伤害的情形。

法院认为，如果北卡罗来纳州不坚持传统的冲突法规则，而是适用《重述》的选法方法，那么购买行为发生地可能具有更密切联系。

另外，通用汽车公司提出汽车的设计地和生产地在密歇根州，密歇根州对本案具有政府利益，法院对该观点不予认可。

第三，当事人住所地。事故发生时，原告是蒙大拿州居民。法院认为，不像其他州那样，本案适用蒙大拿州的产品责任法有利于促进该法立法目的的实现。蒙大拿州产品责任制度的一个中心目的就是防止蒙大拿州居民受到缺陷产品的伤害。与堪萨斯州不同，蒙大拿州对本案有直接适法利益，因为其居民在本次事故中受到了伤害。为了消费者能得到最大程度的保护，蒙大拿州规定了严格责任原则。

第四，当事人之间有联系时其联系最集中的地方。本案并无事实显示存在这么一个地方。法院在判决中引用了其他法院的看法："产生产品责任的最常见的'联系'，无非是一次性发生的购买行为和销售行为，此处原告与之并无实际联系。真正意义上的'联系'就是受害者与被诉侵权人之间的关系。"

综上分析，蒙大拿州作为原告的住所地，对本案纠纷具有密切联系，且其产品责任的立法目的反映了其适法利益。

3. 正当期望。法院认为，尽管我们考察当事人的正当期望，但是就侵权案件来说，当事人实际上并不存在正当期望。尤其是在过失侵权领域，当事人无法预见其行为的法律后果以及何法会得到适用。

但是，汽车生产商在设计和生产其产品时，应当要预见其法律后果。就通用汽车公司的销售地北卡罗来纳州的法律来说，对此类案件该州适用损害发生地法。因此，适用北卡罗来纳州的法律就不是通用汽车公司的正当期望。

4. 特定领域法律所依据的政策。《重述》的起草者对此的解释是，在各牵涉案件州的政策大体上一致的情形下，法院就有理由适用法院地法，以更好地实现特殊领域法律所依据的基本政策。就本案来说，并不符合该情形。

5. 结果的确定性、可预见性和一致性。法院认为，对此点的考察无法推测出何州具有更密切联系。适用损害发生地法较之适用当事人的住所地法，并不能提高结果的确定性、可预见性或一致性。

最后，法院适用蒙大拿州法律审理了本案。

（二）法理分析

"最密切联系说"（Doctrine of the Most Significant Relationship），是美国哥伦比亚大学国际私法教授威利斯·里斯（Willis Reese）所极力倡导的一种现代国际私法理论。按照这一理论，冲突案件在法律选择上不应当只考虑一个固定地方的法律而应当综合考察与案件或当事人有关的一切因素，推断出与案件有最密切联系的地方的法律予以适用。

从历史角度来看，这一理论并非里斯首创，它可以追溯到萨维尼的"法律关系本座说"。"法律关系本座说"的核心思想是，任何一个法律关系在逻辑上和性质上都与一个特定的法域有着固有的联系，这种联系就是法律关系的本座，而本座所在地的法律便是所应适用的法律。受这种思想的启发，早在里斯之前，德国学者吉尔克就创立了"重力中心说"（Doctrine of Center of Gravity）；英国法学家韦斯特莱克也提出"最真实联系"（the most real connection）的观点。1954年美国纽约上诉法院在审理奥汀诉奥汀案（Auten v. Auten）中就充分运用了重力中心或最强联系的概念，这些都为"最密切联系说"奠定了理论基础。而在当时的美国，一方面传统国际私法的冲突规则过于呆板，已经很难适应变化中的形势发展需要，另一方面，提出的学说又由于"矫枉过正"而使法律适用的确定性受到严重威胁。在这种情况下，"最密切联系说"应运而生。

里斯在美国国际私法学界享有很高的声誉，为国际私法的发展作出了巨大贡献。一方面，他在改造传统国际私法体系的基础上，建立了最密切联系说；另一方面，他主持编定了美国《冲突法重述（第二版）》，使美国法学界对《冲突法重述（第一版）》的批评和讨论的混乱局面逐渐趋于稳定。早在1952年，里斯与同事齐塔姆（Cheatham）合写了一篇《论法律适用的选择》的文章，这篇文章成为他批评传统国际私法体系的开端。里斯早期是"政府利益分析说"的追随者，注重法律所体现的政策，但他反对完全抛弃冲突规范的做法，主张通过研究法律所体现出的政策来改造冲突规范而不是完全抛弃冲突规范。他在建立了"最密切联系说"的过程中，借用了"政府利益分析说"的很多成果，但他既反对纯粹的利益分析，又主张要有必要的利益分析。有无利益及利益的大小，成了他确定最密切联系地的重要标准之一。1952年，里斯被任命为《冲突法重述（第二版）》的编纂人。在这个文件的编纂过程中，随着草案的不断提出和不断地被否定或修改，里斯的理论也得到了不断的发展和完善。1971年出版的《冲突法重述（第二版）》将里斯的"最密切联系说"作为基本原则确立下来。

拓展案例

案例一：　　　　　　**亨克诉皇家保障公司案**

(Hunker v. Royal Indem. Co.)[1]

[基本案情]

原告亨克是美国俄亥俄州的居民，皇家保障公司也是该州的一家保险公司。皇家保障公司曾在俄亥俄州向另一个俄亥俄州居民布朗开具了一份责任保险单，而布朗则是亨克案中发生事故时的驾驶员。亨克和布朗同是俄亥俄州另一家公司的雇员，他俩按照雇佣合同驾车前往威斯康辛州，但在威斯康辛州同该州的一个居民所驾驶的车辆相撞，发生事故。由于亨克及其雇主都受俄亥俄州工人补偿法的约束，根据该法，亨克已得到一笔损失赔偿费用。但是亨克又在威斯康辛州法院对皇家保障公司提出诉讼。

俄亥俄州法律不准对一起被雇佣的同事进行诉讼的规定有一个限制条件，即损害已经得到补偿。在本案中，亨克已经得到了补偿。然而，威斯康辛州侵权法却准许原告对一起被雇佣的同事进行起诉，而且补偿费用不受限制。

[法律问题]

1. 根据最密切联系原则，俄亥俄州与威斯康辛州何者与本案具有最密切联系？

2. 根据政府利益分析说，俄亥俄州与威斯康辛州何者对本案具有政府利益？如果适用威斯康辛州的法律，那么意味着使一个俄亥俄州居民获得超过其本州法律规定的补偿费用。威斯康辛州是否对本案具有如此重大或明确的政府利益？

3. 本案在进行法律选择的过程中，除了上述两种学说外，还可以依据什么理论或学说进行分析？

[重点提示]

在本案中，威斯康辛州不仅是法院地、事故发生地，而且事故当事人一方亦是该州居民。俄亥俄州是该案原告和被告的住所所在地，是出发地也是最终的目的地。因此在本案中，上述两个州对该案件都具有某种实质性的联系。

────────────

[1]　Supreme Court of Wisconsin, 57 Wis. 2d 588, 204 N. W. 2d 897, 1973.

案例二： **巴黎埃默农维尔空难案**

(The Ermenonville Disaster)[1]

[基本案情]

1974 年 3 月 3 日，一架土耳其航空公司所有的 DC - 10 号飞机在飞离伦敦后不久，出现故障坠入离巴黎不远的埃默农维尔（Ermenonville）森林。来自世界五大洲的 333 名乘客（包括来自美国 12 个州的居民）以及 13 名土耳其空乘工作人员都遇难身亡。后查明，事故发生的原因在于飞机货舱舱门的设计存在严重缺陷，使得飞机在起飞前不能关闭货舱舱门。

[法律问题]

1. 受害者家属应当选择向何处的法院提起损害赔偿诉讼？

2. 应当适用何国法律处理这些赔偿诉讼？可以运用哪些选法规则或选法方法？

3. 法国相关法律中规定了精神损害赔偿，该事故原告家属是否能够援引适用此规定？

[重点提示]

可参考前述经典案例中的选法方法，另外，《华沙公约》对管辖权和责任限额作出了相应规定。

案例三： **图克诉洛佩兹案**

(Tooker v. Lopez)[2]

[基本案情]

1964 年 10 月 16 日，在密歇根州大学就读的 20 岁的图克小姐与同学洛佩兹小姐、西尔克小姐（Silk）结伴驱车，从大学前往底特律去度周末假。驾车的是洛佩兹，当洛佩兹试图超过另一部车时，她失去了对车子的控制，车子撞翻了，导致洛佩兹和图克死亡，西尔克严重受伤。

图克和洛佩兹都是纽约居民，该车的所有权属于洛佩兹的父亲，其父是纽约居民，且该车注册地和保险地在纽约。图克的父亲在纽约法院提起诉讼，要求洛佩兹赔偿损害。被告辩称，根据密歇根州法律中的"乘客规则"，只有原告证明司机存在故意错误或完全过失的情形下，乘客才能获得赔偿。原告认为，

[1] In re Paris Air Crash of March 3, 1974, 399 F. Supp. 732 (C. D. Cal. 1975).
[2] 24 N. Y. 2d 569, 301 N. Y. S. 2d 519, 249 N. E. 2d 394 (1969).

根据冲突法规则，本案不应适用密歇根州的法律，而应该适用纽约州的法律。

[法律问题]

本案如何确定准据法？依据是什么？有何理论支持？

[重点提示]

本案发生在贝科克诉杰克逊案之后，可以参考法官在贝科克诉杰克逊案中的处理方法。此外，可参考柯里的"政府利益分析说"。

国际私法的主体

知识概要

　　国际私法主体是指国际民商事关系中享有民事权利和承担民事义务的法律人格者，又称涉外民商事关系的参加者或当事人，具体包括自然人、法人、国家和国际组织。[1]其中，国际组织作为国际私法的主体具有很大的特殊性，其主体资格以及主体权限一般取决于相关国际协议的规定，同时秉承促进国际交往的理念，国际组织也享有一定的特权和豁免，但其与国家及其财产的豁免存在不同。

一、自然人作为国际私法的主体

　　自然人无疑是国际私法中最重要的主体，在很多涉外民商事案件中，往往需要适用自然人的属人法，而确定自然人的国籍、住所甚至惯常居所等连接因素则成为寻找准据法的前提。

　　自然人的国籍是指一个人属于某一国家的公民或者公民资格。在国际私法中，自然人国籍的冲突分为国籍的积极冲突和消极冲突，前者是指一个人拥有两个或者两个以上的国籍，后者是指一个人由于某些特殊原因而没有国籍。国籍问题对于一个国家而言，既是行使属人管辖权的依据也是进行外交保护的依据，因此各国都持比较慎重的态度。

　　各国对于解决自然人国籍冲突的方法不尽相同。对于国籍的积极冲突，如果一个人同时持有内国国籍和外国国籍，则遵循"内国国籍优先"原则，而不论是同时取得还是异时取得；如果一个人持有的国籍均为外国国籍，或以最后取得的国籍优先，或以当事人住所或惯常居所所在地国籍优先，或以与之有最密切联系的国籍优先。对于国籍的消极冲突，一般主张以当事人的住所所在

---

〔1〕　赵相林主编：《国际私法》，中国政法大学出版社 2007 年版，第 57 页。

地国家的法律为其本国法；没有住所或者住所不能确定的，则以其居住地法为其本国法。

自然人的住所一般是指以久居意思而居住的某一处所。对于确定一个人的住所要考虑两个因素：客观因素和主观因素。前者是指当事人在某地要有居住的事实，后者是指当事人要有长久居住的意思。一般而言，满足上述两种因素的处所便是自然人的住所，这就导致了一个人可能有多个住所也可能没有住所，于是便产生了自然人的住所冲突。其同国籍冲突一样，包括住所的积极冲突和消极冲突。

自然人住所冲突的解决原则基本上与解决国籍冲突相同。对于住所的积极冲突，如果是内国住所与外国住所之间的冲突，以内国住所优先；如果是多个外国住所之间的冲突，一般以当事人最后取得的住所优先，若同时取得则以设有居所或者与之有最密切联系的那个国家的住所为住所。对于住所的消极冲突，一般以当事人的居所代替住所；如果没有居所或者居所不明，一般以当事人现在所在地为住所。

为了解决自然人国籍冲突和住所冲突给涉外民事案件的法律适用带来的不便，自然人的惯常居所地逐渐成为自然人属人法的连结点，一些国家的立法和国际公约也将居所地法纳入属人法的范畴。对于惯常居所地而言，它强调的是自然人在此的居住时间，需要具有一定的"惯常性"、"经常性"，而对于自然人久居的意思则不予讨论。因此，居住时间的长短往往决定了一个处所能否被认定为惯常居所，在 1988 年海牙《死者遗产继承法律适用公约》中便规定，惯常居所是指被继承人居住至其死亡时至少已满 5 年的处所。

二、法人作为国际私法的主体

法人作为民事关系的主体，在国际经济交往中发挥着重要作用。在法人作为主体参与的涉外民事法律关系中，法人的国籍、住所亦成为确定准据法的重要连结点。

法人的国籍是区分内国法人和外国法人的标准，对于法人这个法律拟制的人格而言，国籍的法律意义与对自然人基本相同。然而，随着国际经济活动范围扩大，特别是跨国公司的出现，给确定法人的国籍造成了困难，因此出现了不同的学说。

主要有资本控制说、法人成立地说、法人住所地说、法人营业中心说、准据法说和复合标准说几种主张。在实践中，各国并不仅仅依据一种标准来判断法人的国籍，而是综合本国利益和需要灵活运用。

同自然人一样，法人也有住所，法人住所的确定，在国际私法中有着重要意义。对于法人住所的确定，存在以下几种主张：①主事务所所在地说，又称管理中心所在地说；②营业中心所在地说；③法人住所依章程规定说；④成立地说。

三、国家作为国际私法的主体

国家与自然人和法人同为国际私法的主体，但是在具体的权利和义务上与后二者存在明显区别，其最主要的特殊性就表现在：国家作为主权者，在国际民事诉讼关系中享有豁免权。所谓国家及其财产豁免是指一个国家及其财产未经该国明确同意，不得在另一国家的法院被诉，其财产不得被另一国家法院扣押或用于强制执行。[1]

一般认为，国家及其财产豁免权包括以下三个方面：①司法管辖豁免，指的是未经一国同意，不得在另一国法院对它提起诉讼或提起以其财产为诉讼标的的诉讼；②诉讼程序豁免，指的是即使一国放弃司法管辖豁免，未经其同意，不得对其财产采取诉讼保全措施，不得强制其出庭作证或者提供证据以及其他诉讼程序上的强制措施；③执行豁免，指的是即使一国放弃司法管辖豁免，在法院中作为被告或者原告参加民事诉讼，即使败诉，未经其同意，仍不能对其财产实行强制执行。

国家及其财产豁免权是为各国立法和实践所共同承认的一项国际法原则，但是在豁免范围这一问题上存在两种主张：绝对豁免论和限制豁免论。前者认为国家主权平等，国家作为主权者应当享有绝对豁免，不受他国法院管辖。后者认为国家的行为可以分为主权行为和非主权行为，主权行为应享有豁免权，而非主权行为不享有豁免权，区分主权行为和非主权行为的标准是行为的性质和目的。

第一节　自然人

经典案例

福尔斯遗嘱继承案
（Re Furse）[2]

[基本案情]

立遗嘱人于1883年出生在罗德岛，他的父亲福尔斯先生（Furse）出生的时候，居住在罗德岛。1885年，立遗嘱人的母亲去世了。两年后，福尔斯先生带着

---

〔1〕　赵相林主编：《国际私法》，中国政法大学出版社2007年版，第82页。
〔2〕　[1980] 3 All E. R. 838. [1980] STC 596

他的孩子们来到英格兰，1899 年福尔斯先生和他的孩子搬到由他的妻子的家族信托基金建造的一所房屋。立遗嘱人年满 21 岁时，房子被卖，其后福尔斯先生不再在英格兰拥有任何居所。福尔斯先生在 1913 年在纽约去世。同时立遗嘱人在英国完成他的教育后，于 1907 年在纽约的一家公司找到工作，1913 年娶了一个在纽约出生和长大的女孩，并留在美国。直到 1916 年，他离开美国，在一战中（1914 年~1918 年）为英国军队效力。在同一年（1916 年），他的妻子在纽约购买了一栋房子（松树屋）。1919 年或 1920 年，立遗嘱人一转业就回到美国。从那时起直到1923 年，他受聘于一家在纽约的公司。1923 年，立遗嘱人与他的妻子和他幸存的孩子一起来到英格兰。一年后，他的妻子在英格兰西霍斯莱买了一个约 250 亩的农场，立遗嘱人在那里度过余生。自此以后，立遗嘱人和他的妻子时常考虑他们是否应该返回美国生活。他们设想住在纽约的松树屋或买一个在马里兰或弗吉尼亚的农场。在 20 世纪 40 年代末，他们去马里兰州视察物业。然而，几年后，立遗嘱人放弃了在美国寻找物业。此后，有证据表明，立遗嘱人最终决定不回美国，只要他能够在西霍斯莱的农场生活舒适。1963 年，立遗嘱人在英国去世，享年 80岁。作为遗嘱的执行者，原告向法院申请，要求确认立遗嘱人死亡时的住所是纽约州还是在英国，以最终确定在何地交纳遗产税。

[法律问题]

1. 判断住所的标准是什么？

2. 本案中，应如何确定立遗嘱人死亡时的住所？

[参考结论与法理分析]

（一）法院意见

原告主张，立遗嘱人的初衷是想在其务农退休后返回美国居住。但是，此案与工作退休后回到祖国的情形是不同的。务农并非是立遗嘱人的工作，而是其生活方式。他的真实意图并非是等到退休后移居美国，而是在其厌倦了英国生活时返回美国。

法院认为，立遗嘱人与美国存在大量的实质联系。他出生于美国，终生保持着美国公民身份，并娶了一个美国妻子。除农场外，立遗嘱人和妻子的大部分资产都在美国。他的妻子在美国拥有一间松树屋，以便于他和妻子可以随时回到美国。但是，本案证人无法说清立遗嘱人与其妻子是否真的想返回美国定居，他们只能确定，如果福尔斯夫妇想要回美国定居，他们随时可以回到松树屋居住。

但是，事实显示立遗嘱人已在英国扎根。他 4 岁来到英格兰，到去世时已在英格兰居住了 58 年。他和两个儿子在英国接受教育，并曾在英国军队服役。他的妻子虽然是一个美国人，但并没有表现出任何希望回到美国永久居住的意图，事实上她也并未那样做。同时，考虑到立遗嘱人生前每年仅短暂地回美国一次，由此可以合理地推测立遗嘱人已完全地融入他所居住的英国社会。

如果一个人仅仅意图在一个国家居住一段有限的时间，或出于某些临时或特别的目的居住在那里，那么此人不能在该国取得选择住所。本案中，可以看出立遗嘱人在英格兰居住的事实不是为了某些临时或特别的目的。立遗嘱人在81岁死亡时仍然在英格兰，并且没有为离开英格兰作任何准备，因此不能把他的固定住所说成是在英格兰以外的地方。

综上，法院认为立遗嘱人死亡时的住所在英格兰。

（二）法理分析

在英美法上，住所（domicile）是在主观上有居住的意思，在客观上有居住的行为的场所。在英美法上，住所可以分为以下类型：①原始住所（domicile of origin）：是人生来而具有的住所，故又被称为"生来住所"。②选择住所（domicile of choice）：指独立的个人根据其居住的意思所取得的住所。选择住所必须具有三个条件：其一，人必须具有选择住所的能力，未成年人不能具有选择住所；其二，必须具有实际居住的行为；其三，必须具有久居的意思，即自然人有不设定期限地在此居住的意思，对原住所有永久放弃的意思。③附属住所（domicile of dependence）：附属住所又被称为法定住所（statutory domicile），指依附者（16岁以下的儿童和精神病者）的住所，它依附于他人的住所。

在英美法上，住所有以下特点：①一个人必须有一个住所；②一个人只能有一个住所，不得同时具有两个住所；③住所一经取得永远存在，除非已取得了新的选择住所；④只有具有行为能力的人，才有设立选择住所的能力。

拓展案例

案例一：　　　　　　　某氏请求确认日本国籍案[1]

［基本案情］

原告某氏，1936出生于日本长野县，以后随日本籍父母到中国东北居住。1946年，因父母相继去世，遂为当地居民抚养。1952年该女与一中国男子结婚，自此定居中国。中国从1953年开始发给她外侨证书，1953年~1963年这段时间，她一直被作为日本侨民对待。但自1963年起，该女士就再没有收到过外侨证，她也没有申请加入中国国籍。1972年，中日两国建立正式外交关系后，该女士收到

〔1〕　案件来源：http：//wenku.baidu.com/link? url = pqUduK1di63nGs28VhiVPqewnDkW4EFL3GQhDAQ q8qbWpVmX72NkrNFsVA1kfVjJmsmeSk1cr9fqH0 − 14eo2Di3vP0uRjS − NYQgrhL1Zg5u，2013年8月12日访问。

日本驻华使馆的"出国证明书",在该证件的国籍栏里填写的是日本。1975年,中国政府规定,凡具有中国国籍的,在申请出国时,均需根据护照办理出国手续。这样,该女士得将日本驻华使馆发给的"出国证明书"换成护照,才能获准,于是她退还了"出国证明书"领取了护照。1978年,她在仅持有中国护照而未带入籍证明书的情况下回到日本。因此,日本国把该女士当作1963年已自愿申请加入中国国籍者处理,撤销了她的日本国籍,该女士不服日本的处理,起诉至东京地方法院,以她加入中国国籍并非自愿为理由,请求确认她的日本国籍。

1979年1月,东京地方法院作了确认该女士为日本国籍的判决,主要理由有以下几个方面:①根据《中国国籍法》的规定可知,并不是所有与中国人结婚的外国女子都能自动取得中国国籍。但在本案中,自1963年以后,中国政府停发外侨证书的行为已经表明,把该女士作为自动取得中国国籍对待。②根据《日本国籍法》第8条的规定,所诉的"自愿取得外国国籍"是指真正出自本人意愿。但在该案中,不能得出该女士取得中国国籍是"出自真正自愿"的断定。③日本方面仅仅由于该女士进境携带中国护照就认定其已经取得中国国籍,并且在找不到某氏非自愿加入中国国籍的证据时,就推定其是根据申请取得中国国籍,但这种推定并没有得到中国方面的证实,日本方面也没有履行举证责任。所以,法院认为在没有足够证据证明该女士取得中国国籍是出于个人自愿的情况下,就不能认定她已丧失了日本国籍。

[法律问题]

1. 我国的国籍取得方式有哪些?

2. 本案中日本法院认为某氏自动取得中国国籍是否正确?

3. 对于处理国籍冲突我国是如何规定的?

[重点提示]

《中华人民共和国国籍法》第7条规定:"外国人或无国籍人,愿意遵守中国宪法和法律,并具有下列条件之一的,可以经申请批准加入中国国籍:①中国人的近亲属;②定居在中国的;③有其他正当理由。"同时第8条规定:"申请加入中国国籍获得批准的,即取得中国国籍;被批准加入中国国籍的,不得再保留外国国籍。"这就表明加入我国国籍必须经申请,而且我国不承认双重国籍。

案例二: 张某遗产继承案[1]

[基本案情]

中国公民张某是北京市居民,1988年大学毕业后自费赴日本留学深造,

---

〔1〕 赵秀文主编:《国际私法学原理与案例教程》,中国人民大学出版社2012年版,第57页。

1994 年在日本某大学毕业并取得博士学位，毕业后一直在日本定居工作。2003 年张某因病在日本去世，生前并未留遗嘱。张某去世后其妻刘某（中国公民）变卖在日本的财产，带女儿回国定居。回国后，张某的父母向刘某提出，要求作为第一顺序继承人参与遗产分配，但遭到刘某拒绝。

在庭审中，刘某的代理律师提出，依照《民法通则》第 149 条规定："遗产的法定继承，动产适用被继承人死亡时住所地的法律，不动产继承适用不动产所在地的法律。"本案中，张某的遗产均为动产，且死亡时的住所地在日本，因此应适用日本的继承法作为准据法。根据日本继承法的相关规定，在法定继承中，子女为第一继承人，父母为第二继承人，存在第一继承人时，配偶和第一继承人共同继承，没有第一继承人时，配偶和第二继承人共同继承。因此，他认为张某的遗产应由其妻刘某与女儿共同继承。

［法律问题］

1. 在本案中，被继承人张某的住所如何确定？

2. 在继承案件中，如何划分动产与不动产？

3. 我国《继承法》中规定第一顺序继承人为配偶、子女、父母，与日本继承法规定不同，法院可否认为适用日本继承法与我国的公共秩序相抵触而拒绝适用呢？

［重点提示］

考虑我国关于住所的相关规定。保障父母对子女的继承权是否属于公共秩序范围。

第二节　法人

经典案例

案例一：　利比里亚易迅航运公司诉巴拿马金光海外私人经营有限公司船舶碰撞损害赔偿纠纷案[1]

［基本案情］

原告利比里亚易迅航运公司（以下简称原告）"易迅"轮因与被告巴拿马金光海外私人经营有限公司（以下简称被告）"延安"轮发生海上船舶碰撞损害赔偿纠纷，向天津海事法院提起诉讼，被告为此提起反诉，天津海事法院依法进行了合并审理。

---

〔1〕　天津海事法院（1992）津海法事判字第 4 号民事判决书。

　　原告诉称：原告所属"易迅"轮在驶往香港的航行途中，当与被告所属"延安"轮相距 1.2 海里时，"延安"轮在无任何声号的情况下，突然向左转向，造成该轮船头碰撞"易迅"轮左舷尾部，致使"易迅"轮沉没和船员伤亡。"延安"轮疏于瞭望，未能保向保速航行，而在临近"易迅"轮时，突然向左转向，违反了《1972 年国际海上避碰规则》第 1、7、8 和 17 条之规定。据此，要求被告赔偿原告经济损失 2 917 728 美元。

　　被告辩称：被告所属"延安"轮在驶往日本国黑峡港的航行途中，初见"易迅"轮时，采取保向保速航行。直至两船距离缩小到 0.5 海里，发现"易迅"轮仍未让路，即采取改航向。此后又见到"易迅"轮在未发出任何声号的情况下，突然向右大幅度转向，致使"延安"轮船首碰撞。"易迅"轮严重疏于瞭望，造成两船碰撞的紧迫局面，采取避让措施过晚，违反了《1972 年国际海上避碰规则》第 1、8、15、16 和 34 条之规定。据此，原告应负主要的碰撞责任，并提出反诉，要求原告赔偿被告 370 000 美元。

[法律问题]

1. 本案中，"易迅"轮和"延安"轮的国籍如何确定？
2. 天津海事法院对本案是否享有管辖权？
3. 天津海事法院应该如何确定本案的法律适用？

[参考结论与法理分析]

（一）法院意见

　　法院审理查明，本案是一起发生在公海上的船舶碰撞损害赔偿纠纷。碰撞的两艘船舶"易迅"轮与"延安"轮同属巴拿马籍轮船，因此本案应适用巴拿马共和国的法律。天津海事法院书面通知当事人提供巴拿马有关法律，但是双方当事人均未提供。法院在无法查明巴拿马有关法律的情况下，决定适用中华人民共和国的有关法律审理本案。

　　法院审理认为，碰撞前当两船处于互见交叉相遇状态时，原告所属"易迅"轮为让路船，被告所属"延安"轮为直航船。"易迅"轮自两船互见至发生碰撞，未能谨慎驾驶和正规瞭望，仅凭目测观察，缺乏对两船碰撞危险的充分估计。在紧迫局面形成之际，应该及早大幅度地避让"延安"轮。但是，由于该轮采取避让措施较晚，又未能采取停车或倒车的避让行动，仅以小角度转向避免碰撞，从而导致碰撞的发生，"易迅"轮违背了《1972 年国际海上避碰规则》第 5 条、第 8 条第 1 款、第 15 条、第 16 条和第 34 条第 1 款规定。原告应承担主要碰撞责任。

　　"延安"轮在与"易迅"轮交叉相遇时，本应保向保速航行，但是由于该轮疏于瞭望，在未判明"易迅"轮是否让路，也未向其发出信号的情况下，断然对在左舷的"易迅"轮采取左转向避让，盲目实施了背离规则的避让措施，致使两船碰撞发生。"延安"轮违背了《1972 年国际海上避碰规则》第 5 条、第 7 条第 2 款、第 17 条及第 34 条第 1 款、第 4 款规定。被告应承担次要碰撞责任。

天津海事法院裁判前，征得双方当事人意见，选择适用法院地法为准据法，即中华人民共和国的法律。为此，法院根据《中华人民共和国民法通则》，并参照国际惯例作出判决：

1. 原告负 60% 的碰撞过失责任，承担本案经济损失 993 410.60 美元。

2. 被告负 40% 的碰撞过失责任，承担本案经济损失 662 273.73 美元。

3. 被告除全部承担自身经济损失数额外，应再赔付原告 399 840.08 美元。被告应自判决生效起 30 日内将赔付款额汇至原告，逾期不付，按《中国人民银行结算办法》规定，每延付 1 日，加付 0.03% 的滞纳金。

本案诉讼费用共计 15 060.14 美元，原告承担 9036.08 美元，被告承担 6024.06 美元。

（二）法理分析

本案是一起发生在公海领域的船舶碰撞损害纠纷案件，根据本案已经查明的事实，在发生碰撞时，"易迅"轮和"延安"轮都悬挂巴拿马共和国国旗，在国际法领域，船舶悬挂的国旗即表明了船舶的国籍，因此，即便"易迅"轮所属公司的营业地在利比里亚共和国，而"延安"轮所属公司的营业地在日本，二者所属公司是不同国家的法人，但是二者都属巴拿马籍。

再来看管辖权的问题，在船舶碰撞发生后，原告没有向"延安"轮首先到达地以及船东所在地日本提起诉讼，而是在 1990 年 1 月 1 日，正当"延安"轮驶抵中国秦皇岛港卸货时，原告抓住机遇，及时向天津海事法院申请诉前扣船，并择地起诉到这个法院。从而使天津海事法院取得对这起涉外公海船舶碰撞损害赔偿案的司法管辖权。《最高人民法院关于诉讼前扣押船舶的具体规定》第 6 条第 1 款规定："扣押船舶的海事法院对于根据该海事请求提起的诉讼具有管辖权。"因此，天津海事法院通过诉前扣船取得该案的管辖权，是有充分法律依据的。

关于法律适用问题。在审理本案时，我国并没有制定《海商法》，天津海事法院根据《民法通则》的规定适用国际惯例，即对于发生在公海领域的船舶碰撞，如果属于同一国籍的，适用其船旗国法。在本案中即为巴拿马的有关法律。但是天津法院在书面通知当事人提供有关巴拿马有关法律后，双方当事人都没有提供。1991 年 10 月 11 日法院开庭时征求了双方当事人意见，双方当事人一致同意适用法院地法，即中华人民共和国的法律。天津海事法院认为：尽管碰撞两船同挂巴拿马旗，但他们的船东经营地分别在利比里亚共和国和日本，当事人难以提供巴拿马法。因此，在船旗国法律无法查明情况下，适用法院地法作为准据法不仅是可行的，而且也为当事人所接受。

案例二：   星花投资服务有限公司与杭州金马房地产
有限公司等债务及担保合同纠纷上诉案[1]

[基本案情]

星花公司系一家在英属维尔京群岛注册的公司，杭州金马公司和未来世界公司均为在我国境内注册的外商独资企业。

1997 年 2 月 19 日，冯地代表金马集团控股有限公司与苏添财代表万康集团签订转让协议书，约定：金马集团控股有限公司将其拥有的杭州金马公司 25% 的股权、杭州梦湖山庄服务有限公司（以下简称梦湖山庄公司）100% 的股权和未来世界公司 100% 的股权转让给万康集团，转让的总金额为 2600 万美元，其中 1100 万美元在股权转让合同签署后支付，700 万美元以杭州梦湖山庄别墅和公寓产权支付，余款 800 万美元以分期付款方式在签署股权转让后 3 年内支付。苏添财以挂牌的万康公司名义为三年内偿还 800 万美元提供信用担保。

1997 年 3 月 18 日，经杭州金马公司许可，金马控股公司和星花公司在香港签订了转让书，约定：鉴于金马控股公司已向杭州金马公司预付了 2400 万美元，金马控股公司现将该款项权益转让给星花公司。星花公司付给金马控股公司 2400 万美元的补偿，并已经确认收到。该款项由杭州金马公司欠付星花公司。

1997 年 3 月 19 日，冯地代表星花公司与苏添财代表 BILLION TOP 国际投资有限公司（以下简称 BILLION TOP 公司）签订两份买卖合约。其中第一份是关于买卖 COSMOS CROWN 投资有限公司（以下简称 COSMOS 公司）25% 股权的买卖合约，在合约中双方确认以下事实：杭州金马公司是 COSMOS 公司的全资子公司，星花公司持有 COSMOS 公司 25% 的股份。双方约定：星花公司同意向 BILLION TOP 公司出售其在 COSMOS 公司中的全部股权，价格为 400 万美元。在买卖合约第 6 条中双方约定买卖的完成应符合以下条件："……③由买卖双

---

〔1〕 最高人民法院（2004）民四终字第 21 号民事判决书（原审：浙江省高级人民法院（2002）浙经一初字第 4 号民事判决）。

方在 1997 年 3 月 19 日签署的关于 GAIN UNION 投资有限公司（以下简称 GAIN UNION 公司）的股票买卖合约必须业已完成。④下述文件必须已经由合约双方执行：……（ⅲ）由万康集团给星花公司的担保书，关于杭州金马公司付给星花公司的预付款；（ⅳ）由未来世界公司给星花公司的担保书，关于杭州金马公司付给星花公司的预付款；（ⅴ）星花公司与杭州金马公司之间预付款协议书。"本合约必须根据香港法律制约并管辖。第二份是关于买卖 GAIN UNION 公司股票的买卖合约，在合约中双方确认以下事实：未来世界公司是 GAIN UNION 公司的全资子公司，星花公司拥有 GAIN UNION 公司的全部股份。双方约定：星花公司同意向 BILLION TOP 公司出售其拥有的 GAIN U-NION 公司的全部股权，价格为 350 万美元。在买卖合约第 6 条中双方约定买卖的完成应符合以下条件："……④由买卖双方在 1997 年 3 月 19 日签署的关于 COSMOS 公司的股票买卖合约必须业已完成。"本合约必须根据香港法律制约并管辖。星花公司通过上述两份合约，向 BILLION TOP 国际投资有限公司转让杭州金马公司 25% 和未来世界公司 100% 的股权，转让价分别为 400 万美元和 350 万美元。

1997 年 3 月 19 日，冯地代表香港金马国际联合公司与苏添财代表泳基投资有限公司签署买卖合约，约定：香港金马国际联合公司向泳基投资有限公司出售其全权拥有的梦湖山庄公司，价格为 450 万美元。在买卖合约第 6 条中双方约定买卖的完成应符合以下条件："……④由买卖双方在 1997 年 3 月 19 日分别以星花公司与 BILLION TOP 公司名义签署的关于 COSMOS 公司的股票买卖合约必须业已完成。"本合约必须根据香港法律制约并管辖。

1997 年 3 月 19 日，星花公司与杭州金马公司签订预付款确认书，约定：双方同意杭州金马公司对 2400 万美元预付款保证以下列方式偿还：900 万美元现金，按照 COSMOS 公司的股票买卖合约和 GAIN UNION 公司的股票买卖合约的规定对 COSMOS 公司股票和 GAIN UNION 公司股票以购买者的名义进行转让和注册；700 万美元以转让和让与杭州梦湖山庄房产的方式支付；800 万美元及其利息分 8 次按季度等额偿还。作为杭州金马公司清偿本预付款确认书项下余额的担保，杭州金马公司将请万康集团为星花公司签署一份公司担保书。双方还约定该确认书应按照中华人民共和国法律解释并受中华人民共和国法律管辖。

同年 3 月 27 日，星花公司分别与未来世界公司、万康集团各签订公司担保书一份，内容为：未来世界公司、万康集团为杭州金马公司的预借款提供无条件不可撤销担保，如果借款人没有按照预借款确认书的方式充分并准时地偿还余款，在经书面要求后，担保人将履约清偿或促使借款人履约清偿预借款确认书项下有关的借款人债务余款。星花公司与未来世界公司签订的担保书应按照香港法律解释并受香港法律管辖。星花公司与万康集团签订的担保书应按照马来西亚法律解释并以此为依据。

2002年3月5日，星花公司向原审法院提起诉讼，称杭州金马公司仍欠其800万美元及相应利息，请求法院判令：①杭州金马公司返还欠款800万美元及至清偿之日的利息1 706 667.36美元；②未来世界公司对杭州金马公司的债务承担连带清偿责任；③本案诉讼费由两原审被告承担。

[法律问题]

1. 本案中星花公司的主体资格如何确认？

2. 本案中星花公司与杭州金马公司的债权债务纠纷和星花公司与未来世界公司的担保纠纷分别应适用什么法律加以解决？

[参考结论与法理分析]

（一）法院意见

关于星花公司的主体资格问题。原审法院认为：从星花公司第一次庭审时提交的证据看，其注册情况已得到维尔京群岛公司注册员的证明，其注册号为115766。由于星花公司的营业地在新加坡，故新加坡公证当局对维尔京群岛出具的公司注册情况进行了公证，我国驻该国使领馆也予以了认证。星花公司在第二次庭审时提交的证据，进一步证明了其为维尔京群岛注册的公司，且有英国外交和英联邦事务秘书长的证明以及我国驻英国使馆的认证书。因此，星花公司为一家在英属维尔京群岛注册但营业地在新加坡的公司的事实可以认定，其具有本案的民事诉讼主体资格。杭州金马公司和未来世界公司认为星花公司究竟是英属维尔京群岛公司还是新加坡公司不清楚，其主体资格不明等理由不能成立。上诉法院对此问题并未过多涉及。

关于本案的法律适用问题。二审法院认为，本案纠纷是星花公司作为债权人，向债务人杭州金马公司主张债权，以及向保证人未来世界公司主张担保责任的诉讼。作为确认债权债务的主合同，1997年3月19日星花公司与杭州金马公司签订的预付款确认书，约定了该确认书应按照中华人民共和国法律解释并受中华人民共和国法律管辖，故审理该主合同的准据法为中华人民共和国法律，各方当事人对此亦无异议。该主合同虽成立于《中华人民共和国合同法》实施之前，但合同约定的履行期限跨越了《中华人民共和国合同法》实施之日，现各方当事人因履行合同发生了本案纠纷，根据《最高人民法院关于适用〈中华人民共和国合同法〉若干问题的解释（一）》之规定，审理本案主合同应适用《中华人民共和国合同法》。

作为该主合同的担保合同，1997年3月27日星花公司与未来世界公司签订的公司担保书约定该担保书应按照香港法律解释并受香港法律管辖,即担保合同当事人约定的准据法为香港法。因我国实行外汇管制制度,作为国内法人的未来世界公司在为外国公司星花公司提供担保时,必须经外汇管理部门登记。星花公司与未来世界公司约定担保合同适用香港法,规避了我国对外担保的登记制度,按照《最高人民法院关于贯彻执行〈中华人民共和国民法通则〉若干问题的意见(试行)》第194条的规定,适用香港法律的约定无效,审理该担保合同亦应适用中华人民共和国的法律。

关于本案的合同效力问题。法院认为,星花公司与杭州金马公司签订的预付款确认书,是对双方债务关系的确认,是双方当事人真实意思表示,并不违反法律法规的规定,合法有效,双方应予严格执行。我国法律规定,外商独资企业可以自行对外提供担保,无需批准,仅应办理担保登记手续。未来世界公司与星花公司签订公司担保书后,并未办理担保登记手续,但该行为不属于违反我国法律禁止性规定的行为,仅应受到相应的行政处罚,对该担保合同效力应认定有效。该担保合同约定:"如果杭州金马公司没有按照预付款确认书的方式充分并准时地偿还余款,在经书面要求后,未来世界公司将履约清偿或促使杭州金马公司履约清偿预付款确认书项下有关的债务余款",根据《中华人民共和国担保法》第17条第1款、第12条之规定,未来世界公司应对杭州金马公司上述债务承担一般保证责任。

(二)法理分析

本案涉及法人主体的资格问题。对于这一问题,要依法人的属人法加以解决。需要明确的是,究竟是以法人设立地法作为法人的属人法,还是以法人主要事务所所在地法或法人主要营业所所在地法作为法人的属人法。从《最高人民法院关于贯彻执行〈中华人民共和国民法通则〉若干问题的意见(试行)》第184条第1款规定:"外国法人以其注册登记地国家的法律为其本国法,法人的民事行为能力依其本国法确定。"由此来看,该条采取的是法人设立地主义,以法人登记注册地国家的法律作为法人的属人法。但是《涉外民事关系法律适用法》第14条第2款规定:"法人的主营业地与登记地不一致的,可以适用主营业地法律。法人的经常居所地,为其主营业地。"即在法人主营业地与法人登记地不一致时,"可以"而非"必须"适用主营业地法。该规则采取的是法人设立地主义和法人主要营业所所在地主义相结合的立法模式,但是在二者不一致时到底适用哪一个法律并不明确,有待今后司法实践确认。

本案中原审法院认定星花公司的登记注册地为英属维尔京群岛,而营业地在新加坡,并通过对该事实的认定,判决该公司具有民事诉讼主体资格。但是法院的这一结论只停留在对星花公司成立之事实的认定上,其并没有阐明星花公司主体资格的确定是适用其设立地法还是适用其主营业地法（即是适用英属维尔京群岛法还是适用新加坡法而得出的），不得不说这一判决有所欠缺。

拓展案例

案例一：　港源水利电力工程有限公司诉中国农业银行 北京市分行等存款纠纷案[1]

[基本案情]

本案原告港源电力工程有限公司（以下简称港源公司），被告中国农业银行北京市分行（以下简称农行北京分行），第三人国宇经济发展总公司（以下简称国宇公司），因存款纠纷引发诉讼。1996 年 10 月 23 日，原告港源公司的独资子公司华水电子（深圳）有限公司（以下简称华水公司）在被告农行北京分行营业部开户，将 500 万元人民币存入该账户，双方签订了存款协议，约定存期 1 年。该合同签订的同日，华水公司存入被告农行北京分行的人民币 500 万元被汇至第三人国宇公司的下属单位三峡双艺。在合同即将到期时，华水公司通知被告农行北京分行 500 万元到期不续存，并要求将 500 万元存款转交水利部机关服务中心账户，但农行北京分行以 500 万元已让三峡双艺提走为由拒绝。鉴于华水公司已被吊销，其投资单位港源公司作为原告依据有关法律规定向法院提起诉讼，请求判令被告农行北京分行和第三人国宇公司返还原告港源公司剩余存款。但是，被告农行北京分行辩称，原告港源公司不是适格的主体，企业法人被吊销后，该企业法人仍可以以自己的名义进行诉讼，本案原告应是华水公司，请求驳回原告港源公司的诉讼请求。

法院审理认为，按照国际私法确立的基本原则，当事人主体资格的确定，应适用其所在地国的法律。本案法律关系的当事人华水公司的注册成立地在中国，故应依据中国的法律确定当事人的主体资格问题。华水公司虽然被工商管理部门吊销了营业执照，但现没有证据证明华水公司已注销。依据我国《企业法人登记管理条例》的有关规定，华水公司作为企业法人仍继续存在，故其仍应以自己的名义起诉或应诉。港源公司作为华水公司 100% 的股东，其以华水公司已被吊销营业执照为由，以其自身的名义作为原告起诉农行北京分行及申请追加国宇公司为第三人的理由不能成立，其起诉应予以驳回。

---

〔1〕　北京市第一中级人民法院（2001）一中民初字第 1587 号民事判决书。

[法律问题]

1. 本案中，法人的国籍如何确定？我国采哪种标准？

2. 法人的民事权利能力和民事行为能力受哪国法律调整？

3. 法人的民事诉讼能力受哪国法律调整？

[重点提示]

确定法人国籍的标准：①资本控制说；②法人成立地说；③法人住所地说；④法人营业中心说；⑤准据法说；⑥复合标准说。我国最高人民法院《民通意见》中规定：外国法人以其注册登记地国家的法律为其本国法，法人的行为能力以其本国法确定。我国确定法人国籍采法人成立地说。

案例二：　　1906 年比尔斯联合矿业有限公司诉荷奥案
（De Beers Consolidated Mines Ltd v. Howe）[1]

[基本案情]

比尔斯联合矿业有限公司 1902 年在南非注册成立，总机构设在南非金伯利。1906 年，英国政府要求该公司就其全部营业所得纳税。比尔斯公司以原告身份起诉，认为该公司的注册地、总机构所在地都在南非，而且金刚石的开采和销售都在南非，该公司应该是南非公司，不应向英国政府缴税。但英国法院认定，原告公司大部分董事和终身董事均住在英国，董事会大多在伦敦举行，公司的经营管理和重要决策都是在伦敦进行的。所以，原告公司的实际管理和控制中心位于伦敦，其为英国的居民公司，应就其在全球所得征税。

[法律问题]

1. 比尔斯公司的住所在哪国？英国法院判决合理吗？

2. 应以什么标志来确定企业的实际管理和控制中心所在地？

3. 确定法人居民身份的标准应以哪种为佳？

[重点提示]

通过此案，英国法律确定了法人住所地的管理机构地标准：判定企业居民身份的标准在于其实际的"管理及支配中心"是否在英国境内，即以董事会行使指挥监督权力的场所、公司账簿的保管场所和召开股东大会的场所为判定依据。

---

〔1〕　［1905］2 K. B. 612, Court of Appeal.

第三节 国家

案例一：　　　　　　　仰融诉辽宁省政府案[1]

[基本案情]

1991 年，仰融全资拥有的华博财务公司（设立于香港，以下简称华博）与沈阳市政府拥有的金杯汽车控股有限公司（以下简称金杯）合资成立了沈阳金杯客车制造有限公司（以下简称沈阳汽车），合资企业设立之时，金杯拥有沈阳汽车 60% 的股权，华博拥有 25%，另一合作方海南华银国际信托投资公司（海南）拥有 15% 股权，华博随后收购了海南的股份，使得沈阳汽车的股权结构变为 60/40，即金杯控股 60%，华博控股 40%。

为了进入美国资本市场从而扩大企业规模，合作方准备将沈阳汽车在纽约证交所上市。仰融作为沈阳汽车的首席执行官和经理，在百慕大成立了百慕大控股有限公司（华晨中国）作为沈阳汽车在纽约证交所上市的融资工具，并将其 40% 的股权转让给了华晨中国。金杯亦将其在沈阳汽车的 11% 股权转让给华晨中国，至此华晨中国拥有沈阳汽车 51% 的权益。作为转让 11% 股权的回报，金杯取得了华晨中国的 21.5% 的股份，使仰融在华晨中国的股份减至剩余的 78.43%。

在向美国证券交易委员会（SEC）登记股票，筹备在美国的首次公开发行以及纽约证交所上市的过程中，我国政府通知仰融，上市公司的大股东应是一家中国实体而不是香港私人企业，仰融理解如果该上市公司的大股东由一家中国非政府组织担任即可满足中国政府的要求。1992 年 5 月，华博、中国人民银行及另外几家中国政府机构成立了一家非政府组织——中国金融教育发展基金会（以下简称基金会），仰融任副主席。

1992 年 9 月，华博将其在华晨中国的股份转让给了基金会。最终，仰融与基金会主席尚明同意"基金会将为华博托管股份，事实上作为华博的被指定人"，仰融全权管理、控制和支配基金会在华晨中国的股权。被转让的华晨中国

---

〔1〕 YANG RONG, ET AL., APPELLANTS v. LIAONING PROVINCE, UNITED STATES COURT OF APPEALS FOR THE DISTRICT OF COLUMBIA CIRCUIT（2005—7030）

的股份以基金会的名义持有。在这一安排下，加之 2002 年 10 月华晨中国出售了 28.75% 股权，基金会拥有了华晨中国 55.88% 的股权，金杯拥有 15.37% 股权。根据仰融的指示，华博支付了华晨中国股票登记和上市的费用，并为基金会支付了各项管理费用。他还负责华晨中国的主要股东沈阳汽车的工作，安排为丰田和通用汽车生产汽车。沈阳汽车的所有生产设施均在辽宁省。

与此同时，2002 年初，省政府成立了一个由省长助理领导的"工作小组"。2002 年 3 月，工作小组宣布基金会名下的所有股权，包括仰融在华晨中国的权益，均为国有资产，要求他将这些股权转让给省政府。仰融拒绝之后，工作小组通知仰融和华晨中国董事会，基金会不再承认华博在华晨中国的受益权益。根据省政府的指示，华晨中国董事会解除了仰融总裁、首席执行官和董事的职务，将工作小组成员安排在这些职务和其他管理职务上。2002 年 10 月，新组建的华晨中国董事会不再支付仰融工资，并于次月解除了其经理职务，终止了其劳动合同。省政府还成立了华晨汽车集团控股有限公司（新华晨），任命省政府官员作为新公司的管理人员。大约两个月后，新华晨以市场价格的 6% 即 1 800 万美元收购了名义上由基金会为华博托管的华晨中国的股份。新华晨与华晨中国董事会对剩余的华晨中国股份，包括在纽约证交所交易的股份进行了要约收购，导致 2002 年 12 月 18 日～19 日华晨中国股票在纽约证交所停牌。

正当工作小组进行收购时，仰融代表华博在各级法院寻求救济。华博在北京市高级法院对基金会提起诉讼，要求确认其在基金会名义下的财产权益，包括由基金会托管的华晨中国的股份，但被拒绝。仰融还在美国哥伦比亚特区地区法院起诉辽宁省政府，指控辽宁省政府"实施征收原告的股份、其他股本权益和其他财产的方案，并且为了自己的商业利益控制这些财产"。辽宁省政府以缺乏标的管辖为由申请法院驳回仰融的起诉，主张无论是豁免法的商业行为例外（《美国法典》第 28 卷第 1605 节（a）（2）款），还是征用例外（同上第 1605 节（a）（3）款），都不适用。美国地区法院同意辽宁省政府的意见，认为辽宁省政府征收华晨中国的股权是主权行为，辽宁省政府应享有豁免。地区法院根据《联邦民事诉讼规则》驳回起诉。仰融随后提出上诉，对地区法院拒绝适用商业行为例外提出质疑。

[法律问题]

1. 辽宁省政府能否代表国家？

2. 本案中，省政府的行为是否构成美国《外国主权豁免法》中的商业行为？

[参考结论与法理分析]

（一）法院意见

美哥伦比亚特区上诉法院重新审阅了地区法院对依据《外国主权豁免法》

作出的撤诉判决。豁免法是美国法院对外国国家进行管辖的唯一依据。外国国家免予在美国受到起诉，除非其被质疑的行为属于法案列举的几项例外情形之一。如果被告质疑的仅仅是原告的管辖权主张在法律上的充分性，则地区法院应将原告对事实的主张当作是真实的，并决定这些事实是否可将案件归属于原告援引的豁免例外的任何情形。如果某外国主张，即使原告的主张是真实的，仍不足以归于商业行为例外，那等同于在法律上对主张的充分性提出质疑。同上，如果诉由是基于一个主权行为，地区法院可以据此驳回起诉。

本案中，仰融主张辽宁省政府实施征收原告股份、其他股权利益和其他财产的方案，为自己的商业利益而控制这些财产属于《美国法典》第 28 卷第 1605（a）（2）款项下第三种情形下的"商业行为"，即是发生在美国领土之外、与该外国国家在别处的商业行为有关，并且在美国产生了直接影响的行为。本案行为发生在美国之外，这一点没有争议。争议的问题是：①省政府的行为是否与在中国的某商业行为有关；②如果是这样，该行为是否"在美国产生了直接影响"。

本案当事方对构成仰融诉讼基础的辽宁省政府的行为有不同意见。仰融侧重于省政府的全部行为，包括沈阳市最初参与沈阳汽车合资项目、工作小组设立新华晨、将华晨中国的股份从基金会转让给新华晨以及新华晨要约收购华晨中国剩余的公开交易的股份，是市场私营参与者的行为。另一方面，省政府则侧重于仰融主张的其财产被辽宁省政府错误征收；省政府称仰融指控其征收华博在华晨中国的股权，而征收是典型的政府行为。根据省政府的说法，其控制了基金会以及华晨中国股份之后的任何行为，包括将股份转让给新华晨，仅与已被征收的资产的最终处分有关；省政府还指出，这些行为不能将最初的征收行为转换成商业行为。仰融反驳说，工作小组的成立是为了通过基金会接管华晨中国，省政府坚持认为构成了诉状基础的这一行为，是只有主权国家才能实施的行为。上诉法院认可了被上诉人的主张，认为中国辽宁省政府的行为仍然是主权行为，从而享有豁免权。

上诉法院认为，从某些方面来看，工作小组接管基金会及其对华晨中国股份的所有权似乎是商业性的，例如，解除仰融华晨中国的董事职务，将工作小组成员安排在这些职位上。但所有这些行为是随着工作小组将上述资产宣告为国有财产而发生的，而这一宣告只能由主权者作出。仰融与省政府之间没有关于基金会的合同关系。省政府没有像一个私营方那样，通过从华博购买华晨中国的多数股权而控制华晨中国；相反，省政府宣布基金会持有的华晨中国的股份是国有财产，并像主权政府一样获得了这些财产。市场的私营方不可能采取省政府在本案中的做法，由省长助理发起、工作小组实施的这些行为，是典型的主权行为，而不是公司接管。

尽管仰融辩称，省政府在征收华晨中国股份之后使用了这些股份，仅这一项即可确立管辖权，但省政府随后成立新华晨，将华晨中国股份转让给新华晨并不能将省政府的征收转变为商业行为。正如美国地区法院指出的，仰融的诉状称股份被转让给新华晨之时，省政府已经取得了对股份的控制权，在股份归属省政府之后 6 个月才成立新华晨。无论是仰融拒绝服从工作小组要求转让华晨中国股份的命令，还是省政府后来以极低的价格向新华晨转让华晨中国的股份均不能使省政府的征收行为变成商业行为。

此外，仰融一方在上诉状中声称工作小组征收了华晨中国的股份，解除了他在华晨中国的行政和管理职务，还中止了华晨中国股份在纽约证交所的交易，剥夺了他的财产、补偿、股息和对公司的控制权，因此在美国造成了直接影响。本案的主审法官卡伦·拉卡夫特·亨德森法官认为本案所谓的直接影响仅涉及一名定居在美国的中国公民的金钱损失。此外，华博作为一外国公司的身份并不能改变无"直接影响"的判断。所以，美国居民纯粹财产上的损失不构成在美国的"直接影响"。

据此，上诉法院维持了地区法院的判决，驳回了上诉。

（二）法理分析

"仰融事件"法律途径解决的关键问题是正确理解和运用国家及其财产豁免理论。国家及其财产管辖豁免，已被国际法承认为一般规则。从其发展上看，有绝对豁免论和相对豁免论两种不同的学说和实践。一般说来，社会主义国家及一些发展中国家坚持绝对豁免论，西方发达国家主张限制豁免论。自苏联解体和东欧剧变以来，越来越多的国家主张限制豁免论。比如美国、法国、德国、荷兰、巴基斯坦、阿根廷、埃及等以及 1972 年的《欧洲国家豁免公约》均采用了限制豁免论。自 1998 年以来，联合国国际法委员会一直从事关于国家及其财产管辖豁免的法律编纂工作。该委员会于 1991 年通过的《国家及其财产的管辖豁免条款草案》的二读草案（以下简称二读草案）也明确采用了限制豁免论，规定除传统的国家同意构成管辖豁免的例外之外，商业交易、雇佣合同、知识产权和工业产权、国家拥有或经营的船舶等广泛领域内存在管辖豁免的例外。

美国在处理有关国家主权及财产豁免问题时依据的是 1976 年《外国主权豁免法》，该法采取了特别的模式，规定了外国国家豁免与美国司法管辖权的联系，将在美国对外国国家之诉中所适用的豁免规则与审判管辖规则统一于同一法律之中，依该法美国法院对外国国家所从事的行为具有管辖权必须满足两个条件：①该外国国家不享有管辖豁免权；②该外国国家所从事的行为与美国存在足够的联系关系。也就是说，一个国家不享有管辖豁免并不代表着法院地国就必须拥有审判管辖权，该国的行为必须构成"商事活动"，而且与美国之间必须满足该法"关联要件"的要求，美国法院才能当然地行使管辖权。

《外国主权豁免法》的商业行为例外规定下列情形不能免予美国法院的管辖：被指称的行为是该外国国家在美国进行的商业行为，或在美国发生的与该外国国家在别处的商业行为有关的行为，或者在美国之外发生的与该外国国家在别处的商业行为有关，并且该行为对美国产生了直接影响。在确定是否适用"商业行为"例外时，法院考查外国国家行使权力的性质而不是其效果。如果外国国家行使的仅仅是那些公民私人也可行使的权利而不是那些主权独有的权利时，则外国国家从事的行为是商业行为；如果主权者"不是作为市场的管理者，而是作为市场内的私营者"行事，主权者即从事了商业行为。因此，法院认定本案中辽宁省政府的行为是主权行为而不是商业行为。

案例二： 天宇公司诉四川省政府案
（Big Sky Network Canada. Ltd v. Sichuan Provincial Government）[1]

[基本案情]

本案的原告加拿大天宇网络有限公司（以下简称天宇），是一家在英属维京群岛注册，由美国犹他州股东在内华达州投资的一家名为"中国宽带"（China Broadband）的公司的全资子公司。其总部位于加拿大阿尔伯特省的卡尔加利市。2000年，天宇公司与成都华宇信息产业股份有限公司（以下简称华宇）合资成立了一家企业，共同为四川成都市提供有线电视网络服务。华宇拥有一种光学纤维网络称为"华宇光纤同轴混合数据传输业务"。华宇以该网络作为出资，天宇则拿出1 875 000美元作为出资成网（Huaya HFC Network），华宇同时有权使用该网络在成都市内进行互联网和成立合资企业。双方约定首期合资期限为20年，合资企业在这期间的预期盈利是20 000 000美元以上。

然而，2001年5月11日，中国国家广播电影电视总局发布了《关于制止广播电视有线网络违规融资的紧急通知》（广发计字［2001］428号）明文规定：严禁外商独资、合资、合作经营广播电视有线网络；严禁私人资本经营广电有线网络；严禁未经批准擅自转让或者出售有线电视网络资产及其相关权益、擅自组建股份有限公司上市。2001年6月4日，中共四川省委宣传部、四川省广播电影电视局也发布了《关于坚决制止违规融资建设、经营有线电视网络的紧

---

　　［1］　United States Court Of Appeals, Tenth Circuit, 533 F. 3d 1183, 2008. 并参见宋锡祥、高大力："从'天宇案'透视国家主权豁免问题"，载《东方法学》2010年第1期。

急通知》，其中第 2 条明确规定：融资建设经营有线电视网络，必须符合相关的规定和政策，必须按照规定的程序报批，严禁未经省委宣传部、省广播电影电视局批准前以任何方式融资建设经营有线电视网络，正在策划的要立即停止，已经签署了合作协议的要坚决纠正，继续违规运作的，将追究领导责任。尽管政府严令禁止外资参与经营广电有线网络，但华宇并没有立即对合资企业的资金进行任何处理。

在签订合资协议之时，天宇显然不知道华宇并不是"华宇光纤同轴混合网"的唯一拥有者。

四川华西文化发展有限公司（以下简称华西）也拥有"华宇光纤同轴混合网"的一部分权利。华西是一家由成都市青羊区政府控股的国有企业。因为政府已经发布通知禁止私人资本经营广电有线网络，华西决定依照 6 月 4 日的通知强行取得对华宇的控制权。2002 年 12 月 12 日，华宇和华西签订分立协议，华西取得"华宇光纤同轴混合网"的所有权利。

对此，起初华宇在 2002 年 12 月 16 日给天宇的一封信中声称合资企业仍有权使用"华宇光纤同轴混合网"。华宇还向天宇承诺如果合资企业不得不解散时，双方将协商确定解决方案。尽管做出了以上承诺，但是 2003 年 7 月，华宇还是通知天宇，由于政府执行广电总局的通知，其不得不终止合资协议，合资也双方并没有协商解决财产分配等相关问题。

天宇于是于 2005 年在犹他州地方法院对四川省政府及成都市青羊区政府提起诉讼。起初双方对被告收到传票和起诉状的时间有不同意见，最后双方达成一致意见，天宇成功送达传票和起诉状的时间是 2006 年 2 月 6 日。天宇在起诉书中诉称：被告四川省政府及成都市青羊区政府为了获取利润诱使成都华宇信息产业股份有限公司违反合资协议；被告政府因原告对合资企业的巨额投资而获取不当得利；原告的母公司和股东丧失了从合资企业中可以取得的预期利润，并导致其母公司不得不重组。因此，原告要求赔偿。

2006 年 3 月 30 日，被告提交一项动议要求延长移送管辖期限并移案至联邦地方法院审理。一般来说，被告在收到传票和起诉状 30 天内可以要求移案至联邦法院，但是如果被告被认定为《外国主权豁免法》定义下的外国主权国家，移送期限可以因"事由"而延长。犹他州地方法院查明被告政府提供了充分事由证明其共计约三周的移送管辖时间是合理的，因此该案被移送至犹他中部联邦地方法院审理。

被告四川省政府接着又提出一项动议要求驳回案件，理由是依据《外国主权豁免法》，美国法院对该案没有管辖权。作为替代选择，如果法院不驳回案件，被告要求将本案移送美国哥伦比亚特区法院审理。经过审理，法院认为，依据《外国主权豁免法》，被告四川省政府的行为没有对美国造成直接影响，美国法院对被告没有管辖权，所以判决驳回案件。

原告不服，随即向第十巡回上诉法院对一审法院的上述两项判决提起上诉，上诉法院于 2008 年 7 月 15 日作出判决，维持了地方法院的两项判决，以国家豁免为由驳回了原告的起诉。

[法律问题]

1. 本案中，四川省政府是否有权援用主权豁免？

2. 被告行为是否对美国产生直接影响？

3. 送达在本案中的意义为何？

[参考结论与法理分析]

（一）法院意见

1. 本案是否应依《外国主权豁免法》的规定延长移送管辖期限。原告天宇在一审中坚称该案已经超过了 30 天的移送期限，所以不应当移送至联邦法院审理。被告辩称，其作为一个中国地方政府从没在美国法院应诉的经验，符合《美国法典》1441（d）规定的正当事由。[1]

天宇反驳称虽然被告政府首次在美国法院被诉，但被告政府的律师曾经代表过中国其他政治机构在美国应诉，在相关方面具有丰富的经验，所以被告政府仍不能延长移送管辖期限。被告政府辩称在被诉时还没有聘请到美国律师，退一步讲，尽管其聘请了经验丰富的律师，但是这也不能改变其首次被诉、没有任何在美国法院应诉经验的事实。

一审法院查明，由于被告政府确实是首次在美国法院应诉，而且天宇公司也不能证明其他中国政治机构雇用过被告律师，原告的情形符合《美国法典》1441（d）规定的正当事由，因此同意了被告政府延长移送管辖期限并移案至联邦地方法院审理的请求。

天宇在上诉中称：联邦地方法院滥用自由裁量权，要求上诉法院推翻上述判决。上诉法院认为，只有法官在选择事实和适用法律明显超出了合理的界限之时，上诉法院才能推翻下级法院的判决。

这就是说，只要判决结果在一个可以预测的理性范围之内，上诉法院都应该支持地方法院的判决。上诉法院认为国会授予地方法院一定程度的自由裁量权裁定是否应该延长移送期限，根据《美国法典》1441（d）的规定，延长移送

---

〔1〕　一般来说，被告应该在收到传票和起诉状 30 天内，请求将案件移送至联邦法院审理。然而，为了保证法律适用的一致性及对所有外国主权国家一视同仁，美国国会在制定《外国国家主权豁免法》时对 30 天移送期限有一条例外规定。

期限只能是因为正当事由的出现，而地方法院对被告政府是否有正当的事由有酌情裁定权。

具体而言法院的判决理由如下：

判定被告政府是否有权将天宇在州法院提起的诉讼由犹他州地方法院移送至犹他中部联邦地方法院审理，必须首先判定被告政府是否有正当事由证明其延迟移送管辖的行为是适当的。

原被告双方对被告收到传票和起诉状的时间存有异议。由于延迟提请移送管辖申请的时间长短对被告是否有正当事由证明其提请延迟移送管辖有很大影响，而移送管辖申请的时间从被告收到传票和起诉状时起算，所以我们应该首先判定被告收到传票和起诉状的确切时间。原告称根据《海牙公约》的规定被告在 2005 年 8 月就已收到传票和起诉状。被告称由于外交部在 2005 年 8 月拒绝代原告向被告送达传票和起诉状，所以此时被告并没有收到传票和起诉状，被告认为其收到传票和起诉状的时间应是 2006 年 2 月 6 日。

法院认为，原告的起诉状和被告的答辩状清楚地表明被告首次收到传票和起诉状的时间是 2006 年 2 月 6 日，因此，如果原告有不同意见，应该承担举证责任。

原告举证称，被告是在 2005 年 8 月首次收到传票和起诉状。因为根据《外国主权豁免法》的规定，根据国际条约的规定以适当的方式送达传票和起诉状即视为有效送达。根据《海牙公约》的相关规定，原告已经通过中华人民共和国司法部送达了传票和起诉状。由于中华人民共和国是《海牙公约》的缔约国之一，所以向被告的送达应视为有效送达。但是，法院查明，中华人民共和国司法部尽管收到了原告的传票和起诉状，但随即又退回了所有材料，所以并没有对被告政府构成有效的送达。尽管被告政府是中华人民共和国的政治分支机构，原告也向中华人民共和国司法部进行了司法文书送达，但是并没有实际送达到被告手中，因此不满足《海牙公约》的送达标准。根据《海牙公约》规定，中华人民共和国司法部如果认为此送达有损国家主权，其完全有理由拒绝送达。因此中华人民共和国司法部的拒绝送达致使被告没有收到传票和起诉状。

天宇接着举证称即使该送达是一项无效送达，30 天的移送管辖期限也应该从 2005 年 8 月算起。因为法律规定，如果再没有其他合适的送达方式，被告收到传票和起诉状的时间可视为选择使用的送达方式完成之时。法院认为，《外国主权豁免法》对传票和起诉状的送达规则进行了新的规定，该条不适用于对外国主权国家的诉讼通知的送达。而且联邦最高法院的一项判决也表明，移送管辖的期限自被告收到传票和起诉状之时计算，没有实际送达到被告的任何送达方式都属无效，所以，30 天移送管辖的期限不能从 2005 年 8 月开始计算。

　　原告天宇要求中华人民共和国司法部代为送达的请求被拒绝后，即寻求通过外交途径送达。《外国国家主权豁免法》规定，向外国主权国家送达传票和起诉状在此情况下视为有效，可由美国国务卿通过外交途径将有关司法文书送达外国国家，当事人应向国务卿送达两份传票和起诉书及相应国家语言传票和起诉书译文。原告于 2006 年 2 月 6 日依照该规定送达，所以移送管辖期限应从此时算起，被告政府延迟了共计约三周的移送管辖期限。

　　既然已经判定被告政府延迟了共计约三周的移送管辖期限，接下来需要判定被告是否存在延迟的正当事由。一审法院主要从以下几个方面进行了考虑：①延迟期限的长短；②移送规则的立法意图；③案件在州法院进行的程度；④对诉讼双方的损害；⑤对实体权利和程序正义的影响。二审法院基本肯定了一审的上述几点考虑，但对某些细微的论述有不同意见，综合一、二审的论述，法院主要基于以下几点认定被告延迟提请移送管辖申请存在正当事由：

　　第一，法院认为，被告在 2006 年 2 月 6 日才收到传票和起诉状，所以被告延迟提请移送管辖的时间仅有三个星期，这和一些延迟数年才提请移送管辖而被驳回的案件形成了鲜明的对照。另外，被告对如此短的迟延也提供了充分的解释。被告作为外国主权国家的政治分支机构首次在美国法院被诉，没有任何应诉经验，被告需要时间分析诉状，同中国方面的律师探讨案中的法律问题，聘请美国律师应诉，加之语言和翻译的障碍导致了被告如此短的迟延，这是完全可以理解的。

　　第二，同意被告延迟的申请将有利于实现国会制定《外国主权豁免法》的立法意图。如前所述，对于外国政府及其分支机构在美国被诉一般应在联邦法院审理，其目的是为了保证法律适用的统一性及使被告得到相同的待遇。所以，《外国国家主权豁免法》中才有 30 天移送期限的例外。也就是说，美国国会希望给予联邦法院对于外国政府涉诉案件的专属管辖权。同样，国会仍赋予州法院审理此类案件的权力，因此它在外国被诉政府寻求移案管辖至联邦法院方面附加了一定的限制。而本案中，被告如果证明确实存在正当的事由，将符合国会在制定《美国法典》1441（d）规定的应当移送至联邦法院管辖的情况。

　　第三，同意被告延迟移送的申请不会造成当事人挑选法院的风险，也不会造成司法资源的浪费。而本案中在收到传票和起诉状时，本案中被告请求移送至联邦法院管辖只是开始诉讼的第一步。而且，也没有任何证据显示被告有挑选法院的嫌疑。

第四，如果法院驳回被告的动议会对其权利造成不利的后果，而同意被告的动议不会对原告的实体权利造成影响。此案延迟移送期限仅有三个星期，而且被告是出于善意行事，所以同意被告的移送至联邦法院审理的请求。

2. 被告是否构成《外国主权豁免法》规定的对美国产生直接影响的行为。接着，被告政府主张享有国家主权豁免，原告天宇则称被告政府虽然属于《外国主权豁免法》定义下的"国家"，但符合一项商业活动例外条款的规定。该条规定外国国家因此行为在美国联邦法院或者州法院的诉讼中，都不应当免于司法管辖。该行为是基于以下几种情况的行为：①外国政府在美国而为的商业行为；②在美国的其他地方发生的外国商业行为与发生在美国的行为有关联的；③在美国之外发生的外国商业行为与发生在美国领土之外的行为有关的，并且该行为对美国产生直接影响的。

在本案中，原告主张基于第三种情况中国应该服从司法管辖，依据第三种情况，外国政府要服从管辖，此诉讼必须满足以下条件：①该行为是发生在美国的领土之外；②必须与发生在美国之外的外国商业行为有关联；③对美国产生直接的影响。

双方对于前面两个条件的成立问题没有争议。在初审法院中，原告声称天宇和母公司"中国宽网"的损失都对美国造成了直接影响（Direct Effect）。但是在上诉中，原告修改了其主张，只主张其母公司的损失对美国产生了直接影响。原告天宇指出，由于天宇丧失了投资资金，导致其设在美国的母公司丧失了从合资企业中可以取得的预期利润，并导致其母公司不得不重组。

被告政府辩称，在中国遭受损失的天宇公司营业场所在中国而不是在美国，其美国的母公司没有受到中国司法管辖方面的影响。原告仅仅凭其在中国的子公司遭受损失而声称对美国产生了直接影响是没有根据的。

可见，双方争议的焦点在于被告的行为是否对美国产生了直接的影响。由于《外国主权豁免法》并未明确规定何谓法律意义上的"直接影响"，因此美国法院仍然有很大的自由裁量空间。

上诉法院认为，虽然区别是直接影响还是间接影响是一件非常困难的事，但是其实不必从本案中找出答案，因为以往的案例已有论证。首先看1994年的联合国世界贸易案（United World Trade），该案中，一个美国公司依照在莫斯科签订的合同应得到付款，付款行是伦敦的银行，案件与美国的唯一联系是原告美国公司打算把在伦敦收到的款转账到美国本土。审理此案的法院认为，没有在伦敦收到付款可以说对伦敦产生了直接影响，但决不能说该行为对美国产生了直接影响。虽然原告是一家美国公司，但仅仅因为原告公司的营业场所在美国不足以说明对美国造成了直接影响。因为如果判定对美国造成了直接影响，将会造成任何美国公民在海外因外国主权国家的行为造成的损失，美国法院都具有管辖权，这是与国会制定《外国主权豁免法》的立法宗旨相违背的。因此，在联合国世界贸易案中，主审法院认定，美国公司没有收到海外预期的资金并不足以对美国造成直接影响，虽然美国也造成了财产损失，但是影响太弱而不足以被认定为直接影响。

本案中，原告援引商业行为例外条款是不适当的。虽然最终美国感受到了影响，但只是在中国受到了直接的影响，根据案例法总结的判定标准，被告政府的行为没有对美国造成直接影响，因为本案中的因果关系甚至比 1994 年的联合国世界贸易案中的还要弱。本案中遭受损失的天宇公司营业场所在中国而不是在美国，因此在美国的母公司没有受到中国司法管辖的影响，因此母公司"中国宽网"仅仅凭其在中国的子公司遭受损失而声称对美国产生了直接影响是不适当的。本案与联合国世界贸易案的区别只是受到直接影响的地点不同，而美国毫无疑问都只是受到了间接影响，所以本案对美国没有造成直接影响。

原告天宇声称 1994 年的联合国世界贸易案的判决结果与美国最高法院 1992 年的威尔特欧尔案中的判决不相一致。在威尔特欧尔案（Republic of Argentina v. Weltover）中，两家巴拿巴公司和一家瑞士银行拥有阿根廷发行的债券，当事方约定以美元在债券持有人指定的以下四处之一支付本金和利息，该四处分别为伦敦、法兰克福、苏黎世和纽约。当债券到期后，两公司和银行选择在纽约接受付款，但阿根廷违反约定一直不履行债务。债券持有人于是在纽约南区法院起诉阿根廷违反合同，阿根廷则抗辩称，法院没有管辖权，要求驳回原告起诉。美国联邦最高法院最后裁定根据商业行为例外条款裁定美国法院具有管辖权，法院认为，纽约是阿根廷的最后付款地之一，阿根廷的拖欠债务对美国造成了直接影响。

天宇声称，两家巴拿马公司和这家瑞士银行都不属于美国的公司，而仅仅因为其作为债券持有人没有在纽约收到阿根廷政府的到期欠款，美国法院就对此拥有管辖权。而在本案中，原告的母公司和股东丧失了从合资企业中可以取得的预期利润，并导致其母公司不得不重组，如此严重的行为也理应受美国法院管辖。法院认为，原告的母公司和股东丧失了从合资企业中可以取得的预期利润，并导致其母公司不得不重组确实比威尔特欧尔案中原告仅仅是没有收到欠款影响严重得多，但是被告的行为导致合资企业合同终止而使天宇遭受损失的行为发生在中国而非美国。而根据《外国国家主权豁免法》的商业行为例外条款不构成直接影响，所以威尔特欧尔案的判决不适用于天宇案。

最后，美国第十巡回上诉法院维持了一审犹他中部联邦地方法院的判决，认为被告政府的行为没有对美国造成直接影响，所以美国法院对本案没有管辖权。

（二）法理分析

国家豁免所规定的"外国国家"包括"外国国家的政治分支机构"。对于本案中被告的身份与地位，当事人双方都认为被告是中华人民共和国的政治分支机构，因此如果没有《外国主权豁免法》的例外条款的适用，被告就可以享受管辖豁免。在原告的民事诉状里，其并没有提到适用《外国主权豁免法》关于豁免的例外条款。在其反对被告撤销案件的动议中，原告认为应该适用《外国主权豁免法》中的商业行为例外的第3项，该例外规定，在美国之外发生的与该外国国家在别处的商业行为有关，并且该行为对美国产生了直接影响，则外国国家不能免予美国法院的管辖。

如果要认定"在美国产生了直接影响"，必须满足两个条件：①所争议的行为必须是发生在美国之外的商业行为；②该行为必须在美国造成了直接影响。本案行为发生在美国之外，这一点没有争议。有争议的问题是该行为是否是商业行为，是否"在美国产生了直接影响"。

虽然原告认为被告的行为导致其遭受了直接的经济损失，但《外国主权豁免法》所要求的是在美国的直接影响。原告是一家总部在加拿大并且在英属维京群岛注册的公司，其所遭受的损失可能发生在加拿大、英属维京群岛或者中国，而不是在美国。至于原告提到的被告的行为导致了美国母公司和股东的损失，这是没有理由的。被告的行为的直接影响是造成了原告与华宇之间在美国之外的合资协议不能继续履行，而原告母公司和股东可能因此而遭受损失或不能获得预期利润，仅仅是间接的后果和影响。考虑到所有其他因素都在美国领域外，不能认为原告在美国有直接的影响，就不能根据《外国主权豁免法》的商业例外行使管辖权。既然原告没有证据证明被告的行为导致了在美国的直接影响，那么就不能适用《外国主权豁免法》中的商业例外条款而行使管辖权，那么被告政府就可以享受国家豁免。法院认为因为原告没有证据证明被告的行为在美国产生了直接影响，所以也不需要认定被告的行为是否是商业性的。

对于本案，美国犹他州中部联邦地方法院以国家豁免为由撤销了案件，再一次阐述了美国《外国主权豁免法》的商业例外条款，不但要求原告的诉因与外国的商业行为有实质性的联系，而且要求在美国境外发生的外国的商业行为在美国境内有直接的影响，否则外国就可以享受国家豁免。

拓展案例

莫里斯诉中华人民共和国旧债券案
（Morris v. People's Republic of China）[1]

[**基本案情**]

1913 年，大清王朝土崩瓦解，新建立的中国政府面临着财政亏空、债台高筑的局面，因此希望通过发行债券来筹集资金。根据中国政府《善后借款合同》（下称"《借款合同》"）的规定，由多国银行组成的国际银行团向中华民国政府提供了总额为 2 500 万英镑的借款，并相应地为筹措该笔借款资金发行了债券。善后借款以中国盐税署的收入和中央政府对中国四省的税收收入作为担保。外国银行团由来自英国、德国、法国、俄罗斯和日本的银行组成，没有美国银行，但是，美国政府并不禁止发行银行向美国公民发行债券。中国政府在随后大约 26 年间对债券进行了偿付。1939 年，中国政府停止偿付债券利息。1949 年中华人民共和国成立到 1960 年债券到期，中华人民共和国既未支付债券利息，亦未偿付本金。后中国和美国达成协议，就美国国民对中华人民共和国"在 1949 年 10 月 1 日或其后直至本协议签署之日前（1979 年 5 月 1 日）的期间内实施的国有化、剥夺、干预、其他形式的征用……引起的"一切财产求偿请求，达成全面的解决方案。中华人民共和国于 1983 年向美国政府递交了一份外交照会，其中表示："中国政府对旧政府的外债一概不予承认,也无偿还义务。"

本案原告莫里斯以及合并案件的原告彭斯、索瑞对中华人民共和国提起诉讼，要求其偿付旧中国政府在 1913 年间发行且未偿付的债券。中华人民共和国提出了驳回莫里斯起诉的动议，理由如下：①中华人民共和国享有主权豁免，并且，《外国主权豁免法》中规定的例外情形不适用于本案；②由于《国际求偿解决法》和 1979 年中美两国之间达成的协议已对美国公民针对中华人民共和国提起的求偿要求作出了全面的解决，因此原告的起诉应被禁止；③诉讼时效早已到期。

[**法律问题**]

1. 本案中旧中国政府的行为是否属于美国《外国主权豁免法》中的豁免例

---

[1] United States District Court, S. D. New York, 478 F. Supp. 2d 561, 2007.

外情形？

2.《外国主权豁免法》是否对本案具有溯及效力？

[**重点提示**]

参见美国《外国主权豁免法》的规定。

第三章

冲突规范的运用

知识概要

　　冲突规范是国际私法中的典型规范，它是一种间接规范，不直接规定涉外民商事关系中当事人的权利义务，而是指定应当由哪一国的法律来具体规定当事人的权利义务，该国法律又被称为准据法。在审理涉外民商事案件时，几乎都需要通过冲突规范寻找准据法，适用不同的冲突规范会导致案件不同的处理结果。因此，冲突规范的适用至关重要。

　　一般而言，一国法院通过冲突规范的指引确定涉外民商事关系的准据法，而该准据法通常是另一国的国内法，法院在面对适用外国法时一般保持审慎态度，以避免适用该外国法可能带来的不利影响。因此，在实践中形成了一系列与冲突规范适用相关的制度，包括识别、反致、外国法内容的查明、法律规避以及公共秩序保留等。

　　识别是指依据一定的法律观念，对有关事实构成"定性"或"分类"，将其归入一定的法律范畴，并对有关冲突规范所使用的名称进行解释，从而确定应适用哪一种冲突规范去援引准据法的认知过程。这个认知过程包括两个相互影响的阶段：①对案件事实或相关问题进行定性或分类，将其归入一定的法律范畴，例如确定争议问题的性质是合同关系还是侵权关系；②对冲突规范本身进行识别，解释冲突规范中的"范围"、"连结点"中的有关法律概念，例如解释不动产、动产的含义。识别对于正确适用冲突规范具有重要意义，必须引起重视。

　　反致是指某一涉外民商事法律关系依法院地的冲突规范应适用某外国法，而根据该外国的冲突法，应适用法院地法或其他第三国法律。反致有广义和狭义之分，广义的反致包括直间反致、转致和间接反致，而狭义的反致仅指直接反致。针对某一涉外民商事关系，甲国法院按照本国冲突规范应适用乙国法律，而乙国冲突规范规定应适用甲国法，最后甲国法院适用了本国实体法，此为直接反致；针对某一涉外民商事关系，甲国法院按照本国冲突规范应适用乙国实体法，而乙国冲突规范规定适用丙国法，最后甲国法院适用了丙国实体法，此为转致；针对某一涉外民商事关系，甲国法院按照本国冲突规范应适用乙国法律，而乙国冲突规范应适用丙国法，丙国冲突规范又规定应适用甲国法，最后甲国法院适用了本国实体法，此为间接反致。反致在一定程度上扩大了本国法的适用，有利于维护本国的法律秩序。

外国法内容的查明是指一国法院在审理涉外民商事案件时，根据本国冲突规范指引应适用外国法，如何查明外国法的存在和内容。法院地的冲突规范并不直接规定涉外民商事关系中当事人的具体权利义务，所以查明应适用的外国法的内容对于确定当事人的权利义务是必不可少的。但是，世界各国的法律千差万别、纷繁复杂，一国法官不可能知晓世界各国的法律。因此，在一国法官审理涉外民商事案件时，必须通过一定的方法和途径来查明外国法内容，并规定外国法不能查明时的解决方法。

公共秩序保留是指一国法院依据本国冲突规范本应适用外国法时，因其适用会与法院地的重大利益、基本制度、法律的基本原则或道德的基本观念相抵触而排除其适用的一种制度。公共秩序保留是一项富有弹性的制度，既具有排除外国法适用的否定作用，又具有直接适用内国法的肯定作用。因此，公共秩序保留得到了各国理论和实践的普遍肯定。但是对于何为违反公共秩序，即公共秩序保留的标准，各国学者仍提出不同观点，主要有主观说和客观说。主观说强调外国法内容上有害性，客观说强调外国法适用上的危害性。

法律规避是指涉外民商事关系的当事人为利用某一冲突规范，故意制造出一种连结因素，以避免本应适用的准据法，使对其有利的另一国法律得以适用的行为。法律规避的构成要件主要有以下四个方面：①从主观上讲，当事人规避法律必须出于故意；②从行为表现上讲，当事人通过改变连结点以规避法律；③从规避对象上讲，当事人规避的法律是强行性或禁止性规定；④从客观结果上讲，当事人规避法律的目的已经达到。对于法律规避的效力，各国立法和实践差别较大，主要有几下三种态度：①规避内国法无效，规避外国法有效；②规避内国法、外国法均无效；③仅规避内国法无效。

这些制度的应用使得在适用冲突规范时既能公平合理地适用外国法，尽可能地维护当事人的正当权益，亦能使外国法的适用限制在有利于国际民商事交往而无害于适用外国法的国家的内国利益（包括主权与安全等）的范围内。[1]

〔1〕　赵相林主编：《国际私法》，中国政法大学出版社2007年版，第111页。

第一节　识别

案例一：　　　　　　　　　**科恩夫人遗产继承案**
（Re Cohn）[1]

[基本案情]

科恩（Re Cohn）夫人与其女儿均为德国人，住所也都在德国。在第二次世界大战期间，在英国伦敦遭受一次空袭中，两人被同一枚炸弹炸死。母亲生前留下遗嘱，指明女儿如果在母亲死后还活着，女儿就有权继承其在英国的一笔动产。由于无法以事实证明母女二人谁死在先，因而处理本案的英国法院需要根据法律作出推定。

[法律问题]

1. 法律推定属于实体法抑或程序法问题？如何对本案的争讼点进行识别？
2. 为什么会产生识别冲突？
3. 识别冲突的解决方法有哪些？

[参考结论与法理分析]

（一）法院意见

本案的主要问题在于，推定同时死亡者的死亡顺序是属于程序问题还是属于实体问题。如果认为属于程序问题的话，则应当适用法院地法即英国法来进行推定。若为后者，则应当适用本案的准据法——依英国冲突规范规定为死者死亡时住所地法即德国法。依照英国法律，应推定年长者先死，则女儿可以继承此笔遗产；而依照德国法律，应推定两者同时死亡，则女儿无法继承此笔遗产。

本案应该适用德国法。该案件所涉及的财产位于英国，诉讼也在英国进行，而依据什么法律观点或者什么法律观念进行识别，在国际上没有统一的规定，故英国法官可以根据自己的观点或者法律概念对有关事项进行识别。英国大法官法庭认为，英国法中关于推定死亡的规定并非程序法而是实体法，它不是用来指导查明事实的。英国法院适用了德国法，这样科恩夫人的财产便变成了无人继承的财产，英国国家接管了这笔财产。

---

〔1〕　Cohn, Re, Chancery Division, [1945] Ch. 5, 1944.

（二）法理分析

本案涉及识别的冲突问题，识别冲突是指法院在处理涉外民事争议时，由于各国法律对同一事实构成做出不同的分类，或对冲突规范范围中的同一法律概念赋予不同的内涵，采用不同国家的法律观念进行识别就会适用不同的冲突规范，最终导致适用不同的准据法的结果。所以，对于法院地国而言，识别冲突就是依据内国法识别和依据有关外国法识别之间的冲突。

在国际私法中，识别冲突的产生，有以下几种原因：①对于同一事实，不同国家的法律赋予其不同的法律性质，从而导致适用不同的冲突规范，指定适用不同国家的法律得出相互抵触的判决结果。②不同国家对同一问题规定的冲突规范具有不同的含义。也就是说，尽管不同国家对同一问题规定有相同的冲突规范，但是各国所使用的法律名词或者概念赋予的法律含义却不尽相同。有时即使表面上相同，各自对冲突规范的含义的理解也不完全一致。③不同国家的法律把具有相同内容的法律问题划分到不同的法律部门，如果属于程序法问题，就只能适用法院地法，如果属于实体法问题，则需要依据各种不同的性质的法律关系另行确定准据法。因而作出不同的分类，往往导致适用不同的冲突规范，得出相互抵触的判决。④不同国家有时有不同的法律概念或者独特的法律概念。由于社会制度和历史、文化的不同，还会出现一国法律规定的制度或使用的法律概念在另一国法律中没有相应规定的情况。

识别冲突的解决方法或者依据主要有：法院地法说、准据法说、分析法说和比较法说、个案识别说和二级识别说。

综上，本案中受理案件的英国法院首先应对英国法中关于推定死亡制度是程序问题还是实体问题进行识别。如果认定为实体性问题，则继承应依死者住所地法，即德国法，所以应排除适用英国法；如果认定为程序性问题，则应适用法院地法，即英国法。最终，英国法院以法院地法为依据，把英国法律规定的推定死亡制度识别为实体法问题，依据继承依死者住所地这一冲突规范，选择德国法作为处理本案的准据法。

案例二：　　　　　　　　　　**梅兹诉梅兹案**

（Mertz v. Mertz）[1]

[基本案情]

本案的双方当事人是居住在纽约州的一对夫妻，其中妻子是原告，丈夫是被

---

[1]　New York Court of Appeals 271 N. Y. 466，3 N. E. 2d 597 (1936).

告。原告声称由于丈夫在驾车过程中的过失导致其在康涅狄格州发生事故，受到严重伤害，该汽车是属于丈夫并由其控制的，所以丈夫应该对其人身伤害进行赔偿。根据侵权行为地康涅狄格州的法律，"有不法就有责任"并且没有任何例外，所以丈夫是应该承担赔偿责任。但是，纽约州法律认为夫妻中的任何一方是无权对其另一方提起诉讼，因为在纽约州的法律体系中有这样一个基本原则：婚姻使得夫妻双方结为一体。但是通过 Herzog v. Stern 案，纽约州法律的这项规定被认为仅仅适用于夫妻双方关于婚姻身份关系的案件，不适用于关于婚姻财产关系的案件。[1]

［法律问题］

1. 本案中的识别对象是什么？

2. 本案被认定为婚姻身份关系的诉讼或者被认定为婚姻财产关系的诉讼对诉讼结果会有怎样的影响？

3. 在审理涉外民事诉讼案件时哪些问题需要识别？

［参考结论与法理分析］

（一）法院意见

本案中，能否适用康涅狄格州的法律其关键问题是如何确定案件的性质，也就是识别问题。如果本案被认定为夫妻双方关于婚姻身份关系的诉讼，那么适用康涅狄格州的法律就与纽约州法律的基本原则相违背，纽约州法院可以依据公共秩序保留而排除适用康涅狄格州的法律，那么适用纽约州法律原告就没有诉讼资格，其赔偿请求自然也得不到支持；相反，如果认定本案是属于夫妻双方关于婚姻财产关系的诉讼，那么适用康涅狄格州的法律与纽约州法律的基本原则是相符的，原告有诉讼资格并且因被告过失所导致的人身伤害也能获得赔偿。很明显，本案是人身损害赔偿之诉，是夫妻双方关于婚姻财产关系的纠纷，可以适用康涅狄格州的法律。这是识别在本案中的运用。

（二）法理分析

国际私法上的识别是指依据一定的法律概念，对有关的事实构成作出"定性"或者"分类"，将其归入一定的法律范畴，并对有关的冲突规范所使用的法律名词进行解释，从而确定应适用哪一种冲突规范去援引准据法的认识过程。西方学者称识别是：qualification, classification, characterization, 但无实质上的差异。这一法律认识过程，包含两个方面：①对涉外民事案件所涉及的事实或法律问题进行定性和分类，并将其纳入特定的法律范畴。因为不同的法律关系

---

〔1〕 Andreas F. Lowenfeld, *Conflict of Laws: Federal, State and International Perspectives*, (Second Editlon), pp. 58 ~ 60.

所适用的冲突规则是各不相同的，所以在适用冲突规范之前，必须对案件所涉及的事实进行分析研究，对其定性，将其划归一定的法律范畴，才能确定适用哪一条冲突规范去援引准据法。因此，对案件定性分类不同，将会导致适用不同的国家的法律。②对冲突规范本身某些方面进行识别，即对冲突规范在"范围"上所使用的名词术语进行解释。这是两个相互关联的方面，即依据一定的法律正确的解释某一法律概念或者法律范畴，依据一定的法律概念正确的判定特定事实的法律性质。

关于识别的对象问题，国内外学者有不同的主张，归纳起来主要是：①识别的对象包括对整个冲突规范的解释；②识别既包括对冲突规范的范围的解释，也包括对冲突规范的"连结点"的解释；③识别只是对法律关系（范围）的解释，或者只是对事实构成性质的判定。

在国际私法领域，识别只是法官适用冲突规范之前的一种思维活动，即法官在一定法律概念的支配之下，将案件的事实构成归入特定的法律范畴从而确定所要适用的冲突规范，以便最终依该冲突规范援引某个国家的实体法来确定当事人的权利和义务，所以识别是适用冲突规范的前提，其目的是正确适用冲突规范。识别的对象既不是"系属"也不是法律。

案例三： 马尔多纳多遗产案
(Re Estate of Maldonado)[1]

[基本案情]

一个西班牙国民在西班牙拥有住所，死前在英国留下动产，西班牙政府依据西班牙法律，要求以死者唯一的享有全部继承权的继承人的身份请求英国法院准许其成为该动产的管理人。英国财政部主张该位于英国的动产应作为无主财产（bona vacantia）归英国政府所有。

[法律问题]

1. 英国法院在本案是依据准据法进行识别的，如何评价英国法院这种做法？

2. 本案该如何解决？

[参考结论与法理分析]

（一）法院意见

本案最初由遗嘱检验法院审理，该法院将本案争议视为一般的遗产管理授权案，并判西班牙政府有无可争议地成为该遗产管理人的权利。之后，案件上

---

[1] [1954] P. 223, [1954] 2 W. L. R. 64.

诉至英国上诉法院。

本案的识别问题在于该笔遗产是属于无主物还是属于动产法定继承。《西班牙民法典》第 956 条规定，当一个死亡者没有留下遗嘱，而本身又无子女、父母、祖父母、配偶以及其他在第六亲等内的旁系血亲，则国家将会以最后继承人的身份取得死者的遗产，即在无人对遗产拥有继承权的情况下，遗产由国家继承。如果英国法院将该笔遗产识别为无主物，则其归属将不作为继承关系确定其准据法，而根据英国的有关规则，英国政府对位于英国境内的无主物享有先占权，则该笔遗产应归英国所有。经审理，法院最终并没有将该笔遗产识别为无主物，而是根据英国的有关冲突规则——动产法定继承适用被继承人死亡时住所地法，认为本案应适用西班牙法律。所以，上诉法院以西班牙法律确认本案的遗产有继承人，即西班牙政府，并依照西班牙法律宣布遗产归西班牙政府所有。

（二）法理分析

国际私法中的识别（qualification，characterization，classification）是指依据一定的法律观念或者法律概念，对有关事实的性质作出"定性"或"分类"，把它归入特定的法律范畴，从而确定应援引的冲突规范的法律过程。

关于识别的依据主要有以下几种：①法院地法说，该学说认为一般应以法院地的实体法作为识别的依据，在这些案件中，英国法院依据自身的国内法规则作出识别，而对外国法规则，则依据其自身国内法中与所涉外国法规则最为近似的法律规则作出识别。②准据法说，这一学说主要由德国学者沃尔夫（Wolf）和法国学者德帕涅（Despagnet）所主张。由于该学说陷入一种循环论证，并且当存在两个或者两个以上可能适用的外国法时，该学说无法解释应选择依据哪一外国法进行识别，因此，这一学说仅得到了少数国际私法学者的支持。③依分析理论和比较法识别，该学说认为识别一般应以分析法学的原则和从比较法研究结果推断出普遍适用的一般原则作为依据。④一级识别和二级识别，这种学说的倡导者将识别分为一级识别和二级识别。一级识别是指"将案件争议划归于其隶属的正确的法律范畴"，或者"把事实归类于法律范畴之下"。二级识别是"对准据法的界定和运用"。两者的区别在于一级识别发生于准据法确定之前，二级识别发生于准据法确定之后。

在英国，对司法实践发生实际影响的只有法院地法说和准据法说，其中运用准据法说的著名案例就是马尔多纳多遗产案。依准据法识别的步骤是：①以法院地的程序法对诉讼的性质进行初步确定；②找出应采用的冲突规则；③找出准据法；④依准据法进行识别；⑤进一步确定应适用的冲突规则；⑥选择处理争议的实体法；⑦依该实体法作出判决。

在本案中，法律选择的步骤是：①西班牙政府以继承人的身份要求继承该动产，故争议的性质属于动产继承问题；②动产继承依被继承人生前住所地法，这是冲突规则；③本案被继承人的住所地在西班牙，故准据法是西班牙法律；④依西班牙法律，本案问题属继承问题，对于这种无主财产可以由国家继承，这是依准据法进行识别；⑤进一步确定应适用的冲突规则依然是动产继承依被继承人生前住所地法；⑥选择处理争议的实体法是西班牙法律；⑦依西班牙法律，西班牙国家在本案情况下有权继承该遗产。[1]

案例四：　太仓兴达食品有限公司上诉美国菲利国际股份有限公司、太仓兴达制罐有限公司买卖合同纠纷案[2]

[基本案情]

上诉人太仓兴达食品有限公司（以下简称兴达食品公司）因与被上诉人菲利国际股份有限公司（Fily International CO.，LTD，以下简称菲利公司）、原审被告太仓兴达制罐有限公司（以下简称兴达制罐公司）买卖合同纠纷一案，不服中华人民共和国江苏省苏州市中级人民法院（2005）苏中民三初字第0057号民事判决，向江苏省高级人民法院提起上诉。

经江苏省苏州市中级人民法院审理查明：2000年1月5日、1月22日，兴达制罐公司的总经理黄宜浩分别向Stolle公司、Bruderer公司出具书面授权，全权授权菲利公司为其在美国的代表。

2001年8月15日，黄宜浩致函菲利公司法定代表人应良燕，表明因需要补足食品公司资本额而用食品公司名义进口冲床的意思。之后，菲利公司将兴达制罐公司订购的冲床买下，送至Stolle公司和Bruderer公司修理后，于2001年12月6日交付承运人Solex快递有限公司。期间，菲利公司先将收货人为兴达制罐公司的海运提单、发票、装箱单寄交兴达制罐公司。之后，根据兴达制罐公司的要求，菲利公司又修改提单，将收货人变更为兴达食品公司，提单中记载，发货人为菲利公司，收货人为兴达食品公司。同时，菲利公司另提供了相应发票。

同年12月，兴达食品公司单方面制作了2份买卖协议，除合同价款外，其余内容完全相同，协议的双方系菲利公司和兴达食品公司，品名为结合冲床设备，数量1台，交货时间2001年12月中旬，付款方式T/T。其中菲利公司法定

---

〔1〕　王军主编：《国际私法选评》，对外经济贸易大学出版社2009年版，第8页。
〔2〕　参见江苏省高级人民法院（2009）苏民三终字第0003号民事判决书。

代表人应良燕的英文签名系黄宜浩指示报关员严圣锋代签。上述 2 份买卖协议分别在海关及审批机关备案。对此，菲利公司表示曾事先授权代签，并认可代签的效力，而兴达制罐公司、兴达食品公司则否认事先的约定和授权，并认为仅仅是为了办理清关手续而单方面制作的。兴达食品公司持修改后的提单及 90 万美元的发票、装箱单、买卖协议，办理了进口货物报关手续，提取了全部货物，包括机器附件。上海海关的进口货物报关单记载，经营单位、收货单位均为兴达食品公司，商品为 S8 结合冲床设备主机（旧）1 台。后菲利公司因兴达食品公司、兴达制罐公司拖欠款项，而将后二者起诉至苏州市中级人民法院。另查明，黄宜浩系兴达制罐公司的总经理，但也可以代表兴达塑胶公司、兴达食品公司。

江苏省苏州市中级人民法院认为：本案的争议焦点之一是菲利公司在起诉状及审理中虽然多次提及兴达制罐公司委托购买的观点，但是菲利公司并未以代理关系向兴达制罐公司、兴达食品公司主张货款，而是明确主张买卖关系。因此，兴达制罐公司、兴达食品公司辩称的应根据菲利公司的主张，将本案争议定性为委托合同的观点，不予支持。

[法律问题]

1. 原告菲利公司与被告兴达制罐公司的法律关系应当如何认定？

2. 本案应当如何处理？

[参考结论与法理分析]

（一）法院意见

关于本案法律关系的性质，江苏省高级人民法院认为：兴达三公司与菲利公司自 2001 年至 2004 年间发生长期、大量的交易。其中部分交易系兴达三公司委托菲利公司代为购买设备和模具等，具有委托关系的性质。但是，本院认为，本案中，兴达食品公司与菲利公司之间关于涉案设备的交易认定为买卖合同关系是适当的。理由如下：

1. 根据一审查明的事实，虽然兴达三公司在对外经营中经常使用"太仓兴达"的名称，同时黄宜浩系兴达制罐公司的总经理，也可以代表兴达塑胶公司、兴达食品公司，且兴达三公司的法定代表人相同，但该三公司毕竟是三个独立的主体。而兴达制罐公司致 Stolle 公司、AMJ 公司的函中虽有授权菲利公司为其代表的意思表示，但仅是向第三方表示其委托授权的意思表示。因此，兴达食品公司与菲利公司之间并不存在明确的委托合同，也没有明确的委托授权事项和范围。

2. 菲利公司虽然在起诉状以及本案审理中提及委托购买和代垫款项的观点，但菲利公司明确主张的是买卖关系。并且，双方是以菲利公司开具的发票为依据进行结算的。菲利公司开具的涉案发票载明的买方是兴达食品公司，卖方是菲利公司。在本院审理过程中，双方在本院主持下所进行的对账也是以菲利公司开具的发票为依据的。因此，以买卖合同关系确定双方关系的性质，是符合双方的结算习惯的。

3. 兴达食品公司的海关报关单、买卖合同等亦表明菲利公司为合同的卖方，兴达食品公司为合同的买方。虽然兴达食品公司交海关备案的报关合同十分简单，合同中应良燕的签名是兴达食品公司报关员所签，但是，外贸实践中，中国的进口方根据海关要求单方制作有外方签名的简易报关合同的情况并不鲜见。并且，正常情况下，该合同虽然简单，但其载明的买卖合同双方、货物名称、金额等主要条款应当是真实的。因此，兴达食品公司仅以该买卖合同系其单方制作来否认双方买卖合同关系存在的主张亦不能成立。

因此，兴达食品公司与菲利公司之间系国际货物买卖关系。两公司之间的国际货物买卖合同合法有效，兴达食品公司作为货物的买受人应当向出卖人菲利公司支付95万美元货款。由于买卖双方对付款时间无明确约定，事后也未能达成补充协议，根据《合同法》第161条的规定，兴达食品公司应当在收到标的物或者提取标的物单证的同时支付，未支付的应当承担相应的违约责任。

（二）法理分析

本案主要焦点在于，被告兴达制罐公司认为，其与原告菲利公司之间属于委托合同关系，菲力公司是作为其代理人购买的机械车床，因此原被告之间的法律争议属于委托合同法律争议。而原告菲利公司则认为，其与被告之间不存在事实上的代理关系，只是单纯的出售机械车床的买卖合同关系。因为我国合同法中，对于委托合同和买卖合同的规定并不相同，因此识别本案中合同的性质，就成为了一个影响判决结果的重要问题。运用识别正确定性案件性质，才能准确适用法律。若本案案件性质定性为委托合同关系，则适用《合同法》第404条和第406条，"受托人处理委托事务取得的财产，应当转交给委托人"，"有偿的委托合同，因受托人的过错给委托人造成损失的，委托人可以要求赔偿损失。无偿的委托合同，因受托人的故意或者重大过失给委托人造成损失的，委托人可以要求赔偿损失"。若定性为买卖合同关系，则适用《合同法》第130条和第160条，"买卖合同是出卖人转移标的物的所有权于买受人，买受人支付价款的合同"，"买受人应当按照约定的地点支付价款。对支付地点没有约定或者约定不明确，依照本法第61条的规定仍不能确定的，买受人应当在出卖人的营业地支付，但约定支付价款以交付标的物或者交付提取标的物单证为条件的，在交付标的物或者交付提取标的物单证的所在地支付"。

本案中虽然兴达公司致Stolle公司、AMJ公司的函中有授权菲利公司为其代表的意思表示，但仅是向第三方表示其委托授权的意思表示，兴达食品公司与菲莉公司之间并无明确的委托合同，也没有明确的委托授权事项和范围。因此，兴达食品公司主张代理关系，却未能提供相应的证据。相反的，菲利公司主张双方之间是买卖合同关系，兴达食品公司的海关报关单、买卖合同等亦表明菲利公司为合同的卖方，兴达食品公司为合同的买方，双方之间的结算也以菲利公司之间的发票为依据，菲利公司开具的涉案发票载明的买方是兴达食品公司，卖方是菲利公司，以买卖合同关系确认双方关系的性质，是符合双方的结算习惯的。因此，从当事人提供的证据来看，应认为兴达食品公司与菲利公司之间系国际货物买卖合同关系。

最终兴达食品公司与菲利公司之间的法律关系被识别为国际货物买卖合同关系，双方合同合法有效。

确定识别的依据是识别问题的关键，即应当依何国法律或什么原则、立法来进行识别的问题。正如前文所述，各国国际私法理论、立法和司法实践存在着不同的主张，主要有法院地法说、准据法说、分析法学与比较法说、一级识别和二级识别说等多种学说。从我国立法实践方面看，《涉外民事关系法律适用法》第 8 条首次对识别的依据作出了明确的规定："涉外民事关系的定性，适用法院地法律。"该规定在一定程度上弥补了我国立法对识别制度规定的空白，规定了涉外民事关系的定性适用法院地的法律。采取法院地法作为识别的依据有着许多优势，一方面有助于提高司法效率，另一方面以法院地法作为依据也有利于统一识别标准，有利于国际民商事审判活动顺利进行。

拓展案例

安东夫人继承亡夫遗产案

[基本案情]

安东夫妇均系马耳他籍人，并在马耳他结婚。1870 年以前，他们在马耳他设有住所。于 1870 年移居到当时的法属阿尔及利亚，安东先生在法属阿尔及利亚购置了土地。1889 年，安东先生去世，安东夫人即根据马耳他法律在阿尔及利亚法院向安东先生的遗产管理人巴特鲁提起诉讼，要求享有夫妻共同财产的一半和死者遗产土地的 1/4 用益权。因为在当时，法国法律规定：未亡配偶可以继承人身份（继承权）取得亡夫的遗产，但不能取得亡夫不动产（土地）的用益权；而马耳他法律则规定：未亡配偶可以配偶身份（配偶权）取得亡夫的遗产，并可取得亡夫不动产（土地）1/4 的用益权。安东夫人提起诉讼时，她的住所仍在法属阿尔及利亚。

阿尔及利亚法院受理了这个案件。按照当时的法国冲突法的规定，配偶权利依结婚时当事人的住所地法，不动产（土地）继承依物之所在地法。因此，如果将安东夫人的请求定性为配偶权利，则因安东夫妇结婚时住所在马耳他而应适用马耳他法，安东夫人就可以取得土地 1/4 的用益权；如果将其请求定性为继承权（不动产继承），则因该土地（不动产）在法属阿尔及利亚而应适用法国法，安东夫人就不能取得土地的收益权。

［法律问题］

1. 你认为本案的识别对象是法律规则还是事实情况？
2. 安东夫人继承亡夫遗产的请求属于配偶权抑或是继承权？
3. 本案应依哪国法律进行识别？理由是什么？

［重点提示］

法国著名的国际私法学者巴丹是从这一著名的国际私法案例得到启示以后，开始研究而后提出识别问题的。关于本案的识别对象，究竟是对法律规则（即关于未亡配偶可以取得已亡配偶 1/4 财产用益权的马耳他法律规定）的识别，还是对事实情况（即原告的诉讼请求）的识别，学者之间对此有不同的看法。

第二节　反致

经典案例

案例一：　　　　　　　　　　福果案[1]

［基本案情］

福果是 1801 年出生于巴伐利亚的非婚生子，从 5 岁开始随母生活在法国，并且一直在法国生活，在法国设有事实上的住所。按照当时法国法律的规定，外国人在法国取得住所必须办理"住所准许"的法律手续，而福果在法国从未办理过这种"住所准许"的法律手续。1869 年，福果在法国去世，生前没有留下遗嘱，其母亲、妻子也先于他死亡，他没有子女，现在法国留有一笔动产遗

---

[1] Héritiers Forgo v. Administration Des Domaines, Cour de Cassation, Chamber civil, May 5, 1875. [1875] Dalloz 1343（note），[1875] Sirey 1. 409（note）.

产。福果母亲在巴伐利亚的旁系亲属得知后，认为他们根据巴伐利亚法律享有继承权。如果依当时法国法律的规定，福果母亲的旁系亲属是没有继承权的，故他们向法国法院提起诉讼，要求根据巴伐利亚的法律取得福果的这笔遗产。法国法院根据自己的冲突规范，本应适用巴伐利亚法律，但是根据巴伐利亚的冲突法却应适用死者"事实上的住所地法"，因而反致于法国法。据此，法国法院接受这种反致，认为这笔财产依法国民法为无人继承财产，应收归国库所有。

[法律问题]

1. 冲突规范指引的法律是指实体法还是也包括冲突法？

2. 反致的构成要件有哪些？

3. 采用反致有何意义？

[参考结论与法理分析]

（一）法院意见

受理此案的波尔多法院根据冲突规范关于动产继承依被继承人（最后）住所地法的规定，认为福果的最后住所地在法国，因而适用法国法律，判决福果遗产归法国国库所有。对此，法国最高院于1875年作出判决，指出福果没有满足法国民法典规定的关于外国人在法国设立住所必须获得法国政府许可的要求，故其法定住所不在法国，因而将案件发回波尔多法院重审。波尔多法院确认福果的住所在巴伐利亚，故适用巴伐利亚法律（即被继承人住所地法），依据该法关于旁系亲属有权继承非婚生子遗产的规定，接受原告的继承请求。国库管理部门不服，向法国最高法院提起上诉，最高法院于1878年6月作出判决，称巴伐利亚法律既然有动产继承依被继承人事实上住所地法律的规定，而福果生前事实上的住所是在法国，就应该按照法国法律确定其遗产的归属，因此，案件由图卢兹法院重审。图卢兹法院遂按照法国民法典的有关规定，驳回福果母亲旁系亲属的继承请求，宣布遗产归国库所有。败诉方不服，向法国最高院上诉，最高法院于1882年2月维持原判。

（二）法理分析

福果案适用法律的过程就是国际私法理论上所称的反致。具体而言，法国法院处理本案时，根据法国的冲突规范应适用巴伐利亚法，但根据巴伐利亚冲突规范，应适用法国法，法国法院最后选择适用了法国的实体法来处理本案。这一适用法律的过程就是反致。最终，法国法院接受了反致，适用了法国实体法判决福果旁系亲属对其遗产无继承权，其遗产作为无人继承的财产，收归法国国库所有。

国际私法中的反致概念是在19世纪出现的，不过在1652年和1663年的里昂（法国港）议会的某些决议中已有萌芽，这些规定曾为法国法学家弗洛兰德

（Froland）论及，因此，他成为第一个论述反致学说的学者。福果案是国际私法中关于反致的著名案例，自此以后反致制度即在法国判例中确定下来。

反致的前提是内国法院根据本国冲突法的规定，将本应适用的外国法看做是外国的冲突法，而不是实体法。反致问题的产生基于以下条件：①审理案件的法院认为，它的冲突规范指向某个外国法，既包括该国的实体法，又包括该国冲突法；②相关国家的冲突法规则彼此存在冲突，即对同一涉外民事关系各国规定了不同的连结点或对连结点的解释不同。

反致问题最早出现在17世纪法国的判例中，直到1787年，法国最高法院利用反致对福果案作出了判决，反致才引起了法学界的关注，从此，反致在实践中不断得到运用和发展。反致有广义和狭义之分，广义的反致包括直接反致、间接反致、转致和双重反致。

1. 直接反致，即狭义的反制，通常被称为"一级反致"，指对某一涉外民事法律关系的调整，甲国法院按照其本国的冲突规范，应适用乙国法律，而乙国的冲突规范规定，应适用甲国的法律，结果甲国法院最后适用了甲国的实体法。

2. 转致，又称为"二级反致"，指对某一涉外民事关系的调整，甲国法院按照其本国的冲突规范，应该适用乙国的法律，而乙国的冲突规范规定，应适用丙国的法律，结果甲国法院根据这一规定，最后适用了丙国的实体法。

3. 间接反致，指对某一涉外民事关系的调整，甲国法院根据其本国冲突规则的指引去适用乙国法，而乙国的冲突规范规定应该适用丙国法，丙国的冲突规范又规定应该适用甲国法，结果甲国法院根据这一系列指引，最终适用了甲国实体法。

从以上关于反致的三种情况可以看出，直接反致和间接反致的过程都是始于法院地国的冲突规范而终于法院地国的实体法规范；转致的过程则从法院地国的冲突规范开始，终于第三个国家的实体法规范。

4. 双重反致，除以上三种主要的反致类型外，还有一种类型的反致被个别国家规定或采用，称之为双重反致。双重反致又称为完全反致，是相对于单一反致或部分反致而言的。双重反致是英国冲突法中的一种独特做法，其含义是当英国法院根据英国冲突规范应该适用外国法律时，如果该外国的冲突规范又指向英国法，在这种情况下，英国法院就站在该外国法院的立场上决定最后应以哪一个国家的实体法作为准据法，如果该外国是采用反致制度的国家，英国法院就以该外国的实体法作为准据法，如果该外国是拒绝采用反致制度的国家，英国法院就以英国的实体法作为准据法。由于双重反致强调像外国法院那样处理问题，故又被称为"外国法理论"（foreign law theory）。双重反致是英国法院于 1926 年审理安斯利继承案时所确立的。

案例二：　　　　　　　　　　**特鲁弗特案**

[**基本案情**]

特鲁弗特是瑞士公民，在法国设有住所，于 1878 年去世。特鲁弗特死前留有一份遗嘱，按照该遗嘱，他的全部遗产（包括在英国境内的财产）都归其教子继承。按当时法国冲突法和法瑞条约的规定，特鲁弗特的遗产继承问题应依本国法即瑞士法解决。按当时瑞士法规定，被继承人的子女享有全部遗产 9/10 的应继份额。死者的独生子据此在瑞士苏黎世法院就该遗嘱处理办法提起诉讼，要求取得他的应继份。苏黎世法院满足了他的请求。

由于被继承人在英国有财产，故他的独生子极力设法在英国执行瑞士法院的判决。英国法院在审理该案时，按英国冲突法规定，遗产继承应依死者死亡时住所地法，即法国法；但法国的冲突规范却把遗产继承指向死者本国法即瑞士法。这样，英国法院接受了法国冲突规范对瑞士法的转致，而适用瑞士法解决案件。最后，特鲁弗特的独生子的诉讼请求得到满足。

[**法律问题**]

1. 英国的冲突规范指向法国法，法国的冲突规范指向瑞士法，而英国法院最终停止在瑞士实体法的适用上，对此做法有何评价？

2. 什么是转致？转致的意义何在？

[**参考结论与法理分析**]

（一）法院意见

英国法院在审理该案时，按英国冲突法规定，遗产继承应依死者死亡时住所地法，即法国法；但法国的冲突规范却把遗产继承指向死者本国法即瑞士法。这样，英国法院接受了法国冲突规范对瑞士法的转致，而适用瑞士法解决案件。最后，特鲁弗特的独生子的诉讼请求得到满足。

（二）法理分析

本案当中的主要焦点在于，英国冲突规范指向了法国法，而法国冲突规范又指向了瑞士法，英国法院到底应该选择瑞士法还是法国法作为准据法。在本案当中实际上涉及了反致中的两个问题，即双重反致和转致的问题。在本案中，我们知道法国是承认反致的，所以英国法官对法国的冲突规范进行了审查，并依据该冲突规范决定适用瑞士法为本案准据法，这种情况就被称为转致，属于广义上的反致。通过简单的分析，我们不难看出，英国法官在本案中的处理，从逻辑上来讲是正确和完整的——如果我们认可反致制度，那么我们当然必须考虑外国法中的冲突规范，而不论这种冲突规范指向的是内国还是另一个外国。然而也有学者认为，转致将导致无限循环的"乒乓游戏"，使案件久拖不决，难以得到审理。因此有人主张，转致应当以一次为限。

转致（transmission）是广义的反致制度中的一部分，英美国际私法著作大都把转致问题放在标有反致的章节中加以论述。转致是指某一涉外民事关系的调整，甲国根据本国冲突规范的规定，应该适用乙国的法律，而乙国的冲突规范又规定该法律关系应适用丙国法律，结果甲国法院适用丙国实体法律处理案件的情形。特鲁弗特案是从住所地（法国法）向国籍国法（瑞士法）转致的案件，它经常被学者用来说明转致问题，是国际私法中关于转致的著名案例。

案例三：　　　　　　施耐德遗产继承案
（In Re Schneider's Estate）[1]

［基本案情］

本案是由纽约郡的遗嘱验证法庭受理的，在本案中，被继承人是一名瑞士公民，后来加入美国国籍，其死亡时的住所地在纽约州，并在瑞士留下一定数量的不动产。根据被继承人的遗嘱，他对位于瑞士的不动产的处理方式与瑞士的国内法相抵触。《瑞士民法典》第470条规定，直系卑血亲、父母、兄弟姐妹和配偶为继承人时，其特留份份额以外的财产，被继承人有遗嘱处分权。那么，被继承人是否有权利按照其遗嘱的内容处分其位于瑞士的不动产呢？[2]

［法律问题］

1. 遗嘱验证法庭是如何适用反致规则来确定本案所应适用的法律的？
2. 本案中的反致属于哪一种？

［参考结论与法理分析］

（一）法院意见

一般而言，涉及不动产所有权的案件由不动产所在地法院专属管辖，但是本案是验证该遗嘱的有效性，所以纽约郡的法庭有管辖权。根据纽约州的法律，对于遗嘱的有效性采用区分制原则，将遗嘱内容分为动产和不动产，前者的有效性由被继承人死亡时住所地法律支配；后者的有效性由不动产所在地的法律支配。因此，关于不动产的遗嘱内容的有效性应由瑞士法律认定。根据专家证

〔1〕　New York Surrogate's Court, New York Country 198 Misc. 1017, 96 N. Y. S. 2d 652 (1950)．

〔2〕　David H. Vernon, Louise Weinberg, William L. Reynolds, Wlilliam M. Richman, *Conflict of Lans: Cases, Materials and Problems*, pp. 306~309.

人的证词，瑞士的国内法适用于所有住所地在瑞士的瑞士公民的个人不动产的继承问题，并且瑞士采用同一制原则。同时，瑞士的国内法也适用于所有住所地在瑞士但为外国公民的在瑞士境内的财产继承问题。在本案中，被继承人拥有双重国籍，但其住所地并不在瑞士。根据《瑞士联邦国际私法》第 23 条第 2 款规定：除本法另有规定外，如果一个人有几个国籍，为确定应适用的法律，只以与之有最密切关系的那个国家的法律为准。在本案中，与被继承人有最密切关系的国家为美国，因此，纽约郡的遗嘱验证法庭认为当瑞士法庭遇到这类认定遗嘱有效性的问题时会适用纽约的国内法，这符合美国《第二次冲突法重述》所阐明的反致规则。所以，遗嘱验证法庭根据纽约州的法律认定被继承人的遗嘱效力不被"特留份"制度所剥夺。

（二）法理分析

在国际私法中，反致是在适用冲突规范选择准据法的过程中发生的一个问题。纽约郡的遗嘱验证法庭在审理本案时，根据纽约州的法律，对于遗嘱的有效性采用区分制原则，将遗嘱内容分为动产和不动产，前者的有效性由被继承人死亡时住所地法律支配；后者的有效性由不动产所在地的法律支配。因此，根据纽约州的冲突规范，关于不动产的遗嘱内容的有效性指向瑞士法，应由瑞士法律认定。瑞士的国内法适用于所有住所地在瑞士的瑞士公民的个人不动产的继承问题，并且瑞士采用同一制原则。同时，瑞士的国内法也适用于所有住所地在瑞士但为外国公民在瑞士境内的财产继承问题。由于被继承人拥有双重国籍，但其住所地并不在瑞士。根据《瑞士联邦国际私法》第 23 条第 2 款规定：除本法另有规定外，如果一个人由几个国籍，为确定应适用的法律，只以与之有最密切关系的那个国家的法律为准。在本案中，与被继承人有最密切关系的国家为美国，最终又指向了美国法律。

案例四： **查德维克继承案**
(In re Chadwick's Will)[1]

[基本案情]

查德维克是美国纽约州的公民，住所在法国，生前也一直住在法国，其死前留有遗嘱处分他在美国的财产。查德维克死亡后，其姑妈托尔梅奇夫人与查德维克的弟弟对该项遗嘱继承发生争议，双方诉讼至美国纽约州的地方法院。

---

[1] Surrogate's Court, New York County, New York. 109 Misc. 696, 181 N. Y. S. 336, 1919. 并参见赵一民主编：《国际私法案例教程》，知识产权出版社 2005 年版，第 20 页。

因为如果依照查德维克本国法，即美国纽约州的法律，托尔梅奇夫人与查德维克的弟弟应共同分享查德维克的遗产；而依查德维克住所地法，即法国法，托尔梅奇将继承查德维克的全部遗产。但是，《纽约州死者遗产法》规定：死者财产的分配适用死者住所地法，本案应适用法国法；而法国的冲突法却规定此类问题应适用立遗嘱人的本国法，即在承认反致原则情况下，本案仍应适用美国法。因此，是否承认反致原则，成为处理本案的关键。

[法律问题]

1. 纽约州法院在本案中为什么不承认反致？
2. 现代国际社会反对反致制度的主要理由是什么？

[参考结论与法理分析]

（一）法院意见

审理案件的温斯罗普法官认为，关于遗嘱的合法性及其效力的判断标准，英美法系的冲突规范是个人财产继承适用被继承人住所地法，纽约州的冲突规范与此规定是一致的，而法国的冲突规范却不同。如果纽约州法院要适用法国的法律，那么首先它要将自己视为法国的法院，假设说这里的法国法律指的是法国冲突规范，那么根据同样的标准，当根据法国冲突规范指向纽约州法律时，其中也应包括纽约州的冲突规范。这种逻辑带来的结果是在两国的冲突规范之间来回指定，这样的效果将与不承认反致的效果相同。因为纽约州法院的设立与存在，目的是为了实施纽约州法，包括纽约州自己的冲突规范，所以，纽约州法是不应承认反致的。即本案应根据纽约州冲突规范的规定，适用死者住所地法，即法国实体法，而不包括法国的冲突规范。据此，温斯罗普法官将查德维克的全部遗产判给了托尔梅奇夫人。

（二）法理分析

本案是一个典型的不承认反致制度的判例。国际私法理论上反对反致的理由主要是：①反致与法院地国冲突法的目的是相抵触的，既然本国冲突法已经指定，对于某种涉外民事关系应适用某一连结因素导向的法律，就说明采用这一连结因素是最合理的，与事实相符合，依照这一规则找到的法律也是与这一法律关系联系最密切的，因而用它来解决纠纷最恰当，如果接受反致而放弃自己国家的冲突规则援引的外国法，显然违背了本国冲突法的宗旨。②采用反致有损内国立法主权，持这种观点者认为，承认反致就是将法律冲突的解决交给了外国冲突法，则依照外国冲突法的指引确定准据法，等于是在处理涉外民事纠纷中放弃了自己的立法权。③采用反致会大大增加法官的负担，因为法官在适用时，不仅要查明多个外国冲突法的内容，必要时还要研究该外国有关识别和公共秩序保留制度。④采用反致会导致恶性循环，出现循环不已的"乒乓球游戏"，使准据法得不到确定，法律适用的预见性和稳定性得不到保证。

　　我国《涉外民事关系法律适用法》第9条规定："涉外民事关系适用的外国法律，不包括该国的法律适用法。"第一次在立法中明确了对反致的态度，即我国不承认反致制度。

拓展案例

科里尔诉里瓦茨案
（Colier v. Rivaz）[1]

　　[基本案情]

　　这是英国法院最早采用反致的案例，基本事实如下：某英国国民生前立下7份遗嘱文件，其中包括1份遗嘱和6份遗嘱附录书，遗嘱和2份附录书是按比利时规定的形式作出的，其余4份附录书虽然未按这种规定形式制作，但符合英国1837年遗嘱法规定的要求；按照英国法，该人死亡时的住所是在比利时，而依比利时法律关于外国人在比利时设立住所必须获得政府许可的规定，该人死亡时住所仍在英国，因为他没有获得过这种许可。英国法院需要解决的问题是：该英国国民所立遗嘱及其6份附录书在形式上是否有效？

　　审理此案的英国法官按英国冲突规则的指引，对上述问题的解决适用比利时法律（即当事人住所地法），承认依比利时法律作成的那份遗嘱及2份附录书形式上的有效性。英国法官审理此案应该像比利时法官一样去适用法律，由于比利时的冲突规范规定，未在比利时合法设立住所的外国人所立遗嘱的有效性依当事人本国法确定，因而比利时法官会适用英国法去确定其余4份附录书形式的有效性；于是，英国法官最终适用了英国法，确定其余4份附录书在形式上的有效性。

　　[法律问题]

　　审理本案的英国法官声称应像比利时法官一样去适用法律，如果完全这样做，有无可能出现另外的判决结果？为什么？

　　[重点提示]

　　英国法官审理此案的做法，目的是避开英国冲突规则关于遗嘱的形式要件只能依立遗嘱人最后住所地法确定的苛刻规定，以尽可能确认真实反映立遗嘱人意愿的遗嘱在形式上的有效性；当时，与英国相邻的欧洲国家规定遗嘱的形

---

　　[1]　163 E. R. 608. Court of King's Bench.

式要件依立遗嘱人属人法或遗嘱制作地法皆可，这种灵活的规则对英国法官采用反致不无影响。

第三节 外国法内容的查明

经典案例

沃尔顿诉阿拉伯美国石油公司案
(Walton v. Arabian American Oil Co.)[1]

[基本案情]

本案原告是阿肯色州的居民，当他在沙特阿拉伯短暂停留时，他驾驶的汽车与被告拥有的并由被告雇员驾驶的卡车相撞，造成他重伤。被告是一家在特拉华州成立并在纽约州获得营业执照的公司，它在沙特从事大量经营活动。事故发生后，原告在美国联邦地区法院起诉。

原告在诉讼过程中没有就相关的沙特法律的内容提出主张和进行举证，被告在答辩中也没有就该法律提出主张和提供证据。根据纽约州的实体法，被告有过失，应对原告负赔偿责任。初审法院在判决中说，依照克拉克松案规则，该法院应适用纽约州的冲突规则，即侵权行为适用侵权行为发生地的法律。由于该法院将沙特的法律不视为审判上已知悉的事实，原告因举证不能而败诉。之后，原告将本案上诉至联邦上诉法院。[2]

[法律问题]

1. 根据国际上的通行做法，本案应当如何查明外国法的内容？
2. 按照英美普通法系的惯常做法本案应如何解决？

[参考结论与法理分析]

（一）法院意见

联邦法院的一般规则是，外国的"法律"是必须证实的事实。在当事人没有主张的情况下，法院将外国的"法律"视为审判上知悉的事，恐怕是滥用了法律所赋予的裁量权；当一方当事人负有证明外国"法律"的举证责任时，除

---

[1] United States Court of Appeals, Second Circuit, 1956. 233 F. 2d 541, cert. denied, 352 U. S. 872, 77 S. Ct. 97, 1 l. Ed. 2d 77.

[2] David H. Vernon, Louise Weinberg, William L. Reynolds, Wlilliam M. Richman, *Confliet of Laws: Cases, Materids and Problems*, pp. 240~246.

非该方当事人以某种适当的方式坚持让法院对该外国"法律"作司法认知，否则法院这样做就构成了对这种权力的滥用。

但原告主张说，本案涉及的是最基本的侵权法原则。因而初审法官在缺乏相反证据的情况下，本应推定这些侵权法的原则在沙特已得到承认。同时原告主张事故发生时原告只是途经沙特，事故发生后原告也没有继续停留；而被告公司在沙特参与了大量的经营活动，更易获得有关沙特"法律"的信息，因此出示相反证据的责任在被告。但是，根据必须遵循的纽约州的判决，原告负有举证责任。由于原告未能完成这种举证，本法院的多数法官判决驳回上诉，维持原判。

（二）法理分析

本案之所以具有典型性，在于它形象地向我们展示了美国法院在分配外国法查明责任时的态度。这种态度可以概括为，如果这一外国法是美国法院非常容易理解的法律，如英国法，那么美国法院对该法律的理解并不比对其他州法律的理解更为困难，在这种情况下，法官应当主动作出司法认知，查明该外国法的内容。在其他情况下，考虑到法官对该外国法律并不熟悉，如果让法官主动作出司法认知，则可能会造成审判权的扩展，从而不当地减轻主张适用外国法的一方当事人的举证责任，侵害对方当事人的利益，在这种情况下，依据该外国法主张权利的一方当事人应当提供足够的证据来证明该外国法的内容。这种情况的例外是，如果当事人主张权利所依据的乃是"最基本的法律原则"，那么即使当事人没能完成举证，法官也应当主动作出司法认知。

本案涉及外国法内容的确定，又称外国法的查明，是指一国法院根据本国冲突规范指引应适用外国法时，如何查明该外国法的存在和内容。这是法院按照冲突规范适用外国法时首先面对的问题，只有确定了应适用的外国法的内容，才能将该外国法具体适用于涉外民商事关系，才能最终确定当事人的权利义务。综合各国在确定外国法的内容方面所采取的不同做法，大致可区分为以下四类：

1. 将外国法看做事实，由当事人主张和证明。该主张不是把外国法看做法官主动适用的法律，而是将其视为当事人用来主张自己请求权的事实。外国法中是否存在相关规定，以及其内容如何都必须由当事人负举证责任，法官对此不负有依职权查明的义务。当事人举证的方式可以是在诉状或答辩状中引证外国法，或者请有关专家提供证明。法院将按照证据法的有关规则来认定这些外国法的效力。

2. 把外国法看做事实，原则上由当事人负责举证，但法官也可直接认定。法官采用这种方法，即在法院很容易知道或已经知道外国法的情况下，即使当事人未提供相应证据，法官也可直接认定该外国法。

3. 把外国法看做法律，由法官依职权查明。该理论认为，外国法不是事实而是法律，它与内国法有同样的效力，因为它通过内国冲突规范的援引而合并到内国法律体系中成为内国法的一部分，所以应该以确定内国法内容的程序去确定外国法的内容，即法官依职权查明。

4. 基本上把外国法视为法律，原则上由法官负责查明，必要时也由当事人予以协助。该主张认为，对外国法内容的查明，既不同于内国法律的程序，也不同于查明事实的程序，原则上应由法官负责调查，当事人也应负协助的责任。这种做法更重视法官的调查，对当事人提交的证据，既可以确认，也可以限制或拒绝。

对于外国法的内容，如果法院无法查明，当事人也不能举证证明，在这种情况下，各国所采取的解决方法在立法上主要有四种：依法院地法取代应该适用的外国法；使用本应适用的外国法相近似或类似的法律；适用一般法理；驳回当事人的诉讼请求或者抗辩。

我国《涉外民事关系法律适用法》第 10 条第 1 款规定："涉外民事关系适用的外国法律,由人民法院、仲裁机构或者行政机关查明。当事人选择适用外国法律的,应当提供该国法律。"第一次在法律规则中明确了外国法的查明责任。

拓展案例

盖勒诉麦考恩案
(Geller v. McCown)[1]

[基本案情]

Alice B. McCown 是已去世的 Malcolm S. McCown 的前妻。在其前夫去世后，她向前夫的遗产管理人索要共计 15 143.75 美元的遗产。Alice B 所主张的理由是，在她与其前夫结婚时，双方在加拿大育空地区拥有一处房产，按照育空地区法律的规定，她有权获得该房屋 1/3 的遗产份额。据此其在美国向其前夫的遗产管理人提起诉讼，要求获得该部分遗产。

原告诉状中没有援引育空地区调整财产继承权的法律，如果任何当事人想要适用其他法律规则，他必须主张和证明，这是一项确立已久的规则。一个国家的法院被推定为只熟悉自己国家的法律，其他国家的法律像不予采取司法认知的其他事实一样，必须被主张和证明。

---

〔1〕 67 Nev. 54, 214 P. 2d 774.

在本案中育空地区的法律并没有被充分地援引，因此推定适用内华达州的法律规则，而内华达州法律中没有规定前妻可以继承前夫的财产。

[法律问题]

1. 本案中，推定被上诉人的主张应适用内华达州的成文法中的法律规则的依据是什么?

2. 无法查明外国法的解决方法有哪些?

[重点提示]

了解美国各州关于无法查明外国法的做法。

第四节　公共秩序

经典案例

案例一:　　　　　　　　基尔伯诉东北航空公司案

(Kilberg v. Northeast Airline, Inc.)[1]

[基本案情]

原告基尔伯是纽约人，在纽约有住所。被告东北航空公司是在马萨诸塞州注册的公司，从事纽约至马萨诸塞州之间的空中运输。基尔伯在纽约买了该公司的机票，乘坐飞机前往马萨诸塞州，中途因飞机在马萨诸塞州坠毁而死亡。死者的遗产管理人在纽约法院提起诉讼，要求被告赔偿损失。马萨诸塞州法律规定，受害人向从事公共运输者索赔的数额应在 2000 美元以上，15 000 美元以下，且索赔的具体数额要根据被告人的过错程度来确定。而纽约州法律则禁止在侵权索赔中规定最高限额。纽约州地方法院根据侵权行为地法，即马萨诸塞州法律，判决被告向原告赔偿 15 000 美元。原告不服，上诉至纽约上诉法院。[2]

[法律问题]

1. 损害赔偿中最高数额的限制是否属于公共秩序的范围?

2. 如何运用公共秩序保留制度?

---

〔1〕　Court of Appeals of New York, 1961. 9 N. Y. 2d 34, 211 N. Y. S. 2d 133, 172 N. E2d 526.

〔2〕　David H. Vernon, Louise Weinberg, William L. Reynolds, *Wlilliam M. Richman, Conflict of Lans: Cases, Materials and Problems*, pp. 323 ~ 329.

[参考结论与法理分析]

（一）法院意见

负责审理此案的德斯蒙法官认为，从纽约起飞的飞机，在几小时内可能经过好几个州，飞机可能由于恶劣的天气或其他不测事件而进入某州，因此，何处成为损害发生地纯属偶然。若有可能，法院应为本州公民提供保护，使他们免受由于其他法院作出的不公正判决而遭受损失。纽约州 1894 年《宪法》中禁止为侵权赔偿设定最高限额，正是反映了这种精神。纽约州宪法是根本法，它这一规定是明确的、古老的，因而它更为强有力。实际上，近几年很多州已不再限制侵权致人死亡案中索赔的最高限额。马萨诸塞州法律中关于索赔最高限额的规定与纽约州公共政策相违背，所以不能予以适用。至于索赔的计算方法属于程序问题，程序问题依法院地法，所以，应适用纽约州法。

（二）法理分析

本案作为美国法院审理的典型的侵权损害赔偿案件，运用了公共秩序保留制度。公共秩序保留（Reservation of Public Order），是指一国法院依据本国的冲突规范应适用外国法时，因适用会与法院地的重大利益、基本制度、法律的基本原则或道德的基本观念相抵触而排除其适用的一种制度。对于公共秩序的概念，各国学者存在着不同的看法。

本案中，法院通过两个步骤的推理排除了马萨诸塞州法律的适用：①法官提出，因为飞机起飞可能飞经数个州，在这种情况下飞机在何州发生意外是一种典型的偶然情况，我们规定侵权行为适用侵权行为地法，是因为在一般情况下，侵权行为总是与侵权行为地有着密切的联系的。然而在本案中，侵权行为地完全是一个偶然因素，与案件没有充分的联系，因此适用侵权行为地法律是有待商榷的。②法官认为宪法是纽约州的根本法，其中禁止对损害赔偿设立最高限额，具有最高法律效力，马萨诸塞州法律中对赔偿限额的规定违反了纽约州的公共秩序，及纽约州法律所试图保护的当事人的利益，这是法院所不能接受的。

上述推理可谓简明有力，它从另一个角度向我们揭示了公共秩序保留存在的意义。那就是虽然从学理上来说，普遍主义法学者向来认为各国法律是平等的，但对法院来说，法院原本应当只效忠于法院地的法律，之所以依据冲突规范指引适用外国法，从来都是法院地为了方便国际交流和商业往来以及为了判决在外国法院能得到承认与执行而做出的让步。而这种让步必然是有限度的，那就是这种让步必须不能同法院地的根本原则相抵触，必须不能侵犯法院地法所试图保护的根本利益。

依公共秩序保留原则排除外国法的适用后，究竟依何国法律裁决案件，过去主张在作为准据法的外国法被排除后，就应该依法院地法处理有关案件，但又分为两种情况：①规定应适用的外国法被排除后，无条件适用内国法；②有一定的限制，即在必要时适用内国法，至于何为必要，则由法院地法院负责解释。也有主张认为应当拒绝审判，理由是既然内国冲突法指定某一案件应适用某一外国法，即表明内国认为该案件不能依其他国家法律审理，因此，若排除适用被指定的外国法后，可视为该外国法的内容不能查明，拒绝审判是合理的。

对于应该适用的外国法被排除适用后如何适用法律的问题，我国《涉外民事关系法律适用法》第 5 条规定："外国法律的适用将损害中华人民共和国社会公共利益的，适用中华人民共和国法律。"

案例二：   欧文诉欧文驾车侵权案
（Owen v. Owen）[1]

［基本案情］

罗纳德·欧文和维姬·欧文是一对夫妇，他们都是南达科他州的居民，为了便于罗纳德完成其高等教育而暂时住在印第安纳州。维姬一直都是南达科他州的居民，在罗纳德返回校园之前，他们一起在南达科他州共同生活了 6 年，并在南达科他州斯特吉斯有一栋房产。他们住在印第安纳州期间，仍缴纳南达科他州的房产税。他们都在南达科他州领取了驾照，并且他们的汽车也是在南达科他州登记注册。总统大选期间，他们以缺席投票方式在南达科他州注册投票。他们也一直想要在完成学业之后返回南达科他州。事实上，他们也都回到南达科他州的斯特吉斯居住。1986 年 3 月 6 日，罗纳德驾驶一辆福特汽车载着维姬和她的两个孩子，行驶在印第安纳州格兰特县附近时发生意外，汽车滑出路面撞到一根电线杆上。在这次意外中，维姬臀部受伤并住院治疗直到 8 月 19 日，出院后一段时间内仍需接受治疗。

意外发生后，维姬以罗纳德驾车时存在疏忽大意的过失提起诉讼。罗纳德应诉否认当时驾车时自己存在任何疏忽。另外，罗纳德以没有诉讼理由为由申请撤销案件。维姬提出证据表明双方与南达科他州存在密切联系，罗纳德对此没有异议。但是预审法庭认为，本案适用侵权行为地法，即适用印第安纳州的法律，印第安纳州的法律要求起诉时原告必须提供能证明对方存在故意或者过失的证据，但是维姬不能提供相应的证据，因而预审法庭裁定撤销了本案。

---

[1]   Supreme Court of South Dakota, 1989. 444 N. W. 2d 710.

维姬不服裁定，提起上诉。在上诉中，维姬主张法庭应当在跨州的案件审理中摒弃侵权行为地法和侵权结果发生地法的适用，或适用公共秩序保留排除其适用。同时她还主张对本案中适用印第安纳州的法律违反宪法。

[法律问题]

1. 南达科他州的司法实践中，审理跨州的侵权案件一贯适用侵权行为地法，但是本案最终并没有适用侵权行为当地法，理由是什么？

2. 什么是公共秩序保留？公共秩序保留的适用标准是什么？

[参考结论与法理分析]

（一）法院意见

上诉法院受理本案后认为：

1. 在南达科他州的司法实践中，审理跨州的侵权案件一贯适用侵权行为地法。尽管适用侵权行为地法存在一定的问题，但是由于更先进的规则缺乏可操作性而不可实施。因而，本庭也适用侵权行为地法。上诉人维姬主张摒弃侵权行为地法的适用，转而适用其他更先进的规则或者适用最密切联系地法的意见，本庭不予采纳。

2. 根据印第安纳州的有关法律规定，机动车驾驶人对父母、配偶、子女、继子女、兄弟姐妹或搭便车的人造成的损失或伤害免责。适用侵权行为地法审理跨州的侵权案件存在两种例外：①审理程序事项时，适用法院地法；②侵权行为发生地的法律适用将违反法院地的公共秩序时，适用法院地法。因而，仅有在适用其他州有关诉权的规定会对法院地的善良风俗或自然正义造成侵害时，才能拒绝其适用。本案中，适用印第安纳州的乘客规则将会降低对受伤的乘客的保护标准，严重损害本州立法所维护的公共秩序。因此，本庭将适用本州的"乘客规则"。

3. 从1978年起，本州的"乘客规则"所要求的驾驶人注意义务标准已经更新为"一般谨慎或技能的缺失（单纯过失标准）"。正如印第安纳州的"乘客规则"适用于其州居民一样，本州没有义务适用一个有违本州公共秩序的法令，而可以适用本州的"乘客规则"，从而采用单纯过失标准。对两个仅仅暂时处于印第安纳州的南达科他州居民之间的纠纷，适用印第安纳州的"乘客规则"将会是有违于自然正义和侵害其基本权利的。

4. 基于维姬与本州的紧密联系，我们可以看出其并不是主动挑选法院，而是一个本州居民寻求司法救济的基本权利。另外，印第安纳州与本案的联系极小，不能因为维姬在其州内受到损害而剥夺其要求赔偿的权利。

法院认为，印第安纳州的"乘客规则"违反本州公共秩序，不予适用，最终判决案件发回重审。

（二）法理分析

本案作为美国法院审理的经典的侵权损害赔偿案例，充分阐释了公共秩序保留这一原则是如何运用于具体的案件审判当中。公共秩序保留是冲突法中的一个重要概念，其重要意义在于，世界各国的法律各不相同，一个国家的法律在其本国可以得到良好的运用，但在外国加以运用便可能导致严重的不利后果；另外一些落后国家的法律在一般国家看来是"非文明的"甚至是"邪恶的"。这就导致法院不可能毫无保留的适用外国法律，因为那可能导致严重的不良后果或者在法院看来该法律本身就是"邪恶"的。因此世界各国普遍接受公共秩序保留的概念，并将公共秩序保留规定在本国的立法中。可以说公共秩序保留是一种"安全阀"，它使法院不至于作茧自缚，被迫适用可能造成不良后果但却是自己的冲突规范所指引的外国法。

在本案当中，南达科他州法院面临这样一个两难的问题，如果适用依照其冲突规范所指引的印第安纳州的法律，那么当事人就得不到按照法院地法所应得的救济，这无疑违背了法院地法的立法意图；而如果法院不适用印第安纳州的法律，那么它就违反了本州的冲突规则，也就是说仍然违背了法院地的立法利益。在这种情况下，南达科他州法院巧妙地利用了公共秩序这一"安全阀"，通过认定适用印第安纳州法律违反公共秩序，在没有违背本州冲突规范的情况下，避免了适用印第安纳州法律所可能导致的不良后果。

拓展案例

辛克尔公司案
(Holzer v. Deutsche Reichsbahn – Gesellschaft)[1]

[基本案情]

霍尔泽是有犹太血统的德国人，受雇于辛克尔公司。1931年底，辛克尔公司并入德国帝国铁路局，霍尔泽被任命为该局总管。1933年，德国帝国铁路局总经理免去了霍尔泽的总管职务，理由是：根据德国议会关于非雅利安人的立法，犹太人不得担任领导或管理职务，已担任的必须解除。霍尔泽是犹太人，所以，必须解除其职务。霍尔泽在职务被解除后，鉴于德国帝国铁路局在美国纽约的银行有存款账户，即前往美国向纽约法院对德国帝国铁路局提起诉讼。

审理案件的美国法官柯林斯认为，根据霍尔泽与德国帝国铁路局之间的雇佣契约是在德国订立并在德国履行这一事实，按美国关于雇佣关系应适用雇佣契约签订地或履行地的冲突法规范，本案本应适用德国法律。但是，德国关于

---

〔1〕 Court of Appeals of New York, 277 N. Y. 474, 14 N. E. 2d 798 [1938].

非雅利安人的法律规定与美国的公共秩序相违背，德国法律不能适用。柯林斯法官解释说：如果德国法律表现为与美国的司法、自由和道德的精神相违背的话，国际礼让并不要求我们适用德国法律。本案要解决的并不是德国人的良知问题，而是我们自己的良知问题。既然已经确认德国关于非雅利安人的法律规定如此强烈地违背我们的深刻的信念，那么，对于当事人向美国法院提出的诉讼，就只能适用美国的公共政策观念。被告以血统的理由解除原告的职务，如果我们予以认可，这是美国的公共政策所不允许的。虽然被告的这种行为在德国是符合法律规定的，但如果我们承认这种种族歧视行为的合法性，就无异于出卖我们自己的良心，违背美国的传统和否定美国宪法及各州的宪法。因此，应当拒绝适用德国法，最后判决原告霍尔泽胜诉。[1]

[法律问题]

1. 纽约州拒绝适用德国法律的原因是什么？

2. 种族歧视是否可以作为公共秩序保留制度排斥外国法适用的理由？

[重点提示]

在裁判本案时，应重点考虑案件发生的背景。

第五节 法律规避

经典案例

案例一：
鲍富莱蒙王子离婚案
（Bauffremont's Divorce Case）

[基本案情]

原告鲍富莱蒙为法国王子，其妻原为比利时人，因与鲍福莱蒙结婚取得法国国籍。婚后，鲍富莱蒙之妻又同罗马尼亚比贝斯柯王子相恋，要与鲍福莱蒙离婚。但当时法国法律只允许别居不允许离婚，而当时德国的法律允许离婚。为了达到离婚的目的，鲍富莱蒙之妻移居德国并归化为德国公民，随后，在德国法院提出与鲍福莱蒙离婚的诉讼并获得离婚判决。鲍富莱蒙之妻在离婚后与比贝斯柯王子结了婚，并以德国公民的身份回到了法国。鲍富莱蒙向法国法院

---

[1] David H. Vernon, Louise Weinberg, William L. Reynolds, Wlilliam M. Richman, *Conflict of Laws: Cases, Materials and Problems*, pp. 320～323.

起诉，要求宣告鲍富莱蒙之妻加入德国籍、离婚以及再婚的行为无效。

　　法国法院受理了这一案件。按照当时法国的冲突法规定，婚姻能力适用当事人的本国法，由于鲍富莱蒙之妻已归化为德国公民，其本国法为德国法。按德国法，她的离婚是有效的。但法国最高法院最终判决其在德国的离婚和再婚均属无效。至于其加入德国籍问题，法国法院无权审理。

　　[法律问题]

　　1. 法律规避如何构成？法律规避的效力如何？

　　2. 当事人有避开有关国家强制性法律的目的，通常被认为是法律规避的构成要件之一，而目的是人的内在意识，对此如何进行判断？请结合本案作出说明。

　　[参考结论与法理分析]

　　(一) 法院意见

　　该案涉及国际私法上的法律规避问题。法国最高法院认为，鲍富莱蒙之妻迁居德国并取得德国国籍的动机，显然是为了规避法国关于禁止离婚的规定，构成了法律规避。她在德国的离婚和再婚是通过法律规避手段取得的，均属无效。

　　(二) 法理分析

　　本案是法国法院作出的国际私法方面的经典判例之一，在本案的基础上，引出了国际私法中“法律规避”的概念。本案中的关键问题在于，鲍福莱蒙之妻的离婚是否有效，如果这里离婚是有效的，那么其再婚也是有效的；反之亦然。从表面上看，鲍福莱蒙之妻离婚时已经取得了德国国籍并移居德国，按照法国当时所实行的冲突规范，离婚是否有效的问题应当适用当事人的本国法，即德国法。而按照德国法的规定，应当认定鲍福莱蒙之妻的离婚和再婚均为有效。然而法国法院却指出，鲍福莱蒙之妻之所以移居德国并取得德国国籍，完全是为了能够在离婚问题上规避不许离婚的法国法而适用允许离婚的德国法，鲍福莱蒙之妻出于此目的，蓄意改变自己的连接因素——国籍，而意图避开原本应适用的对其不利的法国法，转而适用本不应该适用但适用结果对其有利的德国法。对于这种行为，法院将其定义为一种“法律规避”行为，不发生适用德国法的效力。

　　基于上述理由，法国法院判决鲍福莱蒙之妻的离婚和再婚均无效。虽然从整个案件过程上来看，法国法院难逃为保护本国当事人（法国王子）而寻找理由扩展适用法院地法的指责，但事实上，冲突规范中之所以对连结点有非常具体的规定，是因为连结点往往和案件的公正审理有着非常密切的联系，当事人蓄意变更连结点，很可能使其相对人的法律预期全盘落空，损害了对方当事人的利益。如甲、乙双方签订合同，约定合同争议应适用被告住所地法，而合同争议发生后，甲方作为被告迅速将其住所地从甲国迁至丙国，这就使乙方根据甲国法律所建立起来的合理期望完全落空，在这种情况下，排除这种规避行为的效力，从而保护另一方当事人的合法期望，也是具有积极意义的。

本案涉及国际私法上的法律规避（evasion of law），法律规避又称为"诈欺规避"或称"诈欺设立连结点"，指在涉外民事领域，当事人为利用某一冲突规范，故意制造出某一连结因素，以避开本应适用的准据法，使对其有利的另一国法律得以适用的行为。

通过对该案的考察可知，构成国际私法上的法律规避，应具备以下四个要件：

1. 从主观上讲，当事人规避某种法律必须出于故意，也就是说，当事人有逃避某种法律的意图。它是区分某种改变连结点的行为是否属于法律规避的首要标志。

2. 从行为表现上来讲，当事人规避法律是通过有意改变或者制造某种连结点来实现的。当事人为规避法律而改变连结点可以分为两种情况：①改变事实情况，例如在内国有关冲突规范以住所为连结点的情况下，为规避原住所地法再结婚或者离婚方面的禁止性规定而有意改变住所；②改变法律状况，例如，通过归化而加入另一国国籍，来规避原国籍所属国法律中在结婚或离婚方面的禁止性规定。

3. 从规避对象上来讲，当事人规避的法律是本应适用的强行性或禁止性规定，一般来说，排除任意性规范的适用并不构成法律规避。

4. 从客观结果上来讲，当事人规避法律的目的已经达到，也就是说法律规避是既遂的。

除以上四点构成要件外，还有一点关系到法律规避案件的提出和结果，当事人为利用冲突规范而创造了条件以后，他与该冲突规范的所属国家或地区仍然存在某种联系。例如该案中鲍福莱蒙之妻再婚之后又回到了法国。

我国法律规定规避我国法律中强制性或者禁止性法律规范的行为无效。《民法通则》中未就法律规避问题作出规定。但最高人民法院《民通意见》第194条规定："当事人规避我国强制性或者禁止性法律规范的行为，不发生适用外国法律的效力。"《最高人民法院关于适用〈中华人民共和国涉外民事关系法律适用法〉若干问题的解释（一）》第11条规定："一方当事人故意制造涉外民事关系的连结点，规避中华人民共和国法律、行政法规的强制性规定的，人民法院应认定为不发生适用外国法律的效力。"

案例二：　大新银行有限公司诉新加源精密铝制品（香港）
有限公司、佛山市南海区平洲金安域模具厂、肖伟南、
四会市新加源铝制品有限公司融资租赁合同纠纷案[1]

［基本案情］

原告大新银行有限公司因融资租赁合同纠纷，将被告新加源精密铝制品（香港）有限公司（以下简称新加源香港公司）、佛山市南海区平洲金安域模具厂（以下简称金安域模具厂）、肖伟南、四会市新加源铝制品有限公司（以下简称四会新加源公司）诉至广东省佛山市南海区人民法院。

经法院审理查明：2007 年 9 月 11 日，被告肖伟南、四会新加源公司作为担保人分别向原告出具了《担保及弥偿书》，表示愿意对被告新加源香港公司的债务在不超过 1 380 060 元港币以及利息、佣金及一切其他费用、支出的范围内提供担保，同时，约定本担保书受香港法律管辖并按其解释。

同年 9 月 27 日，原告与被告新加源香港公司签订《租赁合同》，约定：原告将两台斗山大宇加工中心出租给被告新加源香港公司并放置于被告金安域模具厂处；被告新加源香港公司应向原告支付租金共计港币 1 380 060 元，租赁期限 36 个月，每期租金港币 38 335 元，前期租金港币 153 340 元于合同生效之日支付；剩余 32 期租金于每月的 27 日支付；被告新加源香港公司如不能按期支付租金，按月息 3% 支付逾期利息。

协议生效后，原告依约履行了义务。被告新加源香港公司支付了 19 期租金合共 728 365 港币后不再支付租金。截至 2009 年 7 月 20 日，《租赁合同》项下尚欠租金 651 360 港币、逾期利息 33 149.87 港币。被告肖伟南、四会新加源公司均拒绝履行担保责任。

［法律问题］

1. 被告肖伟南、四会新加源公司作为担保人分别向原告出具了《担保及弥偿书》，表示愿意对被告新加源香港公司的债务在不超过 1 380 060 元港币以及利息、佣金及一切其他费用、支出的范围内提供担保，同时，约定本担保书受香港法律管辖并按其解释，该约定效力如何？

2. 该被告新加源香港公司的行为是否构成法律规避？

3. 我国法律在该问题上是如何规定的？

---

[1]　参见广东省佛山市南海区人民法院（2010）南民二初字第 115 号民事判决书。

4. 法律规避行为是欺诈行为还是合法行为？

［参考结论与法理分析］

（一）法院意见

广东省佛山市南海区人民法院认为，被告肖伟南、四会新加源公司出具《担保及弥偿书》为被告新加源香港公司欠原告的债务承担对外担保。《最高人民法院关于适用〈中华人民共和国担保法〉若干问题的解释》第 6 条规定，未经国家有关主管部门批准或者登记对外担保的，担保合同无效。该规定的依据在于我国内地目前在一定范围内仍然实施外汇管制政策。因此，尽管《确认书》和《担保及弥偿书》中均约定适用香港法律，但该约定违反我国内地的金融法律政策及相关的禁止性规定，根据适用于涉香港民商事合同的《最高人民法院关于审理涉外民事或商事合同纠纷案件法律适用若干问题的规定》第 6 条规定，当事人规避中华人民共和国法律、行政法规的强制性规定的行为，不发生适用外国法律的效力，该合同争议应当适用中华人民共和国法律。本院据此不再适用双方在《确认书》及《担保及弥偿书》中约定的香港法律，直接按照我国内地法律处理因担保无效产生的法律后果。

（二）法理分析

本案作为非常具有典型性的对港融资担保纠纷案件，具有非常重要的学习价值。自 1997 年香港回归后，内地与香港之间的经贸往来日渐增多，但因为香港地区仍保有自己独立的法律制度，因此在现阶段，涉港案件仍然比照涉外案件处理，因此也就需要经过适用冲突规范确定准据法。本案的主要问题在于确认担保合同准据法，按照中国法律规定，合同双方当事人可以协议选择合同适用的法律，而在本案中双方当事人约定选择的法律是香港法律，依据该法律担保合同有效。然而，中国法院却认为，双方当事人的这种约定行为实际上是在故意规避本应适用于案件的中国法律中有关对外融资担保必须经过批准或登记的规定，《最高人民法院关于适用〈中华人民共和国担保法〉若干问题的解释》第 6 条规定，未经国家有关主管部门批准或者登记对外担保的，担保合同无效。因此，中国法院认为，双方的此种行为实际上是一种规避中国强制性法规的法律规避行为，因而不发生法律效力。

本案体现了中国立法对于法律规避的态度，在中国我们并不是规定所有的法律规避行为均属无效，我们仅仅规定那些意图规避中国法律中的强制性规定的条款无效。这无疑是因为强制性规定相较任意性规定更多地体现了一国的立法利益。我国现行的法律，对于改变连结点从而改变准据法的行为并不一概加以否认，而只对那些试图规避我国强制性规范行为加以约束。

拓展案例

案例一：　　　　　　　　**美国表兄妹结婚规避法律案**

[基本案情]

住在美国某州的一对表兄妹为逃避该州法律禁止近亲通婚的有关规定，便去另一州结婚，然后又回到该州居住。后来，男方在该州执行公务中死亡，女方即以死者妻子的身份在被告所在州依据《联邦雇主责任法》对男方的雇主提起赔偿诉讼。被告所在州法院没有适用"在婚姻缔结地有效的婚姻到各地都有效"的规则，而是以当事人规避法律为由，拒绝承认当事人婚姻的效力，因而驳回诉讼。

[法律问题]

1. 被告所在州法院为什么不承认本案当事人的婚姻效力？

2. 法律规避的定义及法律规避的效力应如何把握？

[重点提示]

本案中法院是否承认规避行为的法律后果，可以从以下角度考虑：①本案中当事人为表兄妹的婚姻是否使得本应适用的强制性法律或禁止性法律不被适用。②是否影响了法院的重大利益。③是否符合法律规避的构成要件。

案例二：**中国银行（香港）有限公司与铜川鑫光铝业有限公司、**
　　　　　珠海鑫光集团股份有限公司担保合同纠纷案[1]

[基本案情]

上诉人铜川鑫光铝业有限公司（以下简称"铜川公司"）因与中国银行（香港）有限公司（以下简称"银行"）以及珠海鑫光集团股份有限公司（以下简称"珠海公司"）担保合同纠纷一案，不服广东省珠海市中级人民法院（2002）珠法民四初字第4号民事判决，向广东省高级人民法院提起上诉。

银行以珠海公司和铜川公司为案外人金明亮公司向银行借款提供担保为由，向原审法院起诉要求珠海公司和铜川公司承担担保责任。

珠海公司在原审中答辩认为：为查明本案有关全部事实，切实维护当事人的合法权益，应当追加香港金明亮公司为本案的被告；本案的审理应当适用中

───────────────

〔1〕　参见广东省高级人民法院（2004）粤高法民四终字第6号民事判决书。

国法律；银行的诉讼请求已超过法律规定的 2 年诉讼时效，且未在保证期间内要求保证人承担保证责任，珠海公司的保证责任应当依法免除。

铜川公司在原审中答辩称：《不可撤销担保契约》不是当事人双方真实意思表示，对铜川公司不发生法律效力；本案担保无效；本案应使用中国内地法律予以审理；银行的诉讼请求已过诉讼时效。

原审法院经审理查明：银行和案外人金明亮公司均是在香港注册的公司。1997 年 2 月 18 日，新华银行香港分行（后并入银行；其权利和义务由银行继受）与金明亮公司签订了一份《还款承诺函》，约定由新华银行香港分行贷款贰佰万美元给金明亮公司，并约定了还款期限、年利率等事项。为了担保上述贷款，珠海公司和铜川公司作为保证人分别于 1997 年 1 月 8 日、同年 2 月 3 日向该行出具《不可撤销担保契约》。两份担保契约均约定保证人承担连带责任，约定由香港法律管辖。

在原审法院审理本案期间，银行已就主合同纠纷以借款人金明亮公司等为被告向香港特别行政区的法院提起诉讼。香港特别行政区高等法院（原讼法庭，以下称香港法庭）于 2003 年 3 月 4 日作出判决，判令金明亮公司支付：①美金 1 877 879.60 元或在支付时同等港币的数额；②自 2003 年 1 月 11 日至该裁决日期为止；按美金 100 万元的数额或在支付时同等港币的数额支付，以最优惠利率加年利率百分之一计算利息，其后以裁决利率计算直至全部清偿为止；③固定讼费为港币 1 015 元。

原审法院认为，《不可撤销担保契约》约定该担保契约受香港法律管辖，但《不可撤销担保契约》所涉及的担保在性质上属对外担保。而内地法律有对外汇严格进行管制的规定。参照最高人民法院《关于贯彻执行〈中华人民共和国民法通则〉若干问题的意见（试行）》第 194 条的规定，当事人规避内地强制性和禁止性法律规范的行为，不发生适用香港法律的效力。因此，《不可撤销担保契约》的效力之争由内地法律调整。关于诉讼时效等在内的其他争议，适用当事人约定的香港法。《香港时效条例》第 4 条规定：基于简单合约的诉讼时效为 6 年、盖印文书的诉讼时效为 12 年。银行主张放款日为 1997 年 3 月 5 日，即使从该日起算，至今仍在香港法规定的时效期间内。法院采纳银行的意见，认定本案诉讼时效期间未届满。《不可撤销担保契约》所涉及的担保在性质上属对外担保。根据 1987 年 6 月 17 日国务院批准、同年 8 月 27 日国家外汇管理局发布的《外债统计监测暂行规定》和 1991 年 9 月 26 日国家外汇管理局公布的《境内机构对外提供外汇担保管理办法》，境内机构对外提供担保应经过我国外汇管理部门的审批和登记。《最高人民法院关于适用〈中华人民共和国担保法〉若干问题的解释》第 6 条第 1 项规定，未经国家有关主管部门批准或者登记对外担保的，对外担保合同无效。由于未经国家外汇管理部门批准，珠海公司和铜川公司提供的担保均应认定无效。就主合同纠纷，香港法庭已经作出判决，确认了主债务的数额。银行提供的香港法庭的判决等证据，证明主债务的有效存在及主债务的数额等事实。珠海公司和铜川公司未提出证据予以反驳，对香港法庭判决中确定的关于银行与金明亮公司之间的主债务有效存在及其债务的数额，应作为事实予以确认。因合同被确认无效适用内地的法律，则无效的后果（法定后果）也必然由内地法律确定。根据《中华人民共和国合同法》第58条规定，担保合同无效造成债权人损失，担保人有过错的应承担赔偿责任。银行与珠海公司和铜川公司均应知道内地有关对外提供外汇担保的法律规定，却在未依规定办理批准、登记的情况下提供担保和接受担保，由此造成担保合同无效，双方均有过错。依最高人民法院《关于适用〈中华人民共和国担保法〉若干问题的解释》第7条的规定，珠海公司和铜川公司仅应对金明亮公司不能清偿的债务承担1/2的赔偿责任。金明亮公司不能清偿的债务，其中本金一项，银行向法院请求的数额少于香港法庭判决的数额，法院根据银行的请求，认定金明亮公司应该清偿的债务本金为100万美元。因珠海公司和铜川公司系分别提供保证，就各自订立的合同，珠海公司和铜川公司没有共同的过错，故该两公司均有义务独立承担责任（即珠海公司和铜川公司对银行的损失不承担连带赔偿责任）。在珠海公司和铜川公司之间，任一公司履行债务的效力及于其他公司。即在任一公司履行债务的金额内，另一公司免除责任。关于铜川公司主张对外担保超出其总经理职权范围，担保应属无效一节，从本案事实看，担保契约不仅有其总经理签署，同时还加盖该公司印章，银行有理由相信担保是该公司真实的意思。铜川公司以其内部关系对抗债权人的理由法院不予接纳。银行要求珠海公司和铜川公司承担其律师费，但并未提出据以请求的事实和法律依据，不予支持。

据此，原审法院判决如下：①珠海公司对金明亮公司不能清偿的债务承担1/2的赔偿责任；②铜川公司对金明亮公司不能清偿的债务承担1/2的赔偿责任。金明亮公司应该清偿的债务为：其一，本金100万美元。其二，100万美元的年息。其中自2003年1月11日至2003年3月4日止，以最优惠利率加年利率百分之一计。2003年3月5日至本判决生效之日再过10日止，按香港法院不时公布的裁决利率计。其三，银行在香港提起诉讼时支付的诉讼费1015港元。银行得向珠海公司和铜川公司两者之间的任一公司主张权利，任一公司履行债务的效力及于另一公司。即在任一公司履行债务的金额内，另一公司免除责任。但已履行债务的公司，不能向另一公司追偿。给付事项限珠海公司和铜川公司于本判决发生法律效力之日起10日内履行完毕。逾期根据《中华人民共和国民事诉讼法》第 232 条的规定，按中国人民银行关于降低利率的公告发布后短期贷款（6 个月内）年利率 6.12%；双倍计付延迟履行期间的债务利息。③驳回银行的其他诉讼请求。本案一审案件受理费人民币 84 618 元、财产保全申请费 66 075 元，由珠海公司和铜川公司各负担 75 346.5 元。

上诉人铜川公司不服原审判决，向本院提起上诉，请求本院对原审判决予以改判，并判令驳回银行对铜川公司的诉讼请求。上诉人认为，原审判决在适用法律方面存在如下错误：①原审判决认定当事人在担保合同中约定的法律适用规避了内地法律的适用，但同时又认定出合同效力以外的其他问题应适用当事人约定的香港法律；之后，却又适用内地法律确定保证合同无效后的责任问题。这种认定是自相矛盾的，其结果严重侵害了铜川公司的利益。②《中华人民共和国担保法》第 5 条第 2 款规定："担保合同被确认无效后，债务人、担保人、债权人有过错的，应当根据其过错各自承担相应的民事责任。"而原审判决虽然认定"双方均有过错"，但本案这一法律关系存在的是借款人、债务人和保证人三方的关系，而过错最起码也应是三方均有过错，原审判决无疑加重了担保人的责任并导致上诉人责任加重。③原审判决"珠海公司和铜川公司任一公司履行债务的效力及于另一公司。即在任一公司履行债务的金额内，另一公司免除责任。但已履行债务的公司，不能向另一公司追偿"，侵害了上诉人的合法权益，剥夺了上诉人的诉讼权利。上诉人在原审中已向法院举证，上诉人的担保行为是应上诉人股东之一珠海公司的要求才出具了本案的担保契约。借款人是珠海公司的子公司，所借款项的使用也与珠海公司有关，如果为此上诉人遭受到经济损失，有权依据公司法及相关法律向珠海公司追偿。原审法院上述判决，径直通过判决剥夺了上诉人的诉讼权利，依法应予以纠正。④原审判决混淆了法律生效和上诉人开始承担责任的时间，致使按判决日期无法履行给付义务。

据此，上诉人提出如上上诉请求。

被上诉人银行答辩称：原审判决适用法律是正确的；《不可撤销担保契约》并没有故意规避中国内地法律；原审判决对上诉人责任的认定符合法律的规定；上诉人可以按原审判决规定的时间履行其给付义务。因此，被上诉人请求本院对原审判决予以维持。

原审被告珠海公司称，本案保证合同无效，其不应承担责任。

本院经审理查明，原审判决认定的事实属实，本院予以确认。铜川公司在本院二审期间提交了由香港律师出具的关于担保合同无效后担保人责任问题的香港法律规定的法律意见书。该意见书认为：根据香港法律，无效担保合同不产生法律效力，担保人无需依照担保合同或其条款承担责任等。

本院认为：本案属于涉港担保合同纠纷。银行以中国内地的民事主体为被告提起本案诉讼，且当事人并没有协议选择其他与本案争议有实际联系的法域的法院管辖，参照《中华人民共和国民事诉讼法》关于涉外民事诉讼程序中管辖问题的特别规定，中国内地法院对本案有管辖权。原审法院和本院对本案行使管辖权符合《中华人民共和国民事诉讼法》及相关司法解释关于地域管辖和级别管辖的规定。

原审判决认为，本案当事人在担保书中约定适用香港法律属于法律规避行为，这种认定是不妥的。法律规避是指当事人通过改变连结因素，排除本应适用于该法律关系的对该当事人不利的法律之适用，选择对其有利的法律的行为。法律规避的一个重要的构成要件是当事人有规避相关法律的故意且选择一个与本来与所涉法律关系无关的法律。然而在本案中，并没有证据证明当事人在担保合同中约定适用香港法的行为中存在规避中国内地法律的故意。《中华人民共和国民法通则》第145条明确规定，除法律另有规定外，涉外合同当事人可选择处理合同争议所适用的法律。我国法律并没有规定境内民事主体不能提供对外担保，也没有规定对外担保合同必须适用中国法律。就本案当事人所选择的香港法律而言，与本案所涉法律关系也是有联系的：担保合同所担保的主债权债务关系发生在香港，债权人和债务人均为香港地区的民事主体。因此，原审判决认定当事人选择适用香港法律的行为属法律规避行为是不妥的，本院对此予以纠正。调整本案法律关系的准据法为当事人在担保合同中约定的香港法律。

但是，中国内地实行外汇管制制度，由于对外担保可能导致外债的发生并影响到我国的外汇储备和国际收支平衡，因此，所有的对外担保均应依照中国内地的相关规定办理申报和审批登记，否则即属无效。中国内地关于对外担保办理审批登记的规定属于强制性规定，在中国内地法院审理的中国内地机构对外担保案件中具有直接适用的效力。中国内地关于对外担保的强制性规定的直接适用仅仅导致准据法中与该规定相冲突的法律的排除适用，并不影响准据法中其他相关规定的适用。根据中国内地关于对外担保的强制性规定，本案中珠海公司和铜川公司的对外担保因为没有办理批准登记手续而无效。由于合同根据我国强制性规定被认定无效，而合同无效后当事人应承担的责任是一种基于内地法律规定的必然结果，该责任承担问题仍应由内地法律予以确定。最高人民法院《关于贯彻执行〈中华人民共和国民法通则〉若干问题的意见（试行）》第195条规定，涉外民事关系的诉讼时效，依冲突规范确定的民事法律关系的准据法确定。因此，本案的诉讼时效应当适用香港《时效条例》关于时效的规定，原审法院关于本案诉讼时效的认定正确，本院予以确认。

在本案中，珠海公司和铜川公司所要承担的责任是因担保合同无效所应承担的赔偿责任，没有证据证明债务人对于担保合同的无效有过错。因此，上诉人关于对保证合同无效债权人、债务人和保证人三方均有过错的上诉主张，没有事实依据，本院不予支持。

珠海公司和铜川公司分别就同一笔债务向银行提供了保证担保，由于保证合同无效，各方当事人须根据过错承担相应的赔偿责任。本案事实表明，银行作为债权人、珠海公司和铜川公司作为保证人，对保证合同无效均有过错，对每一份保证合同无效，债权人和保证人的过错均相当。因此，对于银行因债务人不能清偿的债务部分，需承担责任的有三方：银行、珠海公司和铜川公司。由于银行对导致两份保证合同无效均有过错且在每份保证合同中与保证人的过错相当，因此，银行对其因债务人不能清偿债务所受损失应自行承担50%的责任；另一方面，根据《中华人民共和国担保法》第5条和最高人民法院《关于适用〈中华人民共和国担保法〉若干问题的解释》第7条关于无效担保的保证人赔偿责任不应超过未履行债务的1/2之规定，珠海公司和铜川公司仅应对金明亮公司不能清偿的债务承担1/2的赔偿责任。由于珠海公司和铜川公司不是共同担保而是分别为同一笔债务提供担保；在担保合同均被认定无效的情况下，该两公司承担的不是连带赔偿责任，对金明亮公司不能清偿的债务承担1/2的赔偿责任是该两公司所应承担的赔偿责任的总额。由于珠海公司和铜川公司在本案中因合同无效导致银行所受损失的过错相当；因此，该两公司应对金明亮公司不能清偿的债务各承担25%的赔偿责任。原审判决中关于珠海公司和铜川公司赔偿责任分担部分的判决没有事实和法律依据：首先，珠海公司和铜川公司提供的不是共同保证，承担的不是连带赔偿责任，一公司履行债务的效力不能及于另一公司；其次，该两公司各自应承担责任的数额应当根据其过错确定，如果一公司履行债务、另一公司的责任即相应免除且履行债务的公司不能向另一公司追偿，则意味着没有履行债务的公司虽然有过错，但不用承担赔偿责任，这违背了《中华人民共和国担保法》及其司法解释的相关规定，与法理不符且极不公平。因此，原审上述判决不当，本院依法予以变更。上诉人关于此部分判决的上诉主张有理，本院予以支持。

综上所述，上诉人上诉请求部分有理，本院予以支持；原审判决适用法律有部分错误，本院对该错误部分予以纠正。依照《中华人民共和国民事诉讼法》第153条第1款第2项之规定，判决如下：①维持原审判决第三项，撤销原审判决第一、二项；②珠海公司和铜川公司对金明亮公司不能清偿部分的债务各对银行承担25%的赔偿责任。

给付事项限珠海公司和铜川公司于本判决发生法律效力之日起10日内履行完毕。逾期根据《中华人民共和国民事诉讼法》第232条的规定，按中国人民银行关于降低利率的公告发布后短期贷款（六个月内）年利率 6.12% 双倍计付延迟履行期间的债务利息。

本案一、二审案件诉讼费用共计人民币 235 311 元，由银行负担 84 618 元，由珠海公司和铜川公司各负担 75 346.5 元。

[法律问题]

我国《涉外民事关系法律适用法》及其司法解释出台后，对本案的法律适用有何影响？

[重点提示]

《涉外民事关系法律适用法》第 4 条增加了对直接适用的强制性规定的规定，使我国的外汇管理法律法规得以作为强行适用的法而不顾外国法律的规定。《涉外民事关系法律适用法司法解释（一）》中又对直接适用的强制性规定作出了具体列举。

第二编　法律适用

第四章

民事能力的法律适用

　　自然人的权利能力是指能够依法享有民事权利和承担民事义务的资格。各国立法都承认自然人的权利能力"始于出生，终于死亡"，然而，由于各国立法对"出生"和"死亡"的规定不尽相同，法律冲突仍不可避免。此外，各国关于"推定存活"制度的规定不同，也会发生自然人权利能力的冲突。因为权利能力是自然人的基本属性，特定的人的这种属性是由一国社会、经济、政治、伦理、历史等方面的条件来判定的，所以对于自然人权利能力的法律适用，多数国家采用适用当事人属人法的做法。此外，还有适用该涉外民事法律关系的准据法和适用法院地法的做法。

　　失踪宣告、死亡宣告是自然人下落不明持续一定期间推定其失踪或死亡的法律制度，从而在法律上解除或确立与其有关的法律关系。各国在失踪宣告、死亡宣告制度的存在、时间、法律后果方面可能存在法律冲突，对管辖权的规定也不尽相同。在法律适用上，由于失踪宣告和死亡宣告是关于人的民事主体资格的问题，所以，一般认为应当适用其属人法。

　　自然人的行为能力是指公民以自己的行为取得民事权利和设定民事义务的能力，即实施民事法律行为的能力。根据各国的立法，行为能力的取得应同时具备两个条件：①达到一定的年龄；②具有健全的智力，能够承担自己行为的后果。关于自然人行为能力的法律适用，国际上通行的做法是原则上依当事人的属人法，特别是关于亲属法及继承法上的法律行为，但有两个例外：①有关商业活动的当事人的行为能力可以适用行为地法，即使依其属人法无行为能力；②有关不动产的行为能力适用不动产所在地法。

　　法人的权利能力是指法人作为民事权利主体，享受民事权利并承担民事义务的资格。法人的行为能力是指法人以自己的意思独立进行民事活动，取得民事权利和承担民事义务的资格。对法人权利能力和行为能力的法律冲突，国际上通行的做法是依法人的属人法解决。同时必须注意的是，对于法人的权利能力和行为能力的范围，除应受它的属人法的支配外，各国都还要用自己的外国人法来控制。

第一节　自然人权利能力

经典案例

王媛申请杨京山宣告死亡案[1]

[基本案情]

杨京山与王媛于 1993 年 11 月 1 日登记结婚。结婚四个月后，杨京山被单位派往日本研修两年。在日本期间，王媛多次来信，劝说他为了前途发展留在日本。于是学习期满后，杨京山离开研修单位，滞留在日本开始了打工生活。杨京山在日本打工期间，王媛几次来信说要买商品房，并想出国留学。杨京山陆续给她寄回了 800 万日元，约合人民币 56 万元。2001 年，王媛态度大变，说不认识杨京山，让杨京山不要再骚扰她。2002 年，杨京山被日本警方以非法滞留起诉，并被遣返回国。回国后的杨京山多次找王媛，但她却避而不见。为此，杨京山起诉，要求与王媛离婚，分割夫妻共同财产。2003 年，法院作出了杨京山与王媛离婚，婚前财产归杨京山所有，王媛给付杨京山 23 万元的判决。王媛不服提出上诉，声称她早以杨京山下落不明为由，向法院申请宣告死亡。原来早在 2002 年 12 月，法院经过公告寻人无线索已经宣告杨京山死亡。2003 年 3 月，王媛又与他人登记结婚。

杨京山认为，他与王媛在婚姻关系存续期间，王媛故意隐瞒事实真相，恶意宣告他死亡，以达到重婚目的。王媛的行为严重伤害了自己的感情，已涉嫌重婚罪，为此他起诉到法院要求追究王媛的刑事责任，并要求赔偿损失 10 万元。

[法律问题]

1. 假设王媛可以申请宣告杨京山死亡，则该死亡宣告是否具有涉外性？
2. 本案的死亡宣告应由何国管辖？适用的准据法为哪国法？
3. 我国对于死亡宣告案件的管辖权和法律适用是如何规定的？

---

　〔1〕　案件来源：http://www.people.com.cn/GB/news/37454/37459/3081174.html，最后访问时间 2013 年 9 月 30 日。

[参考结论与法理分析]

（一）本案分析

严格来说，本案并非一起涉外宣告死亡案件，因为本案杨京山并未失踪，宣告死亡只是王媛为达到另行结婚目的而采取的手段。但是我们仍能根据这个案件来讨论有关权利能力的法律适用问题。

《最高人民法院关于适用〈中华人民共和国涉外民事关系法律适用法〉若干问题的解释（一）》第 1 条规定："民事关系具有下列情形之一的，人民法院可以认定为涉外民事关系：①当事人一方或双方是外国公民、外国法人或者其他组织、无国籍人；②当事人一方或双方的经常居所地在中华人民共和国领域外；③标的物在中华人民共和国领域外；④产生、变更或者消灭民事关系的法律事实发生在中华人民共和国领域外；⑤可以认定为涉外民事关系的其他情形。"若 2002 年杨京山确实在日本下落不明，也就是说该法律事实发生在日本，则王媛在申请宣告死亡时应确定本案为涉外案件。

案件发生时，我国法律并没有对宣告失踪和宣告死亡的管辖权及法律适用作出明确规定。根据现行《涉外民事关系法律适用法》第 13 条的规定"宣告失踪或者宣告死亡，适用自然人经常居所地法律"，应适用杨京山的经常居所地的法律。但是《涉外民事关系法律适用法》同样没有对管辖权问题作出规定。对此，只有《民通意见》第 28 条第 2 款规定："宣告失踪的案件，由被宣告失踪人住所地的基层人民法院管辖。住所地与居住地不一致的，由最后居住地基层人民法院管辖。"而杨京山已在日本生活多年，其经常居所地和住所地都应认定为日本。由此来看，若王媛申请杨京山宣告死亡，则根据目前的法律规定，中国法院的管辖权仍然是一大问题。

（二）法理分析

在国际私法上，涉外失踪宣告和死亡宣告涉及两大问题：①管辖权；②法律适用。

对于失踪宣告和死亡宣告案件的管辖权，因其涉及自然人权利能力的终止，产生与自然人死亡同样的法律后果，所以，应适用被宣告人的属人法。实践中，一些国家主张由被宣告人的国籍国法院管辖，也有国家主张由被宣告死亡人住所地国家法院管辖。但是在国籍国与住所地国不一致的情况下，无论将管辖权赋予哪一国，都会对另一国的利害关系人产生不利的影响。假设本案中杨京山真的失踪，若中国法院无管辖权，则王媛与杨京山的婚姻会一直持续，必然影响其再婚的权利；若日本法院无管辖权，则杨京山在日本的债权债务关系人也会一直蒙受损失。因此，近代一些国家的立法对涉外死亡案件管辖权采用了混合制的做法，主张涉外死亡宣告主要由被宣告死亡人国籍国法院管辖，在一定条件下和一定范围内，也可以由被宣告死亡人住所地法院、居所地法院管辖。如为解决二战期间失踪人的死亡宣告问题，联合国 1950 年通过的《关于失踪人死亡宣告公约》就规定，失踪人最后住所地或居所地、财产所在地、死亡地、失踪人一定范围内亲属的住所地或居所地法院均对死亡宣告案件有管辖权。

对于失踪宣告和死亡宣告的法律适用，多数国家规定适用被宣告人的国籍国法或住所地法。考虑到被宣告人国籍、住所、财产情况的不同，一些国家对失踪宣告或死亡宣告的法律适用作了不同的规定：原则上依被宣告人的本国法，但内国法院对失踪宣告或死亡宣告有管辖权时，则适用法院地法；或原则上依被宣告人的本国法，但被宣告人在内国有财产及应依内国法的法律关系，适用内国法。因为，宣告失踪或宣告死亡的目的，归根到底是要使宣告发生法律效力，而其原因基本是因为该失踪或死亡与内国有关系，影响着内国及有关当事人的权利义务。也就是说只有法律关系发生在内国，并有财产在内国，内国法院行使管辖权才有实际意义，此时，也应适用内国法。

总而言之，对于自然人权利能力的法律适用，多数国家采用适用当事人属人法的做法，还有一些国家采取适用该涉外民事法律关系的准据法和适用法院地法的做法。以上三种做法都有一定的道理，但不宜绝对化。自然人的权利能力同人本身关系最密切，故适用属人法作为人的权利能力的准据法是最合理的。但因传统的两种属人法原则都有不可克服的弊端，因此对属人法内容作某种补充和改革是完全必要的。如果适用法院地法或法律关系准据法对案件的处理更为公平合理，也不应排除适用法院地法或有关法律关系的准据法。

拓展案例

巴泽恩·朱拉尼器官捐赠[1]

[基本案情]

2001 年 5 月 31 日早晨，33 岁的巴勒斯坦医生巴泽恩·朱拉尼在居住地耶路撒冷北部的苏亚哈特难民营一家咖啡馆前，被以色列定居者用子弹打中了头部。当这位出生于巴勒斯坦的年轻人被送到以色列一家医院抢救的时候，巴以联合医疗小组随即宣布他已经脑死亡了。

巴泽恩·朱拉尼的父亲洛特菲给儿子收拾生前用过的物品时，发现了一张人体器官捐赠表格。以色列人体器官移植中心的代表问他能不能把儿子的器官

[1]　赵相林主编：《国际私法教学案例评析》，中信出版社 2006 年版，第 104 页。

捐出来。洛特菲最终决定实现儿子生前的愿望，把器官捐出来挽救几位以色列人。按照朱拉尼家人的意愿，朱拉尼的心脏、肺、脾、肾和胰等器官捐赠给以色列医院。

[法律问题]

1. 在以色列和巴勒斯坦均采用脑死亡作为死亡标准的情况下，本案中是否会产生权利能力的法律冲突？

2. 当前世界上对死亡的规定主要有哪几种标准？我国目前采取的死亡标准是什么？

[重点提示]

结合各国对权利能力及死亡标准的规定和国际上的普遍趋势进行思考。

第二节　自然人行为能力

经典案例

案例一：　　　　　　查伦诉蒙特利尔信托公司案
　　　　　　　（Charron v. Montreal Trust Co.）[1]

[基本案情]

查伦的丈夫居住在加拿大魁北克。1906 年，他去安大略参加了加拿大皇家骑警部队。1908 年，他与查伦在安大略省结婚，并一直在这里共同生活到 1920 年分居为止。夫妻双方分居时缔结了一项分居协议。分居后，查伦的丈夫辞去了骑警职务并返回魁北克，于 1953 年在魁北克去世。去世前他留下遗嘱，将他的财产留给他的孩子，并指定蒙特利尔信托公司为他的遗嘱执行人。查伦到魁北克法院提起诉讼，要求根据他们夫妻的分居协议从遗产中清偿她丈夫对她的欠款。被告提出抗辩，认为根据魁北克婚姻法，原告没有缔结分居协议的能力。原审法院根据魁北克法律判决查伦败诉。查伦不服提起上诉。

[法律问题]

1. 法官应适用安大略法律还是魁北克法律分析查伦的缔约能力问题？

2. 处理自然人行为能力冲突时，适用当事人属人法和行为地法各自的价值在哪里？

---

〔1〕　See Charron v. Montreal Trust Co., 1957 CarswellOnt 198 12 D. L. R. (2d) 45, [1958] O. R. 597。

[参考结论与法理分析]

（一）法院意见

上诉法院认为，对于缔约能力是依合同缔结地法还是依住所地法，并没有明确的判例，适用前者或适用后者而导致的判决不公正的案件都随处可见。法院假设夫妻双方在魁北克有住所且居住在这里，以后回安大略省短期旅行，在此期间订立了一项合同，在这种情况下认定当事人双方缔结这项合同的能力，应依安大略省法律的观点是缺乏理由的。就本案而言，婚姻在安大略省缔结，此后直到双方分居的许多年中，夫妻在安大略省居住、生活，在这种情况下适用魁北克法律决定当事人的能力是不合理的，也是不现实的。最终，上诉法院根据安大略省法律认为夫妻双方都有缔约能力，推翻原判决。

（二）法理分析

历史上，关于已婚妇女的缔约能力的法律冲突曾经普遍存在，早期按照英美普通法的规定，已结婚的妇女没有缔结契约的能力，其法律主体资格被丈夫的法律主体资格所吸收。英国法的理论是夫和妻为一"人"，而这个"人"就是夫。妻不能享受任何财产上的权利，也无缔结契约的能力。这种情形在欧洲大陆也曾一度盛行，直到19世纪后随着妇女获得选举权，此种规定才逐渐被废除。然而，与法律规定的其他限制行为能力的情形（如未成年、精神病、酗酒等类似情况）不同，已婚妇女在理性上已达到完全行为能力，具有符合法律要求的认识和判断能力，只是由于历史、文化、宗教等原因而被限制了行为能力，可以说，对已婚妇女缔约能力的限制在一定程度上是一种歧视。在特定法域范围内，这种限制或许有其合理之处，但在世界范围内，适用当事人属人法解决行为能力冲突所带来的这种限制的不合理之处就愈发明显了。

本案中已婚妇女的缔约能力，也是自然人的行为能力问题。自然人的行为能力，包括财产上的行为能力和身份上的行为能力。对此问题的法律适用，国际上通行的原则是依当事人的属人法。因为行为能力以自然人的认识水平为根据，并与其社会意识、历史文化、生活环境甚至地理环境都具有密切联系，尤其是有关身份行为的行为能力，因此适用当事人属人法是比较妥善的。但是随着全球经济的一体化，国际民商事交往日益频繁，若严格以属人法为民事行为能力的准据法，不利于经济关系的稳定和内国交易的安全。因为在一国境内，若无论缔结何种法律关系，都要求当事人在行为前明确了解对方的国籍或住所，进而查明其本国法或住所地法的内容，最终确定对方到底有无行为能力，这显然是极不利于交易进行的。此时，依据与争议法律关系有特定联系地的法律，如有关商业活动的行为能力适用行为地法，有关不动产的行为能力适用不动产所在地法，更能保证法律关系的稳定，促进交易的流转，保护善意第三人的利益。归根结底，采取什么样的准据法在于想要实现什么样的制度，若为保护无行为能力人本身的利益，则适用属人法当然无误；若为保护交易的安全稳定，则适用行为地法更为妥当。

此外，还需注意的是，有关继承、家庭的行为能力可能与其他法律关系发生竞合，如结婚、离婚的条件等，在识别时应注意区分。

案例二：　姚小燕诉商业技能鉴定与饮食服务发展中心合作合同纠纷案[1]

[基本案情]

原告姚小燕（Sarah Yao）为美国国籍，住所为北京市，被告为商业技能鉴定与饮食服务发展中心，住所地北京市。姚小燕以北京新亚太国际教育投资有限公司的名义与鉴定发展中心下设的五家专业委员会（鉴定发展中心的职能部门，无法人资格）签订了五份合作协议。五家专业委员会分别作为甲方，与乙方签字人姚小燕（抬头载明的乙方为新亚太公司）签订了五份协议，约定甲方委托乙方负责国家咖啡师、调酒师、会展形象设计师、私人形象设计师、公共健康师职业资格鉴定项目在全国范围内的推广、培训、鉴定和认证等管理工作，并一次性向乙方收取认证保证金10万元，乙方交纳10万元认证保证金的时间是签订五协议之日。在五协议上，甲方签字人为黄永忠。姚小燕提交的五张分别加盖有五专业委员会公章的收款收据上分别载明收到新亚太公司所交认证费预交款10万元。黄永忠为姚小燕出具还款书，承诺"由本人负责退还原姚女士向商业技能鉴定中心交纳的证书预交款人民币贰拾万元整"。后合作失败，原告要求被告返还上述款项。

[法律问题]

1. 原告姚小燕作为美国公民，是否具有在我国缔结合同和进行诉讼的能力？
2. 诉讼权利能力与实体权利能力相比有何异同？

[参考结论与法理分析]

（一）法院意见

法院认为：原告姚小燕系具有美国国籍的公民，根据美国法律，其具有民事权利能力和民事行为能力，系本案适格的诉讼主体。关于本案的法律适用问题，因本案双方当事人在审理期间均明确表示适用中华人民共和国有关法律解决双方之间的纠纷，故应认定双方当事人均选择适用中华人民共和国法律作为

---

〔1〕　参见北京市第一中级人民法院（2008）一中民初字第1038号民事判决书。

处理本案纠纷的准据法，该选择系双方当事人的真实意思表示，且未违反我国有关法律、行政法规的强制性规定，合法有效。鉴于双方当事人之间的纠纷系合同纠纷，故本案在实体处理上应适用《中华人民共和国合同法》。

（二）法理分析

本案原告为美国人，是否具有权利能力及行为能力，在《涉外民事关系法律适用法》实施前，根据最高人民法院《民通意见》第 180 规定："外国人在我国领域内进行民事活动，如依其本国法律为无民事行为能力，而依我国法律为有民事行为能力，应当认定为有民事行为能力。"也就是说，在依其本国法具有行为能力的情况下则适用其本国法。因此，法院判决原告姚小燕作为具有美国国籍的公民，根据美国法律，具有民事权利能力和民事行为能力，系本案适格的诉讼主体，该结论是正确的。不过，如果该案发生在《涉外民事关系法律适用法》实施后，则准据法会产生变化。《涉外民事关系法律适用法》第 11 条规定："自然人的民事权利能力，适用经常居所地法律。"第 12 条规定："自然人的民事行为能力，适用经常居所地法律。自然人从事民事活动，依照经常居所地法律为无民事行为能力，依照行为地法律为有民事行为能力的，适用行为地法律，但涉及婚姻家庭、继承的除外。"

此外，需要注意的是，外国人的民事诉讼能力与民事权利能力通常情况下是一致的，但是诉讼权利能力具有一定的特殊性，是权利能力在民事诉讼领域的具体体现，因此一国法律赋予外国人民事实体权利能力的同时，可能并不同时赋予其民事诉讼权利能力，法院地国赋予外国人怎样的诉讼权利，由法院地法或有关条约规定。

拓展案例

马克行为能力确认案[1]

［基本案情］

荷兰籍男青年马克，21 岁。1997 年到中国旅游，在某风景区一户少数民族农家，看中一套当地人的民族服饰。经协商，以随身携带的照相机与之交易。马克打电话给好友乙，告知此事。乙称这笔交易不合算，劝马克把照相机换回来，马克回到农家商谈返还之事，农家不同意。马克遂以自己时年不满 23 岁，按其本国法（荷兰法律规定 23 岁为成年年龄）尚未成年，不具有完全民事行为

---

〔1〕 李双元、欧福永主编：《国际私法教学案例》，北京大学出版社 2007 年版，第 125 页。

能力，所为民事行为无效为由，诉至我国法院。

[法律问题]

1. 法院应否支持马克的主张？为什么？

2. 我国对自然人行为能力的法律冲突如何规定？

[重点提示]

以《中华人民共和国涉外民事关系法律适用法》第 11 条、第 12 条为依据进行思考。

第三节 法人权利能力和行为能力

经典案例

案例一： 希腊和雅典国家银行诉梅特利斯案[1]

[基本案情]

1927 年，希腊国家抵押银行曾经发行过一批以英镑为货币单位的债券，该债券得到了希腊国家银行的担保，这两家银行均是依希腊法律成立的法人。该债券的相关条款中规定，由本债券引起的相关纠纷依据英国法律予以解决。本案被上诉人梅特利斯是该种债券的持有人。1953 年，希腊国家银行同第三方——雅典银行合并为一家新银行，新银行叫做希腊和雅典国家银行，即本案上诉人。根据希腊法律的规定，该新银行是被合并公司的全部权利和义务的全面继承人，希腊国家银行和雅典银行的全部财产均被视为有效地纳入了这家新的有限责任公司，该新公司已继受了被合并公司所有的权利义务。1949 年，希腊通过立法确认了一种"延期偿债权"，在本案发生时该法律已生效，但被上诉人未能凭债券从上诉人处领取应付的利息，于是在英国法院对上诉人起诉，理由是其继承了原担保银行的义务。

[法律问题]

1. 本案应识别为何种法律问题？

2. 上诉人是否应对原债务人的债务承担责任？应适用哪国法作为准据法？

---

[1] See National Bank of Greece and Athens SA v. Metliss, Court of Appeal, [1957] 2 Q. B. 33, [1957] 2 W. L. R. 570.

[参考结论与法理分析]

（一）法院意见

本案的法律关系首先在识别上就面临两个可能导致不同结果的选择，即应将本案识别为合同问题还是法人继承的身份问题。当事人在诉讼过程中承认，由该债券构成的合同的准据法是英国法。因此若将本案识别为合同纠纷，则应适用合同的准据法，即英国法；但若将本案识别为法人身份问题，则应适用当事人的属人法，即希腊法。若依英国法，合并后的新银行作为一个新的法人对于原希腊国家银行的债务不承担责任；而依希腊法采纳的"全面继承"原则，一个在合并其他公司的基础上成立的新公司，在继承被合并公司的债券时必须同时承担被合并公司的债务。最终，法官西蒙兹勋爵依据法院地法——英国法，将本案识别为身份问题，即法人的继承问题。又因为对法人的继承问题适用当事人的属人法，也就是银行住所地即希腊法，最终法院判决上诉人应对债务人的债务承担责任。

（二）法理分析

法人的权利能力是指法人作为民事权利主体，享受民事权利并承担民事义务的资格。法人的行为能力是指法人以自己的意思独立进行民事活动，取得民事权利和承担民事义务的资格。法人的权利能力和其行为能力在时间上是一致的，始于法人成立，终于法人消灭。因此，法人的设立、解散、终止等事项都关乎着法人的权利能力和民事能力，一般来说，法人可以享有哪些财产权利，可以从事哪些法律行为也都属于法人的能力问题。

对法人权利能力和行为能力的法律冲突，国际上通行的做法是依法人的属人法解决。如《奥地利联邦国际私法法规》第10条规定："法人，或其他任何承受权利或负担义务的社团或财团，其属人法应是法人实体设有主事务所的国家的法律。"《匈牙利国际私法》第18条第1款规定："法人的法律能力、从事经济活动的资格、人格权和成员之间的法律关系，适用属人法。"《土耳其国际私法和国际民事诉讼程序法》第8条第4款规定："法人或团体的民事权利能力和行为能力适用其规章规定的管理中心所在地的法律，如果管理的实际中心在土耳其，则适用土耳其的法律。"但是，由于各国对法人国籍、住所地确定的标准不同，因此各国在适用属人法来确定法人的权利能力和行为能力时仍会存在差异。同时必须注意的是，对于法人的权利能力和行为能力的范围，除应受它的属人法的支配外，各国都还要用自己的外国人法来控制，即一个甲国法人在乙国活动，其在乙国的权利能力和行为能力的范围，实际上必须重叠适用甲国法与乙国法。

案例二： **麦克德莫特有限公司诉里维斯案**
（McDermott Inc. v. Lewis）[1]

［基本案情］

麦克德莫特国际公司（McDermott International，以下简称国际公司）于1959年8月11日在巴拿马成立，它的行政办公室在路易斯安那州新奥尔良市，在特拉华州既没有经营活动，不召开会议，也没有代理机构、雇员和财产。麦克德莫特特拉华公司（McDermott Delaware，以下简称特拉华公司）是国际公司的子公司，该公司成立于特拉华州，其主要办公场所总部设在新奥尔良，并在美国全国开展业务。但是，它在特拉华州不开展主要的经营活动。1982年，麦克德莫特进行重组，根据国际公司章程，重组后国际公司的公众股东持有国际公司90%的表决权，特拉华公司持有国际公司10%的表决权，特拉华公司近九成的股东支持重组协议，特拉华公司也由此成为国际公司持有其92%股权的子公司。无论是特拉华州的法律还是路易斯安那州的法律，都不允许在其州内设立的公司的控股子公司持有该母公司的表决权。但是，根据巴拿马法律，在特定情况下，子公司可以持有母公司的表决权。原告里维斯（Harry Lewis）和妮娜（Nina Altman）是特拉华公司的股东，对此，他们向特拉华州衡平法院起诉质疑重组的效力。

［法律问题］

1. 对重组后国际公司的表决权分配问题，本案应适用特拉华州法律、路易斯安那州法律还是巴拿马法律？

2. 法人的属人法的适用范围是什么？

［参考结论与法理分析］

（一）法院意见

衡平法院认为由于特拉华州的法律和路易斯安那州的法律都禁止控股子公司持有母公司的表决权，因此支持了原告的主张，被告不服提起上诉。特拉华州最高法院认为对于公司的内部事务，传统的冲突法规则是适用法院地法，但是在冲突法革命后，法院大多直接适用公司成立地法律（lex incorporationis），这已经成为特拉华州固定下来的冲突法规则。最终，法院认为应适用国际公司的成立地法，即巴拿马法律，并推翻原判。

（二）法理分析

本案中法院以"公司内部事务"（internal affair）理论适用了法人的属人法。

---

[1] See McDermott Inc. v. Lewis, Supreme Court of Delaware, 1987, 531 A. 2d 206.

　　根据美国法理论，区分公司内部事务与外部事务的标准是该事项是否仅能由公司这一特殊主体作出。具体而言，外部事务指由公司与第三人之间的关系而产生的事项，如公司的缔约、侵权行为都属于外部事务；而内部事务，则是指由公司与其董事、股东、行政人员等之间关系而产生的事项。在法律适用上，按照美国《第二次冲突法重述》中所言，"对于公司与第三人之间的行为所产生的权利义务关系，如果此种行为也可以由个人作出，则此时的法律适用规则与不存在公司当事人时是一致的"。也就是说，外部事务不受与公司有关的特殊的法律适用规则调整，而是按照通常的方法，如通过判断公司的行为与法院地是否有足够的联系进行法律适用。与此相反，内部事务则要求特殊地适用公司的属人法，即公司成立地法。但是，对内部事务适用公司所在地法在美国也不是一成不变的规则。正如法院在判决中说到的，传统的规则是适用法院地法，此外，加利福尼亚州和纽约州对此也仍然严格适用法院地法。[1]这恐怕是因为，法人的行为除关乎其成立地的利益，也会影响到法院地的利益，两地法律都意图对其进行约束，所以在适用法律的实践中存在上述两种做法。

　　我国没有"内部事务"理论，对法人这一主体的特殊行为应适用何法律只能参照以下两条规定。《民通意见》第 184 条规定："外国法人以其注册登记地国家的法律为其本国法，法人的民事行为能力依其本国法确定。外国法人在我国领域内进行的民事活动，必须符合我国的法律规定。"《涉外民事关系法律适用法》第 14 条第 1 款规定："法人及其分支机构的民事权利能力、民事行为能力、组织机构、股东权利义务等事项，适用登记地法律。"然而，组织机构、股东权利义务等事项是否可以涵盖法人的全部特殊行为，具体应如何界定，这些都需要立法和实践的进一步解答。

案例三：　　　　　　　　赵涛诉姜照柏等出资纠纷案[2]

[基本案情]

　　原告赵涛，被告姜照柏，被告上海鹏欣（集团）有限公司，被告高汉中。被告姜照柏、高汉中为 MPI 公司的股东，MPI 公司系根据《美国特拉华州普通公司法》于 2000 年 6 月成立于美国特拉华州的一家股份有限公司，公司主要业务经营地在中国上海市。高汉中为美国马里兰州居民。

---

　　〔1〕　See Symeon C. Symeonides, Wendy Collins Perdue, *Conflict Of Laws: American, Comparative, International Cases And Materials* (*Third Editon*), West, pp. 567～568.
　　〔2〕　参见上海市高级人民法院 2006 年 8 月 31 日判决，载北大法宝，[法宝引证码] CLI. C. 817527.

2002 年 4 月 16 日，MPI 公司董事长被告高汉中及股东被告姜照柏与原告签订了《增资认股合同》。约定由原告向 MPI 公司投资 400 万美元的等值人民币3304 万元；MPI 公司承诺在收到该款项后 2 个月内完成以原告名义的增资，使原告成为其新股东，并委任原告为公司董事，享有并行使股东、董事职权。被告鹏欣公司为该合同提供了连带责任担保。被告姜照柏、高汉中承诺负有协助实现原告上述权利的义务，并向原告提供 MPI 公司的技术资料。合同约定关于合同的订立、效力、解释和争议解决均适用中华人民共和国法律。合同签订后，原告分别于 2002 年 4 月 6 日、18 日、27 日分三笔将 400 万美元等值人民币共计3304 万元汇入被告姜照柏、高汉中指定的上海龙林通信技术有限公司的账户，用以认购 MPI 公司的股份。龙林公司于同年 5 月 10 日确认全部款项已到账。2002 年 4 月 9 日原告收到了由被告高汉中单独签署的 MPI 公司股权证书。2002年 4 月 18 日，高汉中应已发行股票的多数股东要求，召集召开了公司特别股东会议电话会议，通过了向原告发行公司普通股的提案，并于 2002 年 4 月 20 日在会议决议上签字。2002 年 5 月 23 日，公司又召开特别股东会议，决定选举原告为公司董事会成员。

原告认为，其已按照《增资认股合同》约定履行了义务，但三被告没有在合同约定的期限内履行其义务，至今为止没有按《增资认股合同》的规定使原告得以行使股东及董事的权利，故诉请判令三被告返还人民币 3304 万元，支付罚息。被告姜照柏辩称：其已履行合同项下的义务，原告已成为 MPI 公司的股东和董事，原告对其是否已成为 MPI 公司股东有异议，应通过合法途径向 MPI公司交涉。被告鹏欣公司辩称：其不应该承担连带还款责任。

[法律问题]

1. 本案的主要问题是什么？是否存在先决问题？如有则先决问题是什么？

2. 对以上问题各应适用何国法？

[参考结论与法理分析]

（一）法院意见

上海市第一中级人民法院在查明对本案适用的《美国特拉华州普通公司法》有关条文及涉及《美国特拉华州普通公司法》的案例后，认为原告持有的 MPI公司股权证合法有效。MPI 公司股东名册上，原告已被列为"已缔约、但尚未签发股票"的股东，MPI 公司通过远程通信方式召开特别股东会议，不存在程序违法之处，此后召开的特别股东会议，符合公司章程的规定，依照《中华人民共和国民法通则》、《中华人民共和国合同法》、《中华人民共和国民事诉讼法》、《最高人民法院关于民事诉讼证据的若干规定》等有关规定，判决对原告的诉讼请求不予支持。

原告不服判决，上诉至上海市高级人民法院。上诉称本案所涉及合同的效力的认定，应适用中华人民共和国法律。上海市高级人民法院认为：本案所涉及的合同虽然约定争议的解决适用中华人民共和国法律，但根据该合同，被上诉人需履行的主要义务为保证上诉人合法地成为 MPI 公司的股东、董事。鉴于 MPI 公司设立于美国特拉华州，故对该公司股东、董事身份的确认，应当根据美国特拉华州的公司法进行判断。因此，对于被上诉人是否履行了保证上诉人合法地成为 MPI 公司的股东、董事的义务的事实，需要根据美国特拉华州的法律来认定。现双方均已履行合同项下的义务，合同的权利义务已经终止。上诉人要求被上诉人返还依据该合同取得的款项，于法无据，判决驳回上诉，维持原判。

（二）法理分析

本案的主要法律问题是原、被告之间关于增资认股的合同争议，双方约定关于合同的订立、效力、解释和争议解决均适用中华人民共和国法律。本案被告为美国居民，案件具有涉外因素，根据案件发生时的有关规定，即《中华人民共和国民法通则》第 145 条第 1 款，"涉外合同的当事人可以选择处理合同争议所适用的法律，法律另有规定的除外"。因此法院适用中国法处理合同纠纷是正确的。同时，本案涉及一个先决问题，即原告是否已正式、合法地成为 MPI 公司的股东。这是涉及法人组织机构的问题，应适用法人的属人法，本案中为美国特拉华州法，法院对这一问题的处理也是十分正确的。此外，本案中上海市第一中级人民法院对美国特拉华州相关法律的查明内容丰富、清晰、准确，也是值得称赞的。

需要说明的是，案件发生时我国法律对有关法人的民事行为能力的法律适用规定比较少，仅见于《民通意见》第 184 条："外国法人以其注册登记地国家的法律为其本国法，法人的民事行为能力依其本国法确定。外国法人在我国领域内进行的民事活动，必须符合我国的法律规定。"若不分情况地适用法人的本国法，可能会造成不公平的结果。实践中，一些公司在设立时为寻求较为宽松的法律环境，规避本国的法律限制，争取较少的税收等原因，纷纷在离岸金融中心（如英属维尔京群岛、开曼群岛、巴哈马群岛、百慕大群岛等地）进行注册，而在注册地以外经营，从而成为离岸公司。在这种情况下，若适用与实际经营没有什么联系的本国法，既不能满足当事人对法律的预期性，还增加了司法的复杂性。而《涉外民事关系法律适用法》第 14 条规定："法人及其分支机构的民事权利能力、民事行为能力、组织机构、股东权利义务等事项，适用登记地法律。法人的主营业地与登记地不一致的，可以适用主营业地法律。法人的经常居所地，为其主营业地。"从而在一定程度上有效地解决了这一问题。

案例四：　　　　　**王诏玉诉亿兆公司应依公司章程向其**
　　　　　　　　　　分配优先股股利案[1]

［基本案情］

　　原告王诏玉，台湾地区居民，住所地为美国加利福尼亚。被告亿兆宝石（新加坡）私人有限公司，住所地在新加坡；被告张荣光，亿兆公司董事长，新加坡国籍，住所地在新加坡。

　　亿兆公司于1986年组建于新加坡，该公司先后在新加坡圣淘沙、北京颐和园、厦门胡里山开设三家博物馆（包括合作）。1992年12月25日，王诏玉的丈夫李茂男与张荣光签订了一份《合作经营管理博物馆契约书》，内容包括：李茂男投资新台币5000万元协助张荣光设立博物馆；张荣光于1993年5月开始按月将合作收益净利的25%汇入李茂男指定的账户。1997年10月28日，双方在契约书上增补条款，约定因该契约书产生的争议适用中华人民共和国法律，由厦门市思明区法院或其上级法院管辖，该约定效力及于双方在此前及此后对契约的修订。1996年11月11日，李茂男与张荣光签订协议书，约定李茂男投资的5000万新台币，以王诏玉名义取得亿兆公司可赎回优先股A股票取代李茂男与张荣光原先约定之权益；张荣光承诺保证王诏玉在亿兆公司的优先股权益，如亿兆公司违反公司章程影响王诏玉权益，则由张荣光负赔偿责任。次日，王诏玉向亿兆公司递交股票申请书。1998年3月8日，亿兆公司股东大会根据王诏玉的申请，决定发行100股特别股（可赎回优先股A股）予王诏玉。4月13日，亿兆公司将有关分配、发行特别股的资料递交新加坡公司注册局。同年12月4日，亿兆公司在可赎回优先股A股票上加盖公司公章，但尚未将股票给付王诏玉。根据新加坡公司法，完成特别股发行需经过如下程序：①公司召开特别股东大会，由股东们授权一般之事宜，包括分配发股予股东，决定分配发股之股份数额及何时分配发股；②接受分配发股者需将所分配发股之款项存入公司之银行户口；③向新加坡公司注册局提交一份表格，以通知有关分配发股之股份、接受分配发股者的资料及所分配发股之股份数额；④公司需于分配发股的两个月内发行完成并准备妥有关接受分配发股者分配所得股份之股票以交予接受分配发股者。

　　后来，李茂男以张荣光未按月支付合作收益净利的25%为由，向厦门市中

────────────────

　　[1]　参见福建省厦门市中级人民法院2000年9月25日判决，载北大法宝，［法宝引证码］CLI. C. 23023。

级人民法院起诉。厦门市中级人民法院认为："张荣光按照新加坡的有关法律规定现已基本完成了该特别股的股票发行程序，李茂男投资于张荣光处的5000万新台币已转变为王诏玉在亿兆公司的特别股权益，李茂男与张荣光之间的合作经营协议亦因此终止。"据此驳回了李茂男的诉讼请求。该判决生效后，王诏玉于1999年7月14日，以该判决为凭，向厦门市思明区人民法院提起诉讼，要求亿兆公司和张荣光支付其优先股股利。亿兆公司提出管辖权异议被驳回后，又提出上诉，厦门市中级人民法院以双方约定管辖及亿兆公司在厦门有可供执行的财产为由驳回了亿兆公司的上诉。

王诏玉诉称其享有亿兆公司优先股 A 股权益，要求亿兆公司立即支付优先股股东红利，并要求张荣光依对亿兆公司的上述给付义务承担连带清偿责任。亿兆公司答辩称：法院认定"股票程序基本完成"，恰恰说明王诏玉的权益状态不明确。王诏玉在未取得亿兆公司 100 股优先股股票的情况下，无权主张股东权益。张荣光答辩称：王诏玉并无证据证明已合法享有股东权益，也无证据证明亿兆公司违约，其不应承担责任。

[法律问题]

1. 中国法院是否可以行使管辖权？

2. 本案应适用何国法？

[参考结论与法理分析]

（一）法院意见

厦门市思明区人民法院认为：李茂男与张荣光在补充条款中，已明确约定因1992年12月15日契约书引发的争议处理适用中国法律，本案的股东权益争议亦是由该契约书引发的，因此，本案的处理应在兼顾新加坡法律的同时，适用中华人民共和国法律。判决原告胜诉。亿兆公司和张荣光不服一审判决，以王诏玉至今尚未持有可赎回优先股 A 股票，尚不是完全意义上的公司股东；他们均未与王诏玉以明示方式选择本案争议所适用的法律；原审认定本案应适用中华人民共和国法律错误，应主要适用新加坡法律等为由，向厦门市中级人民法院提起上诉。

二审时，厦门市中级人民法院认为：《中华人民共和国民法通则》第 145 条规定："涉外合同的当事人可以选择处理合同争议所适用的法律，法律另有规定的除外。涉外合同的当事人没有选择的，适用与合同有最密切联系的国家的法律。"本案中，王诏玉的丈夫李茂男和张荣光在合作协议中自愿选择适用中华人民共和国法律解决彼此间的投资权益争议，后双方又约定李茂男以王诏玉之名取得亿兆公司可赎回优先股，取代李茂男与张荣光合作经营博物馆而支出 5000万元新台币的投资权益，张荣光还承诺保证王诏玉在亿兆公司的优先股权益，如亿兆公司违反公司章程影响王诏玉权益，则由张荣光负责赔偿。故对王诏玉与张荣光之间的争议，应适用中华人民共和国法律。但合作协议中选择的法律调整的是张荣光与王诏玉之间的关系，张荣光作为亿兆公司股东之一所作出的选择是一种个人行为，不能当然代表亿兆公司，其效力亦不及于亿兆公司。鉴于王诏玉与亿兆公司没有选择处理公司与股东之间争议所适用的法律，而亿兆公司系在新加坡注册成立的公司，故根据"最密切联系原则"，有关亿兆公司股票的发行及分红问题，应适用新加坡法律。张荣光作为亿兆公司董事长，与王诏玉的丈夫李茂男签订协议，约定对王诏玉在亿兆公司享有的优先股权益的实现承担赔偿责任，该协议系双方当事人的真实意思表示，内容符合法律规定，为有效协议。张荣光理应依约对亿兆公司应支付给王诏玉的股利承担赔偿责任，张荣光上诉认为王诏玉无权起诉于法不符，不予支持。

（二）法理分析

关于本案的管辖权问题，王诏玉作为台湾居民，在新加坡以优先股的形式投资亿兆公司，从主体、客体、内容几方面来看，该案都与中国大陆没有关系，因此一般来讲，王诏玉要求分配红利，应向新加坡法院提起诉讼。虽然王诏玉之夫李茂男与张荣光的协议约定，由中华人民共和国有关法院解决彼此间的投资争议，但是他们的协议并不能约束王诏玉与亿兆公司之间的公司股权问题。不过，鉴于亿兆公司先后在新加坡圣淘沙、北京颐和园、厦门胡里山开设三家博物馆，因此被告亿兆公司在厦门有可供扣押的财产。《中华人民共和国民事诉讼法》第265条规定："因合同纠纷或者其他财产权益纠纷，对在中华人民共和国领域内没有住所的被告提起的诉讼，如果合同在中华人民共和国领域内签订或者履行，或者诉讼标的物在中华人民共和国领域内，或者被告在中华人民共和国领域内有可供扣押的财产，或者被告在中华人民共和国领域内设有代表机构，可以由合同签订地、合同履行地、诉讼标的物所在地、可供扣押财产所在地、侵权行为地或者代表机构住所地人民法院管辖。"故王诏玉向中国法院提起诉讼，符合我国法律规定的管辖条件，厦门思明区法院享有管辖权。

关于本案准据法的适用问题。本案中，王诏玉的丈夫李茂男与亿兆公司董事长张荣光虽在达成的补充条款中明确约定因1992年12月15日契约书引发的争议处理适用中国法律，但该法律适用的选择系张荣光与王诏玉之间的约定，张荣光作为亿兆公司股东之一所作出的选择是一种个人行为，不能当然代表亿兆公司，其效力亦不及于亿兆公司。何况本案是发生在王诏玉与亿兆公司之间的纠纷，并非一般合同法律关系中当事人之间的权利义务关系，因此案件性质应为股东权益纠纷，属于法人的内部法律关系，应适用法人的属人法，在本案中即新加坡法。

在《涉外民事关系法律适用法》生效以前，我国法律中有关法人的准据法的适用规定有《民通意见》第184条，其第1款规定："外国法人以其注册登记地国家的法律为其本国法，法人的民事行为能力依其本国法确定。"故二审法院以《民法通则》第145条有关涉外合同的法律适用的规定，采用"最密切联系原则"作为依据，在理由上存在一定的偏差，但其最终也适用了新加坡法律，保证了准据法的正确适用和判决结果的公平性。

拓展案例

案例一：北京龙安医学技术开发公司与北京柯林龙安医学技术有限公司、飞黄公司公司解散纠纷案[1]

[基本案情]

2001年9月26日，北京龙安公司（甲方）与香港飞黄公司（乙方）签订《合资合同》，设立被告北京柯林龙安医学技术有限公司。同日，双方订立了《中外合资北京柯林龙安医学技术有限公司章程》（以下简称《合资章程》）。合资期限为15年，自营业执照签发之日起计算。关于柯林龙安公司的终止、解散，《合资章程》中约定：甲、乙方如一致认为终止合资符合各方最大利益时，可提前终止合资；发生下列情况之一时，甲、乙任何一方有权依法终止合资：①合资期满，合资各方不继续合资；②合资公司发生严重亏损，累计亏损超过注册资本；③甲、乙中的一方未履行合同和章程的规定，使合资公司无法再继续经营，并已由违约方赔偿了受损害一方的损失；④合同中所规定的不可抗力的发生，使合资公司遭受严重损失，导致合资公司停业达3个月以上或致使合资公司不能继续经营；合资公司提前终止经营，需董事会召开全体会议。2001年9月29日，柯林龙安公司的《合资合同》、《合资章程》及董事会名单，经北京市门头沟区对外经济贸易委员会批准生效。2009年3月，龙安公司以公司解散为由将柯林龙安公司、飞黄公司诉至法院。

[法律问题]

1. 本案应依何准据法判决公司解散问题？理由是什么？

2. 结合本节内容，你认为《涉外民事关系法律适用法》第14条的规定是否合理、完善？

---

〔1〕　参见北京市第一中级人民法院（2009）一中民初字第5738号民事判决书。

[重点提示]

本案首先应解决的是识别的问题，即应将本案识别为合同案件，还是与法人的权利能力与行为能力有关的公司解散案件。其次，还需要注意当事人协议选择法律的条件和范围。

案例二：　　　　　　**韦伯诉罗杰斯机器公司案**

（Webb v. Rodgers Machinery Mfg. Co.）[1]

原告韦伯是德克萨斯州某工厂的雇员，其在工作期间使用罗杰斯牛头刨时受伤。随后，他向德克萨斯州法院对罗杰斯机器公司提起产品责任侵权诉讼。被告罗杰斯机器公司可谓一家历史悠久的企业，罗杰斯最早作为一家独资企业于1928年开始营业，并将其独资企业的产品设备卖给了奥林匹克机器公司。奥林匹克机器公司在1959年~1960年是一家加利福尼亚的企业，1960年~1964年它设有一个名为罗杰斯的营业部。1964年罗杰斯独资企业与罗杰斯营业部合并成罗杰斯机器有限公司。引起原告受伤的机器型号在1959年以前就停止生产了，也就是说机器是由罗杰斯独资企业生产的。被告辩称，其不是责任主体，应承担责任的是罗杰斯独资企业，并且法院应适用德克萨斯州法律（根据德州法律，被告无需承担责任）。

[法律问题]

1. 本案是否存在先决问题？

2. 对被告企业的继承问题，本案应适用加利福尼亚州法还是得克萨斯州法？

3. 德克萨斯州的法律适用规则采纳了"最密切联系原则"，这对你有什么启示？

[重点提示]

在解决本案的产品责任纠纷之前，首先需要解决被告的责任继承问题。罗杰斯独资企业和罗杰斯机器有限公司均是加利福尼亚公司。法院认为尽管德克萨斯州法律支配本案中许多实体问题，如生产商的职责、引起损害的原因等，但是本案的特殊问题是继承了先前的独资企业之商号的商业实体的责任问题，而与这一问题有关的联系均发生在加利福尼亚。

---

[1]　See Webb v. Rodgers Machinery Mfg. Co. , United States Court of Appeals, Fifth Circuit. , 1985, 750 F. 2d 368.

第五章

婚姻家庭的法律适用

知识概要

　　婚姻家庭关系是基本的社会关系，每个国家的自然条件、人口状况、宗教信仰、风俗习惯的不同，导致各国有关婚姻家庭的立法存在巨大差异，法律冲突十分突出，需要国际私法特别是其中的冲突规范加以调整。而婚姻家庭关系与人的身份密切相关，因此属人法在婚姻家庭领域被广泛适用。本章主要从结婚、离婚、夫妻关系、父母子女关系、收养、扶养和监护七个方面研究婚姻家庭关系的法律适用问题。

　　一、结婚

　　结婚的法律冲突包括结婚的实质要件的冲突和结婚的形式要件的冲突。

　　结婚的实质要件，是指男女结婚必须具备的条件和必须排除的条件。关于结婚实质要件的法律适用，综合各国的立法和实践，主要有以下三种确定准据法的做法：适用婚姻缔结地法；适用当事人属人法；或将婚姻缔结地法与属人法结合适用。结婚的形式要件，是指成立有效婚姻必须遵循的程序或方式。关于结婚形式要件的法律适用，各国分别采用以下做法：适用婚姻缔结地法；适用当事人属人法；选择适用婚姻缔结地法和当事人属人法；采用领事婚姻制度。此外，国际上，关于结婚的法律冲突的国际公约有1902年海牙《婚姻法律冲突公约》和1980年海牙《结婚仪式和承认婚姻有效公约》。

　　二、离婚

　　离婚是夫妻双方生存期间依法律规定的条件和程序解除婚姻关系的行为。目前绝大多数国家都准许离婚。关于涉外离婚的法律适用，各国主要按照以下原则确定准据法：适用法院地法；适用当事人属人法；重叠适用当事人属人法和法院地法；适用有利于离婚的法律。

三、夫妻关系

夫妻关系是男女双方因缔结有效婚姻而产生的夫妻间的权利、义务关系，夫妻关系的内容，包括夫妻人身关系和夫妻财产关系两个方面。

夫妻人身关系是指合法婚姻关系的男女双方在家庭及社会中的身份、地位等方面的权利义务关系。关于夫妻人身关系的法律适用，各国普遍以适用当事人属人法为基本原则。在具体规定上，许多国家规定首先适用双方当事人共同属人法，或概括规定适用当事人属人法，然后再规定当事人没有共同属人法时应该适用的法律，也有的国家明确规定仅适用当事人一方的属人法。在当事人没有共同属人法可以适用的时候，一般适用法院地法，或适用一方当事人的属人法，或适用依最密切联系原则确定的法律。

夫妻财产关系是合法婚姻关系的男女双方在财产方面的权利义务关系，它派生于夫妻身份关系。确认和保护夫妻财产关系的法律制度称为夫妻财产制，分为法定财产制和约定财产制。关于夫妻财产关系的法律适用，各国主要采用以下原则确定准据法：适用当事人选择的法律；适用当事人属人法；动产和不动产分别适用当事人选择的法律或其属人法和不动产所在地法。

关于夫妻关系法律适用的国际公约有 1905 年海牙《婚姻对夫妻身份和财产关系效力的法律冲突公约》和 1978 年海牙《夫妻财产制法律适用公约》，后者引入了有限制的当事人意思自治。

四、父母子女关系

父母子女关系也称亲子关系，是父母和子女之间的一种权利义务关系。其中包括具有血缘关系的亲生父母子女关系，基于收养行为而发生的养父母子女关系，以及形成抚养教育关系的继父母子女关系。对于确定子女是否婚生的准据法，各国主要采用以下五种法律适用做法：适用父母属人法；适用子女属人法；适用父母子女共同属人法；适用有利于子女婚生的法律；适用与父母子女有最密切联系的国家或地区的法律或适用支配婚姻效力的法律。

对于父母与子女关系的准据法确定，各国规定的法律适用原则主要有以下几种：适用父母一方或双方的属人法；适用子女属人法；适用父母子女共同属人法；适用支配父母婚姻效力的法律。此外，在明确区分婚生子女和非婚生子女的国家，对父母与非婚生子女关系的法律适用原则主要有以下几种：适用母亲属人法；分别适用父母各自属人法；适用父母共同属人法；适用子女属人法；适用父母子女共同属人法。

非婚生子女的准正和认领，也可能发生法律冲突。各国关于非婚生子女准正的法律适用原则主要有：适用父母一方属人法；适用父母共同属人法；适用子女属人法；选择适用父母一方属人法或子女属人法；适用支配婚姻效力的法律。各国关于认领非婚生子女的法律适用规则主要有：适用父母一方属人法；适用子女属人法；选择适用父母一方属人法或子女属人法。

五、收养

收养必须符合法律规定的实质要件和形式要件，才能成立并产生法律效力。在解决收养的法律冲突方面，各国对收养的形式要件普遍适用收养成立地法，对收养实质要件和收养效力则采用不同的法律适用原则。对于收养实质要件的准据法确定，各国主要采用以下几种做法：适用收养人属人法；适用被收养人属人法；分别适用收养人和被收养人各自属人法或重叠适用收养人和被收养人双方的属人法；适用法院地法；适用支配收养人婚姻效力的法律。关于收养效力的法律适用，各国主要采用以下几种原则确定准据法：适用收养人属人法；适用收养人和被收养人共同属人法；适用支配收养人婚姻效力的法律。

在国际上，关于涉外收养有 1965 年海牙《收养管辖权、法律适用和判决承认公约》和 1993 年海牙《跨国收养方面保护儿童及合作公约》两部公约。

六、扶养

扶养是一定亲属之间依法律规定在经济上互相扶助供养的制度。各国法律普遍规定了夫妻之间的扶养关系和父母子女之间的扶养关系，有一些国家还规定了其他亲属之间的扶养关系。对于扶养关系产生的法律冲突，各国主要采用以下几种法律适用原则确定准据法：适用被扶养人属人法；适用扶养人属人法；适用有利于被扶养人得到扶养的法律。关于扶养，国际上有 1956 年海牙《扶养儿童义务法律适用公约》和 1973 年海牙《扶养义务法律适用公约》。

七、监护

监护是指依法律规定对无行为能力人和限制行为能力人的人身和财产进行监督和保护。各国法律关于监护人、监护开始、监护内容、监护终止等规定均有不同。关于监护的法律适用，各国主要采用以下几种原则确定准据法：适用被监护人属人法；适用监护人属人法；适用法院或监护机构的所在地法律；适用有利于被监护人的法律。关于监护法律适用的国际公约有 1961 年海牙《保护未成年人的管辖权和法律适用公约》、1996 年海牙《关于父母责任和保护儿童措施的管辖权、法律适用、承认、执行和合作公约》以及 2000 年海牙《关于成年人国际保护公约》。

第一节　结婚

经典案例

案例一：　　　　　　　　　**奥格登诉奥格登案**
（Ogden v. Ogden）[1]

[基本案情]

上诉人是一位英国妇女，住所在英格兰，1898年9月在英格兰与法国人列昂·菲利普（Léon Philip）结婚。后者的住所地在法国，当时年龄为19岁。双方父母对此婚姻毫不知晓。不久，菲利浦的父亲得知此事，就把他的儿子带回法国，并向法国法院起诉，请求法院根据《法国民法典》第148条"子未满25周岁，女未满21周岁，非经父母的同意不得结婚……"及第151条、第152条、第170条、第182条判决此婚姻无效。1901年11月，塞纳省第一审民事法院作出判决，根据《法国民法典》第148条，宣告此婚姻因未经父母同意而无效。在整个诉讼活动中，上诉人未亲自前往法国出庭。

结案后，菲利浦在法国又一次结婚。1903年7月，该英国妇女在英格兰高级法院提起诉讼，以其丈夫的遗弃和通奸为由请求解除其婚姻。菲利浦未出庭。但由于被告菲利浦的住所地国为法国，英国法院无管辖权，起诉被驳回。1904年10月，该英国妇女在英格兰与本案的起诉人威廉·奥格登举行了婚礼。1906年7月奥格登对该妇女提起本诉讼，基于结婚时列昂·菲利浦还活在世上，且上诉人与列昂·菲利浦的婚姻未因英国法律上任何足够的理由被宣告无效或解除，而请求法院判决解除其婚姻。该妇女答辩中否认其与列昂·菲利浦已合法成婚并申辩她俩的婚姻已为法国法院的判决解除。巴格莱弗·蒂恩法官作出判决，宣告原告和该妇女的婚姻无效，因为在该妇女与原告结婚时其丈夫还在世。该妇女不服判决提出上诉。

[法律问题]

1. 本案涉及哪些法律关系？
2. 对该妇女与列昂·菲利浦的婚姻效力，应适用何准据法？

---

[1]　See Ogden v Ogden, [1908] P. 46, Court of Appeal.

［参考结论与法理分析］

（一）法院意见

法官在判决中说道，在一些适用动产随人原则的案件中英国承认了住所地法，但这种承认似乎从未扩及那些英国居民与他国的居民在英国缔结的婚姻案。也许一个国家可以合理地拒绝承认在该国依当事人结婚时住所地法缔结的婚姻为非法的婚姻，然而一个国家也可以很适当和合理地承认住所在外国的当事人在本国境内缔结的婚姻为有效，只要当事人履行了该外国法要求的所有手续，婚姻在该外国就为合法；一个国家还可以很合理地在所有婚姻案件中保护其国民。经过审议，法院得出了结论：上诉人与列昂·菲利浦的婚姻应宣告在英格兰有效。除此之外，法院还判决：在英国，对法国宣告婚姻无效的判决不予承认。

（二）法理分析

本案的焦点问题是该妇女与列昂·菲利浦的婚姻是否有效。因为菲利浦是法国人，且住所在法国，因此他们的婚姻是涉外婚姻。对于该婚姻是否生效的核心问题，是菲利浦是否具有符合法律要求的结婚能力，这属于婚姻的实质要件。但是，这一问题同时涉及了自然人的权利能力和行为能力问题。在英国法院的判决中，法院将其识别为涉外结婚法律关系，最终适用婚姻缔结地法即英国法，认为该婚姻有效。

结婚的实质要件，是指男女结婚必须具备的条件和必须排除的条件，包括是否达到法定年龄、是否需要监护人同意、意思表示是否自由、是否存在近亲关系，是否患有不宜结婚的疾病、是否允许多配偶制等因素。尽管缔结婚姻是一项法律行为，也可因此认定为行为能力问题，但是鉴于结婚深受各国的历史、民族、文化传统、风俗习惯和宗教信仰的影响，与一般的法律行为相比存在一定的特殊性，对于自然人是否享有缔结婚姻的能力这一问题还是宜识别为结婚法律关系。

实践中，对于结婚的实质要件的准据法，主要有婚姻缔结地法和属人法两种观点。主张适用婚姻缔结地法的理由主要有四点：①婚姻也是一种契约关系，其缔结要符合"场所支配行为"这一原则，故应适用缔结行为所在地的法律。②各国关于结婚实质要件的规定多具有强制性，适用婚姻缔结地的法律有利于维护该地的公共秩序。③婚姻缔结地国家的有关机关适用其本国法律简单易行，免除了了解和适用他国法律的麻烦；对于外来移民较多的国家，这样既可以扩大其本国法律的适用范围，还为外来者结婚提供了适用法律的方便。④依婚姻缔结地法有效成立的婚姻关系，其他国家视为既得权给予承认，体现了对当事人正当权益的保护，有利于婚姻效力及相关法律关系的稳定。[1]本案中就适用

---

〔1〕　赵相林主编：《国际私法》，中国政法大学出版社2011年版，第158页。

了婚姻缔结地法的原则。但是适用婚姻缔结地法会给当事人提供规避法律的机会，从而造成"移住婚姻"大量产生。而适用当事人属人法在一定程度内虽可以减少"移住婚姻"的产生，但是也可能与婚姻缔结地的利益相冲突，因而两种观点各有其合理性。

案例二：　　　　　　　　　**辛格诉辛格案**

（Singh v. Singh）[1]

[基本案情]

原告是一名来自亚洲家庭的英国人，居住在爱丁堡。2001 年，当时 18 岁的原告与男友已交往近两年。8 月，原告与其母亲前往印度探亲度假。度假期间，原告被告知其母已为她安排了与被告的婚事，而原、被告此前从未相识。原告对此极力反对，其母说原告若不从就会使整个家庭蒙上巨大的羞辱，并威胁她如果不完婚就毁坏她的护照，让她只能留在印度。此前，原告的姐姐就曾因反对包办婚姻而被家庭放逐。在其母与被告家人的巨大压力下，原告只得与被告举行了结婚仪式，并与被告一起回家共处了一周，但未与被告发生性关系。随后，原告回到苏格兰，开始与其男友继续同居，且再没有和被告联系。原告向法庭提起诉讼，请求判决婚姻无效。

[法律问题]

1. 本案涉及的连结点有哪些？

2. 对原告与被告的婚姻效力，应适用什么准据法？

[参考结论与法理分析]

（一）法院意见

本案中，法官认为适用于婚姻意思表示问题的法律应是宣称缺乏意思表示的一方当事人的住所地法。毫无疑问的是当事人的婚姻能力受当事人婚前住所地法律的支配，而支配意思表示的法律应该也是相同的，因为二者都是婚姻的实质问题，所以应适用相同的法律规则。若适用婚姻缔结地法，既没有合理的理由支持，也不具有权威性。当事人的意思表示问题属于结婚的实质问题，应适用当事人的住所地法律。此婚姻违背了当事人的意愿，因此判决婚姻无效。

（二）法理分析

本案涉及婚姻的实质要件，即当事人对缔结婚姻的意思表示是否真实、自愿。本案的争议焦点是原告缔结此婚姻的行为是否构成胁迫，而本案中原告的

---

[1] See Singh v Singh, 2005 Fam. L. R. 42, Court of Session（Outer House）.

住所地是英国，婚姻缔结地在印度，因此适用哪国法作为准据法是本案的核心问题。

在适用婚姻缔结地法还是当事人住所地法的问题上，苏格兰法院的态度不是从一而终的。早期，法院主张适用婚姻缔结地法，后来，在 Szechter 诉 Szechter 案[1] 中，法律适用规则开始发生变化，这也为本案提供了适用法律的参考。

该案案情为：原告妮娜，1940 年生于波兰，幼时曾与母亲一起被德国人押送至集中营，途中其母将其从火车窗户扔到外面的雪地里，才得以保全性命，但是也因此落下病根，身体受到了永久性伤害。1966 年，时任被告秘书的原告被捕。1967 年 10 月，原告被判 3 年徒刑，在狱中她的健康情况更加恶化，并认为自己已经不能熬过 3 年监禁。被告与其妻子商量决定，计划被告先与妻子离婚，然后与原告结婚并将她作为妻子带到以色列，在那里被告再与其妻子复婚以此救出原告，原告同意了计划。1968 年 2 月，原告与被告在狱中举行了婚礼，1968 年 9 月，原告被释放。11 月，原告与被告离开波兰，12 月来到英国并一直居住在此。1969 年 8 月，原告提起诉讼，申请其与被告的婚姻因强迫而无效。法官 Jocelyn Simon 爵士认为，尽管波兰既是该案当事人的婚姻缔结地，也是当事人缔结婚姻时的住所地，但是在适用的理由上应是适用住所地法。他认为，在决定该案中基于胁迫的理由达成的表面上的婚姻的法律适用问题时，尽管少有权威的规定，但是《戴西与莫里斯论冲突法》中的 32 项规则可以用来参考以决定意思表示的真实性。该规则规定，如果根据当事人任意一方的住所地法律，一方当事人不同意与另一方结婚，则婚姻是无效的。这也符合婚姻的形式与仪式的有效性适用缔结地法，形式与仪式以外的实质事项的有效性适用当事人住所地法的规定。因为当事人的能力属于实质有效性的事项，因此适用当事人的住所地法是毫无疑问的。

与上一个适用婚姻缔结地法的案件相比，本案采取了适用当事人属人法的做法。婚姻实质要件适用当事人属人法的优点，在于一定程度上可以减少"移住婚姻"的产生。由于当事人依其属人法在其他国家缔结的婚姻能得到自己本国或住所地国家的承认和保护，而当事人通常又是与自己本国或住所地国家存在较多或固定联系，故适用属人法对他们是有意义且比较合理的。然而另一方面，当事人到其属人法所属国之外的其他国家缔结婚姻，适用属人法可能会与缔结地国家的公共秩序发生抵触而对结婚造成障碍；如果是本国的已经长期居

---

〔1〕　See Szechter v Szechter, [1971] P. 286, Probate, Divorce & Admiralty Division.

住在外国的当事人结婚，要他们仍然受制于本国的法律恐怕也不合适。[1]因此，也有一些国家实行混合制适用原则，意在弥补二者的不足。

案例三： **王伟、张莉婚姻案**[2]

[基本案情]

中国公民王伟与中国公民张莉是邻居，自幼相处，两小无猜，1998年（王伟当时21岁，张莉当时19岁）二人决定结婚，到住所所在地街道办事处登记。街道办事处工作人员认定二人未到法定婚龄，不予登记。为了达到结婚的目的，王伟、张莉参加了某旅行社组织的新加坡、泰国、马来西亚旅游团，在泰国按宗教方式举行了结婚仪式。回国后，二人以夫妻名义共同生活。第二年，王伟死于一场意外车祸。为遗产继承问题，张莉与王伟的亲属发生纠纷。张莉认为自己是王伟的妻子．与其共同生活一年多，是法定继承人之一。王伟亲属认为，张莉与王伟未进行婚姻登记，在泰国按宗教仪式举行了婚姻仪式，违背我国法律关于婚姻形式要件的规定，属无效婚姻，因此不是遗产继承人。双方协商未果，遂诉诸法院。

[法律问题]

1. 结婚的形式要件应如何确定准据法？
2. 王伟和张莉的婚姻是否有效？
3. 本案涉及国际私法中的哪种制度？

[参考结论与法理分析]

（一）法院意见

法院认为：王伟、张莉在婚姻实质要件不符合我国法律规定的情况下到泰国采取宗教方式结婚，婚后回国居住，是规避我国法律的行为，其婚姻无效，采用宗教方式结婚，我国法律不予认可。故张莉对王伟的遗产不享有继承权。

（二）法理分析

本案中当事人为中国公民，缔结婚姻的法律行为发生在泰国，是一起有关涉外结婚法律关系的案件。本案中涉及结婚的实质要件、结婚的形式要件和法律规避三个问题。

本案中结婚的实质要件即当事人是否满足法定婚龄。《涉外民事关系法律适用法》第21条规定："结婚条件，适用当事人共同经常居所地法律；没有共同

〔1〕 赵相林主编：《国际私法》，中国政法大学出版社2011年版，第159页。
〔2〕 赵一民主编：《国际私法案例教程》，知识产权出版社2001年版，第207页。

经常居所地的，适用共同国籍国法律；没有共同国籍，在一方当事人经常居所地或者国籍国缔结婚姻的，适用婚姻缔结地法律。"王伟和张莉的经常居所地均在中国，因此应该适用中国《婚姻法》。而二人结婚时，王伟 21 岁，张莉 19 岁，不符合我国《婚姻法》的有关规定，不具备结婚的实质要件。

本案中结婚的形式要件即当事人缔结婚姻的仪式是否符合要求。《涉外民事关系法律适用法》第 22 条规定："结婚手续，符合婚姻缔结地法律、一方当事人经常居所地法律或者国籍国法律的，均为有效。"根据我国法律的规定，男女双方自愿结婚必须到婚姻登记机关进行登记，即结婚登记是我国法定的婚姻形式要件。我国不承认中国公民之间在中国境内采用宗教方式缔结婚姻的效力，也不承认事实婚姻。但是，王伟与张莉在泰国采用宗教方式结婚，符合婚姻缔结地法，即泰国法对结婚形式要件的规定，因此，若适用泰国法作为准据法，则本案当事人的婚姻形式是有效的。

但是，王伟与张莉去泰国结婚这一行为已经明显构成国际私法上的法律规避行为。法律规避是指涉外民事法律关系的当事人为利用某一冲突规范，故意制造某种连结点的客观事实，以避免本应适用的法律，从而使对自己有利的法律得以适用的一种逃法行为。王伟与张莉在得知不能按照中国法律缔结婚姻后，为达到结婚的目的，在泰国按宗教方式举行了结婚仪式，规避了我国法律关于结婚的强制性规定。按照《民通意见》第 194 条和《最高人民法院关于适用〈中华人民共和国涉外民事关系法律适用法〉若干问题的解释（一）》第 11 条的规定，一方当事人故意制造涉外民事关系的连结点，规避中华人民共和国法律、行政法规的强制性规定的，人民法院应认定为不发生适用外国法律的效力。因此，本案中，王伟与张莉的婚姻形式也不能发生适用泰国法的效力，所以他们的婚姻形式也是无效的。

案例四：　　　　　　　　　班戴尔诉班戴尔案[1]

[基本案情]

被告居住在印度时曾依照当地印度教的仪式与一名印度女子结婚。印度的习俗与法律允许一夫多妻制。1939 年 5 月 5 日，当被告的印度妻子仍在世时，他与本案的原告在英国荷尔伯（Holborn）的一个婚姻登记所办理了婚姻登记手续。后来，原告发现被告已经结过婚，于是向英国法院提起诉讼，请求判决婚姻无效。

---

〔1〕　See Baindail v. Baindail, Court of Appeal, [1946] P. 122.

［法律问题］

1. 本案中结婚关系的准据法是什么？

2. 该婚姻最终是否有效？

［参考结论与法理分析］

（一）法院意见

根据英国的国际私法规则，当事人的婚姻能力适用当事人的住所地法。本案中，由于被告班戴尔的住所在印度，所以应适用印度法律。依据印度法，被告班戴尔已经依据印度教的仪式与一名印度女子结婚，该婚姻是有效的。同时，印度的法律和习惯允许一夫多妻，被告因此有再婚的权利。但是，被告的上述权利却不符合英国法的规定，被认为违反英国的公共政策。因此，被告在英国的再婚是无效的。法院为此判决，同意原告提出的班戴尔在英国的婚姻无效的诉讼请求。

（二）法理分析

在涉外婚姻家庭案件中，因为各国的规定千差万别，同时又有着自己不可变更的历史、文化传统，适用不同准据法的结果便可能大相径庭。在这种情况下，为了尽量追求判决结果的一致，同时又保证各国自己的司法主权，国际私法中的一些制度便经常被应用到案件中，如识别、反致、先决问题、公共秩序保留等。这是涉外婚姻家庭案件的一大特色。

拓展案例

案例一：　　　　　　　　哈密勒在中国申请结婚案[1]

［基本案情］

哈密勒是某国来中国的留学生，来中国之前已在本国娶有妻子。在中国留学期间，哈密勒认识了某公司女职员中国公民柳某，双方交往频繁且产生了感情，于是提出结婚。因哈密勒已在本国娶有妻子，柳某所在单位的同事强烈反对柳某同哈密勒结婚，柳某父母也极力反对这件事。柳某却愿意同哈密勒结婚，于是哈密勒即以其本国法律允许一夫多妻且柳某自愿同其结婚为由，向柳某户籍所在市民政局提出与柳某结婚的申请，请求发给双方结婚证。

［法律问题］

1. 哈密勒与柳某结婚应以哪国法律为准据法？

〔1〕 李双元、蒋新苗编著：《国际私法学案例教程》，知识产权出版社 2012 年版，第 377 页。

2. 一夫多妻制的婚姻是否违反了我国的社会公共利益？这样的婚姻能否生效？为什么？

[重点提示]

从公共秩序保留的角度进行思考。

案例二：　　　　　　　**汉斯、珍妮领事婚姻**[1]

[基本案情]

汉斯先生和珍妮小姐均为德国籍公民，且二人都在德国某一家公司内任职。1995 年初，汉斯先生以及珍妮小姐所任职的公司与中国的某一集团公司在中国成立了一家合资企业，此时，珍妮和汉斯同被调往位于中国的该合资企业工作。通过长时间的工作和交往，二人之间逐渐产生好感，并发生恋情。1997 年，汉斯和珍妮两人决定结婚，于是前往德国驻中国的大使馆进行了婚姻登记，并且举行了结婚仪式。

[法律问题]

1. 缔结领事婚姻的条件是什么？

2. 我国对领事婚姻有何规定？

[重点提示]

在驻在国同意的情况下，派遣国国民可以到本国在驻在国的使、领馆举行结婚仪式。

第二节　离婚

经典案例

案例一：　　　　**原告 Graham Murray Sharp（格雷·夏普）诉**
　　　　　　　　　被告吕玉玲离婚纠纷案[2]

[基本案情]

原告 Graham Murray Sharp（格雷·夏普），英国公民，住所地在南宁市。被

---

〔1〕　赵一民主编：《国际私法案例教程》，知识产权出版社 2001 年版，第 209 页。
〔2〕　参见南宁市江南区人民法院（2007）江民一初字第 703 号民事判决书。

告吕玉玲，中国公民，住所地在南宁市。

原、被告于 1998 年 7 月 29 日在成都市民政局自愿登记结婚，于 1999 年 10 月 4 日生育女儿 Jade Elizabeth Sharp（蒂·伊丽莎白·夏普）。原、被告婚后感情尚可，1998 年 7 月以后，被告即向其工作单位长期请事假。自 2003 年后，双方开始产生矛盾，经常发生吵架打架，原告甚至搬出与一名为梁娟的女子同居于一房内，导致双方矛盾激化。原告在离家后还回家搬走了音响等用品。2006 年 3 月原告诉至本院请求与被告离婚，经法院审理，确认双方感情尚未破裂，判决不准离婚。之后双方虽就婚姻、女儿抚养等问题多次协商，但仍无法达成共识，感情也未得到改善。原告于 2007 年 6 月又再次诉至法院请求离婚。

法院还查明：原告于 1996 年 7 月购买了南宁市住房一套，于 1997 年 8 月 20 日赠予被告，该房于 2007 年 1 月取得产权证。原告 1999 年 7 月在英国凯特艾伦银行的维萨信用卡账户上有存款 20 403.73 英镑；1999 年 8 月在阿比人寿投资服务有限公司有总值为 43 166.31 英镑的基金；在 JF 资产管理有限公司万事达账户内，2003 年 3 月资产为 258 405.92 美元，2005 年 10 月资产为 344 722.27 美元，2006 年 2 月资产为 440 933.21 美元；2006 年 3 月在英国莱斯银行的账户上有存款 254 460.18 英镑。

[法律问题]

1. 本案离婚问题的准据法是什么？

2. 本案中涉及子女抚养、财产分割等问题应如何解决？

[参考结论与法理分析]

（一）法院意见

法院认为：原、被告自 2003 年以来即开始产生矛盾，数次发生争吵打架，在这期间原告更是搬出与被告共同居住的房屋，与一婚外女子同居，双方矛盾已不可调和，以致原告两次诉至法院请求离婚，夫妻感情确已破裂，原告之请求，应予以准许。原告在婚前赠予被告的商品房，房款已在赠予前付清，产权已归被告所有，房产证的取得虽然是在婚后，但这只是权属登记的时间问题，并不能因此而改变其产权的归属，故该房应属于被告的婚前个人财产，原告无权要求分割该房产的产权。被告所提供的基金账户和银行存款，均为外币账户和存款，虽然存在于双方婚姻存续期间，但原告与被告结婚时年龄已近 50，被告也未举证证明原告婚后在中国境内进行任何可能收入达到前述存款金额的工作或生产，且被告自 1998 年 7 月以来即长期事假，其在庭上亦陈述一直由原告提供其和女儿的生活来源。另外，原告在 JF 资产管理有限公司的基金数额在 2006 年虽比 2003 年有所增长，但因被告所提供的对账单不具有连续性，无法认定这些财产是否是在婚姻存续期间增值的财产，故被告主张上述财产为共同财产依据不足，本院不予支持。婚生女儿年仅 8 岁，一直随母亲生活，应由被告携带抚养为佳。被告要求原告一次性支付抚养费 300 000 元，原告则只同意每月按月支付 268 元。根据最高人民法院《关于审理离婚案件处理子女抚养问题的若干具体意见》第 8 条之规定，抚育费应定期给付，有条件的可一次性给付。原告具备一次性支付的经济实力，且原告为外国籍人，一次性支付对于孩子的生活、学习等更具有保障。根据孩子和南宁市目前的生活水平，法院酌定原告应每月支付孩子生活费 1500 元。孩子现年 8 岁，计至 18 周岁止，原告应一次性给付生活费 180 000 元。孩子的教育和医疗费用，原告仍应按实际支出给付一半。

（二）法理分析

本案原告为英国公民，系涉外案件，《涉外民事关系法律适用法》第 27 条规定："诉讼离婚，适用法院地法律。"因此本案应依中国法判决离婚，但是本案中，法院对涉外离婚的准据法适用没有作出说明，而是直接适用了中华人民共和国婚姻法，这是本案的欠缺之处。同时，对于离婚带来的子女抚养、财产分割等问题，应分别确定法律适用规则，法院在这一点上也没有进行说明，做法欠妥。

涉外离婚的法律冲突包括离婚的实质要件和离婚的形式要件。离婚的实质要件是指婚姻的解除所要满足的要求，即离婚的理由。离婚的形式要件指的是婚姻关系合法并且有效解除的法定形式，即离婚所适用的程序。涉外离婚的实质要件大多与当事人的生活和切身利益密切相关，因而，涉外离婚的实质要件更多的是在保护涉外离婚当事人的本国法律秩序与善良风俗。而涉外离婚的形式要件则更多的是婚姻解除地对解除婚姻的一种程序要求，是保护涉外离婚行为地的法律秩序与善良风俗。因此，对涉外离婚的实质要件的法律适用更为侧重于当事人本国法的适用，而对涉外婚姻的形式要件则更应考虑对行为地法律的尊重。[1]

我国《涉外民事关系法律适用法》没有采取大多数国家的做法，即对涉外离婚的实质要件和形式要件的法律适用进行分别规定，而是按离婚的方式即协议离婚和诉讼离婚加以区分。第 26 条规定："协议离婚，当事人可以协议选择适用一方当事人经常居所地法律或者国籍国法律。当事人没有选择的，适用共同经常居所地法律；没有共同经常居所地的，适用共同国籍国法律；没有共同国籍，适用办理离婚手续机构所在地法律。"第 27 条规定："诉讼离婚，适用法院地法律。"尽管对离婚的实质要件和形式要件适用同一准据法可能造成对离

---

〔1〕 宋磊："论我国涉外离婚法律适用"，中国政法大学 2011 年硕士学位论文。

婚形式过于严苛的弊端，但是《涉外民事关系法律适用法》在协议离婚的法律适用上引入意思自治原则仍是一大亮点。在不损害善意第三人利益的情况下，允许夫妻双方自主选择解除其婚姻关系的法律，这既是对实体法维护私法自治的呼应，在某种程度上也是冲突法对当事人合理预期的保护。同时，协议离婚并不是单纯的契约的解除，对于协议离婚只允许当事人在其中一方经常居所地法律或者国籍国法律，即有实质联系的法律范围内作出选择的这种限制，也符合婚姻家庭关系寻求稳定与可预见的特点，具有合理性。

此外，实践中，没有形成婚姻关系而同居的情况并不少见，在解除时同样会带来纠纷。大多数国家对此都是规定与离婚适用同样的规则，国际公约也采取了相同的做法，如1970年《海牙承认离婚和分居公约》。但我国《涉外民事关系法律适用法》中只对结婚、离婚的法律适用作出了规定，而没有规定同居、别居的准据法。对此只能依据该法第2条"涉外民事关系适用的法律，依照本法确定。其他法律对涉外民事关系法律适用另有特别规定的，依照其规定。本法和其他法律对涉外民事关系法律适用没有规定的，适用与该涉外民事关系有最密切联系的法律"之规定确定应适用的法律。

案例二：　　　　　　　　王华实诉付春花案[1]

[基本案情]

中国公民王华实、付春花二人于1987年在北京结婚，后生有一子。1990年王华实前往美国自费留学，1996年取得博士学位后在加拿大安大略省的一家公司找到了工作。1997年，王华实以夫妻长期分居为由向安大略省的多伦多法院提起了离婚诉讼，但在离婚请求书中王华实隐瞒了他与付春花生有一子的事实。

付春花收到离婚请求书后万分气愤，在王华实赴美国留学的6年期间，付春花不仅要自己工作，而且还要侍奉老人、照顾孩子。考虑到王华实在外留学不易，付春花自己节衣缩食，经常给丈夫寄去一些衣物等。但是她却没有料到，在自己丈夫学成之时，竟然要弃他们母子于不顾，并且为了不承担抚养儿子的责任，还向法院隐瞒了他有儿子这一事实。付春花在经过详细的咨询之后，于1997年10月向北京市某区人民法院提起了离婚诉讼。

[法律问题]

1. 中国法院对本案是否具有管辖权？
2. 本案判决能否得到承认执行？

[1] 赵相林主编：《国际私法教学案例评析》，中信出版社2006年版，第231页。

[参考结论与法理分析]

(一) 法院意见

北京市某区人民法院受理该案之后，进行了公开审理。鉴于被告王华实未能到庭参加诉讼，法院便依据我国相关法律对该案作出了缺席判决：判决原告付春花与被告王华实离婚，并且由被告王华实承担其儿子的抚养费用，每月350元。同时，加拿大安大略省的多伦多法院也审理了王华实所提起的离婚诉讼，由于付春花未能到庭应诉，多伦多法院也作出了缺席判决，判决王华实与付春花离婚。

(二) 法理分析

涉外离婚案件的管辖权是指一国受理涉外离婚案件的权限范围和对特定涉外离婚案件行使审判权的资格。我国对涉外民事案件管辖权的确定，主要采取属地管辖原则，即以被告的住所地、经常居住地作为连结点来确定法院对案件的管辖权。2012年修订后的《民事诉讼法》第21条规定，对公民提起的民事诉讼，由被告住所地人民法院管辖；被告住所地与经常居住地不一致的，由经常居住地人民法院管辖。第22条规定："对不在中华人民共和国领域内居住的人提起的有关身份关系的诉讼，由原告住所地人民法院管辖；原告住所地与经常居住地不一致的，由原告经常居住地人民法院管辖。"由于涉外离婚案件与当事人的切身利益息息相关，如果处理不得当甚至可能影响法院地国的公序良俗，所以，我国法律对与中国公民有关的涉外离婚案件管辖权还作了特殊规定。

《最高人民法院关于适用〈中华人民共和国民事诉讼法〉若干问题的意见》第13条规定："在国内结婚并定居国外的华侨，如定居国法院以离婚诉讼须由婚姻缔结地法院管辖为由不予受理，当事人向人民法院提出离婚诉讼的，由婚姻缔结地或一方在国内的最后居住地人民法院管辖。"第14条规定："在国外结婚并定居国外的华侨，如定居国法院以离婚诉讼须由国籍所属国法院管辖为由不予受理，当事人向人民法院提出离婚诉讼的，由一方原住所地或在国内的最后居住地人民法院管辖。"第15条规定："中国公民一方居住在国外，一方居住在国内，不论哪一方向人民法院提起离婚诉讼，国内一方住所地的人民法院都有权管辖。如国外一方在居住国法院起诉，国内一方向人民法院起诉的，受诉人民法院有权管辖。"第16条规定："中国公民双方在国外但未定居，一方向人民法院起诉离婚的，应由原告或者被告原住所地的人民法院管辖。"根据上述法律规定，结合本案的具体情况，在王华实向加拿大安大略省多伦多法院提起离婚诉讼后，我国法院受理付春花的离婚诉讼是有法律根据的。

同时，本案还涉及"一事两诉"的问题。在同一起离婚案件中，王华实向加拿大多伦多法院提起了诉讼，付春花向中国人民法院提起了诉讼；两国法院均对案件享有管辖权，并且分别作出了不同内容的判决。这样，判决在域外承认执行时就产生了困难。各国法律大都规定，一国承认与执行外国法院判决的条件之一是不存在"诉讼竞合"情形，内国法院若就同一当事人之间的同一争议作出判决后不能承认与执行外国作出的判决。如此一来，外国法院对当事人权利义务关系的确定就成为了一纸空文。例如，在本案中，我国法院判决王华实承担子女的抚养费，王华实可以自动履行判决，若其不履行，判决也不会在加拿大得到强制执行，不利于维护当事人付春花的利益。

在涉外离婚诉讼中，这样一事两诉的情况并不少，尤其多见于夫妻双方当中的女方以牺牲自己的权益为代价扶助男方出国，数年后男方作为原告在外国法院以女方为被告提起离婚诉讼，而女方又在本国法院作为原告以男方为被告提起离婚诉讼。对此，可适用不方便法院原则以避免一事两诉的情况。不方便法院原则指一国法院对某一涉外案件享有管辖权，但如果其认为自己审理案件对当事人或法院自身存在不方便因素，并且有更适宜审理该案的法院，则可以拒绝行使管辖权或者终止审理。这一原则体现了一种利益平衡的综合分析方法，能够一定程度上防止当事人任意挑选法院，避免管辖权冲突带来的负面效果。

案例三： 阿历克斯入籍案
（In re Chong Jah Alix）[1]

[基本案情]

韩国人阿历克斯（Chong Jah Alix）申请作为美国公民弗朗西斯的妻子加入美国籍。根据美国法典有关规定（8 United States Code, Section 1430（b）），如果她确是弗朗西斯的妻子就有权加入美国籍，若不是则无权加入美国籍。在与原告结婚之前，弗朗西斯与其第一任妻子毛泽斯（Mauzzez）一直居住在马萨诸塞州，他与毛泽斯在墨西哥式以邮件形式离婚，且离婚时，双方都没有在墨西哥出现。因此，他与毛泽斯的离婚是否有效成为本案的核心问题。

[法律问题]

弗朗西斯与毛泽斯的离婚是否有效？其婚姻效力由哪一法律支配？

[参考结论与法理分析]

（一）法院意见

法院认为，只要弗朗西斯与毛泽斯的住所在马萨诸塞州，该州就对如何认定他们解除婚姻的行为效力享有排他性的权利。基于以上理由，又鉴于离婚程

---

[1] In re Chong Jah Alix, D. C. Hawaii 1965, 252 F. Supp. 313.

序开始时，弗朗西斯与毛泽斯都不居住在墨西哥，也没有亲自出现在墨西哥，因此马萨诸塞州不会承认他们离婚的效力。但是法律还规定了一种情况，即如果韩国承认墨西哥离婚有效，那么马萨诸塞州也会承认其效力。而韩国对于涉外离婚的规定是"离婚应适用造成离婚的事实开始时丈夫的祖国（home country）法"。法院认为，韩国法这里规定的"home country"是指马萨诸塞州。即使它指的是美国联邦（the United States），其在决定弗朗西斯与毛泽斯的婚姻是否有效时也会援引马萨诸塞州法律，而根据马萨诸塞州法律该离婚无效。因此，法院最终判定，弗朗西斯与毛泽斯在墨西哥的离婚无效，原告加入美国籍的申请也被驳回。

（二）法理分析

本案中出现了一种在美国比较普遍的离婚方式——墨西哥式离婚（Mexican Divorce），它是指在不出现在法庭上的条件下可以快速获得离婚的一种方式，这种离婚的程序简单快捷，条件也比较少，通常只要两三天就可以获得最终的离婚。墨西哥式离婚最好适用在双方有协议的情况下，但也不是必需的。因为其程序较为简单，所以在实践中对墨西哥式离婚的效力比较容易发生争议。

在经过冲突法革命后，美国法院在处理冲突法案件时常常会衡量本州与案件的联系或对案件具有的利益，以此保护本州的利益。在离婚案件中，连结点不外乎当事人国籍国、住所地、离婚地等。从本案及相关判决中可以看出，当离婚地与当事人的住所地不一致时，美国法院倾向于适用当事人的属人法而不是离婚地的法律以确定离婚的效力。这种法律适用规则可以阻止当事人为达到离婚的效果而纷纷采取墨西哥式离婚的做法，也就是可以达到类似阻止当事人挑选法院的效果，从而保护本州的利益。

拓展案例

案例一：　　　　　　　　许某与佐某离婚纠纷案[1]

[基本案情]

原告许某，女，中国国籍。被告佐某，男，日本国籍，现住日本。原告赴日本留学时认识被告并确定恋爱关系，二人于1998年10月7日在上海市民政局登记结婚，未生育。婚后除被告回上海探亲时共同生活外，平时双方各自生活，仅通过电话保持联系。2001年后，双方中断联系。现原告提起诉讼要求与被告

---

〔1〕　参见上海市静安区人民法院（2007）静民一（民）初字第4090号民事判决书。

离婚，被告经法院依法传唤，未到庭应诉，法院因此做出缺席判决。

[法律问题]

1. 法院对该案件有无管辖权？

2. 本案应如何适用法律？

[重点提示]

从民事诉讼法中有关管辖权的一般规定和有关涉外案件的管辖权规定进行思考。

案例二：　　　　　　　　　黄晓东涉外离婚案[1]

[基本案情]

黄晓东，广州市居民。黄晓东与罗自评于1982年7月27日在中国广州市登记结婚。婚后，黄晓东因患类风湿性关节炎，久治不愈导致不能行走，已完全丧失劳动能力，并且因此没有生育子女，依靠领取最低生活保障费和罗自评的经济帮助生活。1990年罗自评以中国留学生身份赴澳大利亚留学，留学期间仍能维持对黄晓东的经济帮助。1995年，罗自评取得在澳大利亚的居留权，即向黄晓东提出：其欲在澳大利亚结婚，要求与黄晓东离婚，并且提出离婚后将视经济能力继续提供帮助。黄晓东提出：可以同意解除婚姻关系，但要求同时妥善解决离婚以后在经济上的帮助，特别是治疗费用的问题。由于罗自评急于解除婚姻关系，即于1995年12月5日向澳大利亚悉尼家庭法庭提出离婚诉讼，要求与黄晓东离婚，并隐瞒了黄晓东的有关情况。

澳大利亚家庭法庭在给黄晓东寄来的诉讼文件中明确告知，该案件的审理将只对当事人的婚姻关系进行处理，而相关的请求扶养、财产等问题的处理需要在离婚终审判决后12个月后另行提起诉讼。对此，黄晓东向广州市法律援助中心进行了求助。援助律师向澳大利亚法院去信，认为其不具有管辖权并要求考虑黄晓东的残疾情况。澳大利亚家庭法庭在收到信件和《法律意见书》后，要求原告罗自评说明情况，并且将案件压后。罗自评经过与其律师的商讨后，决定放弃原来的态度，与黄晓东进行协商，最后双方达成协议：由罗自评在解除婚姻关系之时，一次性付给黄晓东2万美元的经济帮助，然后由黄晓东向澳大利亚法院表示同意离婚。澳大利亚家庭法院在收到黄晓东的信件和签署了"同意离婚"的意见后，于1996年6月25日作出判决，判决解除黄晓东与罗自评的婚姻关系，判决于1996年7月26日在澳大利亚生效。同年12月，黄晓东

〔1〕　赵相林主编：《国际私法教学案例评析》，中信出版社2006年版，第226~227页。

向广州市中级人民法院提出承认外国法院判决的申请。1997 年 1 月 20 日，广州市中级人民法院作出裁定，对该判决的法律效力予以承认。

[法律问题]

1. 本案涉及何种法律冲突？
2. 若黄晓东在中国法院提起离婚诉讼，中国法院是否具有管辖权？
3. 本案如何解决最能维护当事人的利益？

[重点提示]

澳大利亚法律只对当事人的婚姻关系进行审理，关于请求扶养、财产等问题不一并解决，而是需要在离婚判决起 12 个月再另行诉讼处理，但这与我国婚姻法对离婚的规定存在冲突。同时，若黄晓东在中国法院也提起诉讼，则会造成"一事两诉"的结果，若判决得不到承认执行，并不能达到维护当事人利益的效果。

第三节　夫妻关系

经典案例

案例一：　大陆居民翟媚与台湾居民赖祥结婚、离婚案[1]

[基本案情]

大陆居民翟媚，居住在广西柳州市，职业是导游。2000 年元月，在一次接待中，她结识了来自台湾的赖祥。赖祥，居住在台湾省台中县，游览途中他谎称自己是一家公司老板，家中有车有房，并对翟媚出手阔绰，俘获了她的芳心，令翟媚一心想要嫁到台湾。2000 年 6 月，两人在柳州市民政局办领了结婚登记。11 月，翟媚在拿到大陆居民往来台湾通行证后便飞抵台湾，与丈夫相聚。但到了丈夫家中，他才发现丈夫只是个农民，家中生活条件极差，并且丈夫不仅强迫翟媚与她同居，甚至还为其安排了陪酒女郎的工作。翟媚无奈之下趁机逃回大陆。

2001 年 8 月，翟媚接到台中地方法院的传票，通知她回台湾应诉，因为赖祥已将她告上法庭。翟媚父母为她找到律师，在律师建议下翟媚将赖祥告到法

---

〔1〕　齐湘泉：《涉外民事关系法律适用法：婚姻家庭继承论》，法律出版社 2005 年版，第 99～101 页。

院。2003 年 2 月，柳州市鱼峰区法院受理此案后判决他们离婚。判决生效后，翟媚又收到台中地方法院向其下达的"同居令"，要求翟媚速回台湾对丈夫履行同居义务。

[法律问题]

1. 本案中，柳州法院和台中法院各自作出判决的准据法是什么？

2. 翟媚与赖祥的婚姻效力如何？

3. 翟媚应否履行同居义务？

[参考结论与法理分析]

（一）法院意见

台中法院根据 1992 年 7 月 21 日颁布的"台湾地区与大陆地区人民关系条例"第 53 条之规定"夫妻之一方为台湾地区人民，一方为大陆地区人民者，其结婚或离婚之效力，依台湾地区之法律"，确定本案的准据法是台湾地区"法律"。柳州市鱼峰区法院则根据《中华人民共和国民法通则》第 147 条"中华人民共和国公民和外国人离婚适用受理案件的法院所在地法律"，和《民通意见》第 188 条"我国法院受理的涉外离婚案件，离婚以及因离婚引起的财产分割，适用我国法律，认定其婚姻是否有效，适用婚姻缔结地法律"的规定，认为本案的准据法是内地法律。

（二）法理分析

本案中，由于双方当事人均没有申请承认和执行判决，因此柳州市鱼峰区法院的判决在大陆生效，台湾台中地方法院的判决在台湾地区生效。也即是说，在大陆，翟媚与赖祥的婚姻已经解除；而在台湾，翟媚与赖祥仍是夫妻，翟媚负有与赖祥同居的义务。

台中地方法院虽然是以婚姻关系为基础作出了判决，但是判决中有关翟媚与赖祥同居义务的内容属于夫妻人身关系。夫妻人身关系是合法婚姻的男女双方在家庭及社会中的身份、地位等方面的权利义务关系，主要包括姓名权、同居义务、相互忠实及协助义务、住所决定权、自由从业和参加社会活动的权利等。由于夫妻人身关系与当事人身份密切相关，因此对夫妻关系的法律适用有专门规定的国家普遍以适用当事人属人法为基本原则。在属人法的具体选择上，除少数中东和非洲国家规定适用结婚时具有内国国籍一方当事人本国法或丈夫本国法之外，多数国家均规定首先适用当事人双方共同属人法。在没有共同属人法的情况下，则适用法院地法或其中一方当事人属人法或依最密切联系原则确定的法律。

我国《涉外民事关系法律适用法》在原有立法基础上新增了涉外夫妻关系的法律适用，拓展了对涉外婚姻家庭关系的调整范围。其中第 23 条规定："夫妻人身关系，适用共同经常居所地法律；没有共同经常居所地的，适用共同国籍国法律。"

案例二：　　　　　　**道森奥斯丁诉奥斯丁案**

（Dawson – Austin v. Austin）[1]

[**基本案情**]

夫妻双方于 1980 年在中国结婚，当时住所在明尼苏达州。婚前，丈夫获得了 S 公司的股票。1992 年 2 月，夫妻双方开始分居，丈夫随后搬至德克萨斯州居住。当丈夫在德克萨斯州居住超过 6 个月后，他提出了离婚申请。一审法院认为其对该案的当事人和财产具有管辖权。法院认定 S 公司的股票全部是丈夫的个人财产，不构成夫妻共同财产，并判决夫妻共同财产部分的 55% 归妻子，45% 归丈夫。妻子随后提出上诉。上诉法院认为，案件争议焦点是对股票财产的定性，即是属于丈夫的个人财产还是夫妻共同财产。当事人对缔结婚姻时的股票属于丈夫的个人财产没有异议，但是，对于婚姻存续期间股票的增值部分的定性产生了分歧，该增值部分股票价值约 3800 万美元。根据德克萨斯州法律，个人财产在婚姻存续期间的增值部分仍然属于个人财产，但若该增值是基于夫妻任意一方所付出的时间、辛劳和努力，则在分配夫妻共同财产时应对此合理地补偿。然而根据明尼苏达州法律，对基于夫妻任意一方所付出的时间、辛劳和努力而获得的财产，其个人财产的增值部分应认定为夫妻共同财产并在离婚时加以分割。也就是说，根据德克萨斯州法律，从丈夫得到股票直至离婚期间的全部股票价值都是丈夫的个人财产；而根据明尼苏达州法律，只有在婚姻缔结当时的股票价值和婚姻存续期间并非由于夫妻任一方的努力而增值的股票才是丈夫的个人财产。

[**法律问题**]

1. 本案应适用德克萨斯州法律还是明尼苏达州法律确定丈夫的个人财产？

2. 对夫妻财产关系的法律适用有哪几种方法？

[**参考结论与法理分析**]

（一）法院意见

本案中，德克萨斯是丈夫的新的住所地，明尼苏达是夫妻双方共同的住所地。上诉法院认为，适用明尼苏达州法律并不会损害丈夫的利益，因为他在德

---

〔1〕 See Dawson – Austin（Cynthia Lee）v. Austin（William Franklin），Court of Appeals of Texas，Dallas，1995. 1995 WL 1680.

克萨斯离婚所造成的损失并不比若他在明尼苏达离婚所造成的损失多，最终适用了夫妻的共同住所地明尼苏达州的法律，判决一审法院对夫妻共同财产的认定有错误。

（二）法理分析

夫妻财产关系是婚姻双方在财产方面的权利义务关系，它派生于夫妻人身关系。确认和保护夫妻财产关系的法律制度叫做夫妻财产制，分为法定财产制和约定财产制。法定财产制是指依法律所规定的夫妻财产制确定婚姻财产的归属，约定财产制是指当事人通过订立有效契约的方式来决定其婚姻财产关系。

在涉外夫妻财产关系的法律适用上，各国基本都适用当事人属人法，因为夫妻财产关系依附于夫妻人身关系，与人的身份同样具有密切关系。在具体规则上，与夫妻人身关系相同，通常做法是首先适用双方共同属人法，在没有共同属人法时，再依照其他连结点适用法律。因为婚姻存续期间当事人可能改变属人法的连结点，如改变国籍或住所地，对此关于适用旧的属人法还是新的属人法，各国有不同规定。对于准据法的可变主义和不变主义，均存在赞同或反对的意见。反对可变主义的意见主要认为，准据法可变会纵容法律规避，使已经确定的权利义务关系发生改变。赞同可变主义的意见则主要认为，当事人既然改变与其婚姻生活有密切联系的国籍或住所，适用新的属人法更符合他们的意愿和利益。[1]两种观点具有一定道理。

此外，适用当事人选择的法律也为各国法律所认可。一些国家将夫妻关系视为特殊的契约关系，尤其在夫妻的财产权方面，许多国家实行约定财产制，当事人既然可以约定财产关系的内容，按照意思自治原则，当事人同样也应该可以约定适用于财产关系的法律。1978年海牙《夫妻财产制法律适用公约》采用了有限制的当事人意思自治原则，反映了国际上的一个趋势。

我国《涉外民事关系法律适用法》第24条规定："夫妻财产关系，当事人可以协议选择适用一方当事人经常居所地法律、国籍国法律或者主要财产所在地法律。当事人没有选择的，适用共同经常居所地法律；没有共同经常居所地的，适用共同国籍国法律。"该条采用了有限的当事人意思自治原则，同协议离婚一样，尊重了对当事人私权的保护；并且，与协议离婚相比，在财产方面的意思自治更具有意义和效果。虽然该条在选择法律的范围上有所限制，但可供选择的均是与夫妻财产有密切关系地的法律，并且通过增加连结点的数量保证了法律选择的灵活性，同样能较好地达到意思自治的效果。

〔1〕　赵相林主编：《国际私法》，中国政法大学出版社2011年版，第173~174页。

案例三：　　　　　　　　　　　**休斯诉休斯案**

（Hughes v. Hughes）[1]

［基本案情］

原、被告最早居住在爱荷华州，一个普通法州（common－law）。该州法律规定，妻子对丈夫的工资或凭这种工资购买的财产不享有利益，即实行夫妻分别财产制。由被告居住在爱荷华州时的工资所单独积攒的钱，后来被用于支付位于新墨西哥州的农场的全部首付款，以及同样位于新墨西哥州的房产的一半以上的首付，购买财产的行为发生在当事人在新墨西哥州获得合法住所之后，这些财产后来价值翻倍。与爱荷华州不同，新墨西哥州采取的是夫妻共同财产制。原、被告在离婚时对财产的分配发生争议。

［法律问题］

1. 本案中的连结点是什么？在法律关系存续期间发生了哪些变化？

2. 本案应适用哪一法律确定夫妻财产的归属？适用哪一法律分配夫妻财产？理由如何？

［参考结论与法理分析］

（一）法院意见

本案的争议焦点是对于在新墨西哥州离婚的夫妻，当丈夫的单独财产是在他们居住在非共同财产制州时的婚姻存续期间获得的，并且这些单独财产又在新墨西哥州有投资的情况下，妻子对丈夫的单独财产享有怎样的权益？

初审法院认为，鉴于支付新墨西哥州的农场的全部首付以及房产的一半以上的首付的钱都是由丈夫在作为普通法州居民时获得的，因此这些财产都是丈夫的单独财产，原告作为妻子只对其中作为共同财产的部分（即之后每年还贷部分的价值）享有一半权益。上诉法院认为非共同财产制州的这种制度是过时的，他们认为女性对丈夫的财产不享有权益的这种思想，是黑暗时代"女性只能在家光脚生孩子"这种陈词滥调的遗物。随着妇女权益的觉醒，人们逐渐意识到女性为维护家庭、生养子女所付出的劳动、痛苦甚至大于男方对家庭财政的贡献，普通法州也开始提升女性对婚姻财产的权益，并对丈夫享有单独财产的原则作出了一些例外。

上诉法院认为，本案的第一个问题是如何确定争议财产的性质。法院在这里遵从了普遍适用的规则，即来自非共同所有制州的财产即被认定为个人的单

---

〔1〕 See Hughes v. Hughes, Supreme Court of Mexico, 1978, 91 N. M. 339, 573 P. 2d 1194, 1978－NMSC－002。

独财产，在这些财产转移到新墨西哥州时仍然保持其原来的性质。因此本案适用爱荷华州的法律确定被告的财产性质，仍为其单独财产。

本案的第二个问题是适用什么法律以确定妻子对丈夫的单独财产是否享有平等的或部分权益。这里有两种不同的解释。尽管普通法州的妻子对丈夫的所得所购买的财产不享有法律权利，但是普通法州的判例法为支持妻子在单独财产上的利益创造了很多便利。在许多普通法州，当然也包括爱荷华州，妻子若对财产的保有及增值有所贡献，那么她对丈夫的单独财产享有不完全的平等权利。在共同财产制州，妻子因为享有共同财产权而没有此种权利。因此，在住所有所变动时，丈夫的财产首先是在分别财产制州还是在共同财产制州获得，是有很大不同的。在 Rau v. Rau 案和 Berle v. Berle 案中，对财产的定性和分配法院都适用了前一个住所地的法律。而加利福尼亚州采取了另一种方法来解决这一问题。一项立法案创造了所谓的"准共同财产"（quasi - community proper），是指对于居住在加利福尼亚州以外的人所获得的并被其住所地法律认定为单独财产的那些财产，且这些财产若是当事人居住在加利福尼亚时所获得的则会被认定为共同财产，那这些财产就是准共同财产。在离婚时，准共同财产与共同财产一起分配。

法院认为，考虑到本州（新墨西哥州）的公共政策，法院应当在考虑到所涉及的全部法律的情况下作出对婚姻财产最公平的分配，如果坚持对"单独财产"的"单独"这一定义持狭隘理解，则会造成不公平的结果。法院回顾了爱荷华州法院的做法，发现尽管他们承认丈夫的所得所购买的财产是他的单独财产，但是他们在离婚案件中经常给予妻子一大部分的财产作为保护。最终，法院在考虑到爱荷华州的做法和本州的利益的情况下，认为初审法院适用法律有误，将本案发回重审。

（二）法理分析

美国对夫妻财产的归属存在两种制度，一种是普通法系下的夫妻分别财产制，大多数州采取此种制度；另一种是个别州采取的夫妻共同财产制[1]。分别财产制是指夫妻双方婚前和婚后所得财产仍归各自所有，并单独行使管理权、收益权、处分权。共同财产制是指将夫妻双方财产的全部或一部分合并为共同共有财产，双方按共同共有原则享有权利、承担义务，婚姻关系终止时才依法分割。在两种迥异的制度下，夫妻的住所若在共同财产制州和分别财产制州之间有所变动，会造成完全不同的法律后果。即便住所固定在采其中一种制度的州不变，对在采另一种制度的州获得的不动产如何确定其归属也是十分棘手的

---

〔1〕 采取这种制度的有八个州，分别是亚利桑那州、加利福尼亚州、爱达荷州、路易斯安那州、内华达州、德克萨斯州、华盛顿州和新墨西哥州。

问题，因此如何解决这一问题十分重要。

在美国法的实践中，对于住所从单独财产制州搬到共同财产制州的问题有四种解决方案。第一种是传统方法，也是本案中初审法院的做法，即法院适用前住所地（X 州）法决定财产的性质，如确定是共同财产还是单独财产，再适用新住所地（Y 州）法确定夫妻财产分配问题。第二种是纯借来的法方法（borrowed - law），也是本案中上诉法院的做法，即法院统一适用前住所地（X 州）法决定财产的性质问题和夫妻财产分配问题。第三种是准共同财产法，即法院统一适用自己（Y 州）的法决定财产的性质问题和夫妻财产分配问题。第四种是结合准共同财产法和借来的法的方法，即法院首先适用法院地（Y）法对财产进行分类，若全部认定为共同财产则适用法院地法分配夫妻财产，此时的效果与准共同财产法相同。但是，若财产并非全部都是共同财产，则对这部分财产适用 X 州法律进行夫妻财产的分配。[1]

这四种方法各有优缺点，可以说制定不同法律选择规则的原因归根到底在于法律选择的目标是什么。例如，是将当事人视为一直在 X 州居住，还是视为一直在 Y 州居住？若想达成前一个目标，则借来的法是最好的方法；若想达成后一个目标，则准共同财产法是最好的方法。

我国的《婚姻法》规定的法定财产制是夫妻共同财产制，在涉外案件中也有可能产生与分别财产制的冲突。尽管《涉外民事关系法律适用法》第 24 条已经就夫妻财产关系的法律适用作出专门规定："夫妻财产关系，当事人可以协议选择适用一方当事人经常居所地法律、国籍国法律或者主要财产所在地法律。当事人没有选择的，适用共同经常居所地法律；没有共同经常居所地的，适用共同国籍国法律。"但是，该条并没有涉及住所或经常居所地变更的情况，并且在案件的实质结果上也不一定能保证绝对公平，因此美国法院的这几种方法对我们来说也值得思考借鉴。

案例四：　　　　宋某某诉陈某某财产权属纠纷上诉案

[基本案情]

宋某某住所地位于浙江省，陈某某系香港居民，住所地位于香港。

陈某某于 1960 年与香港居民高某某在香港登记结婚。1994 年 10 月 12 日，高某某在其祖籍地浙江省出资购买了上虞市曹娥开发区某房产，此房于 1997 年

---

〔1〕　See Symeon C. Symeonides, Wendy Collins Perdue, : *Conflict Of Laws*: *American*, *Comparative*, *International Cases And Materials*（*Third Editon*）, West, pp. 527 ~ 529.

8月办理房屋所有权证,所有权人为高某某。高某某因患病于1998年和1999年两次到上海医院接受治疗,治病期间由其外甥宋某某负责照顾。为答谢宋某某,高某某于2002年3月15日立遗嘱一份,意将坐落于浙江省上虞市曹娥开发区江滨新村12幢301室于死后赠与其外甥宋某某。其后,高某某又于2003年9月6日在香港签署赠与书一份,将上述房产赠与宋某某,双方于2003年9月29日办理房产转移过户手续,房产登记于宋某某名下。在房产转移期间,高某某曾要求申明房产为其个人所有,陈某某拒绝申明。高某某于2006年3月14日在香港病逝,陈某某清理其遗物时,发现高某某在未经其同意的情况下将上虞市曹娥开发区房产赠与给宋某某,并办理了产权过户手续。遂向浙江某法院起诉,主张要求确认宋某某与高某某所签房产赠与合同无效,该请求获得一审法院支持。被告宋某某不服一审法院判决,上诉至浙江省某市中级人民法院。

[法律问题]

1. 本案应如何定性?

2. 陈某某与高某某的夫妻财产关系的准据法是什么?

[参考结论与法理分析]

(一)法院意见

一审法院审理认为,根据《中华人民共和国婚姻法》第17条规定,高某某出资购买的浙江上虞市曹娥开发区房产系夫妻共同财产,夫妻双方有平等的处分权。高某某将房产于2003年9月赠与被告宋某某并办理了过户手续,并未经其妻陈某某同意,系无权处分行为,赠与合同效力待定,有待陈某某的意思表示。因原告发现房产所有权转移后诉请确认赠与合同无效,可认定原告拒绝追认该合同的效力,同时被告无充分证据证明取得房产时为善意并已经原告同意,故此赠与合同应属无效,不受法律保护。原告要求确认被告与高某某所签房产赠与合同无效的诉讼请求,理由正当,法院予以支持,对其提出将房产恢复至高某名下的请求因高某死亡无法实现予以驳回。

二审法院认为,本案讼争房产归属问题,涉及夫妻财产关系问题。因香港法例与我国婚姻法就夫妻婚姻关系存续期间的财产关系规定不同,故本案争议焦点在于法律适用问题。因高某系香港人,且其在香港签署赠与书,赠与行为亦发生在香港,则应受香港法律调整。香港实行夫妻分别财产制,本案被上诉人陈某某与高某某于香港登记结婚,在婚姻关系存续期间高某某购入讼争房产并登记在其名下,且香港法例并未对夫妻财产制作动产、不动产之划分,因被上诉人陈某某未能证明夫妻双方对财产归属另有约定,高某某有权单独行使其名下财产的处分权,该赠与行为有效。对于被上诉人陈某某提出根据我国《民法通则》规定,不动产的所有权应适用不动产所在地法律的主张,法院认为,本案解决的是高某某处分诉争房产是否有效即夫妻财产归属问题，不同于一般的不动产所有权问题，应依相关婚姻法确定讼争不动产归属，而不能根据不动产所在地确定适用何地婚姻法。综上，认定高某某赠与房产行为有效，判决撤销一审法院判决，驳回被上诉人陈某某全部诉讼请求。

（二）法理分析

本案当事人诉争的主要问题为高某某赠与行为的效力。解决该问题关键在于赠与人对涉案大陆房产是否具有完全的所有权，而判断其是否拥有所有权就涉及夫妻财产制问题。对此，内地与香港的法律规定存在差异。根据《中华人民共和国婚姻法》规定，夫妻在婚姻关系存续期间的相关财产，除非另有约定，归夫妻共同所有。而根据香港《已婚者地位条例》的规定，除非另有约定，夫妻之间实行分别财产制，故本案争议焦点是夫妻财产关系的法律适用问题。本案中，陈某某与高某某均是香港居民，其婚姻缔结地也在香港，一审法院直接适用《中华人民共和国婚姻法》确定夫妻财产归属的做法是错误的，二审法院纠正了这一做法。

本案中的另一个焦点问题是涉外夫妻财产关系中有关不动产的处理问题。在婚姻家庭领域，许多法律关系都涉及财产，如夫妻财产关系、父母子女财产关系、扶养关系等，因此在确定其归属时会产生与物权法律关系的重合。物权的法律适用大多区分动产与不动产，不动产适用不动产所在地法，动产则适用相应的法律适用规则。这种采取分割制的做法是为使判决符合不动产所在地法律的规定，以免遭遇拒绝承认与执行。但是在夫妻财产关系中，若为追求判决承认执行的便利而采用分割制便忽略了夫妻财产制自身的性质。夫妻财产制并非如一般财产关系那样注重个别财产的归属，而是确定夫妻全部财产归属的法律制度，其本质是调整夫妻内部关系，因此与属人法具有最密切联系。此外分割制还会导致法律适用上的复杂。所以，对于夫妻财产关系中的财产，不应再区分动产和不动产适用有关物权的法律适用规则，而是应按照夫妻财产关系适用法律。同样的，父母子女财产关系、扶养关系中涉及财产的部分也是如此。本案中法院将法律关系识别为夫妻财产归属，而不是不动产物权的做法是正确的。

拓展案例

杨致祥、王双梅诉杨英祥案[1]

［基本案情］

中国公民杨致祥、王双梅系夫妻，旅居日本多年，现住日本国东京都新宿

〔1〕 赵一民主编：《国际私法案例教程》，知识产权出版社 2001 年版，第 214～216 页。

区石人町。中国公民杨英祥、王桂英系夫妻，现住大连市八一路群英巷。杨致祥系杨英祥之胞弟。

1992 年 9 月 29 日，杨致祥通过日本国东京都总会从日本三菱银行汇款 1.2 亿日元到中国银行大连市分行，收款人系杨致祥本人。杨致祥来中国后将这笔款取出交给杨英祥，杨英祥将款兑换成 600 万元人民币，于 1993 年 5 月 27 日购买坐落于大连市中山区长江路复生巷 33 号商品房一处，总建筑面积为 604.25 平方米，房价款为人民币 3 502 720 元，并于该房门前花费人民币 6 万元建房一处，建筑面积为 52.2 平方米。房屋产权证登记产权人为杨英祥、王桂英。1993 年 6 月 12 日，杨致祥与杨英祥签订一份"赠送书"，杨致祥将 1.2 亿日元赠给杨英祥，用作在中国购买房地产和其他产业费用，其所有权归杨英祥所有；用此款所购的复生巷 33 号房屋和开办的大连山东华致祥康乐酒楼所有权归杨英祥所有，不准日本亲属参与经营和拍卖。同日，杨致祥又与杨英祥签订一份权利书，写明杨致祥、杨英祥有权处理大连山东华致祥康乐酒楼，中、日双方亲属无权处理，权利书永远有效，没有杨致祥、杨英祥的手印一律无效。数日后，杨致祥与杨英祥的长子杨占山签订一份授权书，授权杨占山全权行使杨氏家族创办的大连山东华致祥康乐酒楼的企业支配权和经营代理权，并作为企业法人代表办理注册。上述文书有该二人的签名盖章并加按手印。王双梅不在场，事后也无签名盖章。1993 年 11 月 27 日，经工商行政部门核准，大连山东华致祥康乐酒楼成立。

1994 年 5 月，双方为上述财产发生争执。杨致祥、王双梅向大连市中级人民法院提起诉讼，称给付杨英祥的 1.2 亿日元是委托其代购房产、代办企业的费用，杨英祥却以自己的名义购买房产、开办企业。1.2 亿日元是其在日本的全部财产，不是赠与被告的。赠送书是杨英祥利用杨致祥不识中文，以欺骗手段获取的，要求杨英祥返还 1.2 亿日元。大连市中级人民法院认为该款项为杨致祥、王双梅夫妻共同财产，杨致祥未经王双梅同意将其所有的一半赠送他人是无效的，而属于杨致祥自己所有的这部分财产赠送有效。宣判后，双方当事人均不服，向辽宁省高级人民法院提起上诉。辽宁省高院经审理认为，《中华人民共和国婚姻法》已明确规定，夫妻存续期间的财产为夫妻双方共同所有，杨致祥在未征得共有人王双梅明确授权同意的情况下，自行处分夫妻共同财产，应属无效，杨英祥、王桂英应将款项返回杨致祥、王双梅。

[法律问题]
1. 本案中的夫妻财产关系的准据法为何？
2. 杨致祥单方处分夫妻共同财产的行为是否有效？
[重点提示]
结合《涉外民事关系法律适用法》、《婚姻法》的有关规定进行分析。

<h1 style="text-align:center">第四节　父母子女关系</h1>

经典案例

案例一：　　　台湾人在大陆的非婚生子女权益案[1]

[基本案情]

台湾人王旋展在台湾与高凤凤结婚，婚后多年不育。王旋展来到福建省某地，经人介绍，与福建省某地女子李玉达成借腹生子协议，由李玉为王旋展生一子女，男女均可，所生子女为王旋展所有，李玉哺乳6个月后交王旋展，王旋展付李玉人民币5万元。协议达成后，王旋展、李玉二人同居致使李玉怀孕分娩生一男孩。哺乳期6个月后，李玉将孩子交给王旋展，王旋展付李玉5万元人民币。王旋展带孩子回台湾时出现法律问题：若王旋展以生父的名义带孩子离境，王旋展与李玉不存在婚姻关系，且我国法律不允许借腹生子；若王旋展以收养的名义带孩子出境，王旋展与孩子有血缘关系，我国公证机关拒绝为王旋展收养子女出证。

[法律问题]

1. 本案中孩子的法律地位如何？

2. 对父母子女关系的法律适用如何确定？

[参考结论与法理分析]

（一）参考结论

本案涉及非婚生子女的法律地位。对于适用什么法律确定非婚生子女的法律地位，《涉外民事关系法律适用法》第25条规定："父母子女人身、财产关系，适用共同经常居所地法律；没有共同经常居所地的，适用一方当事人经常居所地法律或者国籍国法律中有利于保护弱者权益的法律。"

（二）法理分析

父母子女关系也称亲子关系，是父母和子女之间的一种权利义务关系。其中包括具有血缘关系的亲生父母子女关系，基于收养行为而发生的养父母子女关系，以及形成抚养教育关系的继父母子女关系。但是因收养、扶养关系都有专门的规定，因此这里的父母子女关系指具有血缘关系的父母子女关系，又可

---

〔1〕　赵一民主编：《国际私法案例教程》，知识产权出版社2001年版，第220页。

以分为婚生子女和非婚生子女。从现实来看，非婚生子女的法律地位在许多国家都不同程度地低于婚生子女，不少国家也专门规定了父母与非婚生子女关系应适用的法律。另外，许多国家都设有"准正"和"认领"制度，旨在使非婚生子女取得婚生资格或婚生化。

非婚生子女的准正，是指因为父母事后结婚而使非婚生子女取得婚生子女资格的法律制度。非婚生子女的认领，是指生父或生母承认自己为非婚生子女之父或之母并将其领为自己子女的法律行为。各国关于非婚生子女准正的法律适用原则主要有：适用父母一方属人法；适用父母共同属人法；适用子女属人法；选择适用父母一方属人法或子女属人法；适用支配婚姻效力的法律。各国关于认领非婚生子女的法律适用规则主要有：适用父母一方属人法；适用子女属人法；选择适用父母一方属人法或子女属人法。

除以上有关父母子女关系成立的法律适用外，还要考虑父母子女关系效力，即抚养权等有关父母子女之间的权利义务的法律适用。对此，各国规定的法律适用规则主要包括适用父母一方或双方的属人法，适用子女属人法，适用父母子女共同属人法，适用支配父母婚姻效力的法律等。还有些国家区分了父母与婚生子女和非婚生子女，并加以不同规定。

大多数国家未区分父母子女人身关系和财产关系，而是适用同一条冲突规则。我国《涉外民事关系法律适用法》也采相同做法，其第25条规定："父母子女人身、财产关系，适用共同经常居所地法律；没有共同经常居所地的，适用一方当事人经常居所地法律或者国籍国法律中有利于保护弱者权益的法律。"依此规定，诸如探望权等问题的法律适用有了明确的依据。另外，在父母子女关系中，儿童、老人通常处于弱势地位，该条采用了弱者利益保护原则，保证了冲突法"实质正义"的实现。

案例二：　　　　　　　K. M. H. 亲子关系确认案[1]

[基本案情]

居住在堪萨斯州的女方与居住在堪萨斯州的男方（精子捐献者）在堪萨斯州达成一项有关人工授精的协议。男方在堪萨斯州提供了精子，女方带着精子来到密苏里州的一个诊所，在那里通过人工授精生下了一对双胞胎。女方与男方没有结婚。堪萨斯州法律规定，精子捐献者若与其妻子以外的妇女生下孩子，则法律上不将其视为孩子的生父，除非捐献者与该妇女有书面约定。而密苏里

---

〔1〕　Supreme Court of Kansas，2007，285 Kan. 53，169 P. 3d 1025。

州法律不禁止捐献者通过基因检测的方式证明其亲权。女方诉请法院依据堪萨斯州法律确认男方对孩子不享有亲权，而男方诉请法院依据密苏里州法律确认其享有亲权。

[**法律问题**]

1. 本案涉及父母子女关系还是合同关系？

2. 法院应适用什么法律确认男方对孩子是否享有亲权？

[**参考结论与法理分析**]

（一）法院意见

法院认为本案为合同争议，应适用合同缔结地法即堪萨斯州法律。同时，当事人双方的住所地在堪萨斯州，精子捐献的行为发生在堪萨斯州，孩子出生在堪萨斯州，因此堪萨斯州也是本案的最密切联系地。

（二）法理分析

美国法院在这里运用了最密切联系原则，但是最终还是依合同法律关系的适用规则为本案选择准据法。这种方法我们恐怕不能苟同，但是在父母子女关系的法律适用中确实可能涉及识别的问题。

我国《涉外民事关系法律适用法》新增了对父母子女关系的法律适用，既包括人身关系，也包括财产关系，与以前的法律相比使之有了明确的适用规则。但是《涉外民事关系法律适用法》这一新规定随之产生了父母子女关系与扶养、监护法律关系在识别上的冲突。这主要表现在两方面：①父母子女间抚养与赡养关系的定性；②父母子女间监护关系的定性。尽管就实际结果而言，由于《涉外民事关系法律适用法》在父母子女关系、扶养和监护的法律适用规则中都采取了弱者利益保护原则，不同的定性可能不会导致案件最终结果有较大区别，但是父母子女关系、扶养和监护的法律适用还是存在一定的差异，仍然会造成不同的结果，从而影响当事人的权利义务。例如，在冲突规范的类型上，父母子女关系的法律适用规则属于有条件的选择适用规范，首先适用共同经常居所地法律，其次才是适用一方当事人经常居所地法律或者国籍国法律中有利于保护弱者权益的法律。而扶养、监护的冲突规范类型是无条件的选择适用规范。其次，在连结点上，父母子女关系的连结点包括共同经常居所地、一方当事人经常居所地或者国籍国；监护的连结点中则没有共同经常居所地，而是一方当事人经常居所地或者国籍国；扶养则在此基础上又增加了主要财产所在地。对于这几者的识别问题，一种观点主张，父母子女之间的扶养与监护是亲子关系中的重要内容，应当适用父母子女关系的冲突规范选择准据法；另一种观点认为，父母子女关系中的扶养与监护关系应优先适用扶养与监护法律适用规则中的保护弱者利益原则。这一问题的解决有待理论与实践进一步探索。

王某某诉袁某某探望权纠纷案

[基本案情]

原告王某某，男，美国国籍，住所地为上海市 A 区。被告袁某某，女，中国国籍，户籍地为上海市 B 区，居住于上海市 C 区。

原、被告于 1995 年上半年开始同居生活，2000 年 7 月 22 日被告在美国洛杉矶生育一子，取名蒋某某。同居期间，原、被告居住在上海市。2002 年初，原、被告结束同居生活。原、被告分手后，原告未与蒋某某共同生活。2007 年 7 月，原告诉讼至法院要求蒋某某随其共同生活，被法院驳回。原告故向法院请求：①认定原告对蒋某某有探望权；②原告每周探望蒋某某一次，被告有义务予以协助。被告辩称，原告长期不履行抚养义务。蒋某某现已满 10 周岁，表示不愿意与原告见面，且蒋某某得知诉讼后，学习受到影响，希望中止原告探望。若法院判决原告可以探望蒋某某，希望探望次数以 1~2 个月一次为宜。

法院认为，非婚生子女享有与婚生子女同等的权利。探望权是基于亲子关系所产生的权利，父母子女之间的血缘关系不因父母之间的法律关系改变而改变，非婚生子女的父母有探望未成年子女的权利，故原告有权探望蒋某某。被告所述中止探望的理由尚不充分，法院未予支持。考虑到蒋某某本人的意见，以及原告与蒋某某八年多没有见面，双方的探望需要一个循序渐进的过程，故探望时间以 1 个月一次为宜，被告应配合原告探望儿子蒋某某。据此，法院依照《中华人民共和国婚姻法》第 25 条、第 38 条之规定，判决原告王某某于判决生效后次月起，每月探望儿子蒋某某一次，探望时间为每次 3 个小时，被告有协助原告探望子女的义务。

[法律问题]

1. 本案应如何识别？

2. 本案应适用什么法律？法院适用《中华人民共和国婚姻法》的方式是否正确？

[重点提示]

本案为涉外案件。法院在适用法律时应体现法律选择的过程。

第五节　收养

案例一：　　　　　　　　**宋某收养子女案**[1]

［基本案情］

原籍辽宁省的台湾居民宋万福，1949 年随国民党军队撤至台湾，在台湾定居。宋万福在台湾结婚，婚后无子女。其妻在台湾病逝后，宋万福孑然一身。1991 年，宋万福回祖国大陆探亲时，经人介绍在祖国大陆收养一子，并在养子所在地的民政部门办理了收养手续，到当地公安机关进行了户籍登记。后来，宋万福发现养子有先天性心脏病，遂反悔，否认他与养子之间的收养关系成立。为此，宋万福与养子的亲生父母发生争执，诉至法院。

法院经调查认为，收养人、送养人系成年人，被收养人系未成年人，符合我国法律规定的收养条件。收养人已经履行了收养法定手续，收养关系已正式成立，具有法律效力，应予以确认。宋万福否定收养关系存在，与事实不符，有悖法律。但送养人未向收养人如实告知其儿子的身体情况，亦是事实。法院从实际情况出发．对本案予以调解，解除了宋万福与养子之间的收养关系。

［法律问题］

1. 本案中的收养行为是否存在瑕疵？

2. 收养关系成立与解除的法律适用原则有哪些？

［参考结论与法理分析］

（一）法院意见

法院认为，宋某收养行为的成立、效力判定及解除均发生在中国，从成立的条件上看，符合中国法律规定，因此该收养关系已发生法律效力。后因宋某发现送养人隐瞒了先天性心脏病情，该送养行为属于存在瑕疵的行为，可以依法解除收养关系。如按照《涉外民事关系法律适用法》中的规定，收养的解除应适用收养时被收养人经常居所地或者法院地法。在本案中被收养人经常居所地和法院地是重合的，应适用中国法。

---

〔1〕　赵一民主编：《国际私法案例教程》，知识产权出版社 2001 年版，第 222 页。

（二）法理分析

收养的成立必须符合一定的条件和程序。关于收养的成立的法律适用，从各国的立法和司法实践情况来看，大致有两种立法例：英美法系国家大多适用法院地法，而大陆法系国家多适用属人法。适用属人法的情况又可细分为三种：①适用收养人属人法。收养人是成立收养关系的主动一方，要随收养的成立负担相应的责任和义务，故应依其属人法决定收养的实质要件。②适用被收养人属人法。收养制度主要是为被收养人的利益考虑而设，依其属人法决定收养关系是否成立，有利于保护被收养人的利益。③分别适用收养人和被收养人各自属人法或重叠适用收养人和被收养人双方的属人法。收养关系的成立同时影响收养人和被收养人的身份和利益，适用他们各自或双方的属人法，这样对双方的情况都能顾及，还能收到减少"跛足收养"之效。[1]

收养的效力涉及养子女与养父母关系的法律效力和养子女与生父母关系的法律效力。关于收养效力的法律适用，各国主要适用收养人属人法。这主要是考虑被收养人在收养关系成立后，通常要到收养人的本国或住所地与收养人共同生活，适用该国或该地的法律，能更加有效和便于保护被收养人的利益。

由于收养是人为地拟制父母子女关系，解除因收养而建立的亲子关系比解除在自然血亲基础上形成的亲子关系更容易为人们所接受。但是，许多国家的立法和司法实践并未将解除拟制的父母子女关系同解除当事人自然血亲的父母子女关系区分开来，因此有的国家法律主张不得撤销收养关系。关于收养的解除，各国普遍规定，自养子女收养关系解除时起，解除与养父母之间的法律关系，恢复与其生父母之间的法律关系。收养解除的法律适用一是采用和收养成立相同的准据法，二是采用和收养效力相同的准据法。

我国《涉外民事关系法律适用法》第28条对收养采取了分割制的做法，分别规定收养的条件和手续，适用收养人和被收养人经常居所地法律。收养的效力，适用收养时收养人经常居所地法律。收养关系的解除，适用收养时被收养人经常居所地法律或者法院地法律。其中，收养的条件和手续由于同时关系着收养人和被收养人的的权利义务，因此采取了较为严格的重叠性冲突规范。而被收养人在收养关系形成后通常跟随收养人生活，因此收养的效力适用收养人的属人法。

---

〔1〕　赵相林主编：《国际私法》，中国政法大学出版社2011年版，第184页。

案例二：   Huynh Thi Anh 诉 Levi 案[1]

[基本案情]

四名经过亲生父母同意收养的越南儿童从越南被收养至美国。四名儿童的祖父和叔父过后就美国养父母收养这四名儿童提出了反对，并向美国法院起诉。依据越南1972年通过的有关法律，收养儿童除应征得被收养儿童的父母同意外，还应征得其亲属（包括祖父母）的同意。儿童的祖父和叔父认为越南法律对儿童亲权或监护权的规定要比美国法律规定的范围宽泛得多，应依照越南法宣布该涉外收养无效。

[法律问题]

对涉外收养案件的管辖权归属，国际上有几种做法？

[参考结论与法理分析]

（一）法院意见

美国第六巡回上诉法院依据管辖权标准驳回了原告的诉讼请求。

（二）法理分析

涉外收养由于涉及跨国家、跨文化、跨种族的情形，且对儿童今后的生活、发展有着决定性的影响，因此在适用法律时十分复杂。涉外收养大体采取两种方式，即在收养国成立收养关系的方式和在儿童原住国成立收养关系的方式。目前，我国已经成为被收养儿童的主要输出国，对涉外收养的关注和研究也愈发重要。

收养不仅涉及收养双方当事人的利益，并且和收养所涉及的双方国家利益密切联系，各国对涉外收养都会进行监督，在司法方面的表现便是对收养案件的管辖权的规定。综合来看，国际上对管辖权归属主要有三种做法：①由收养人的住所地或国籍国管辖，如英国的做法；②由被收养人的住所地或国籍国管辖，这是目前多数国家采用的做法；③依最密切联系原则确立管辖权。

大部分普通法系国家以及一些深受普通法影响的国家，在解决涉外收养的法律冲突时，主要是从解决管辖权问题着手的。在英美等国，收养关系是法院根据当事人的申请作收养宣告而成立的，故认为应依法院地法决定收养的条件。1971年美国《第二次冲突法重述》第289条指出："法院适用其本地法决定是否准许收养。"因此，本案的结果与美国在收养的法律适用上的价值取向是相一致的。

---

〔1〕 See Huynh Thi Anh v. Levi, United States Court of Appeals, Sixth Circuit. . 586 F. 2d 625 （1978）。

拓展案例

周祖雄与刘玉明继承纠纷案[1]

[基本案情]

原告周祖雄，男，香港居民。被告刘玉明，女，香港居民。周建平，20 世纪 50 年代后期移居香港，后取得香港永久性居民身份。周建平无亲生子女，周祖雄系周建平与其妻廖喜云领养的儿子。廖喜云于 1996 年去世。1998 年 6 月，周建平与刘玉明开始同居生活。由于工作原因，周建平此后一直与刘玉明居住在深圳市，二人未办理结婚登记。周祖雄在香港地区工作居住，偶尔于周末来深圳探望周建平。周建平于 2007 年在香港病逝，病重期间由被告照顾生活起居。在分配周建平在内地留下的银行存款时，原、被告发生争议。原告于 2008 年向广东省深圳市中级人民法院提起诉讼，后原、被告均不服一审判决又提起上诉。

[法律问题]

1. 本案中确定周建平与周祖雄收养关系的效力的准据法是什么？
2. 本案的继承纠纷应如何解决？

[重点提示]

结合《涉外民事关系法律适用法》，对本案中收养时和收养关系存续期间收养人、被收养人的经常居所地进行分析。

第六节　扶养

经典案例

案例一：　　　　　　　奥汀诉奥汀案

（Auten v. Auten）[2]

[基本案情]

原告为妻，被告为夫。双方当事人于 1917 年在英格兰结婚。婚后，他们在英国

---

〔1〕　参见广东省高级人民法院（2011）粤高法民一终字第 58 号民事判决书。

〔2〕　See Auten v. Auten, Court of Appeals of New York. , 308 N. Y. 155, 124 N. E. 2d 99, 1954.

一起生活到 1931 年，期间育有两个孩子。1931 年，被告抛妻弃子，只身前往美国。随后，他在墨西哥取得离婚判决，并试图与另一个女人结婚。为了解决双方之间的分歧，1933 年原告从英格兰来到美国纽约，在那里同被告达成分居协议。根据该协议，被告每月向原告支付 50 英镑，以抚养妻子和孩子。该协议还规定，双方都不得在分居问题上以任何形式向法院起诉；妻子也不得以丈夫离婚或再婚为由向任何有关当局提出诉讼。随后，原告返回英格兰，并一直与两个孩子居住在那里。但被告没有信守协议，他在向原告支付了数次生活费以后，就停止了支付。1934 年，原告向英国法院提出了分居的请求，并指控被告与人通奸。原告明确表示，该起诉是为了强制执行分居协议，其中并不包含任何毁弃该协议的意图。1938 年 7 月，英国法院裁定被告向原告支付生活费。但几年后，原告意识到在英国进行诉讼并未达到令被告给付生活费的效果，该分居协议仍无法执行，便于 1947 年在美国纽约州法院提起诉讼，要求被告按 1933 年的分居协议向原告支付 26 564 美元，这笔钱相当于被告的 1935 年 1 月 1 日到 1947 年 9 月 1 日期间应向原告支付的扶养费。

被告声称，原告在英国提起分居之诉构成对双方协议的毁弃，从而结束了原告按该协议得到扶养费的权利。纽约州地方法院认为，纽约州的法律应得到适用，根据纽约州法，原告在英国起诉并得到临时给付的裁定构成了对该分居协议的解除和否定，遂驳回原告的起诉。原告不服，提起上诉，上诉法院维持了原判。原告继续向纽约上诉法院上诉。

[法律问题]

1. 本案应识别为合同法律关系还是扶养法律关系？
2. 本案中英国和美国，何者与案件具有更密切的联系？
3. 本案中应以纽约州法律还是英国法作为准据法？为什么？

[参考结论与法理分析]

（一）法院意见

富特法官在判决中写道：通过考察纽约州和英格兰的各个连结点，只能让人得出这样的结论——要决定妻子提起分居之诉的作用和后果是什么，只能适用英格兰法。毋庸讳言，全部真正的重要联系都在英格兰。毫无疑问，在确保该妻子和孩子得到实质性的扶养，维持其生活方面，英格兰拥有最重大的利害关系。这种最高利益并不因当事人分居和依自愿协议规定该扶养的条件而受到影响。当事人双方本来也不会期望或相信英格兰法之外的某种法律会支配妻子提起分居之诉的后果。纽约上诉法院最终以英国法作为准据法，推翻了原审法院判决。

（二）法理分析

本案中，富特法官没有依照"合同的成立、解释和效力适用缔约地法，合同履行适用合同履行地法"的规则，僵化地选择准据法。相反的，他抛弃了传统的"硬性"冲突规则，转而采用了一种"柔性"冲突规则，采用利益分析的方法，通过适用与争议有重要联系的国家的法律，保护了当事人的正当期望，确保该妻子和孩子得到扶养。本案表现了美国冲突法中有关法律选择问题的新方法，成为美国冲突法革命的开端。

扶养是基于扶养义务人与扶养权利人之间的特殊身份而产生的，指有经济能力的一方对无经济能力或者经济困难一方的救济以便维持或改善其生活的一种法律义务。扶养有广义和狭义之分，广义的扶养包括夫妻之间的扶养，亲子之间和其他亲属之间的扶养、赡养等情况。狭义上的扶养即指夫妻之间的扶养。有一种观点认为夫妻之间的扶养和亲子之间的扶养是有差异的，所以应当分别适用调整夫妻关系和亲子关系的法律，而其他亲属的扶养就适用其单独的法律。还有一种观点则认为随着扶养逐渐发展成为一种公认的保护弱势一方利益的制度，它已吸收了其他领域的相关内容而独立出来，因此应作为一个整体概念适用法律。

在扶养的法律适用上，一般有适用当事人属人法，适用与被扶养人有最密切联系地法，适用有利于被扶养人权益的法律等做法。其中，适用最密切联系地法是我国的创新，表现在《民法通则》第148条，"扶养适用与被扶养人有最密切联系的国家的法律"。《民通意见》第189条指出，扶养人和被扶养人的国籍、住所以及供养被扶养人的财产所在地，均可视为与被扶养人有最密切的联系。适用最密切联系地法是借用了国际上解决合同纠纷和侵权上的相关做法，从保护扶养权利人利益的角度出发，考虑相关的因素，在与被扶养人有最密切联系的国家中寻求最能保护扶养权利人利益的法律。但是如何判断与被扶养人有最密切联系的国家存在困难，况且与被扶养人最密切联系的国家的法律不一定能更加有利地保护被扶养人的合法利益。多数国家对此则适用有利于被扶养人得到扶养的法律，这是弱者利益保护原则的体现，是法律对实质正义目标的追求。我国《涉外民事关系法律适用法》第29条也规定："扶养，适用一方当事人经常居所地法律、国籍国法律或者主要财产所在地法律中有利于保护被扶养人权益的法律"。但是这一方法也有其弊端，即过多以被扶养人为本位，而没有从法律的公平角度去考虑扶养人的权益，且在法律适用时有可能导致做出的判决与公共秩序相违背。

案例二：　中国公民张耀鹏起诉日本籍女儿索要赡养费案[1]

[基本案情]

1968年，张耀鹏在北京与菅原淑惠结婚，并先后生下大女儿张谨、二女儿

---

〔1〕　齐湘泉：《涉外民事关系法律适用法：婚姻家庭继承论》，法律出版社2005年版，第188~190页。

张慎。张耀鹏全家于 1987 年赴日，随后其两个女儿加入了日本籍，分别改名为菅原吉子与菅原真子。而拥有日本永久居留权的张耀鹏则一直拒绝加入日本籍。到了日本后，妻子没有工作，张耀鹏用他每月挣的 30 多万日元养着全家，还以菅原真子的名义在银行里存了 2000 万日元。

张耀鹏与妻子的婚姻关系在刚到日本一年时就开始破裂，双方在 1988 年离婚，张耀鹏返回北京。但他回国不久，妻子和女儿又叫他回日本。考虑到离婚后妻子尤其是两个女儿没了生活来源，张耀鹏又去了日本，并与妻子复婚，但双方感情一直不好。1996 年时，张耀鹏给母亲寄了 800 万日元，让母亲在亚运村买了两套商品房。但在 2000 年时，妻子带着个公证员找到他母亲，让他母亲把房子赠予菅原吉子与菅原真子。2001 年他回国，妻子不给他住房钥匙，也不给他存款，他只能和 90 岁高龄的老母亲住在一起。现在张耀鹏只能靠街道发放的低保度日。随后，张耀鹏以女儿均已成年，却对他的窘迫困境不管不问为由，要求女儿每月支付生活费 1 万日元，提供在亚运村的一套住房供其居住，并一次性支付医疗费 45 万元人民币。两个女儿的代理人表示赡养义务确实存在，但她们目前都无业，不能答应张耀鹏的诉讼要求，她们还以张耀鹏在街道办领取低保为由，认为张耀鹏并非"衣食无着"。起诉时，两个女儿均在北京。

[法律问题]

1. 法院对本案是否具有管辖权？
2. 对张耀鹏与日本籍子女的赡养纠纷应适用什么法？

[参考结论与法理分析]

（一）参考结论

张耀鹏是中国公民，住所在中国，两个女儿虽然取得了日本国籍，但是在中国也有住所，且在中国有可供执行的财产，依据《中华人民共和国民事诉讼法》第 21 条的规定，"对公民提起的民事诉讼，由被告住所地人民法院管辖；被告住所地与经常居住地不一致的，由经常居住地人民法院管辖……"，法院对本案有管辖权。在法律适用方面，根据当时《中华人民共和国民法通则》第 148 条的规定，扶养适用与被扶养人有最密切联系的国家的法律。本案中，张耀鹏及其女儿的住所在中国，财产所在地在中国，因此应以中国法作为准据法。而根据《涉外民事关系法律适用法》第 29 条的规定，"扶养，适用一方当事人经常居所地法律、国籍国法律或者主要财产所在地法律中有利于保护被扶养人权益的法律"，则应在比较中国法与日本法之后，以有利于张耀鹏的法律作为准据法。

（二）法理分析

我国《涉外民事关系法律适用法》改变了《民法通则》对扶养的法律适用规则，规定扶养适用一方当事人经常居所地法律、国籍国法律或者主要财产所在地法律中有利于保护被扶养人权益的法律，完全体现了保护弱者利益的原则。但是另一方面，五个连结点的设置也增加了法律适用上的负担，并且只考虑被扶养人的利益而没有赋予扶养人抗辩权，也可能导致过分加重扶养人的责任。赋予扶养人以抗辩权，这在国际上也是一种惯例，如 1986 年《德意志联邦共和国国际私法》第 18 条第 3 款规定，"在旁系亲属和姻亲之间的扶养义务中，如果按共同所属国家的实体法，或如果无共同国籍，按扶养人在惯常居所地适用的法律不存在扶养义务，扶养人对被扶养人的要求可提出异议"。第 7 款规定，"在适用法律、计算扶养数额时要考虑被扶养人的需求和扶养人的经济条件"。[1] 2007 年海牙《扶养义务法律适用议定书》第 6 条也规定，如涉及父母与子女间关系之外的扶养儿童的义务以及《议定书》第 5 条所述的扶养义务，扶养人得以扶养人习惯居所地法律和当事人双方共同国籍国（如果有的话）法律均不认为扶养人有扶养义务为理由，对被扶养人的扶养请求提出抗辩。这点值得我们借鉴。

拓展案例

案例一：　　　　忻清菊诉曹信宝承担婚后扶养义务案[2]

原告忻清菊，女，中国公民。被告曹信宝，男，美国公民。原告和被告于 1944 年在中国结婚，被告于 1949 年去了台湾，后于 1957 年去美国定居，于 1991 年加人美国国籍。双方分离后，常有音信联系，原告也于 1975 年赴美与被告共同生活。1984 年后，原、被告每年回国探亲一次，并先后购买了住宅两套，翻建了住房一全间。1989 年 3 月，原、被告在美国发生矛盾，被告独自来中国与一妇女同居。1990 年 10 月，原告也回到中国，要求被告断绝与同居妇女的关系，被告不听，回美国办理了与原告的离婚手续，又以挂失为名提取了夫妻在美国合存的存款。1991 年 3 月，被告又来到中国，并于同年 8 月 17 日持美国密苏里州杰克逊郡巡回法庭作出的原、被告离婚的判决书，在宁波市民政局涉外婚姻登记处办理了与原同居妇女的结婚登记。1991 年 12 月 14 日，原告向宁波市中级人民法院提起诉讼，要求与被告离婚，分割夫妻关系存续期间的共同财产；判令被告支付自 1989 年 3 月至今的生活费，并应由被告承担其离婚后每月的扶养费。被告同意离婚，并同意分割在中国的三处房产，但不同意支付原告

---

〔1〕　黄进、何其生、萧凯编：《国际私法：案例与资料（上）》，法律出版社 2004 年版，第 639 页。
〔2〕　参见宁波市中级人民法院（1991）宁市中法民初字第 2 号民事判决书。

扶养费。法院经审理认为：原、被告之间互有扶养义务。原告没有固定收入，且身有残疾，被告有固定的养老金收入。根据我国法律规定，需要扶养的一方有要求对方给付扶养费的权利，被告有经济能力，应当承担原告的扶养责任。根据《中华人民共和国婚姻法》第14条、第25条、第31条和《中华人民共和国民事诉讼法》第85条、第88条之规定，经宁波市中级人民法院主持调解并确认，双方自愿达成调解协议：由被告一次性支付原告扶养金35 000元，于调解书送达时付清。

[法律问题]

1. 中国法院对本案是否具有管辖权？

2. 根据《涉外民事关系法律适用法》，法院适用中国法律作为准据法是否正确？应当如何判决？

3. 在承认和执行外国判决时，应具备什么样的条件？

[重点提示]

思考法院在判决中是否运用了审理涉外案件的思维，认定当事人的住所、经常居所地，并结合《民事诉讼法》、《涉外民事关系法律适用法》等相关法律进行分析。

案例二： 黄纯诉麦氏月梅解除同居关系纠纷案[1]

[基本案情]

原告麦氏月梅，女，越南社会主义共和国广宁省芒街市海春人，住越南广宁省下龙市海郡。被告黄纯，男，广西东兴市人，住东兴市北仑大道。原告于1989年经人介绍与被告认识，双方确立恋爱关系，同年以夫妻名义共同生活。1990年5月生育儿子黄璋锦，1998年4月10日生育小儿子黄洵锦。双方共同生活期间，因生活琐事，被告多次殴打原告，原告受伤并到医院医治。2004年农历2月份，双方正式分居，两儿随被告生活至今。双方共同生活期间，建造了房屋，购买了轿车一台，价值共计2 697 069元。

[法律问题]

1. 本案中原、被告之间是否存在事实上的婚姻关系？原、被告之间是否具有扶养义务？

2. 对黄纯与麦氏月梅同居期间生育的两个儿子的抚养问题应如何解决？

---

〔1〕 参见防城港市中级人民法院（2007）防市民三终字第1号民事判决书。

[重点提示]

参考《中华人民共和国涉外民事关系法律适用法》、《中国与毗邻国边民婚姻登记管理试行办法》、《关于人民法院审理未办婚姻登记而以夫妻名义同居生活案件的若干意见》。

第七节　监护

经典案例

案例一：　　　　　　　　　　　贺梅监护权案[1]

[基本案情]

1999年2月，中国人贺绍强在美国被卷进了一场性侵犯官司，生活也因此变得困难，便与妻子将出生不久的女儿贺梅寄养在美国人贝克夫妇家中，双方签署了为期3个月的临时看护协议。后因官司对贺绍强越来越不利，两家便签署了一份延长看护贺梅时间的协议，协议载明贺绍强夫妇随时有权接回自己的女儿，但协议本身并没有注明委托扶养的期限，签协议时，贝克夫妇还请来了律师，从而构成了一个法律陷阱。9月，贺家夫妇与贝克夫妇商量接回贺梅，但贝克夫妇拒绝。2000年4月，贺家夫妇向孟菲斯儿童法庭起诉，要求贝克夫妇归还女儿，但法庭以贺家夫妇经济困难和刑事纠纷等为由拒绝。2001年1月28日贺梅两周岁生日前的几天，贺家夫妇要求与贺梅照全家福，贝克夫妇以贺梅生病为由拒绝。贝克夫妇还叫来警察，警察警告贺家夫妇不要再来贝克夫妇家，否则就逮捕他们，贺家夫妇长期以来对贺梅持续的探望行为被迫中断。2001年6月，贝克夫妇转而向田纳西州谢尔比郡初审法庭提出诉讼，以贺氏夫妇4个月内不探视并抛弃贺梅为由，要求取消贺绍强夫妇对贺梅的父母权，由贝克夫妇收养贺梅。2004年5月，法官钱德斯对贺梅监护权一案作出判决，终止了贺绍强夫妇的父母权，并将贺梅监护权判给贝克夫妇。2005年11月23日，美国田纳西州上诉法院维持终止贺绍强夫妇父母权的原判决。2006年1月23日，贺绍强向田纳西州最高法院提出上诉。

[法律问题]

1. 法院判决终止贺家夫妇父母权的准据法是什么？

---

[1]　See In re Adoption of AMH, Supreme Court of Tennessee, 215 S. W. 3d 793.

2. 关于监护的法律适用，各国主要采用哪几种原则？

[参考结论与法理分析]

（一）法院意见

美国《第二次冲突法重述》第 79 条规定："一个州有权行使司法管辖权决定①住所在该州的儿童或成年人，或②本人在该州的儿童或成年人，③如果争议发生在两个或更多个受该州管辖的人之间，则既无住所本人又不在该州的儿童或成年人的人身监护或者指定监护人。"本案中，虽然贺绍强夫妇均是中国籍，但贺梅自出生起一直居住于田纳西州，因此田纳西州法院享有管辖权，田纳西州的法律进而成为该案的准据法。根据田纳西州的法律规定，父母 4 个月内不探望子女就视为抛弃子女，尽管贺绍强夫妇极力证明自己不探望贺梅实属被迫，但一、二审法院认为证据缺乏较强的证明力，并在考虑到争议双方的经济条件后，将监护权判给了经济条件较好的贝克夫妇。田纳西州最高法院在终审中认为，本案中贺绍强夫妇抛弃贺梅的证据不足，也不是在明知行为后果的情况下自愿地将监护权转让给贝克夫妇，并在判决书中明确表示"财务优势和富裕环境绝非是决定父母和非父母监护权的考虑因素"，因此最终判决由贺绍强夫妇行使监护权。

（二）法理分析

关于监护的法律适用，各国主要采用以下几种原则确定准据法：

1. 适用被监护人属人法。监护制度为被监护人的利益所设，被监护人的属人法与其联系紧密，大多数国家从保护被监护人利益的方面考虑，主张适用被监护人属人法，同时还能在一定条件下保证判决的一致性。但是被监护人属人法不一定是最能保护未成年人利益的法律，因此不能完全保证未成年人利益最大化。

2. 适用法院或监护机构的所在地法律。英美法系国家多选择法院地做连结点，既是出于维护本国利益的需要，也能通过扩大自己的管辖权范围保护被监护人的利益。但是，此原则的弊端在于一方面会促使当事人挑选法院，另一方面可能助长当事人实施跨国拐带，破坏监护关系稳定性，不利于未成年人健康成长。

3. 适用有利于被监护人的法律。可以看出，最大程度的保护被监护人的利益，是各国确定监护法律适用的共同目标。但是，对于"有利于被监护人的法律"又应以什么标准确定？如本案中，就有美国媒体提出质疑，贺家夫妇确实经济条件不好，又陷于刑事纠纷，但是"仅仅因为父母家境贫穷就应该失去对孩子的监护权吗？因为父母有案在身就应该剥夺其行使父母权的权利吗？这种看法明显有种族主义和美国优越感的影子。"[1]这也是值得我们在实践中思考的。

_____

〔1〕 "中美两家庭'贺梅抚养权'的七年之争"，http://news.163.com/07/0316/13/39N8VQI7000120GU.html，最后访问时间：2013 年 8 月 15 日。

案例二：　　　　　**赵先生诉房女士争夺监护权案**[1]

[**基本案情**]

美籍华人赵先生与中国公民房女士在美国结婚后育有一女赵君怡。2003年，房女士以感情破裂为由向美国新泽西州法院提起离婚诉讼，获得批准。由于双方签订了《离婚安排协议》，基于明显良好和充足的理由，法庭没有审核协议而准许将该协议作为判决的一部分，判决房女士获得女儿的监护权。在《离婚安排协议》中赵先生和房女士明确约定了双方对女儿监护权的行使方式和丈夫探视孩子的方式。赵先生和房女士还约定《离婚安排协议》的解释、管理和管辖依据新泽西州法律。2003年10月，离婚后的赵先生回国创业。2005年5月，房女士将不懂中文的女儿独自委托给航空公司带回中国。2006年5月16日，赵先生以房女士为被告向北京市昌平区人民法院提起诉讼，要求变更孩子抚养权。赵先生起诉后，担心失去对女儿监护权的房女士在新泽西州高级法院哈德逊县家事大法官法庭第二次提起确权诉讼，确认美国法院对案件享有管辖权。

[**法律问题**]

1. 新泽西州法院对本案是否具有管辖权？

2. 本案最终赵先生撤诉，若赵先生没有撤诉，中国法院应如何判决？

[**参考结论与法理分析**]

（一）法院意见

新泽西州法院的判决阐明了三个法律问题：①该法院对赵君怡的监护争议不再行使管辖权，因为案件的法律事实发生了变化。②根据新泽西州法律，监护人连续6个月不履行监护职责则监护权转移。房女士将赵君怡送到中国达1年以上，丧失了对赵君怡的第一监护人资格。此期间赵先生履行了对赵君怡的监护义务，赵先生由此成为首要监护人，赵君怡的监护权由赵先生行使。③赵先生在中国法院提起变更抚养权诉讼，房女士到法院应诉、答辩，接受了中国法院对案件的管辖。最终新泽西州高级法院驳回了房女士的诉讼请求。

（二）法理分析

本案中，赵先生在中国居住已两年多，在中国有住所。《民事诉讼法》第22条第1项规定，对不在中华人民共和国领域内居住的人提起的有关身份关系的诉讼，由原告住所地人民法院管辖；原告住所地与经常居住地不一致的，由原告经常居住地人民法院管辖。因此，中国法院对案件也有管辖权。根据《民通

---

〔1〕　参见齐湘泉："涉外离婚案件中子女监护权分配的法律问题与解决路径——以赵君怡监护权争议案为例"，载《中国律师和法学家》2007年第4期。

意见》第 190 条规定，"监护的设立、变更和中止，适用被监护人的本国法律。但是，被监护人在我国境内有住所的，适用我国的法律"。本案中，赵君怡拥有美国国籍，但其自 2005 年 5 月起至起诉时已在我国境内居住超过 1 年，属于我国境内有住所的情况，所以若赵先生没有撤诉，本案在当时应适应我国法律。而根据我国《涉外民事法律关系适用法》第 30 条规定，监护适用一方当事人经常居所地法律或者国籍国法律中有利于保护被监护人权益的法律。若本案发生在《法律适用法》生效后，则法院应适用中国法和美国新泽西州法中有利于保护赵君怡的法律。

监护是指依法律规定对无行为能力人和限制行为能力人的人身和财产进行监督和保护。涉外监护中多见的情况是父母对未成年子女的监护。鉴于此种监护与离婚、父母子女关系联系密切，对于在适用法律时究竟应适用离婚关系的准据法，还是适用父母子女关系的准据法，抑或适用监护的准据法，存在三种不同观点：第一种观点认为，财产分割和子女的抚养是离婚的附属问题，应一并适用离婚的准据法；第二种观点认为，无论是否离婚，父母与子女的关系并不改变，应适用父母子女关系的准据法；第三种观点认为，离婚时子女监护既然是广义上的监护的一种形式，就应适用一般的监护的准据法。[1]

各国关于监护的法律适用有单一制和分割制两种立法模式。一些立法例将监护关系作为一个整体，统一适用一个准据法，另一些则将监护关系划分为几个不同方面，如监护的成立、变更、终止，监护的行使，监护人与被监护人的关系，对监护的监督等。总体上看，因为分割制将监护制度造成了实际操作上的不便利，很容易导致监护难以进行，因此采取此种主张的立法例不多。

拓展案例

案例一： 赵小虎受监护、抚养争议案[2]

［基本案情］

1985 年，中国籍男子赵耿虎与日本籍女子佐佐木智子结婚。婚后生一子，取名赵小虎。根据《中华人民共和国国籍法》第 4 条规定，父母双方或一方是中国人，其子女出生在中国的，具有中国国籍。据此赵小虎具有中国国籍。1990 年，佐佐木智子回到日本，长期不归。1993 年，赵耿虎以夫妻长期分居，

---

〔1〕 徐成："论未成年人监护的法律适用"，中国政法大学 2007 年硕士学位论文。
〔2〕 赵一民主编：《国际私法案例教程》，知识产权出版社 2001 年版，第 218 页。

感情淡漠为由，到住所地法院提起离婚诉讼。在子女抚养问题上，赵耿虎要求抚养赵小虎，佐佐木智子要求赵小虎由她带到日本抚养。法院询问赵小虎愿随父还是愿随母生活，赵小虎答与谁一起生活均可。

[法律问题]

1. 本案应识别为哪种法律关系？应适用什么法律解决赵小虎的监护权与抚养权？

2. 对赵小虎本人的意见是否应尊重？如何确定弱者利益保护原则的标准？

[重点提示]

结合《涉外民事关系法律适用法》的规定进行思考。

案例二： 里克特诉拜伦案
(Ricketts v. Biloon)[1]

[基本案情]

男方为美国公民，女方为加拿大公民。双方在夏威夷同居，并于 1994 年 5 月 8 日生有一子，其子因此具有美国和加拿大双重国籍。双方当事人于 1995 年 9 月开始分居。根据分居协议，女方将孩子从夏威夷带到加拿大维多利亚。她本应在 1996 年 3 月将孩子带回夏威夷，但是她反悔了。1995 年 10 月，女方向加拿大不列颠哥伦比亚省法院请求将孩子的监护权判给她。

[法律问题]

1. 加拿大法院是否具有管辖权？

2. 对于英美法院通过管辖权，而非法律选择的方法处理有关涉外婚姻家庭案件的做法，你如何评价？

[重点提示]

法官认为，不列颠哥伦比亚省不是孩子的惯常居所地，所有能够决定监护权归属的证据都在夏威夷。女方将孩子带到不列颠哥伦比亚是最近才发生的行为，而孩子出生在夏威夷，在夏威夷长大，并且此前一直是夏威夷居民，因此由夏威夷法院管辖是适当的。从而驳回了女方的申请。

---

[1] Ricketts v. Biloon, British Columbia Court of Appeal, (1997) 93 B. C. A. C. 243.

第六章

继承的法律适用

知识概要

继承是指死者将生前所留的财产及有关权利义务转移给他人承受的一种法律制度,分为遗嘱继承和法定继承。继承不仅与财产有关,也与人的身份密切相联,因此继承的法律适用呈多元性,属人法则、属物法则均在确定继承准据法时发挥重要作用。

一、遗嘱继承

在遗嘱继承的情况下,可能涉及遗嘱能力、遗嘱方式、遗嘱的解释、遗嘱的撤销和遗嘱的效力问题等方面。

遗嘱能力是指立遗嘱人是否具备通过遗嘱处分其财产的能力,属于遗嘱有效成立的实质要件。关于遗嘱能力,一般认为应适用当事人的属人法,但是关于不动产的遗嘱能力通常要求适用不动产所在地法。若立遗嘱时与死亡时的属人法连结点不同,有主张适用立遗嘱人死亡时的属人法,也有主张适用其立遗嘱时的属人法,还有一些国家采用结果选择的方法,规定适用能使遗嘱有效成立的属人法。遗嘱方式包括遗嘱是否必须采用书面形式,是否必须经过公证等问题。对遗嘱方式的有效性问题,一些国家区分动产和不动产,分别规定应适用的法律,而不区分动产与不动产的国家一般采用属人法或行为地法作为准据法。近几十年来,遗嘱方式准据法有扩大趋势。遗嘱的效力也称遗嘱的内容,是指遗嘱发生法律效力而能够被执行。各国对于遗嘱效力问题规定适用立遗嘱人属人法,但在适用何时的属人法,即立遗嘱时还是死亡时的属人法这一问题上有不同规定。当事人意思自治原则也逐渐被引入遗嘱继承的法律适用领域,如 1987 年通过的《瑞士联邦国际私法》和 1988 年海牙《死者遗产继承法律适用公约》。关于遗嘱解释的法律适用,一般认为适用遗嘱内容和效力的准据法,但在英美普通法系国家有专门适用于遗嘱解释的法律适用规则,一般允许立遗嘱人在遗嘱中指定适用于遗嘱解释的法律。对于遗嘱撤销的准据法,各国的通行做法是适用发生撤销行为时立遗嘱人的属人法。

二、法定继承

法定继承也称为无遗嘱继承，一般发生在被继承人未立遗嘱或者所立遗嘱全部或部分无效的情况下。在涉外法定继承的法律适用方面有两大制度：区别制和同一制。区别制又称分割制，是指在涉外继承中主张就死者的遗产区分为动产和不动产，分别适用不同的冲突规则，从而导致适用不同的准据法，即动产适用被继承人的属人法，而不动产则适用物之所在地法。同一制是指在涉外继承中不将遗产区分为动产和不动产，而是作为一个整体依据同一个法律适用原则确定准据法，即不问遗产在何地，统一适用被继承人的属人法。无论是区别制还是同一制，都有其各自的利弊。实行区别制最大的好处莫过于判决能在外国得到承认和执行，但是在适用上较为复杂，尤其在被继承人的遗产由动产和不动产组成并且位于几个国家时。同一制在适用上简单易行，但是对位于外国的遗产所做出的判决不易被该外国承认和执行。为协调区别制和同一制各自的缺陷和不足，在涉外继承方面，许多国家都接受反致和转致。除了区别制和同一制，拉丁美洲的少数几个国家还采用继承概依遗产所在地法这一原则。

三、无人继承财产

无人继承财产，是指无人继承又无人受遗赠的财产，大多数国家对无人继承财产均收归国有。无人继承财产的法律冲突表现在无人继承财产的确定和归属两方面。无人继承财产确定的法律适用是指应依何国法律来确定死者遗留的财产是否为无人继承财产。对此，实践中一般都是通过识别或依照法院地国的冲突法所指向的实体法来解决。关于无人继承财产的归属的法律适用，各国的做法主要有三种：适用继承的准据法，适用被继承人的本国法，或适用财产所在地法。一般说来，采"继承权主义"的国家大多选择被继承人属人法作为准据法，而采"先占主义"的国家往往选择财产所在地法。

第一节　遗嘱继承的法律适用

经典案例

案例一：　　　　　　　　　莱瓦尔德案[1]

［基本案情］

一位 20 岁的英国妇女莱瓦尔德与一名法国男子结婚后，她原先设在英国的

---

〔1〕　赵一民主编：《国际私法案例教程》，知识产权出版社 2001 年版，第 238 页。

住所随之变更为法国，然后她立下一份遗嘱，指明丈夫为她的完全受遗赠人，该遗嘱设立时，她还不满 21 岁。10 年后她去世，去世时仍住在法国。当事人就遗嘱继承产生纠纷，英国法院审理了此案。依照英国法律，莱瓦尔德不具有立该遗嘱的能力，因为她立遗嘱时尚不满 21 岁。而依照法国法，不足 21 岁但已满 16 岁者，可以立遗嘱处置其足龄时有权处置的财产的一半。

[法律问题]

1. 英国法院应依英国法还是法国法确定该妇女立遗嘱的能力？

2. 对遗嘱能力的法律适用一般有何规定？

[参考结论与法理分析]

(一) 法院意见

法院依法国法，即立遗嘱人新的住所地法，确定该妇女有能力处置其财产的一半，而另一半属其无权处置的财产，作为未指定继承人的情况处理。

(二) 法理分析

本案是关于遗嘱能力的案件。一个有效遗嘱的成立，必须符合一定的实质要件和形式要件，遗嘱能力属于遗嘱的实质要件，是指通过遗嘱处分遗产的行为能力。一般来说，各国对遗嘱能力的规定与行为能力的规定基本相同，但也有国家规定对于达到一定年龄的未成年人也具有立遗嘱能力，因此，在有关遗嘱能力的案件中，若法律对遗嘱能力有特殊的法律适用规则应遵照特殊规则，若没有特殊规则也可按行为能力的法律适用规则选择准据法。

对于遗嘱能力的法律适用，各国法律虽规定各不相同，但一般多以当事人的属人法为基本原则，其中大陆法系国家多以本国法作为属人法，而英美法系国家则多以住所地法作为属人法。由于遗产有动产和不动产之分，出于便于承认和执行的考虑，许多国家关于遗产继承的法律适用规则都区分动产和不动产，在遗嘱能力问题上也有国家采取动产和不动产分别适用的分割制，即关于动产的遗嘱能力适用立遗嘱人的属人法，关于不动产的遗嘱能力适用物之所在地法。[1]

遗嘱是立遗嘱人生前对其财产进行处分并于死后发生法律效力的单方法律行为。因此，在有关遗嘱继承的法律规则上有两个重要的时间点，即立遗嘱时和死亡时。立遗嘱人立遗嘱时和死亡时的连结点可能产生冲突。一些国家主张在立遗嘱人死亡前，遗嘱并未产生任何权利，而且在其他继承问题上也是以死亡为参照点，因此应适用死亡时的属人法。一些国家则主张，一项法律行为的有效与否不应因当事人属人法的改变而改变，因此适用被继承人立遗嘱时的属人法。但不管哪种主张，都有可能导致一个原本有效的遗嘱无效的后果，因此

---

〔1〕 赵相林主编：《国际私法教学案例评析》，中信出版社 2006 年版，第 250 页。

为保护私人权利，也有一些国家采用结果选择的方法，规定适用能使遗嘱有效成立的属人法。对于这个问题的处理，英国法通常分三种不同情况区别对待：①如立遗嘱时立遗嘱人的住所地法认为有立嘱能力，而后来死亡时的住所地认为无能力，应适用立遗嘱时的住所地法；②如立遗嘱时住所地法认为无能力而死亡时住所地法认为有能力，应适用死亡时住所地法；③如依原住所地法立遗嘱人本有能力而未立遗嘱，后来的住所地认为他尚无能力，则他原已取得的能力不能保留。[1]

我国《涉外民事关系法律适用法》没有对遗嘱能力做出明确规定，但其第2条规定："涉外民事关系适用的法律，依照本法确定。其他法律对涉外民事关系法律适用另有特别规定的，依照其规定。本法和其他法律对涉外民事关系法律适用没有规定的，适用与该涉外民事关系有最密切联系的法律。"因此，对遗嘱能力可适用与之有最密切联系的法律。

案例二：　　　　　　　　　　**普利斯特案**[2]

[基本案情]

立遗嘱人是一个英格兰人，住所也在英格兰，但遗嘱是在苏格兰作成的。该遗嘱含有对一位已婚妇女的遗赠，并按照英格兰法律由两位证人予以证明，但其中一位证人是那位受遗赠的已婚妇女的丈夫。对于该遗赠，如果适用遗赠人住所地英格兰的法律，则遗赠是无效的。因为按照英格兰法律，不能以由受遗赠人的丈夫或妻子证明遗嘱的方式给予受遗赠人遗赠。而按照遗嘱作成地苏格兰的法律，该遗赠可以作为由无证明人证明的亲笔遗嘱所给予的遗赠而发生效力。

[法律问题]

应当根据何准据法确认本案遗嘱的效力？

[参考结论与法理分析]

（一）法院结论

对于遗嘱形式，英格兰的冲突规则是，符合立遗嘱人住所地法或作成地法要求的遗嘱形式都是有效的。但英格兰法院认为立遗嘱人既然按照英格兰法律请证人证明其所立遗嘱，说明其意图不是要作成一个无证人证明的亲笔遗嘱。所以该遗嘱因证明方式不符合英格兰法律被判决无效。

---

〔1〕　参见李双元、蒋新苗编著：《国际私法学案例教程》，知识产权出版社2012年版，第408～409页。

〔2〕　赵一民主编：《国际私法案例教程》，知识产权出版社2001年版，第238页。

（二）法理分析

对遗嘱的形式问题，普遍的态度是尽量放宽标准以使其有效，这是出于尊重当事人意思自治的考虑，是现代私法发展的必然趋势。况且，除了遗嘱的形式，遗嘱是否有效还受到其他方面的限制，对于遗嘱形式的苛刻要求在国际私法上是完全没有必要的。英格兰的冲突规则已经对遗嘱形式作出了明确的规定，即符合立遗嘱人住所地法或作成地法要求的遗嘱形式都是有效的，但英国法院仍仅适用了立遗嘱人住所地法，判决遗赠无效。英国法院在本案中的做法实为欠妥，无怪乎该案在判决时就受到了尖锐的批评。

案例三： 　　　　　　　　**文立本诉文志伟房屋遗赠案**[1]

[基本案情]

被继承人文梦章共有三个儿子：长子文相勤、次子文志伟、三子文佰勤，未生有女儿。原告文立本是文梦章的孙子、文相勤的儿子。1993 年 1 月 15 日，文梦章在美国宾夕法尼亚州某县公证机关立下遗嘱。遗嘱主要内容为：①在其本人死后应立即清偿其本人债务及葬礼费用；②其财产的剩余部分，无论是何种形式或位于何处，均遗赠给孙子文立本；③授权林香珠（文梦章的妻子）为其遗嘱执行人，并宣布遗嘱执行人在代理其本人行为时，不参与任何司法程序。该遗嘱于 1993 年 1 月 16 日经美国宾夕法尼亚州该县公证人公证，并由两位见证人见证，证明该遗嘱是文梦章在头脑清醒和自愿的情况下所立，公证文书上还附有县公证机关的印章及公证人和见证人的签名。1998 年 4 月 23 日，美国宾夕法尼亚州政府办公室秘书证实公证人以及文件上所附印章及签名是真实的；该证明书上附有秘书的签名和宾夕法尼亚州政府的印章；该证明书的背面有中华人民共和国驻纽约总领事馆证明，证明美国宾夕法尼亚州政府的印章属实。位于惠阳市淡水镇叶挺中路 56 号房屋属文梦章生前个人财产。1994 年 1 月 13 日，文梦章在香港死亡，其妻林香珠也于 1996 年 2 月 26 日在香港死亡。文志伟和文佰勤兄弟二人负担了文梦章死后的丧葬费 20 000 港币。文梦章在香港病逝前未立遗嘱。1998 年 5 月，原告从美国回来，到惠阳市房管部门办理房产过户手续，得知该房的产权证在被告手中保管，于是到香港要求被告将房产证交给他以便办理房产过户手续，遭到被告拒绝。原、被告为此产生纠纷。

原告于 1998 年 6 月 26 日起诉，诉请由被告将房产证交付给他。该案在审理过程中，被告否认该遗嘱是其父亲文梦章所立，理由是遗嘱中没有文梦章的中文签

---

〔1〕　广东省惠阳市人民法院（1998）惠阳民初字第 132 号民事判决书。

名；被告认为该房屋的所有权证是文梦章生前交给他保管的，拒绝交给原告。此外，原告在得知被继承人文梦章将财产遗嘱赠给他后已立即明确表示接受遗赠。

[法律问题]

1. 本案中被继承人的遗嘱是否有效？

2. 本案的继承纠纷的准据法为何？

[参考结论与法理分析]

（一）法院意见

广东省惠州市人民法院将本案的案由定为房屋遗赠纠纷。法院认为本案争议房屋是被继承人文梦章生前个人合法财产，被继承人生前有权进行处理。被继承人于 1993 年 1 月 15 日在美国宾夕法尼亚州某县所立遗嘱属公证遗嘱，其真实性有相应的证据证实，遗嘱的内容未违反法律规定和社会公共利益，是合法有效的遗嘱。继承开始后，原告在得知文梦章将剩余的所有财产遗赠给他后，已立即明确表示接受遗赠，该房屋属立遗嘱人个人合法财产，且在遗赠给原告的财产范围之内，因此应归原告所有。根据遗嘱，文梦章死后应先清偿其本人债务及葬礼费用，也就是说丧葬费应由受益人原告负担。对于文志伟和文佰勤已付出的部分，应由原告补回给他们。

（二）法理分析

对于本案中遗嘱的效力问题，形式上，本案立遗嘱人所立的是公证遗嘱，符合立遗嘱行为地的法律规定，是完备的；遗嘱内容方面，立遗嘱人处分的是其个人的合法财产，没有损害国家、集体和他人的合法财产，立遗嘱人在立遗嘱的时候具有相应的行为能力，而且是其真实的意思表示；立遗嘱人没有缺乏劳动能力又没有生活来源的继承人，也就没有必要留下其他遗产份额。综上，法院作出确认立遗嘱人所立遗嘱合法有效的结论是正确的。

遗嘱是一种要式行为，必须具有一定的形式。遗嘱方式包括遗嘱是否必须采用书面形式，是否必须经过公证等问题。对遗嘱方式的有效性问题，一些国家不区分动产与不动产，统一规定适用的法律，通常只要符合立遗嘱人的属人法或立遗嘱行为地法之一的规定即可。一些国家则区分动产和不动产，分别规定不动产的遗嘱方式适用不动产所在地法，动产的遗嘱方式适用立遗嘱人属人法或立遗嘱行为地法。鉴于遗嘱是否生效，会受到立遗嘱能力、遗嘱内容等多方面的限制，因此各国在遗嘱方式的要求上均不严苛，而是争取扩大准据法的范围，使遗嘱方式尽量有效。国际公约中同样体现了这种趋势，如 1961 年海牙《遗嘱处分方式法律冲突公约》，其规定无论是立遗嘱时还是死亡时的属人法均有得到适用的可能，且立遗嘱人的本国法、住所地法甚至是习惯居所地法等都可以适用。

我国《涉外民事关系法律适用法》第 32 条规定："遗嘱方式，符合立遗嘱人立遗嘱时或者死亡时经常居所地法律、国籍国法律或者遗嘱行为地法律的，遗嘱均为成立。"对遗嘱方式的准据法采取了相对宽松的适用规则。

案例四：　　　　　　　　　　　巴里地产案[1]

[基本案情]

住所设在美国伊利诺伊州的巴里（Barrie）立下遗嘱，以处分她位于伊利诺伊州的动产、不动产和位于爱荷华州的不动产，遗嘱内容包括将全部财产转化为现金形式遗赠给受遗赠人。后来，发现在遗嘱的封面及其他五个地方（包括见证人条款）均注有"无效"字样并签有立遗嘱人的名字。伊利诺伊州法院根据伊利诺伊州法律，判决该遗嘱已被有效撤销。受遗赠人对此不服，在爱荷华州法院提起上诉。

[法律问题]

1. 该遗嘱是否已被撤销？
2. 应适用什么法律确定该遗嘱的效力？

[参考结论与法理分析]

（一）法院意见

法院认为，对于遗嘱的有效性、法律后果等方面，已经有了明确的适用规则，并且对于动产和不动产的规则是不同的。本案中涉及有关不动产的遗产，根据美国《第一次冲突法重述》的有关规定，对不动产遗嘱继承中有关立遗嘱人的遗嘱能力、遗嘱形式、遗嘱的认证、遗嘱的效力等事项应适用不动产所在地法。因此，法院根据爱荷华州法律，认为伊利诺伊州法院撤销遗嘱的判决无效。

（二）法理分析

遗嘱撤销因关系到遗嘱利害关系人的切身利益，因此比较重要。遗嘱撤销主要涉及撤销遗嘱的能力和撤销的方式两个问题。有些国家对此分别加以规定，遗嘱撤销的能力适用与遗嘱能力相同的准据法，撤销方式适用与遗嘱方式相同的准据法，也有些国家统一规定适用立遗嘱人的属人法。与立遗嘱时相同，立遗嘱人在撤销遗嘱时也可能面临撤销时和死亡时住所地不一致的情况，从而造成在适用属人法时的法律冲突。传统的观点主张适用死亡时的住所地法。但也有学说认为，考虑该问题的方法应该和考虑遗嘱能力一样，如果某一法规对有关遗嘱订立的问题适用立遗嘱时的住所地法或行为地法，则立遗嘱人有意的、尽管是非正式的撤销也应该受到同等的对待，即适用撤销时住所地法或撤销地

---

〔1〕　See In Re Estate of Barrie, Supreme Court of Iowa, 1949, 240 Iowa 431, 35N. W. 2d 658.

法。在英美国家，遗嘱还可能因结婚、子女出生、离婚而被撤销。如果因离婚而发生遗嘱是否撤销的问题时，一般适用离婚时的住所地法。如果因结婚或子女出生而发生遗嘱是否撤销的问题时，因为在立遗嘱后出生的子女可能不止一个，出生地也不限于一地时，为了统一性的需要，有必要指定适用同一个法律，因此立遗嘱人死亡时的住所地法被认为是最合适的法律。[1]

在英国法中，遗嘱撤销的准据法分为三种情况：①对于新遗嘱是否全部或部分废除旧遗嘱的问题，特别是涉及后一遗嘱的立遗嘱人立遗嘱能力与遗嘱方式问题，取决于后一遗嘱是否有效成立。英国《1963 年遗嘱法》第 2 条第 1 款（c）项规定，撤销某一遗嘱或某一遗嘱条款的新遗嘱，如果其作成符合前一遗嘱或前一条文被撤销所应遵守的法律，得视为恰当作成。②对于其他撤销遗嘱的方式，如销毁、焚毁等，采分割制。不动产遗嘱撤销的准据法为不动产所在地法，动产遗嘱撤销的准据法为立遗嘱人的住所地法。如果立遗嘱人住所地在撤销遗嘱时和死亡时不同时，会有一个时间上的限制，一般认为应该依撤销时的住所地法。③因事后结婚而使遗嘱被撤销。按英国法的规定，结婚使以前的遗嘱被撤销。而其他许多国家并无此种制度。如果发生法律冲突，该事项则适用立遗嘱人婚姻住所地法。[2]

我国对涉外遗嘱继承并没有遗嘱能力、遗嘱方式、遗嘱的解释、遗嘱的撤销等如此精细的规定，《涉外民事关系法律适用法》第 32 条、第 33 条只对遗嘱方式和遗嘱效力作出了规定。第 32 条规定："遗嘱方式，符合立遗嘱人立遗嘱时或者死亡时经常居所地法律、国籍国法律或者遗嘱行为地法律的，遗嘱均为成立。"第 33 条规定："遗嘱效力，适用立遗嘱人立遗嘱时或者死亡时经常居所地法律或者国籍国法律。"关于遗嘱方式的规定，体现了放宽对遗嘱形式的限制的国际趋势，无可非议。但第 33 条遗嘱效力的规定，不足以涵盖诸如撤销遗嘱等有关遗嘱继承的事项，仍然有待完善。

案例五： **古德瑞诉哈迪案**
（Guidry v. Hardy）[3]

[基本案情]

被继承人老勒罗伊（Leroy Guidry）1969 年 8 月在加利福尼亚州去世，加利福尼

---

〔1〕 参见赵相林主编：《国际私法教学案例评析》，中信出版社 2006 年版，第 254 页。
〔2〕 参见赵相林主编：《国际私法教学案例评析》，中信出版社 2006 年版，第 253 ~254 页。
〔3〕 See Leroy A. GUIDRY, Jr. v. Doug A. HARDY and Ruth A. Guidry, Court of Appeal of Louisiana, Third Circuit, 254 So. 2d 675, 260 La. 454, 1971.

亚州同时也是他的住所地。他最近的亲属是他的遗孀鲁斯（Ruth）和他的独子小勒罗伊。本案原告小勒罗伊是被继承人老勒罗伊与其前妻的鲁斯儿子。老勒罗伊与前妻在1954年10月由内华达州法院判决离婚，几天后老勒罗伊便与鲁斯结婚并保持婚姻关系直至去世。本案被告之一鲁斯在前一段婚姻中有三个孩子，其中一个是本案的另一被告道格。1968年5月22日，被继承人执行了一份被认为是他最后一份遗嘱的文件，当时他居住在加利福尼亚州，遗嘱执行也是在加利福尼亚州。在文件中，他将价值极小的两项动产——船上的钟表和一些影片赠给他的儿子小勒罗伊，将一些工具赠给他的继子道格，并特别声明他的继承人除了文件里规定的部分外不能接受他的任何遗产。其余部分，无论动产还是不动产，无论位于哪，都赠给他的遗孀鲁斯。被继承人留下的遗产中包括位于加利福尼亚州的动产、不动产和位于路易斯安那州的不动产。遗嘱在加利福尼亚州认证时，原告提出反对意见，加利福尼亚州法院陪审团审理后裁定遗嘱无效，理由是"对鲁斯的不适当的影响"，之后法院也判决遗嘱不能被认证，上诉法院维持了这一判决。1969年，原告诉请判令该遗嘱在路易斯安那州也是无效的。原告认为该遗嘱影响到了路易斯安那州的不动产财产，因此是无效的、不可执行的。原告还宣称该遗嘱处分了2/3以上的遗产，不能满足其特留份，因此该遗嘱无效。初审法院基于加利福尼亚州法院已经针对其作出无效判决，因此也判令遗嘱是无效的，不过法院保留了当事人在加利福尼亚州法院判决被修改的情况下申请重审的权利。被告向路易斯安那州第三巡回上诉法院提起上诉，要求中止程序直至加利福尼亚州法院作出最终判决为止。

[法律问题]

1. 原告小勒罗伊的继承权是否受到了侵害？

2. 被继承人的遗嘱内容、遗嘱形式是否有效？对此应适用什么法律？

[参考结论与法理分析]

（一）法院意见

本案中法院面临的问题包括：遗嘱形式是否有效？遗嘱是否因为缺乏遗嘱能力或造成不适当的影响而无效？遗嘱是否因遗赠超过立遗嘱人遗产中可处分部分而无效或效力有所减损，即遗嘱内容是否有效？

法院认为，本案中，原告质疑遗嘱的有效性的一个理由是立遗嘱人没有处分路易斯安那州不动产的能力。一般而言，立遗嘱人处分不动产的能力适用不动产所在地的法律，而不论立遗嘱人的住所在哪或遗嘱在哪里执行。在即时诉讼中，因为路易斯安那州的财产可能受到影响，所以立遗嘱人是否有能力作出遗嘱的问题必须由路易斯安那州的法律规定。因此，无论加利福尼亚法院关于立遗嘱人是否有能力做出遗嘱的最终决定如何，都是无关紧要的，即使中止程序对此也没有什么帮助。由此，法院最终驳回被告的动议。

本案遗嘱文件共有两页纸，第二页末尾有立遗嘱人的签名，签名后附有另一页带有两位见证人签名的说明。从表面上看，遗嘱形式符合加利福尼亚州法律的规定，但是不符合路易斯安那州法律对遗嘱形式的规定。然而，路易斯安那州法律规定，一份在州外执行的遗嘱若符合当地法律的规定，只要是书面的并有立遗嘱人的签名，则如同按照路易斯安那法律规定的方式执行一样，享有同样的效力和执行力。因为遗嘱符合加利福尼亚州的法律，所以法院认为遗嘱在路易斯安那州同样具有效力。

关于原告特留份（legitime）的侵害问题。特留份（也叫 force share），根据路易斯安那州法律规定，是指被继承人遗产中法律为有资格的子女保留的部分，份额的多少由子女的数量决定。本案中，因为被继承人只有一个孩子，根据当时的法律规定，特留份额为被继承人遗产的1/3。被继承人有权自由处分剩余部分的财产，如果超过了剩余部分，被继承人的遗赠会被减损直至满足其子的特留份。路易斯安那州法律规定，无论在生前还是死后，被继承人对超额部分财产的处分行为并不是无效的，而是在数额上需要减少。法院认为，原告没能以遗赠侵害了他的特留份为由证明遗嘱没有效力，而立遗嘱人的遗赠数额是否需要减损的问题需要视遗嘱是否会被认证、继承何时开始而定。

法院最终判决，对于不动产遗嘱能力问题，应适用不动产所在地法律。对遗嘱形式问题，虽然不符合遗产所在地路易斯安那州法律，但是其符合立遗嘱人住所地加利福尼亚州法律，因此法院认为遗嘱形式有效。对于遗嘱内容问题，法院根据不动产所在地路易斯安那州法律，认为遗嘱中涉及损害继承人特留份的内容不因此而无效，仅需在数量上有所减少。

（二）法理分析

从本案中可以看出，法院对遗嘱的效力采取了分割制的做法，认为关于不动产的遗嘱行为需适用不动产所在地法律。而关于遗嘱的形式问题，法院适用较为宽松的规则，在所有涉及的连结点中只要符合其中一地的法律，就尽量赋予遗嘱效力。

一般而言，一些国家（如英美）早期的做法是：凡具有立遗嘱能力的人，都有权将其遗产的一部分或全部留给任何人，而不管是否有法定继承人的存在。而后，另一些国家为了保障某些合法继承人特别是作为弱者继承人（如未亡配偶、未成年人子女）的合法权利，法律上均设有"特留份"制度对遗嘱继承加以限制，规定立遗嘱人立遗嘱时只有权处分"特留份"以外的财产。但是考虑到继承人的多少、身份关系（如尊亲属、含未成年子女及遗腹子在内的卑亲属、配偶等）、劳动能力、生活来源和财产状况的不同，各国法律对"特留份"份额的规定有所不同。对特留份的规定决定着立遗嘱人可以处置的财产的范围，因此也影响着遗嘱内容的效力。对此问题的法律适用，与前述遗嘱能力、遗嘱撤销等问题相同，实践中同样存在统一制和分割制的做法。即一些国家不区分遗嘱内容涉及的是动产还是不动产，统一规定适用立遗嘱人的属人法；另一些国家按遗嘱内容区分为处置动产的遗嘱和处置不动产的遗嘱，规定前者适用立遗嘱人属人法，后者适用不动产所在地法。

案例六： **罗纳德遗产案**

（Matter of Renard）[1]

[基本案情]

被继承人于 1899 年出生在法国。1941 年~1971 年，被继承人居住在纽约，并于 1965 年成为美国公民。1941~1948 年，她就职于纽约某法律事务所。1971 年 10 月，被继承人返回法国，并将她的大部分财产留在这里。1978 年 8 月 3 日，被继承人去世，当时住所在法国。她的儿子，也就是本案的被告，当时住所在美国加利福尼亚州，具有法国和美国双重国籍。在被继承人搬到法国后，该律所为她起草了一份遗嘱，并在他们位于巴黎的事务所内执行，执行人是纽约银行和律所的一位合伙人。遗嘱指明适用纽约州法处理位于该州的财产，遗嘱的认证、解释和效力等也适用纽约州法。这份遗嘱处分了被继承人的全部资产，内容包括将她巴黎的公寓和 6000 美元留给她的儿子，15 000 美元给其他人，剩下的余额将平分给一位法国朋友和一家法国慈善机构。被继承人去世时在纽约的财产包括银行账户和经纪人账户，在法国的财产是一间公寓和其内的全部设施。法国法规定在父母死亡并留有一名子女的情况下，子女享有父母的一半财产。本案中遗嘱执行人和法国慈善机构承认儿子在法国法下享有一半财产的权利，但是他们对法国法是否应适用产生了分歧而诉至法院。

[法律问题]

1. 被告是否有权针对被继承人在纽约的财产，要求根据法国法享有特留份？

2. 对被告的继承权应适用法国法还是纽约州法？

3. 被继承人在遗嘱中指明纽约州法作为有关遗嘱事项的准据法的做法是否具有效力？

[参考结论与法理分析]

（一）法院意见

本案中法院采取了政府利益分析说的方法，适用纽约州法律作为准据法作

---

[1] See Matter of Renard, Surrogate's Court, N. Y. County, 108 Misc. 2d 31, 437 N. Y. S. 2d 860, 1981.

出判决。

　　法院认为，并没有宪法上的规则直接指明本案的法律适用问题，因为本案的两个连结点法国和纽约州都与本案有足够的联系，在合适的程序下无论适用哪国法律都符合公平合理的标准。被继承人在纽约州居住了 30 年，纽约州也是被继承人遗产所在地，并且她在遗嘱中明确指明适用纽约州法律。法国是被继承人死亡时的住所地，传统的冲突法规则在有关继承的法律适用时即指向被继承人住所地法。

　　《财产、权力、信托法》（Estates, Powers and Trusts Law）第 3 - 5.1 条规定了一系列有关遗嘱的法律选择规则，"对于个人财产以遗嘱方式处分的效力、后果、撤销或变更，以及当这些财产不依遗嘱方式处理而转移的方式问题，适用死者死亡时住所地法律"，但其 h 项对此作出了一个例外规定，"当立遗嘱人死亡时不居住在本州时，如果他在遗嘱中选择适用本州法律处理其位于本州的财产，则遗嘱的有效性，包括立遗嘱人的能力、后果、解释、撤销或变更都适用本州的法律"。很显然被继承人在遗嘱中做出了以上条文所规定的选择。被告接着主张这种选择不允许被继承人逃避他住所地的特留份继承权（forced heir-ship）。法院在审查了 h 项的立法历史后认为，纽约州的立法倾向于允许被继承人在遗嘱中援引纽约州法律以规避法国法特留份继承权的适用。法院还论证道，即便 h 项在这里不是决定性的，本案的问题是被继承人在遗嘱中选择纽约州法的意愿是否可以在当下盛行的法律选择方法下实现。很显然，在被继承人在纽约州居住的 30 年期间，被告不能就她的遗产请求继承特留份。这并不是那种夫妻的共同住所发生转移的案件，因为在被继承人回到法国后，被告仍然留在加利福尼亚。纽约对于被继承人有更长久的和实质性的联系，当她回到法国后她仍然保持美国公民的身份，只是改变了住所而不是财政事务的地点。

　　法国与案件的联系是作为被继承人死亡时的住所。虽然传统规则是适用住所地法，但是法院在 Crichton 等案中已经指出，传统的规则经常造成其他有管辖权的地域的政策或利益的损失。这些案件都表明，法院已经抛弃机械的法律选择规则，而是采用衡量相关有管辖权的法域的政策、利益和对案件的联系程度的平衡方法。

　　本案中，纽约州的利益是对遗嘱的自由处分，纽约州仅在极少数情况下保护子女的权利，而本案并不符合这些情况。法国的政策与此相反，其严格限制遗嘱自由。被告住所地加利福尼亚州的法律也不支持孩子的特留份，事实上在整个美国范围内，只有路易斯安那州法律支持这种权利。有人认为，特留份制度的根本目的是保护居住在该管辖权范围内的继承人。无论如何法国在这里的利益，因为继承人在被继承人死亡时及以后一直居住在加利福尼亚州的事实而受到了减损。因此,被继承人的住所这一因素不是决定性的,对此也有人认为,住所作为争取利益的基础正在动摇。纽约州在侵权案件中已经抛弃传统的法律选择规则,转而支持利益分析法,如贝科克诉杰克逊案。在 Crichton 等案中,法院也适用了这种平衡衡量的方法。因此,法院最终认定,鉴于被继承人长期居住在纽约州和继承人的住所不在法国的事实,纽约州遗嘱自由的政策要优于特留份继承的权利,判决对遗嘱适用纽约州法律。

（二）法理分析

本案中可以清楚地看出经过冲突法革命时期的美国,在法律选择规则上偏离原来的多边主义方法[1],而是采取政府利益分析说等方法进行法律选择的倾向,这种灵活的适用规则对我们来说也是一种启示。

同时,本案中立遗嘱人在遗嘱中已指明适用纽约州法处分位于该州的遗产,遗嘱的认证、解释和效力等也适用纽约州法。虽然法院最后没有以当事人意思自治原则作为适用法律的依据,而是采用了政府利益分析说,但是实际上仍然取得了尊重当事人意思自治的效果。实践中,由于各国对遗嘱内容及效力规定之准据法差别较大,在适用法律时引入当事人意思自治原则也是一种颇值得注意的做法。如1988 年《死者遗产继承法律适用公约》的第5~7、11 条规定都允许被继承人生前选择适用于遗产继承和继承协议的法律,但是这种意思自治也受到了一定的限制,即选择只限于其在制定时或死亡时的本国法或惯常居所地法,并且形式须符合订立遗嘱的形式要件且必须是明示的。实行有限的意思自治原则,一方面有利于充分实现死者生前安排其财产和后世的意愿,另一方面又可以防止死者在本国法、惯常居所地法之外滥用意思自治原则,值得借鉴。

拓展案例

案例一：　陈某、廖某、廖某某与廖某某某遗嘱继承纠纷、法定继承纠纷案[2]

[基本案情]

原、被告四人为兄弟姐妹关系,廖某某某某、柏某系原、被告的父母,被继承人无其他子女。上海市某室房屋所有权人为廖某某某某,柏某于 1997 年

---

〔1〕 美国《第一次冲突法重述》规定,对于不动产继承,无论被继承人是否留有遗嘱,统一适用物之所在地法,对动产继承则适用被继承人最后住所地法。

〔2〕 参见上海市黄浦区人民法院（2009）卢民一（民）初字第 699 号民事判决书。

11 月 11 日立下遗嘱，将上述房屋属于其份额指定由外孙女黄某继承，该遗嘱由上海市卢湾区公证处公证。后柏某随原告陈某至加拿大生活并定居。2006年 8 月 10 日柏某于加拿大安大略省多伦多市立遗嘱，取消其以前所立的所有遗嘱，原告陈某继承柏某名下拥有的上海市卢湾区某室及某室房产全部份额。该遗嘱由李某、张某见证并由中华人民共和国驻多伦多总领事馆领事认证。廖某某某于 1996 年 6 月 14 日去世，柏某于 2007 年 4 月 2 日在加拿大去世。柏某去世后，原告陈某为母亲操办后事，为实现母亲生前遗愿，为实现自身权益，故诉至法院，要求判令：①根据遗嘱，原告陈某继承柏某名下拥有的上海市卢湾区某室房产全部份额；②原告陈某依法继承上海市卢湾区某室房产的法定份额；③上海市卢湾区某室房产归原告陈某一人所有，原告陈某支付其他继承人相应折价款。被告廖某某某辩称，柏某的两份遗嘱上的签名不同，对国外的遗嘱的签名不予认可，系争房产为廖某某某某和柏某共有，他们生前就已经让被告一家户口迁入，廖某某某某在生前也表示该房屋给被告居住，原告廖某、廖某某从未提出对该房屋进行分割，在此情况下，可以明确该房屋归被告所有。

法院认为，外国人继承在中华人民共和国境内的遗产，不动产适用不动产所在地法律，本案适用中华人民共和国法律。立遗嘱人以不同形式立有数份内容相抵触的遗嘱，其中有公证遗嘱的，以最后所立公证遗嘱为准，没有公证遗嘱的，以最后所立的遗嘱为准。本案中立遗嘱人柏某先后立有两份遗嘱，第一份是 1997 年所立的公证遗嘱，第二份是 2006 年在加拿大安大略省多伦多市所立遗嘱，而后一份遗嘱并非《中华人民共和国继承法》所规定的公证遗嘱，不能撤销、变更其于 1997 年所立公证遗嘱，故法院依法认定 1997 年 11 月 11 日所立并由上海市卢湾区公证处公证的遗嘱合法有效。该遗嘱将坐落于上海市某室房屋属于被继承人份额指定由外孙女黄某继承，因黄某位列法定继承人以外，属受遗赠人，根据我国法律规定，受遗赠人依法应当在知道受遗赠后两个月内，作出接受或者放弃受遗赠的表示。到期没有表示的，视为放弃受遗赠。黄某是原告陈某的女儿，柏某与原告一家在加拿大共同生活，黄某应当知道其受遗赠，但未表示，依法视为放弃受遗赠。本案系争遗产属受遗赠人放弃受遗赠的，依法按照法定继承办理。

[法律问题]

1. 法院对第二份在加拿大的公证遗嘱效力不予认定，该结论是否正确？
2. 我国对遗嘱方式的法律适用有何规定？

[重点提示]

以《涉外民事关系法律适用法》为依据进行思考。

案例二：　　　　　　　　　　姜伟勋遗嘱效力案[1]

[基本案情]

任爱玲与姜伟勋 1958 年 12 月在广州市登记结婚，婚后育有姜玉秀、姜玉洁两个女儿。1963 年，姜伟勋只身赴香港定居，起初以做小生意为生。1983 年 5 月 2 日，姜伟勋在香港九龙开设了新记毛织公司，从事制衣业。1984 年 10 月 6 日，姜伟勋和王美珍代表新记毛织公司与广东省某市某针织厂签订了来料加工合同，合同期限为 3 年。根据合同规定，由香港方向某市某针织厂提供不作价借用的制衣专用设备一套共 126 台（件），原总价值 40 万港元。双方履行合同后，1984 年 10 月～1985 年 12 月，香港方按合同规定应获得纯利润人民币 26 100 元，（王美珍收到 18 440 元）。1985 年 12 月 28 日，姜伟勋在香港立下遗嘱，将其所有财产全部赠给王美珍。王美珍也在香港根据香港法律规定作出了接受遗赠的声明书。姜伟勋除新记毛织公司所有财产外，另有股票计港币 9.6 万元。

1986 年 1 月 10 日，姜伟勋在香港医院因病医治无效去世。1986 年 3 月 11 日，姜伟勋的妻子任爱玲及两个女儿姜玉秀、姜玉洁，向广东省某市人民法院起诉，要求继承姜伟勋的所有财产。原告任爱玲认为自己为姜伟勋的妻子，应有一半财产归自己所有，此外请求法院认定姜伟勋的遗嘱无效，并继承应得的部分财产。姜玉秀、姜玉洁认为自己是姜伟勋亲生女儿，第一顺序法定继承人，有权继承父亲的财产。被告王美珍认为姜伟勋所立遗嘱符合香港法律规定，自己亦按香港法律规定作出接受，姜伟勋之遗产应全部归自己所有。

某市人民法院依据中国法律规定，认定姜伟勋在香港和某市所有的财产均属于姜伟勋和妻子任爱玲在婚姻关系存续期间所得财产，属夫妻共同财产。姜伟勋在香港所立遗嘱，根据中国法律规定只能部分有效，即他只能处理其本人所有的那一部分财产即所有财产的 1/2，而不能处理其妻子任爱玲所有的那部分财产。因此判决如下：①位于香港九龙的新记毛织公司所有财产及其孳息，归原告任爱玲和被告王美珍共同所有，各占 1/2；②香港新记毛织公司借给广东省某针织厂的全套专用设备 126 台（件）及附件和按合同应得的利润人民币 18 440 元由原告任爱玲、被告王美珍共同所有，各占 1/2；③香港新记毛织公司与广东省某针织厂所订的合同，自 1986 年 1 月至 1987 年 10 月间，双方继续履行，所得收益归原告任爱玲、被告王美珍共同所有，各占 1/2；④姜伟勋拥有的股票计港币 9.6 万元，原告任爱玲、被告王美珍各得 1/2；⑤驳回原告姜玉秀、姜玉

---

〔1〕　杜新丽主编：《国际私法教学案例》，中国政法大学出版社 1999 年版，第 308～309 页。

洁的诉讼请求。

[法律问题]

1. 本案应适用什么法律来确定姜伟勋所立遗嘱的效力？

2. 法院对姜伟勋的遗产分割是否正确？

[重点提示]

香港对夫妻财产实行分别财产制，而中国大陆婚姻法则实行共同财产制。本案可以当事人的住所、法律行为发生地作为连结点进行思考。

案例三：　　　　　陈鉴泉诉钟惠娟等继承纠纷案[1]

[基本案情]

钟惠娟与陈金华于 1983 年 4 月 10 日在广东省中山市登记结婚，生有一子陈子宏，陈鉴泉、陈鸿泉、陈彩娟是陈金华与前妻翁玉好的婚生子女。1999 年 2 月 8 日，陈金华在中山市立下遗嘱，将其自置产业香港九龙的一处楼房送给长子陈鉴泉。1999 年 4 月 4 日，陈金华在中山市死亡。1999 年 6 月 20 日，陈鉴泉以港币 119 万元将该物业售予浩新发展有限公司。前列当事人因继承前述遗产发生纠纷，而诉至中山市中级人民法院。

法院经审理认为：对于陈金华自书遗嘱将香港九龙楼房赠予陈鉴泉一事，根据《中华人民共和国继承法》第 36 条"不动产的继承适用不动产所在地的法律"的规定，陈金华遗嘱处理的是位于香港的不动产，根据香港地区的法律，自书遗嘱必须有两个见证人签名方生效，陈金华所立遗嘱不具备两个见证人签名，因而是无效的。既然遗嘱无效，则按法定继承处理。根据香港地区《无遗嘱者遗产条例》第 4 条，遗产处理先从 119 万元中拨出 5 万元以及自陈金华去世之日起至遗产分配日止按年利率 5% 计算的利息归钟惠娟。余下遗产，钟惠娟1/2，其他继承人 1/2。1999 年 12 月 1 日，中山市中级人民法院作出判决，确认香港楼房系陈金华的遗产，其出售所得款项港币 119 万元现由陈鉴泉保管。陈鉴泉应先自 119 万元中划出 5 万元及该款利息（按年利率 5% 自 1999 年 4 月 4日起计至遗产分配时止）归钟惠娟。余下部分，钟惠娟占 1/2，其余继承人均分另一半。

陈鉴泉不服一审判决，向广东省高级人民法院提起上诉，认为该房产是其父陈金华的遗产，后者已立下自书遗嘱，将该房产交由陈鉴泉继承，且香港是中国领土的一部分而非境外，原审法院适用法律错误，应改判此房产归陈鉴泉

---

〔1〕　许光耀、宋连斌主编：《国际私法学学习指导书》，湖南人民出版社 2003 年版，第 198 页。

继承。广东省高级人民法院经审理，判决驳回上诉人的上诉请求。

[法律问题]

1. 你认为法院的判决是否正确？对遗嘱形式的法律适用有何规定？

2. 若此案发生在《涉外民事关系法律适用法》生效后，对案件结果有何影响？

[重点提示]

本案是有关不动产分配的遗嘱案件。首先应思考遗嘱的形式是否有效，其次考虑对不动产继承的法律适用是否适用分割制。

第二节　法定继承的法律适用

经典案例

案例一：　　　　　　　　科伦斯遗产案

（In Re Collens）[1]

[基本案情]

被继承人科伦斯的大部分遗产都位于特立尼达和多巴哥以及巴巴多斯，位于英国的一小部分遗产中包含不动产。被继承人的住所在特立尼达和多巴哥，他的妻子从位于特立尼达和多巴哥的遗产获得了 100 万美元后，又在英国法院提起诉讼要求就位于英国的不动产中获得英国法所规定的法定份额。如果在本案中对被继承人的所有遗产均适用死者的住所地法，则被继承人妻子对遗产的权利要求因其获得 100 万美元已全部得到满足。因此，原告加拿大皇家银行（伦敦）作为英国的遗产管理人对妻子提起诉讼。

[法律问题]

1. 对位于英国的遗产与特立尼达和多巴哥的遗产能否适用同一准据法？

2. 若适用不同的法律，那么这种制度在国际私法中被称为什么？

[参考结论与法理分析]

（一）法院意见

法院认为，虽然被继承人的遗产指其在全世界的遗产，但是英国有关的继

---

[1]　See In Re Collens, Decd. Royal Bank of Canada (London) Ltd. v. Krogh and Another, [1983 C. No. 3455] [1986] Ch. 505.

承法仅调整位于英国的不动产继承，而不能在死者住所地法调整的继承所涉及的遗产上产生权利。因此，尽管被继承人的妻子已从位于特立尼达和多巴哥的遗产中获得了100万美元，其依据英国法在位于英国的不动产上的权利要求并未就此得到满足，其仍有权利从位于英国的不动产中获得英国法所规定的法定份额。

（二）法理分析

从法院的判决中，我们可以看出对于继承，英国采用分割制。

分割制，又称区别制，是指在涉外继承中，就死者的遗产区分为动产和不动产，分别适用不同的冲突规则，从而导致适用不同的准据法，即动产适用被继承人的属人法，而不动产则适用物之所在地法。这一制度最早源于14世纪意大利法则区别说，该说认为动产属于"人法"范畴，应适用死者的属人法，而不动产属于"物法"范畴，应适用物之所在地法。实行分割制最大的好处在于判决能在外国得到承认和执行，尤其是对于不动产所在地的国家。但是随着国际经济的发展，人员交往也越来越频繁，死者财产由动产和不动产共同组成以及动产分布在多个国家的情况愈发常见。此时，分割制不仅使法律适用问题变得复杂并且可能导致不合理的结果。正如本案的法官在作出上述判决后又对其表示了遗憾，认为死者的妻子因遗产分布在几个国家而获得过度的利益是不公平的，并对分割制进行了批评。英国学者莫里斯也认为，在现代法中，完全没有必要对动产的无遗嘱继承和不动产的无遗嘱继承采用不同的冲突规则。

与此相反，同一制，又称单一制，是指在涉外继承中，不将遗产区分为动产和不动产，而是作为一个整体依据同一个法律适用原则确定准据法，即不论遗产在何地，统一适用被继承人的属人法。这一制度起源于古代罗马法的"普遍继承"制度，并在19世纪得到了萨维尼的大力提倡。同一制最大的优点是适用上简单易行且完整，虽然在涉及不动产的遗产继承案件中，适用同一制可能导致对位于外国的不动产继承所作出的判决未必能得到承认和执行，但是通常只发生在两国的法律有重大差别的情况下，因此，多数国家一般仍采用同一制。在1988年通过的《死者遗产继承法律适用公约》中也采用了同一制的做法。

案例二： **吴某日本死亡法定继承案**[1]

［基本案情］

吴某系上海某大学教师，1988年辞去工作到日本留学。1990年在即将回国

---

〔1〕 杜新丽主编：《国际私法教学案例》，中国政法大学出版社1999年版，第308~309页。

前夕，吴某在日本大阪市骑自行车上班途中被疾驶而来的小轿车撞倒，经抢救无效，不幸身亡。消息传到上海，其在上海工作的妻子周某以全权代理人的身份，由吴某的大哥陪同，去日本料理后事。吴某之妻周某委托日本律师与肇事方洽谈赔偿事宜。经过双方的努力，达成赔偿协议。按照协议，周某获得以下赔偿：①逸失利益。即假定吴某健在，从死亡时始至退休时止，可以获得的经济收入。②精神损害赔偿费。即对受害人的父母、子女、配偶在精神上的损失所进行的赔偿。③对自行车的损害所进行的赔偿。此外，吴某在日本曾投保了人身保险，为此日本保险公司支付了 500 万日元的保险金。周某与吴某的大哥带着巨额赔偿金和保险金共计人民币 70 余万元回到上海。吴某的父母与周某就财产的分割出现争议，遂于 1992 年以周某及其女儿为被告在上海提起诉讼。

吴方认为：①保险金是吴某的遗产，不是吴某同周某夫妻共同财产，应当由第一继承人均分。②"逸失利益"和"精神损害赔偿费"中同样不应含其他人的财产，也不是吴某夫妻的共同财产，同样应当由周某、女儿及吴某父母均分。③考虑到吴某的女儿未成年，先由女儿分得，然后再由双方就剩下的财产均分。

周方认为：①作为遗产的保险金是由日本保险公司支付的，继承发生时遗产在国外，并且被继承人死亡前居住在国外，根据《继承法》第 36 条和《民法通则》第 149 条，该遗产的继承应当适用日本国法律。根据日本法律，在法定继承中，子女为第一顺序继承人，父母为第二顺序继承人。存在第一顺序继承人时，配偶和第一顺序继承人共同继承。因此本案中的遗产应由周某和女儿共同继承。按照《日本民法典》第 900 条（法定应继分）规定："……子女及配偶为继承人时，子女的应继分及配偶的应继分各为 1/2……"据此，该保险金应由周某及其女儿按照日本法律规定的应继份额进行分配。②关于"精神损害赔偿费"如何分割，我国法律目前尚无明文规定，根据司法实践，应遵循以下几项原则：其一，要考虑受遇难者扶养和赡养的亲属的利益；其二，从亲属与死者关系的亲疏远近加以考虑；其三，从权利与义务相一致的原则加以考虑。联系本案，该赔偿金的大部分应由女儿所得；同时，该赔偿金的数额是按照日本国的生活水平来计算并给予赔偿的，当然应该按照日本国的生活水平来计算女儿应得的生活费和教育费。③"逸失利益"在我国法律中没有类似的规定，其给付是以周某家庭因吴某死亡而遭受到实际损失为前提的，是给周某家庭的经济补偿，那么该财产应作为吴某与周某的夫妻共同财产，先析出属周某的一半，作为吴某的遗产的另一半由法定继承人继承。

经过协商，双方对赔偿金和保险金的性质和某些分配原则有一定的共同认识。根据最高人民法院（1987）民字第 52 号"关于保险金能否作为被保险人遗产的批复"之规定，本案保险金应作为遗产处理，由其继承人继承。"精神损害赔偿费"是公民死亡后，肇事方给付死者亲属精神上的安慰，不是给死者的，因此它不属于死者的遗产。双方还一致认为，吴某的女儿尚未成年，应当多分财产，在财产中留出女儿的生活费和教育费，其余再由双方分割。尽管双方对这笔巨额财产在法律上有相同认识，但是在具体分割上还存在很大分歧。

[法律问题]

1. 本案中对吴某的住所、经常居所应如何认定？

2. 中国法院对此案有没有管辖权？

3. 对吴某遗产的分配应适用哪国法律？

[参考结论与法理分析]

（一）法院意见

上海市静安区法院未对本案作出判决，也未就以上法律问题作出说明，本案最终以调解结案。

（二）法理分析

对于法院的管辖权问题，因为原、被告均是中国公民，因此法院适用了"原告就被告"的一般原则确定管辖。但是本案是一起继承纠纷案件，根据《民事诉讼法》第33条第③项的规定，"因继承遗产纠纷提起的诉讼，由被继承人死亡时住所地或者主要遗产所在地人民法院管辖"。同时，因为吴某死亡、发生继承关系的法律事实发生在日本，本案又是一起涉外继承案件。对涉外继承的管辖问题，已有学者作出了细致的分析："对于涉外继承案件是否应属于中国法院专属管辖的范围，有两种理解。一种认为应视为专属管辖。一是因为，《民事诉讼法》第四编管辖规定过窄，只涉及涉外合同纠纷和涉外财产权益纠纷的管辖，其他纠纷管辖就应按照第259条规定比照适用《民事诉讼法》中的国内管辖规则。二是因为，第四编以专门条文规定三类投资合同属中国法院专属管辖的本意：一是针对这类案件的特殊性——此类合同与国家利益的紧密联系；二是基于本编针对合同纠纷已规定了特殊地域管辖和协议管辖。暂且不论专属管辖是否属于特殊地域管辖，就大陆法系学理上的共识而言，专属管辖的规定应成为管辖种类中非常重要的一个部分，因而有必要规定专属管辖条文。三是因为，将不动产案件列为国家专属管辖范围为各国通例，第四编未做专门规定并非因为疏漏，是以第259条导引出第33条予以了补充，因此，第33条项下的三类纠纷同被纳入专属管辖范畴。另一种理解认为涉外案件中专属管辖的范围应比国内专属管辖的范围窄，涉外继承管辖若专属于一国，且如不区分动产继承和不动产继承，就有扩大专属管辖的趋势，鲜有国家如此规定。1989年最高人民法院关于印发《全国沿海地区涉外、涉港澳经济审判工作座谈会纪要》中早就规定：'凡是我国《民事诉讼法》和其他法律规定由中国法院专属管辖的经济纠纷案件，包括因不动产提起的诉讼，港口作业中发生的诉讼，因登记发生的诉讼，以及在我国境内履行的中外合资经营企业合同纠纷，中外合作经营企业合同纠纷和中外合作勘探开发自然资源合同纠纷引起的诉讼，外国法院或者港澳地区法院无权管辖，当事人也不得约定由我国境外的法院管辖。'很显然，我国法院专属管辖案件中并不包括涉外继承案件；此外，《民事诉讼法》第四编已涉及专属管辖，即与中国经济利益紧密相连的三类投资合同，不再属于第 259 条'没有规定的'问题，不应再比照第 33 条规定。以上两种理解各有理据，当然主流观点是第一种。虽然将涉外继承列入专属管辖范围，有条文逻辑上的合理性，但现实中，并没有哪个法院会这样去做。"[1]

如果不将涉外继承案件作为专属管辖，那么就应按照《民事诉讼法》第 33 条第 3 项的规定，由被继承人死亡时住所地或者主要遗产所在地人民法院管辖。由于对主要遗产所在地并没有作时间上的限制，本案中吴某的遗产主要为保险金，并由周某从日本带回中国，那么遗产所在地应认定为最初给付保险金的日本还是诉讼时保险金已被带回的中国？笔者认为由于诉讼时保险金已被带回中国，因此遗产所在地在中国，中国法院可以行使管辖权。

对于经常居所地的认定也存在争论。根据《民法通则》第 15 条的规定，住所是指公民的户籍所在地，公民离开户籍 1 年以上的，以其经常居住地为住所地。《涉外民事关系法律适用法司法解释（一）》第 15 条规定，自然人在涉外民事关系产生或者变更、终止时已经连续居住 1 年以上且作为其生活中心的地方，人民法院可以认定为涉外民事关系法律适用法规定的自然人的经常居所地，但就医、劳务派遣、公务等情形除外。但是对于留学生的住所或经常居所的认定，一直没有定论，有观点认为留学生没有长期居住的意思表示，因此也应被排除。《涉外民事关系法律适用法》第 31 条规定："法定继承，适用被继承人死亡时经常居所地法律，但不动产法定继承，适用不动产所在地法律。"本案中，被继承人在日本留学，已经连续在日本居住近两年，若认定经常居所地在日本，则适用日本的继承法来处理案件，根据日本继承法律的规定，直系尊亲属只是作为第二顺序继承人，因此本案中原告可能分文不得。如果认定经常居所地仍在中国，则适用中国的继承法，案件结果截然不同。

以上问题，恐怕在现行的法律规定下都没有定论，值得讨论。

---

〔1〕 参见刘力："涉外继承案件专属管辖考"，载《现代法学》2009 年第 2 期。其中《民事诉讼法》指 2012 年修订后的新《民事诉讼法》。

案例三：范奂轮、范书昭、凌志清等与范荣富继承纠纷案[1]

[基本案情]

原告范奂明、范书昭、凌志清、凌志铭、凌孟治、郑美娟、范荣华，被告范荣富。本案原告范奂明系范奂轮之弟，范书昭系范奂轮之妹，凌志清、凌志铭系凌菊梅之兄，凌孟治系凌菊梅之侄子，郑美娟、范荣华与被告范荣富系郑秀弘之子女。范奂轮（香港永久居民）、凌菊梅于 1942 年在宁波结婚。1962 年 7 月范奂轮赴香港，凌菊梅仍居住在上海。在香港，范奂轮与郑秀弘于 1971 年按照当时适当的中国传统习俗举行婚礼，亲友普遍承认其夫妻关系。在港期间，范奂轮与郑秀弘、范荣富共同生活（范荣富是郑秀弘的亲生子，与范奂轮是继父子的关系）。后来范奂轮返回上海居住。1998 年 9 月 14 日，范奂轮、凌菊梅在上海市双峰路宛南华侨新村 6 号 103 室内因煤气中毒死亡。范奂轮生前留有在恒生银行上海分行存款两份，加上上海市双峰路宛南华侨新村 6 号 103 室住房一套。范奂轮、凌菊梅生前无子女，范奂轮与郑秀弘也未生育子女。范奂轮的父母及凌菊梅的父母均先于两被继承人死亡。原、被告对遗产继承发生争议诉至法院，在诉讼中凌志清、凌志铭、凌孟治对遗产分配比例自行作出约定，凌志清、凌志铭同意由凌孟治继承凌菊梅遗产的 60%，凌志清、凌志铭各继承凌菊梅遗产的 20%。在本案审理过程中，郑秀弘于 2000 年 5 月 11 日在深圳市南山人民医院死亡。

[法律问题]

1. 本案应如何认定范奂轮与凌菊梅及范奂轮与郑秀弘的婚姻关系？
2. 本案应对范奂轮的遗产继承做出何种处理？
3. 对当事人自行约定遗产分配的比例应否承认其有效？

[参考结论与法理分析]

（一）法院意见

一审法院认为，凌菊梅与范奂轮虽未补办婚姻登记手续，但从范奂轮、凌菊梅 1949 年之后的户籍登记资料显示，范奂轮、凌菊梅夫妻关系已为我国有关政府主管部门认可，故对范奂轮、凌菊梅婚姻关系予以确认。范奂轮与凌菊梅因煤气中毒同时死亡，生前未立遗嘱，范奂轮与凌菊梅互不发生继承。范奂轮无亲生子女，其父母也已先于其死亡，故范奂轮是否存在第一顺序法定继承人的关键在于范奂轮、郑秀弘是否存在夫妻关系及范荣富是否与范奂轮形成有扶养关系的继父子关系。香港律师出具法律意见书，证明范奂轮与郑秀弘的关系

---

〔1〕　上海市第一中级人民法院（1999）沪一中民初字第 393 号民事判决书。

按照香港法律规定属于婚姻性质的关系。结合范荣富提供的，经庭审质证后被法院确认证明效力的有关证据，法院对其婚姻关系予以确认。郑秀弘可依法继承范奂轮的遗产。范荣富、范荣华、郑美娟作为郑秀弘之子女，因郑秀弘、范奂轮夫妻关系成立而与范奂轮形成继父与继子女的关系。根据法律规定，继父母和受其扶养教育的继子女之间的权利和义务，适用父母子女关系的有关法律。因此继子女与继父母间相互享有继承权的前提条件，是彼此之间形成实际扶养关系。本案中范荣富于70年代开始与范奂轮长期共同生活，当时范荣富已经成年并且有独立生活的能力。郑美娟、范荣华未能提供与范奂轮长期共同生活及形成扶养关系的证据，故范荣富、郑美娟、范荣华不存在与继父范奂轮间的实际扶养教育关系，范荣富、郑美娟、范荣华不具有以法定继承人身份继承其继父范奂轮遗产的权利。

凌菊梅生前无子女，其父母已先于其死亡。范奂轮、凌菊梅互不继承，故凌菊梅不存在第一顺序继承人。原告凌志清、凌志铭作为凌菊梅的兄弟姐妹，系凌菊梅的第二顺序继承人，依法对凌菊梅的遗产享有继承权。凌孟治系凌菊梅的侄子，多年照顾凌菊梅的生活，属于依法可以分得遗产的人。

法院确认范奂轮在恒生银行上海分行存款及其利息以及范奂轮名下位于上海市住房一套（诉讼中双方当事人均同意该房屋价值确定为人民币15万元）为范奂轮、凌菊梅、郑秀弘的共同财产。其中1/3是范奂轮的遗产，应由其第一顺序继承人郑秀弘继承。因郑秀弘在诉讼中去世，其继承的份额，加之属其自己所有的份额，均应由郑美娟、范荣富、范荣华继承。凌志清、凌志铭、凌孟治有权继承凌菊梅名下的上述财产的1/3。诉讼中凌志清、凌志铭、凌孟治对遗产分配比例自行作出约定，凌志清、凌志铭同意由凌孟治继承凌菊梅遗产的60%，凌志清、凌志铭各继承凌菊梅遗产的20%。该约定系当事人的真实意思表示，于法不悖，本院予以照准。因双峰路宛南华侨新村房屋不宜分割，可归凌孟治所有，由凌孟治支付给继承人折价款。

一审法院判决后，原告范焕明、范书昭、凌志清、凌志铭、凌孟治不服，向上海市高级人民法院提出上诉。二审法院认为，根据《最高人民法院关于贯彻执行〈民法通则〉若干问题的意见》第188条的规定，认定其婚姻是否有效，适用婚姻缔结地的法律。因此，一审中对范奂轮和郑秀弘夫妻关系的确定似乎并没有错。但《民法通则》第150条又规定"依照本章规定适用的外国法律或者国际惯例的，不得违背中华人民共和国的社会公共利益"。法院认为范奂轮和凌菊梅存在合法夫妻关系的情况下，又在香港与郑秀弘以夫妻名义同居生活，这就违反了我国"一夫一妻"的法律规定。我国内地法院可以根据公共秩序保留原则和法律规避行为无效原则，排除香港地区法律对本案中范、郑之间婚姻效力的适用，对他们之间的婚姻关系效力不予确认。法院最后判决范奂轮的存款及其名下的上海公寓房屋应属范奂轮和凌菊梅夫妻共同财产，并依据我国婚姻法和继承法对遗产作了分配。

（二）法理分析

本案中被继承人之一范奂轮，以及继承人中的范荣富、范荣华是香港居民，为涉港案件，应比照涉外案件处理。本案被继承人范奂轮与凌菊梅因煤气中毒同时死亡，生前未立遗嘱，属于法定继承纠纷案件。

本案解决继承纠纷的前提在于确定范奂轮与凌菊梅、郑秀弘的两个婚姻关系是否成立。案件审理时，根据最高人民法院《关于贯彻执行〈民法通则〉若干问题的意见》第188条，认定其婚姻是否有效，适用婚姻缔结地的法律。范奂轮与凌菊梅的婚姻缔结地在我国，其婚姻效力由我国法律确定。依据当时的婚姻法，1942年凌菊梅与范奂轮在宁波结婚虽未补办婚姻登记手续，但从范奂轮、凌菊梅1949年之后的户籍登记资料显示，范奂轮、凌菊梅夫妻关系已为有关政府主管部门认可，属于事实婚姻，其婚姻有效。范奂轮与郑秀弘的婚姻关系，其缔结地在香港，根据香港《婚姻制度改革条例》，范奂轮与郑秀弘1971年在香港形成的旧式婚姻关系亦为有效。一审法院此部分的结论是正确的，但是其没有按照涉外案件的审理思维方式处理此案，没有说明法律适用的依据。二审法院纠正了一审法院没有将其认定为涉外案件的做法，并且认为范奂轮与郑秀弘的婚姻违反了中国一夫一妻制的基本原则，通过公共秩序保留制度否定了范奂轮与郑秀弘的婚姻效力，从而改变了一审法院的判决，二审法院的做法是正确的。

本案涉案遗产中既包括动产继承，也包括不动产继承。《涉外民事关系法律适用法》生效以前，《继承法》第36条虽然对涉外继承作了规定，但是没有涉及区际继承的法律适用问题，法院在适用准据法时也直接适用了《中华人民共和国继承法》而没作分析、说明，是本案的欠缺。若依照《涉外民事关系法律适用法》第31条的规定，法定继承采分割制，不动产适用不动产所在地法律，动产适用被继承人死亡时的最后住所地或经常居所地法律。本案中被继承人范奂轮与凌菊梅死亡地为上海，死亡时已在上海居住多年，不动产遗产位于上海市双峰路宛南华侨新村6号103室。因此，本案中的动产遗产应按我国法律规定的继承人范围、继承顺序和遗产分配原则进行，不动产继承也应适用我国相关的法律。同时，《涉外民事关系法律适用法》第51条明确规定："……《中华人民共和国继承法》第36条，与本法的规定不一致的，适用本法。"从而废止了《继承法》第36条"中国公民继承在中华人民共和国境外的遗产或者继承在中华人民共和国境内的外国人的遗产，动产适用被继承人住所地法律，不动产适用不动产所在地法律。外国人继承在中华人民共和国境内的遗产或者继承在中华人民共和国境外的中国公民的遗产，动产适用被继承人住所地法律，不动产适用不动产所在地法律。中华人民共和国与外国订有条约、协定的，按照条约、协定办理"的规定。

拓展案例

案例一：　周三某诉周一某、周二某、周四某继承纠纷案[1]

[**基本案情**]

原告周三某，被告周一某，被告周二某，被告周四某，住所地均在中国大陆。被继承人周某某终身未娶，没有子女，遂收养了原告作为养子。后周某某因故去美国并加入了美国国籍，居住在美国加州。

周三某、周一某、周二某、周四某系嫡亲姊妹，周三某、周一某、周二某、周四某与周某某系嫡亲叔侄关系，周三某出生后不久即被周某某以过继的方式收养为养子，但未办理收养等手续。1978 年，周某某回国，并按习俗在其堂兄周某某家中摆酒，向亲友正式宣布收养周三某为养子，周某某家族亲属均亦认可周三某系周某某的养子。此后，周某某仍多居住在美国，但对周三某及周三某的家人在经济、生活等多方面给予了支持。周某某回国期间均随周三某生活，由周三某照顾饮食起居，相关费用均由周三某承担。

因周某某有回国养老意愿，遂打算购置房产。看房选房过程中，周一某、周二某、周四某均进行了陪同，并给予了建议。2005 年 11 月 22 日，周三某以自己的名义与房地产开发有限公司签订《某某别墅预定协议》，约定周三某预定某某房屋一套，周三某还缴纳购房定金。同日，周某某办理委托书，委托周三某办理房产具体事项，之后，周某某支付购房款。2006 年 1 月 16 日，周三某以周某某的名义与房地产开发有限公司签订《房屋购销合同书》，购买位于某某房屋。现该房屋已经取得房屋产权证，房屋登记的所有权人为周某某。房屋交房后，周三某对房屋进行了装修并居住于此，装修费用及物业管理费等相关费用均由周三某承担，周一某、周二某、周四某在周三某装修过程中给予了帮助并向周三某提供了部分借款。2011 年 7 月 1 日，周某某在美国加利福尼亚州的家中去世。另查明，周某某的父母、兄弟姐妹、祖父母、外祖父母均已经先其逝世。因周某某生前未留下遗嘱或遗赠抚养协议，周三某、周一某、周二某、周四某就别墅继承一事产生纠纷。

[**法律问题**]

1. 本案涉及哪些法律问题？

---

[1]　参见湖南省长沙县人民法院（2012）长县民初字第 456 号民事判决书。

2. 你认为本案应如何裁判？

[重点提示]

从收养、继承等法律关系并结合《涉外民事关系法律适用法》进行分析。

案例二： 瓦克遗产案
(Manitoba v. Dukelow)[1]

[基本案情]

被继承人瓦克（Sally Vak）于 1989 年 1 月 7 日在加拿大马尼托巴省去世，她的遗产中有位于马尼托巴省的 131 000 美元现金和位于安大略省的价值 42 000 美元的不动产。她的继承人包括已经与她分居的丈夫塞缪尔，其住所在加拿大，以及她与前夫所育的一子赫伯特。在遗产分配前，塞缪尔也于 1992 年 10 月 21 日在安大略省去世，他的继承人只有他的哥哥米切尔和姐姐玛丽。根据马尼托巴省法律，对留有遗孀的无遗嘱被继承人，若其遗产超过 50 000 美元，则 50 000 美元全部归遗孀所有，超出部分的一半也归遗孀所有。安大略省法律也有类似规定，只是未亡配偶的优先份额（preferential share）为 75 000 美元。

普通法传统的法律适用规则是动产适用被继承人住所地法，而不动产适用物之所在地法，也就是说动产适用马尼托巴省法律，不动产适用安大略省法律，那么塞缪尔可获得 132 500 美元（50 000 + 40 500 + 42 000），Herbert 只能获得 40 500 美元，此种做法并不公平。对此，法院依照 Thom 案[2]中的思路，认为争议问题并不是对位于管辖权范围外财产的确定问题，而是未亡配偶在多省均要求完全实现其优先份额的权利是否公平。鉴于安大略省与马尼托巴省对优先份额的规定差了 25 000 美元，法院认为塞缪尔可享受的优先份额为 75 000 美元。同时，法院对《马尼托巴省遗产分配法案》中"无遗嘱继承的财产"的"财产"（estate）作出解释，认为其应包括被继承人的全部财产，而不论其位于哪里。也就是说，不论动产还是不动产，应视为一个整体，在比较财产所在地法各自规定的优先份额并确定最高优先份额后，剩余部分适用被继承人的经常居所地法进行分配。

[法律问题]

法院的判决突破了同一制与分割制的界限，这对你来说有什么启示？

[重点提示]

国际私法的目标不仅为实现冲突正义，也要实现实质正义。本案中打破同

---

[1] See Manitoba (Public Trustee) v. Dukelow, Ontario Court of Justice (General Division), 20 OR (3d) 378.

[2] In Re Thom Estate (1987), 27 E. T. R. 185, 40 D. L. R. (4th) 184 (Man. Q. B.).

一制与分割制的做法虽非主流，但其提醒着我们，保证案件结果的公正也应成为国际私法在立法与司法过程中必不可少的考虑因素。

第三节　无人继承的法律适用

经典案例

马尔多纳多继承案[1]

[基本案情]

马尔多纳多是一位寡妇，西班牙人。1924 年 10 月 11 日，她死于西班牙的圣捷特，死亡时住所在西班牙。死后她留下一笔遗产，为存放在英国某银行的股票，这些股票在死者死亡时价值为 13 513 英镑，而当就此笔遗产提起诉讼时，股票价值已超过 26 000 英镑。死者没有直系亲属和旁系亲属，也没有根据西班牙法律规定享有继承权的其他亲属。于是西班牙政府在英国法院起诉，要求以死者的唯一继承人的身份取得马尔多纳多留在英国的遗产。被告英国财政部则主张这笔遗产为无人继承的财产，主张依占取得死者的遗产，即遗产应归英国所有。审理案件的法官支持了西班牙国家的主张，并作出了有利于西班牙的判决。被告英国财长部不服判决，提起上诉。

[法律问题]

1. 本案涉及的法律问题是什么？应如何识别？

2. 法院应如何判决马尔多纳多的遗产归属？

[参考结论与法理分析]

（一）法院意见

上诉法院的法官驳回了上诉。英国法院受理此案首先需要解决的一个问题是无人继承财产的确定问题，即马尔多纳多的遗产是否为无人继承的财产。该问题的答案按法院地法即英国法是肯定的，但按西班牙法律则是否定的，因为根据当时有效的《西班牙民法典》的规定，当一个死者没有留下遗嘱，而本身又无子女、父母、祖父母、配偶以及其他在第六亲等内的旁系血亲时，则国家将会继承死者的遗产，而财产将被送到慈善机构去。如果英国法院确认遗产无人继承，则遗产将作为无主物确定准据法，根据英国的有关规则，英国政府对

---

[1]　See State of Spain v. Treasury Solicitor, Court of Appeal, [1954] 2 W. L. R. 64, [1954] P. 223.

位于英国境内的无主物享有先占权，因此，遗产应归英国所有。如果英国法院确认遗产并非无人继承，则其归属将作为继承关系确定其准据法，根据英国的冲突规则，动产无遗嘱继承适用被继承人死亡时住所地法，则本案应适用西班牙法律。最后，上诉法院以西班牙法律确认本案的遗产有继承人，即西班牙政府，并依照西班牙法律宣布遗产归西班牙政府所有。

（二）法理分析

对于无人继承财产的确定问题，包括我国在内的许多国家立法中几乎都没有作出规定，实践中一般都是通过识别或依照法院地国的冲突法所指向的实体法来解决。本案中也涉及了这一识别问题，英国上诉法院最终适用了西班牙法（西班牙法作为死者死亡时的住所地法，同时也是动产无遗嘱继承法律关系的准据法），而非法院地法（英国法）来确定涉案遗产是否为无人继承财产。

对于无人继承财产的处理，各国一般都规定将无人继承的财产收归国家所有，但是在理由上有所不同。一派观点认为国家可以以特殊继承人或最后继承人的资格来取得无人继承财产，另一派观点认为无人继承财产即无主财产，国家享有对无人继承财产的先占权，因此可以取得无人继承财产。无人继承财产的归属问题通常涉及国家之间的利益之争。财产所在地国家通常都会尽力使该财产归本国所有；财产所在地以外的国家即使依据其他法律将该财产判归己有，通常也不会得到财产所在地国家的承认和执行。因此，各国通常只能对位于本国的无人继承财产进行特别规定。同样的，在各国关于无人继承财产的归属的法律适用的三种主要原则——适用继承的主据法、适用被继承人的本国法、适用财产所在地法中，大多数国家的普遍做法也是适用财产所在地法。

需要说明的一点是，在明确了遗留财产确属无人继承后，尽管该财产此时具有"无主物"的性质，但对该财产的归属并非按照物权法律关系进行法律适用，而是按照无人继承财产这一特殊的继承关系进行法律适用。

拓展案例

巴图无人继承财产案[1]

[基本案情]

巴图为蒙古国公民，定居蒙古。2000 年 5 月在中国云南昆明旅行时，心脏病突发死亡，留有现金、照相机、信用卡等财物，共价值人民币 6 000 元。巴图

---

[1]　赵相林主编：《国际私法教学案例评析》，中信出版社 2006 年版，第 260 页。

配偶早亡，无子女，也没有其他亲属随其一同生活，生前也没留有遗嘱。为确定其继承人，当地外事部门申请昆明市中级人民法院对外发出寻找继承人的公告。昆明市中级人民法院发出公告，公告期6个月。6个月后，没有人申请法定继承权。

[法律问题]

1. 对巴图的遗产应如何处理？

2. 对如何确定无人继承遗产的准据法，国际上有哪些做法？

3. 我国对无人继承遗产有哪些规定？是否需要完善？

[重点提示]

参考《涉外民事关系法律适用法》第35条和《民通意见》第191条的有关规定。另外，1986年签订的《中华人民共和国和蒙古人民共和国领事条约》第29条第4款规定："派遣国国民死亡后在接受国境内留下的绝产中的动产，应将其移交给派遣国领事官员。"

第七章

物权的法律适用

物权是指法律关系主体对物的直接支配并享受其利益的权利。与债权相比，物权是一种支配权、绝对权、对世权。物权法作为支配物权关系的法律规范，具有强行法的性质，表现为物权法定主义和物权的公示性。各国物权法因国家、民族、历史传统的差异往往规定不同，其不像债权法那样容易在各国间达成统一，故易引起法律冲突。

物权分为不动产物权和动产物权。在国际私法中，不动产物权适用物之所在地法是一项古老的法律原则，可以追溯到 14 世纪意大利的法则区别说。其创始人巴托鲁斯将法则区分为人的法则和物的法则。凡是人的法则，可以在域外适用，即可以适用于境外的本城邦的人；凡是物的法则，则不具有域外效力，只能适用于城邦境内的物。19 世纪德国法学家萨维尼用法律关系本座说理论解释了物之所在地法原则的合理性。现在，不动产物权关系适用不动产所在地法律这一原则已经得到几乎所有国家的接受。近年来，各国开始探讨意思自治原则在动产物权领域适用的可能性。

关于动产物权，14 世纪意大利学者萨利塞托（Saliceto）最早提出了"动产随人"（mobilia personam sequuntur）的规则，即与动产有关的法则属于人的法则，应当适用属人法。19 世纪的各国国际私法立法都接受了法则区别学说的影响，主张动产适用动产所有人的属人法，主要是住所地法。动产随人原则面临的另一个障碍在于住所的不确定性。住所可以经常改变，而且在财产交易中的利害关系人很难查明物主的住所。动产随人原则遭到激烈的批判，19 世纪下半叶以后很多国家的国际私法立法和司法实践都逐渐抛弃了该原则，转而主张适用物之所在地法原则。最早在国际私法立法上将当事人意思自治原则引入物权领域的当属瑞士，瑞士的做法得到俄罗斯和几个东欧国家的响应。

物之所在地法主要支配与物权有关的问题，包括以下方面：①动产与不动产的区分；②物权的客体范围；③物权的种类和内容；④物权取得、转移、变更和消灭的条件；⑤物权的保护。由于某些涉外物权关系的特殊性，各国在广泛适用物之所在地法原则的同时，都规定了一些例外做法，包括以下几方面：①运送途中之物的物权关系；②船舶、飞行器等运输工具的物权关系；③法人消灭之后的财产归属；④与身份关系密切的财产关系；⑤位于无主土地或者无主空间之物的物权关系。

　　我国《涉外民事关系法律适用法》对物权关系的法律适用作出了专门规定。该法第36条规定："不动产物权，适用不动产所在地法律。"第37条规定："当事人可以协议选择动产物权适用的法律。当事人没有选择的，适用法律事实发生时动产所在地法律。"第38条规定："当事人可以协议选择运输中动产物权发生变更适用的法律。当事人没有选择的，适用运输目的地法律。"第39条规定："有价证券，适用有价证券权利实现地法律或者其他与该有价证券有最密切联系的法律。"第40条规定："权利质权，适用质权设立地法律。"

第一节　不动产物权

经典案例

案例一：　　　　　　　　**非洲银行诉科恩案**[1]

[基本案情]

　　被告科恩是一位已婚妇女，住所在英国。她与原告非洲银行在英国签订了一项抵押合同，将她在南非的一块土地抵押给非洲银行，作为她丈夫向银行借款的担保。后来，非洲银行在英国法院起诉，要求强制执行该抵押合同。被告科恩辩称，根据南非法律关于已婚妇女无能力为其丈夫担保的规定，她不能履行与原告订立的抵押合同。

[法律问题]

1. 你认为英国法院是否享有对本案的管辖权？其依据是什么？
2. 本案依据什么法律来确定被告的缔约能力？
3. 该抵押合同是否有效？为什么？
4. 物之所在地法原则被用于调整什么物权关系？

---

〔1〕　杜新丽主编：《国际私法教学案例》，中国政法大学出版社1999年版，第82页。

[参考结论与法理分析]

（一）法院意见

法院认为，本案被告抵押土地的能力应依土地所在地法，即南非的法律来确定，本案被告无能力为其丈夫提供担保。英国法院依此宣告被告无能力订立为丈夫提供担保的抵押合同。

（二）法理分析

本案首先需要解决管辖权问题，根据国际民事管辖权的一般规则，世界各国均规定位于内国境内的关于不动产的纠纷，由不动产所在地国家的法院行使专属管辖权。因此，英国法院不享有处理构成外国领土一部分的不动产所有权问题的管辖权。

合同的订立者具备缔约能力是合同的生效要件之一。本案被告是否具有能力缔结抵押合同为丈夫担保，将直接影响该抵押合同的有效性乃至强制执行。这就需要确定依什么法律来判定被告的缔约能力。不动产权益由不动产所在地法支配是被广泛接受的国际私法规则，该规则也适用于不动产契约的缔约能力的确定，本案中争议土地位于南非，关于被告是否有能力缔结担保合同应依南非法律规定。而南非法律规定已婚妇女无能力为其丈夫抵押土地提供担保，因此本案所涉抵押担保合同无效。

案例二：　　　　　付和平与李大地财产权属纠纷案[1]

[基本案情]

李大地是香港居民，付和平是北京市人，是李大地的妻兄。李大地于1999年8月在深圳市宝安区沙井镇以其弟李启天的名义开办欣丰木艺制品厂（以下简称"沙井欣丰厂"），该厂工商登记为个体工商户，后因火灾而停业，2001年6月被工商行政管理部门注销。1999年12月23日，李大地及其妻付岩代表沙井欣丰厂购买佑生框业有限公司所拥有的土地和厂房以及厂房内的所有机器设备，李大地与付和平在合约签订后即进驻工厂，但未办理工商登记，以"欣丰木艺制品厂"的名义进行生产经营，李大地与付和平均在工厂负责经营管理。2002年7月工厂正式注册登记为深圳市龙岗区坪山镇欣丰木艺制品厂（以下简称"坪山欣丰厂"），工商登记为个体工商户，业主为付和平。后来，李大地与付和平就该厂权属问题产生纠纷，李大地向深圳市中级人民法院提起诉讼。

─────────

〔1〕　参见广东省高级人民法院（2008）粤高法审监民再字第89号民事判决书；中华人民共和国最高人民法院（2011）民监字第844号民事裁定书。

李大地认为，坪山欣丰厂是其向佑生框业有限公司购买的，所有的投资均是其投入的，只是当时法律不允许香港居民在中国内地开办个体工商户，为了注册方便而借用了付和平的名字。付和平则认为，李大地对坪山欣丰厂的投资属于借款，在生产经营过程中已经将李大地的这笔投入还给了李大地的妻子付岩，并支付了一定的利息。因此，李大地的投资款已经偿还，李大地主张确认坪山欣丰厂属于其所有的诉讼请求不能成立。

[法律问题]

本案对坪山欣丰厂的确权应如何适用法律？

[参考结论与法理分析]

（一）法院意见

一审法院认为，本案为确权纠纷，根据《中华人民共和国民法通则》第144条的规定：不动产的所有权，适用不动产所在地的法律。本案应适用中国内地法律。坪山欣丰厂的工商登记是个体工商户，业主是付和平，由于个体工商户承担无限责任，在没有相反的证据证明登记的业主与实际投资人不一致时，应当以工商登记为准。据此，一审法院驳回了李大地的诉讼请求。

李大地不服一审判决，向广东省高级人民法院上诉。广东省高级人民法院另查明：①坪山欣丰厂的主要业务活动及支付货款均由李大地负责；②以付和平名义办理的坪山欣丰厂的工商注册费和办理税务登记的费用均是由李大地批准从坪山欣丰厂的账上支付；③付和平个人向坪山欣丰厂借款须由李大地同意。

广东省高级人民法院二审撤销了一审判决，认为李大地虽为香港居民，但参照《内地与香港关于建立更紧密经贸关系的安排》的相关规定，允许香港永久性居民中的中国公民依照内地有关法律法规和行政规章，在广东省境内设立个体工商户，无需经过外资审批，故判决坪山欣丰厂归李大地所有。

付和平不服二审判决，向广东省高级人民法院申请再审，请求改判坪山欣丰厂的财产归付和平所有。广东省高级人民法院再审认为，本案的争议焦点是坪山欣丰厂的权属问题。根据《中华人民共和国民法通则》第144条的规定："不动产的所有权，适用不动产所在地的法律。"故本案适用中国内地法律审理并无不当。广东省高级人民法院再审维持原判。付和平不服，向最高人民法院申请再审。最高人民法院经过再审裁定驳回付和平的申请。

（二）法理分析

本案有三个主要的法律问题：①不动产物权的法律适用问题；②个体工商户的法律地位问题；③个体工商户超出被允许的营业范围经营的法律后果。

就第一个问题而言，我国最新施行的《最高人民法院关于适用〈中华人民共和国涉外民事关系法律适用法〉若干问题的解释（一）》第19条规定："涉及香港特别行政区、澳门特别行政区的民事关系的法律适用问题，参照适用本规定。"最终确定了区际私法适用国际私法规则。而对于不动产物权的法律适用问题，无论是案件发生当时适用的《中华人民共和国民法通则》第144条，还是随后生效的《涉外民事关系法律适用法》第36条，都一致规定不动产所有权适用物之所在地法，即我国法律。

就第二个问题而言，确定个体工商户法律地位的重要意义是：如果个体工商户具有独立的民事主体资格，那么该工商登记的记录将对确定个体工商户的身份意义重大；但若没有，则要确认谁是个体工商户，要更注重由谁出资、由谁经营等事实问题。从我国相关法律的规定来看，个体工商户是没有独立的民事主体资格的，它的本质是它背后实际经营的自然人。譬如，《最高人民法院关于适用〈民法通则〉若干问题的意见》第41条规定："起字号的工商户，在民事诉讼中，应以营业执照登记的户主（业主）为诉讼当事人，在诉讼文书中注明系某字号的户主。"《最高人民法院关于适用〈民事诉讼法〉若干问题的意见》第46条第2款规定："营业执照上登记的业主与实际经营者不一致的，以业主和实际经营者为共同诉讼人。"。又如，根据《中华人民共和国民法通则》第29条规定："个体工商户、农村承包经营户的债务，个人经营的，以个人财产承担；家庭经营的，以家庭财产承担。"如果业主有过错，营业执照上登记的业主与实际经营者应承担连带责任。而且，个体工商户十分注重实际经营者的地位和责任问题。所以个体工商户不具有独立的民事主体资格，要确认谁是个体工商户，要更注重由谁出资、由谁经营等事实问题。在本案中，因为李大地是坪山欣丰厂的实际经营者，所以该厂应确认为李大地所有。

就第三个问题而言，要解决的是超出被允许的营业范围经营是否阻碍实际经营者取得该个体工商户的所有权问题。根据《内地与香港关于建立更紧密经贸关系的安排》及其补充协议和通知的规定，如果认定坪山欣丰厂确系香港居民李大地所有，那么其经营范围超出了有关规定。但是，《合同法司法解释（一）》第10条规定："当事人超越经营范围订立合同，人民法院不因此认定合同无效。但违反国家限制经营、特许经营以及法律、行政法规禁止经营规定的除外。"可见，经营范围的规定，除涉及国家限制经营、特许经营以及法律、行政法规禁止经营规定的以外，只是管理性规定而非效力性规定，即只会导致行政法上的负面效果但不会导致民事法律关系无效。所以坪山欣丰厂超出经营范围经营，只会导致工商部门责令整改，却不影响李大地取得该厂的所有权。

综上，该个体工商户应归香港居民，实际经营者李大地所有。

案例三：　　　　中根振平诉山东海丰船舶工程有限公司
　　　　　　　　船舶买卖欠款纠纷案[1]

[基本案情]

1994 年底，中根公司（该公司由中根振平创办并任法定代表人）作为买方，从另一日本公司购买了一条废钢铁船"西方公主号"，买卖双方约定在中国上海港交货。该船抵达上海港后，由上海中舟拆船公司办理进口手续并缴纳了有关关税，至于中根公司是否与中舟拆船公司存在委托法律关系，并没有相关证据。1995 年 6 月 14 日，中舟拆船公司与喜多来公司签订了一份交接协议，协议称："根据双方签订的合同，'西方公主号'油轮的一切事宜由喜多来公司负责。"1995 年 7 月 28 日，中根公司（甲方）与喜多来公司（乙方）签订了一份修船协议，约定：中根公司现有一艘 2000 吨旧油轮"西方公主号"在青岛港委托喜多来公司修理。修理完毕后由喜多来公司办理船舶保险和注册登记，费用暂由喜多来垫付。1995 年 7 月 28 日，双方又签订了一份有关该船的"船舶买卖协议"，约定买卖价格为 40 万美元，喜多来公司支付 30% 的款项作为定金，该船到达青岛港双方交接验收后 3 天内，喜多来公司将全部款项付清。1996 年 3 月 28 日，喜多来公司将该船更名为"华龙港 2 号"并申请办理了中华人民共和国船籍证书。后来喜多来公司没有按买卖协议付清其余 70% 款项。1997 年 10 月，喜多来公司被海丰公司兼并，海丰公司于 1998 年 7 月 29 日向中根公司书面承诺，原喜多来公司所欠债务由海丰公司负责处理。中根振平于 2000 年 6 月 7 日向法院起诉，要求法院判决海丰公司清偿剩余款项。

[法律问题]

1. 本案属于什么性质的法律纠纷？

2. 本案应当适用哪国法律？

3. 中根是否有权要求海丰清偿剩余款项？

[参考结论与法理分析]

（一）法院意见

审理的法院认为，本案应适用中国法律，中国法院具有管辖权。中根公司不能证明该公司对买卖合同的标的物拥有所有权，无权要求海丰公司返还船舶或返还剩余款项。

────────────

[1]　参见山东省高级人民法院（2003）鲁民四终字第 13 号民事判决书。

（二）法理分析

本案涉及以下三个问题：①本案属于什么性质的法律纠纷；②本案应当适用哪国的法律；③中根是否有权要求海丰清偿剩余款项。

1. 本案的性质。本案是一起涉外船舶买卖纠纷，在性质上属于涉外物权纠纷。

2. 本案的法律适用。本案是涉外物权纠纷，纠纷的标的物又是动产。因此，本案似乎应当遵循"动产物权适用物之所在地法"的一般原则。然而，本案标的物比较特殊，是船舶。由于船舶经常处于运动状态，因此确定其所在地比较困难；同时又因为其要受所属国（船旗国）的管理与控制，且该国比较容易确定。因此船舶物权关系的准据法一般为船旗国法。我国《海商法》第 270 条即规定："船舶所有权的取得、转让和消灭，适用船旗国法律。"

本案争议的标的物"西方公主号"（后来喜多来公司登记该船为"华龙港 2 号"）原是一条废钢铁船，经过喜多来公司的修理后变为一艘适航的油轮。后来喜多来公司在中国境内注册登记该船，从而使该船具有中华人民共和国船籍，中华人民共和国为该船的船旗国。因此，根据《海商法》的相关规定，因该船舶而导致的所有权争议应适用中国的实体法解决。

本案属于物之所在地法的例外情形。本案的关键在于解决船舶物权关系，而解决船舶物权关系不能照搬物之所在地法原则，而是考虑船舶登记国或者船旗国法律。

3. 中根公司是否有权要求海丰清偿剩余款项。由于该船由上海中舟公司进口报关，因此该废钢铁船进口后的占有权和所有权应当属于上海中舟公司。原告主张该船系中根公司委托上海中舟拆船公司进口，中舟公司仅是代理人，船舶所有人仍为中根公司，但没有相关证据证明。可以认定，中根公司在与喜多来公司签订合同时并不享有该船的所有权。

另外，根据我国交通部 1993 年颁布的《老旧船舶管理规定》第 5 条的规定，凡已报废的船舶不准再行转卖用于营运。中根公司和喜多来公司明知道已是报废的旧钢船，却合谋采取先修理后转卖的手段，规避我国对废钢船管理的有关规定，其买卖行为属于以合法形式掩盖非法目的，且违反我国的社会公共利益，因此中根公司与喜多来公司签订的"船舶买卖协议"无效。

综合以上两点可知，中根公司不享有"华龙港 2 号"的所有权，其与喜多来公司签订的合同也归于无效。因此，中根公司请求海丰公司支付剩余款项的主张不成立。

拓展案例

案例一：　　　　　**葛佩琪诉上海康园房地产开发有限公司**
　　　　　　　　　　房屋租赁纠纷案[1]

[基本案情]

　　原告葛佩琪诉称，1996 年初，被告在日本销售由其开发建设的"上海维多利大厦"外销商品房，称凡购买该房的业主可采用按揭形式付款，而被告能以包租形式提供租金保证，且被告与交通银行东京分行达成协议，购房者可由交通银行东京分行提供按揭贷款，被告提供的租金可用来偿还抵押贷款的本息。原告据此与被告签订了《上海市外销商品房预售合同》，购买维多利大厦 A 幢 17 层 D 室，合同约定于 1997 年 1 月 1 日以前交付房屋。1996 年 4 月 16 日双方又签订了《租赁承诺确认书》，约定被告对原告购买的上述房屋作出 7 年的租金保证承诺，承诺于 1997 年 1 月 1 日开始。期间被告每月向原告支付租金 2191.4325 美元，支付日最迟不得超过每月 28 日。租金保证期间，如被告未能代理将房屋出租或代理出租的租金低于保证租金额，被告仍确保向原告实现其所作的保证，期间应向政府支付的有关税费由原告承担，而物业管理费、水、电、通讯费则由被告承担。1996 年 8 月被告取得系争房屋的交付使用许可证，同年 12 月 19 日，原、被告又签订了系争房屋的《房屋出售合同》。1997 年 3 月 24 日原告取得了房屋产权证并由被告予以保管。1997 年 1 月 1 日起，《租赁承诺确认书》开始履行，被告开始每月向交通银行东京分行支付给原告应还贷款 1731.2317 美元（已扣除有关税费）。然而，自 1997 年 7 月起至同年 12 月，因我国有关法规规定外销房屋租赁的税收由每次租金收入的 21% 下降为 10.5%，故被告每月少付原告 10.5% 的租金款，尤其是从 1998 年 3 月起被告停止支付原告租金至今。现要求被告立即支付 1998 年 3 月~7 月的房屋包租租金计 10 957.15 美元，立即付足 1997 年 7 月~12 月的包租租金差额计 1 380.6 美元。因被告的违约行为，自 1998 年 3 月起使原告每月遭受相当于当月被告应付租金额 14.5% 的银行延期付款的赔偿款的直接经济损失，故还要求被告赔偿该部分损失计 394.47 美元。

　　被告上海康园房地产开发有限公司辩称，原告在与被告就维多利大厦系争房屋签订了预售合同后，双方确又签订了《租赁承诺确认书》，依照我国有关房屋租赁的法律规定，出租方出租房屋应在取得该房屋的所有权后始能实施，而原告与

---

　　〔1〕 参见上海市普陀区人民法院（1998）普民初字第 3422 号民事判决书。

被告签订确认书在先，签订出售合同及取得物权标志即产权证在后，因此原告是在无权出租系争房屋的情况下与被告签订确认书的，故该确认书是无效合同。为了管理外销商品房的包租，有关部门于 1997 年 7 月颁布并于同年 10 月 1 日起执行了《上海市新建外销商品房售后包租试行办法》，参照此办法，本租赁确认书既未向有关部门申请登记，又未经我国公证机关公证，因此本确认书不具备法律效力。故不同意原告提出的支付租金的诉讼请求。被告在实际履行合同过程中，是按约定给付租金的，虽然被告的确收到过税率下降的通知，但税务机关仍是按21%征收的，故原告提出缺少 10.5% 的租金是不符合事实的，被告不予认可。实践中被告是将租金汇入原告在东京分行开设的账户，而非以租金来偿还原告的贷款本息，租金和贷款是不同的法律关系，故对原告提出赔偿损失的请求亦不接受。

经查，原、被告间就"上海维多利大厦"外销商品房达成了买卖协议，期间又达成了租赁承诺协议，自 1997 年 7 月起因被告违约未给付原告其承诺应付租金，双方产生纠纷。

法庭审理中，原、被告对双方签订的房屋预售及出售合同中所约定的原告所购房屋坐落位置、房价及房屋交付日期、房屋实际交付情况、产权证取得情况均无异议。被告对原告提交的《上海市外销商品房预售合同》、《上海市外销商品房出售合同》及系争房屋的个人所有产权证明表示认可；原告对被告提交的房屋预售许可证及交付使用许可证亦予以认可。同时，被告对原告提交的《租赁承诺确认书》的真实性亦未表示异议，双方对签订该确认书的情况、确认书中有关出租的具体房屋情况、租金的数额及被告保证支付的承诺、双方的责任分担情况的陈述均系一致。

[法律问题]

1. 本案应当适用哪一国的法律？
2. 关于《租赁承诺确认书》的效力问题如何解决？
3. 被告是否承担赔偿责任？

[重点提示]

本案属于涉外不动产的法律适用问题，涉及不动产物权变更的效力。

案例二：　　　　　　　　凯布雷拉财产转移案[1]

[基本案情]

1906 年，危地马拉共和国总统凯布雷拉在一家伦敦银行存了一笔钱。1919

---

[1]　Republica de Guatemala v Nunez, [1927] 1 K. B. 669, Court of Appeal

年，他把他在该银行的存款作为一份礼物赠送给他的非婚生子纳内齐（住所地在危地马拉）。1920 年，凯布雷拉被废黜并受到监禁。危地马拉共和国在英国法院提起诉讼，请求取得凯布雷拉在那家银行的存款，提出凯布雷拉侵吞了国家的钱财，并认为凯布雷拉把存款赠送给他的非婚生子也是无效的。英国法院所需要解决的问题是凯布雷拉转让财产给被告纳内齐的效力问题。如果英国法院适用英国法，他的转让是有效的。但如果适用危地马拉法则是无效的。因为凯布雷拉转让财产不是按危地马拉规定的形式转让的，并且纳内齐当时不仅没有接受该礼物，而且他是未成年人，不具备相关民事能力。审理该案的法官格里尔适用了危地马拉法，原告胜诉。

［法律问题］

本案没有适用传统的物之所在地法原则，为什么？

［重点提示］

结合行为地法在物权法律关系中的运用考虑本案。

第二节　动产物权

经典案例

案例一：　　　兴利公司、广澳公司与印度国贸公司、
　　　　　巴拉普尔公司、库帕克公司、纳林公司货物所有权争议案[1]

［基本案情］

1985 年 5 月 21 日和 22 日，印度国贸公司分别与马来西亚的巴拉普公司、库帕克公司、纳林公司签订了 4 份购买棕榈油的合同，价格条件 CIF 孟买，由卖方负责保险。同年 6 月 26 日，印度国贸公司与马来西亚橡胶开发有限公司签订了购买 3 级烟花胶片和 20 号标准橡胶合同，价格条件为 CIF 马达拉斯。依据合同的规定，巴拉普尔公司、库帕克公司、纳林公司将 7873 桶（共计 1456.485 吨）棕榈油，以及马来西亚橡胶开发有限公司将印度国贸公司购买的 3 级烟花胶片 500 吨和 20 号标准橡胶 2000 吨，装上巴拿马东方快运公司的货轮"热带皇后"号。同年 7 月 23 日，"热带皇后"号轮离开马来西亚的巴生港驶往印度的马达拉斯，8 月 5 日以后中断了与船代的联系。在"热带皇后"号轮失踪后巴拉

---

〔1〕　参见《最高人民法院公报》1991 年第 1 期。

普尔公司、库帕克公司、纳林公司取得了保险公司的全额赔付，并向保险公司出具了"代位求偿证书"。印度国贸公司只从保险公司得到部分赔付。

1985 年 8 月 25 日，兴利公司、广澳公司与香港利高洋行签订了购买 3 级烟花胶片 300 吨和 20 号橡胶 1460 吨的成交确认书。广澳公司又与利高洋行签订了购买工业用棕榈油 1456 吨的成交确认书。两份成交确认书约定：货物的装船唛头为"塔瓦洛希望"。

1985 年 8 月 29 日，利高洋行通知广澳公司：装载货物的"塔瓦洛希望"号轮已驶抵中国汕头港外水域，让广澳公司办理货物进关手续，并交给广澳公司一张没有日期的发票和两份"货运正本提单"，但未附货物保险单据。两份提单中记载：棕榈油 7873 桶，天然橡胶 1760 吨，装船港台湾高雄，卸货港中国汕头，货物唛头编号为 N/M（即没有唛头）。广澳公司凭此提单接收了从"塔瓦洛希望"号轮上卸下的货物，其中橡胶因无进口许可证，被海关予以监管、存放。

1985 年 9 月，接受印度国贸公司和马来西亚的巴拉普公司、库帕克公司、纳林公司投保的保险公司得知有一艘名为"塔瓦洛希望"号的货轮停在中国的汕头港，并卸下一批棕榈油和橡胶，就此展开调查。保险公司经调查查明广澳公司从"塔瓦洛希望"号轮上卸下棕榈油 7873 桶。该货物包装桶上所标明的名称、毛重、净重、原产地国、供货商名称、生产日期、包装日期、装货港、卸货港以及收货方名称等唛头内容，均与巴拉普尔公司、库帕克公司、纳林公司持有的货运正本记名提单、购销合同书、质量证书所列明的唛头内容一致，而与广澳公司持有的、由利高洋行提供的"货运正本提单"所书写的品名为棕榈油、装船港高雄、卸货港汕头等内容不符。广澳公司从"塔瓦洛希望"号轮上卸下 3 级烟花胶片 318.399 吨和 20 号标准橡胶 1248.7127 吨，其外包装标志与印度国贸公司持有的货运正本记名提单、质量证书所记载的标志相同。还查明，"热带皇后"号轮失踪后，更名为"塔瓦洛希望"号，仍保留巴拿马船籍；"塔瓦洛希望"号轮在 1985 年的任何时间里，都没有在高雄港报过港，因而也就不存在在高雄港卸货的事实。保险公司因此认为"塔瓦洛希望"号轮就是"热带皇后"号轮，从该轮卸下的货物就是上述印度和马来西亚国家公司的丢失的货物。

印度和马来西亚四家公司经多次与广澳公司协商索回货物未果，遂于 1986 年 6 月 28 日以广澳公司为被告向广东省高级人民法院起诉。广东省高级人民法院受理此案后，追加兴利公司为被告，香港利高洋行为第三人。

广东省高级人民法院认为：本案诉讼为货物所有权争议。"塔瓦洛希望"号轮就是更名前的"热带皇后"号轮，该轮在汕头港卸下的货物就是四原告丢失的货物，四原告分别持有本案争议货物的不可转让的正本记名提单，应为争议货物的所有权人，有权就该批货物向占有人及销售人主张所有权。四原告要求二被告返还货物和按净发票值返还已由被告销售的货物款额的请求，应予准许。第三人利高洋行提供伪造提单的手段，出售无权出售的货物，违反了卖方应保证其出售的货物必须是任何第三方不能主张任何权利或要求的国际贸易惯例，其行为应属无效，无权向本案被告索要货物或货款，并应对因其无效行为所发生的货物进口的费用承担主要责任。二被告违反《中华人民共和国进出口货物许可制度暂行条例》的规定，擅自进口橡胶，被告兴利公司违反《工商企业登记管理条例》的规定，超越核定登记的经营范围，非法参与进口贸易所发生的费用亦应承担相应的责任。在"塔瓦洛希望"号轮停泊汕头港期间，广澳公司应利高洋行的请求，为其垫付"塔瓦洛希望"号轮的加油费、船员工资和生活费等费用记 167 800 美元，这一行为违反了只有船东或其代理人才有权委托航运代理代办轮船进港手续和处理船舶内部事务的国际惯例，此款应由被告自行向利高洋行索回。并据此作出相应判决，判决本案争议标的物分别属于各原告所有。

此案判决后，被告兴利公司、广澳公司不服第一审判决，向最高人民法院提出上诉。上诉称：上诉人与被上诉人印度和马来西亚的四家公司之间，不存在直接的法律关系，被上诉人无权以上诉人作为被告追索货物或要求赔偿；四位被上诉人在其货物丢失后，都分别从各自的投保的保险公司获得赔偿，根据保险惯例，不能再以原所有人的名义提起诉讼。上诉人与利高洋行之间的买卖获得，属于正常的国际民间贸易，根据卖方默示担保所有权的原则，上诉人对争议货物拥有完全的所有权。上诉人与利高洋行的货物买卖合同是合法有效的。请求上诉法院将该案发回第一审法院重审或改判，并判令四位被上诉人赔偿因本案造成的上诉人的经济损失。

[法律问题]

1. 本案应当适用物之所在地法还是运输目的地法？为什么？

2. 运送中的动产物权的法律适用问题如何解决？

[参考结论与法理分析]

（一）法院意见

最高人民法院经审理认为：第一审法院确认本案为货物所有权争议，反映了本案争议的实质和主要内容，是正确的。提单是一种物权凭证，提单的持有人就是提单项下货物的所有权人。当提单项下货物被他人占有时，提单的持有人有权对占有人提起确认货物所有权和返还货物之诉。四位被上诉人在货物丢失后，已分别向各自投保的保险公司索赔。其中，马来西亚的三家公司从保险公司得到了全额赔付，并分别向保险公司出具了"代位求偿证书"，根据保险合同适用保险人所在地法律的国际惯例，有关马来西亚三公司的保险问题适用马来西亚的法律。

根据马来西亚的法律规定，货物的所有权仍属投保人。印度国贸公司仅从保险公司得到部分赔付，也有权以自己的名义提起诉讼。因此，被上诉人是第一审合法的原告，占有争议货物的两位上诉人是第一审合法的被告。两位上诉人主张四位被上诉人无权向其追索货物和要求赔偿的上诉理由不能成立。

第一审人民法院根据四位被上诉人提供的货运正本记名提单、购销合同以及质量检验证书上所列的唛头内容和包装标志，在验证争议货物外包装的唛头和包装标志与其相符后，认定持有货运正本记名提单的四位被上诉人就是争议货物的所有权人；由此认定两位上诉人与利高洋行之间的买卖行为无效，利高洋行无权向两位上诉人索要不属于他们的货物，并应对其无效行为所造成的损失负主要责任，一审法院的认定是正确的。上诉人广澳公司违反《中华人民共和国进出口货物许可制度暂行条例》的规定，擅自进口橡胶；上诉人兴利公司违反中华人民共和国国务院发布的《工商企业登记管理条例》的规定，无外贸经营权，非法参与进口橡胶的活动，第一审人民法院认定两位上诉人的违法行为是造成买卖橡胶的成交确认书无效的原因之一，是正确的。

（二）法理分析

本案涉及运送途中的动产物权的法律适用问题，这是物之所在地法适用范围的例外情形。由于某些涉外物权关系具有特殊性，如客体或其所处的状态特殊，或是其主体特殊，因而难以确定物之所在地。因此各国在广泛适用物之所在地法律的同时，都规定了一些例外做法。其中，运送中的动产物品，由于其所在地不断改变而不易确定，因而对与其有关的物权关系难以适用物之所在地法律。即使能够确定运送途中之物的所在地，往往也因为此物仅有偶然或瞬间联系而使物之所在地法律适用起来不合理。当运输工具处于公海或者公空时，对其承载之物适用物之所在地法律规则成为不可能。对于运送中的物品的准据法，理论上有不同的主张，有的主张适用动产所有人的本国法，有的主张适用发运地法，还有的主张适用运送目的地法。从目前各国的立法情况来看，目的地法受到较多的推崇，因为货物一旦离开发运地，便失去了与发运地的实际联系，对在运输中的货物进行处置的行为，要等到运输终了时才会发生实际的效果。

运输中的物品依目的地法也不是绝对的，在下列情况下，还应回到物之所在地法原则上去：①当运送中的物品长期滞留某地时，对该物品的买卖、抵押等应适用物品的所在地法律；②当代表运送物品的所有权凭证在交易所成交而发生物权的转移时，应适用交易所在地法律；③当运送途中的物品经过某国时，若该国有关当局依主张权利的第三人的请求对货物予以扣押及处置，应适用物品的现实所在地法律。本案属于第三种情况。如案情所示，本案的争讼对象是棕榈油和橡胶，涉案货物运送到我国汕头港以后，因单证不全，缺少进口手续，被汕头海关予以监管、存放，而且有第三人在货物所在地主张货权，因此，根据前面的分析，尽管货物属于运送之中，但此案应适用货物滞留地和货物扣押地法律，即中华人民共和国法律。[1]

案例二： 塞浦路斯希腊东正教自治教堂诉金博格案
(Autocephalous Greek – Orthodox Church of Cyprus v. Goldberg)[2]

[基本案情]

本案涉及公元六世纪的四片拜占庭风式马赛克的所有权归属问题。一直以来，四片马赛克始终由 Autocephalous Greek – Orthodox Church of Cyprus（以下简称教堂）所有。直到 1974 年，教堂遭到土耳其军队的入侵，而四片马赛克也被偷偷运出。之后，马赛克被走私至德国。几年以后，由被告（Goldberg）在瑞士买入。后经瑞士日内瓦转运至被告家乡——印第安纳州。1979 年，教堂及塞浦路斯共和国发现马赛克失窃。而在 1988 年 7 月，被告获得了马赛克。教堂及塞浦路斯政府也在同年晚些时候发现马赛克为被告所占有，随即要求返还，但遭到拒绝。因而，原告于 1989 年对被告提起诉讼，要求返还马赛克。被告声称其对四片马赛克系盗窃物毫不知情且属善意取得，因此其应获得该物所有权。而法院在综合考虑本案相关证据后认为，马赛克之所有权应归属于原告。

[法律问题]

1. 本案所有权问题如何解决？

2. 如何确定本案的诉讼时效？

3. 如何解决本案的法律适用问题？

[参考结论与法理分析]

（一）法院意见

法院认为，马赛克所有权应归属于原告。

本案涉及三个问题：①马赛克所有权的问题；②诉讼时效的问题；③法律适用问题。

1. 所有权的问题。根据印第安纳州法，盗窃者对盗窃物并不享有所有权。因此，盗窃者也无法将盗窃物的"所有权"转移给之后的购买者。而在本案中，马赛克是从教堂中被盗出，因而被告也就无法获得马赛克的所有权。有鉴于此，

---

〔1〕 赵相林主编：《国际私法案例评析》，中信出版社 2006 年版，第 138 页。

〔2〕 United States District Court, S. D. Indiana, 1989. 717 F. Supp. 1374, Aff'd. , 917 F. 2d 278（7th Cir. 1990）.

也就没有必要考虑被告所称的"善意"或"审慎义务"之情形了。而即使考虑到瑞士法的规定，盗窃者也只有在特定情形下才可将盗窃物及其所有权转移给善意购买人。而此种情形下，要求购买人应尽诚实以及审慎的义务，尽可能对出卖人的权利状况进行考察。而在本案中，被告并没有对出卖人的权利来源等问题进行合理地考察。因此，被告也无法作为"善意"的购买人。无论根据印第安纳州法，还是瑞士法的规定，被告都无法获得马赛克的所有权。而原告作为马赛克的原始及合法所有人，有权要求返还马赛克。马赛克对于教堂以及塞浦路斯而言，具有极高的宗教、艺术以及文化价值。因此，法院判令将马赛克的所有权归原告。

2. 诉讼时效问题。在印第安纳州，时效问题被视为程序问题，而该州冲突法又规定时效问题适用法院地法，即印第安纳州法。该州法律规定的诉讼时效为 6 年。被告宣称，盗窃物返还请求权于 1979 年教堂及塞浦路斯共和国发现该文物失窃之时起业已发生。原告在 1989 年起诉，业已超过诉讼时效。而印第安那州地方法院则认为，根据本州法律规定，并结合本案来看，教堂及塞浦路斯政府在经过审慎调查后，才发现马赛克的所有权为被告所有（此时为 1988 年），诉讼时效才开始起算。因此，原告起诉并未违反诉讼时效的规定。

3. 法律适用问题。法院认为，本案适用的法律应是与本案有更密切联系的印第安纳州法，而不是仅作为标的物转卖地的瑞士法。从印第安纳州法律以及相关判例来看，印第安纳州一直以来在侵权领域奉行的"侵权行为地法"原则已经发生改变。尤其在 Hubbard 案[1]中，法庭采纳了"最密切联系"原则，并就实体法的适用问题提出了一个"两步式"的分析法。

第一步是要考虑侵权行为地与法律事实本身的联系。只有当此种联系足够"重要"时，才可适用侵权行为地法。就本案而言，侵权行为地是瑞士。被告正是在此地占有并支配马赛克。然而，瑞士却与本案原告的请求权（诉因）并无很重要的联系。而且原、被告以及马赛克销售过程中所涉人员也都不是瑞士公民，也并没有瑞士公民在此销售过程中获益。同时，马赛克也并没有进入瑞士的本地市场。同时，被告也声称有关马赛克买卖的资金流转主要是由印第安纳

---

〔1〕　印第安纳州法院没有关于在财产返还之诉中讨论冲突法规则的先例。然而，Hubbard 诉 Barber 案在表明印第安纳州高等法院向印第安纳传统的行为地法转变中扮演着重要的角色。这些转变清晰地表明印第安纳在法律选择方法上转向采取最密切联系的分析方法。（引用）因此，法庭认为，这种分析方法为类似的这种财产返还之诉的法律问题的解决提供了合适的分析框架。而且，法庭还指出，由于这种转变，类似的引起财产返还之诉的行为是一种侵权，因此基于法律选择的目的而适用 Hubbard 案中的最密切联系的分析方法。事实上，这种基于最密切联系的方法进行的分析的转变，将对法院使用最密切联系方法分析财产返还之诉并作出判决提供更好的途径。

波利斯商业银行进行，与瑞士银行关系不大。而涉及马赛克交易事项的主要谈判地也不在瑞士，而是在荷兰。基于上述原因，法庭认为瑞士虽然作为侵权行为地，但与本案的联系并不重要。

第二步是确定具有更重要联系地的法律，为此应当考虑以下因素：①导致损害发生的行为地；②当事人的营业地；③法律关系集中地。在本案中，被告 Goldberg 是印第安纳州公民，而被告 "Goldberg 及 Feldman 艺术品公司" 的主营业地也在该州。此外，马赛克的购买是由该州交易商 Fitzgerald 大力推动，用于购买马赛克的资金也是由该州银行提供贷款并作担保。多名该州公民及企业与本案相关，且该州几位公民之间也有在发生争议时适用该州法律的协议。同时，自 1988 年起，马赛克也一直位于该州。综上所述，该州在本案中作为 "最密切联系地"，其法律应予适用。

（二）法理分析

物之所在地法对于不动产而言，具有确定性及可预见性的优点。然而，对于动产而言，却具有很大的局限性，我们不得不考虑动产移转往往十分频繁。我们在根据 "物之所在地法" 原则进行法律适用时，必然要面临 "所在地" 的 "冲突"。

如果严格适用动产最初所在地的法律，可能会侵害转移之后动产所在地的当事人的合法利益，反之亦然，因此，两个所在地法发生冲突时，必须考虑每个所在地的相关利益。

就本案而言，印第安纳州法院认为，瑞士与本案的联系是 "最小的"，而该州法律与本案的联系是 "最重要" 的。这一点十分明显。然而，我们是否应当考虑动产最初所在地塞浦路斯法的适用呢？一方面，适用塞浦路斯法可能更有利于保护原告利益；另一方面，马赛克曾在塞浦路斯保存了 14 个世纪。两相比较，印第安纳州的法律与本案的联系是否又是 "更重要" 呢？换言之，如何评判案件与所适用法律之间联系的重要性还应进一步探讨。[1]

案例三：　　斯文·沃勒普与阿伦德娱乐科技有限公司
财产权属纠纷案[2]

[基本案情]

德国人沃勒普与德国南方公司于 1998 年 4 月 30 日签订了租购 "摇摇乐"

---

〔1〕　Symeon C. Symeonides, Wendy Collins Perdue, Arthur T. Von Mchren:《Conflict of Laws: American, Comparative, International Cases and Materials》, 2nd Ed, pp. 390 ~ 398.

〔2〕　江苏省高级人民法院（2008）苏民三终字第 0059 号民事判决书。

移动游艺设备合同。2004 年 1 月，沃勒普将该设备运到中国，并与香港天群公司签订租赁经营协议，约定将包括"摇摇乐"设备在内的整单设备租给天群公司在中国巡演 25 场，天群公司支付 10 万欧元的租金。沃勒普与天群公司之间的租赁协议约定适用香港法律，并且"任何一方可将争议提交香港国际仲裁中心进行仲裁"。

由于沃勒普延误支付南方公司租金，南方公司宣布其与沃勒普的租购合同于 2004 年 10 月 11 日起作废，并于 2005 年 6 月 1 日与德国阿伦德公司签订买卖合同，约定阿伦德公司以 60 000 欧元的价格，购买南方公司与斯文·沃勒普所签租购合同项下的"摇摇乐"设备，并约定南方公司以让与返还请求权给阿伦德公司的方式，代替交付。阿伦德公司与南方公司在购买合同中明确约定适用德国法律。阿伦德公司于 2005 年 10 月 7 日、2005 年 10 月 11 日分两次支付南方公司 69 600 欧元。阿伦德公司依据购买合同要求沃勒普移交该设备所有权，沃勒普拒不交付。而天群公司在阿伦德公司不知情的情况下将包括"摇摇乐"设备在内的暂时进口整单货物转关至温州，被该海关扣押。阿伦德公司请求法院依据德国法律，判令沃勒普停止侵权，将"摇摇乐"设备返还阿伦德公司，并赔偿经济损失 6 万元人民币；同时请求判令第三人香港天群公司协助完成海关转关等手续。

第三人天群公司辩称：其与沃勒普之间存在租赁经营协议，因此在 25 场巡演未结束前，天群公司有权占有"摇摇乐"设备。而且阿伦德公司在购买该设备时已知晓其在中国，因此其无权要求天群公司返还。另外，根据中国海关法的规定，海关监管货物的买卖必须经过海关的同意，因此阿伦德公司尚未实际取得该设备的所有权，其并不享有返还请求权，且天群公司亦无义务协助海关办理转关手续。

[法律问题]

1. 本案应当如何定性？

2. 本案中，所争议的动产位于我国境内，根据动产物权适用物之所在地法原则，有关"摇摇乐"设备的物权问题本应该适用我国法律，但法院适用了德国民法典的规定，为什么？

3. 假如本案发生在《法律适用法》颁布之后，动产物权能否由当事人协议选择准据法？

[参考结论与法理分析]

（一）法院意见

一审判决：本案系涉外案件，应首先确定准据法的适用。本案实为返还财产纠纷，系侵权法律关系。《中华人民共和国民法通则》第 146 条规定：侵权行为的损害赔偿，适用侵权行为地法律。当事人双方国籍相同或者在同一国家有住所的，也可以适用当事人本国法律或住所地法律。本案阿伦德公司系德国法人，斯文·沃勒普亦系德国自然人，而且本案主要法律关系均发生在德国，就侵权法律关系的审理适用德国法律比适用侵权行为地中国内地法律更为便利，故本案就侵权法律关系的审理适用德国法律。然而确定斯文·沃勒普是否应该返还"摇摇乐"设备的前提，是确认阿伦德公司对该设备的所有权。阿伦德公司主张其享有所有权的依据是其与南方公司签订的购买合同，故认定该事实必须审查购买合同的法律效力，这属于合同法律关系的范畴。《中华人民共和国民法通则》第 145 条规定："涉外合同的当事人可以选择处理合同争议所适用的法律，法律另有规定的除外。涉外合同当事人没有选择的，适用与合同有最密切联系的国家的法律。"阿伦德公司与南方公司在购买合同中明确约定适用德国法律，故对合同关系的审理应适用德国法律。至于天群公司是否应协助完成海关转关手续，属侵权法律关系范畴，应该适用侵权行为地即中国内地法律。

沃勒普应当向阿伦德公司返还"摇摇乐"设备。理由是：依法成立的合同受法律保护。南方公司与斯文·沃勒普签订的租购合同、南方公司与阿伦德公司签订的买卖合同均约定适用德国法律。

根据《德国民法典》第 323 条的规定，在斯文·沃勒普迟延支付租金的情形下，其已违反合同基本义务，南方公司作为出租人通知其租购合同终止，符合德国法律规定。作为合同解除的法律后果，沃勒普应当向南方公司返还租赁物。同时，《德国民法典》第 433 条（2）规定，买受人有义务向出卖人支付约定的买卖价款，并受取所买的物。该法第 931 条亦规定，第三人正在占有物的，可以以所有人将物的返还请求权让与给取得人的方式，代替交付。因此，阿伦德公司在支付合同约定的价款后，即取得受领"摇摇乐"设备的权利。由于南方公司与阿伦德公司在合同中明确，南方公司将其对"摇摇乐"设备的所有权及对占有人的返还请求权让与给阿伦德公司，代替其交付，故阿伦德公司依据德国法律取得了对"摇摇乐"设备的所有权及对斯文·沃勒普的返还请求权。

天群公司提出因阿伦德公司与南方公司签订的买卖合同的标的物在中国海关的监管下，对该合同效力的审查，还应适用中国海关法。一审法院认为，中国海关法关于海关监管物不得进行转让的规定，其立法意图在于对海关关税的保全，而不是对外国人依据其本国法签订的买卖合同效力的限制，故对合同关系的审查仅适用德国法律即可。中国海关法的相关规定，对于临时进境的货物如案涉"摇摇乐"设备在其内国约定的所有权的转移并无影响，且德国法律允许以让与返还请求权的方式，代替交付，故在阿伦德公司与南方公司所签购买合同依德国法发生法律效力之时，阿伦德公司即取得了支付对价而获取返还请求权的权利。

《德国民法典》第 985 条规定，所有人可以向占有人请求返还，因此阿伦德公司作为所有人有权向占有人斯文·沃勒普请求返还"摇摇乐"设备，而斯文·沃勒普在不存在该法第986条"占有人的抗辩"的情形下，必须向阿伦德公司返还占有。至于阿伦德公司请求沃勒普赔偿其经济损失6万元人民币，因其未提供相应事实与法律依据，而仅主张依据商业惯例，法院不予支持。

至于天群公司是否应当协助完成海关转关等手续，一审法院认为，天群公司以其与斯文·沃勒普存在租赁协议为由，主张对"摇摇乐"设备的占有，因此天群公司是否应返还占有，或者如阿伦德公司所述在其将设备转关至温州海关，已丧失实际占有的情况下，是否应当协助阿伦德公司转关，关键在于租赁经营协议的效力。但由于该租赁经营协议中约定有仲裁条款，"任何一方可将争议提交香港国际仲裁中心仲裁"，故一审法院对该仲裁协议的审查并无管辖权，因此对天群公司是否应当协助完成海关转关等手续，不作认定。

综上，一审法院认为，阿伦德公司依据其与南方公司的购买合同，取得了对诉争"摇摇乐"设备的所有权及返还请求权，斯文·沃勒普在不存在占有人的抗辩的情形下，必须返还"摇摇乐"设备。据此，依照《中华人民共和国民事诉讼法》和《德国民法典》有关条文判决沃勒普向阿伦德公司返还"摇摇乐"设备。斯文·沃勒普不服一审判决，向江苏省高院上诉。二审判决认为，一审判决确定阿伦德公司与斯文·沃勒普之间的侵权法律关系、南方公司与阿伦德公司之间合同法律关系均适用德国法是正确的。驳回上诉，维持原判决。

（二）法理分析

本案主要涉及下列三个问题：①本案如何定性；②动产物权是否应当适用德国法；③动产物权能否由当事人协议选择准据法。

1. 本案如何定性。《中华人民共和国民法通则》第146条规定："侵权行为的损害赔偿，适用侵权行为地法律。当事人双方国籍相同或者在同一国家有住所的，也可以适用当事人本国法律或住所地法律。"本案中阿伦德公司系德国法人，斯文·沃勒普亦系德国自然人，而且本案主要法律关系均发生在德国，就侵权法律关系的审理适用双方当事人的共同属人法，德国法律比适用侵权行为地中国内地法律更为便利，故本案就侵权法律关系的审理适用德国法律。此外，本案另一争议焦点是所涉"摇摇乐"设备的归属。因此，本案属于动产物权的确权问题。

2. 动产物权是否适用德国法。该案发生在《法律适用法》颁布之前，由于当时我国法律对动产物权的法律适用没有规定，但根据司法实践，物之所在地法原则是解决涉外物权法律冲突的基本准则，依照物之所在地法原则，本案物权争议所应适用的法律是我国《物权法》。本案中，所争议的动产位于我国境内，根据动产物权适用物之所在地法原则，有关"摇摇乐"设备的物权问题本应该适用我国法律。但法院适用了德国民法典的规定，虽然判决结果并没有错误，但法律的适用却值得商榷。

3. 动产物权能否由当事人协议选择准据法。假如本案发生在《法律适用法》颁布之后，能否依据《法律适用法》第 37 条适用当事人选择的法律？《法律适用法》第 37 条规定："当事人可以协议选择动产物权适用的法律。当事人没有选择的，适用法律事实发生时动产所在地法律。"这一条款在动产物权法律适用领域引入了当事人意思自治原则，但是当事人之间的协议只能在动产买卖合同当事人之间有效，不能对抗第三人。本案中，阿伦德公司与南方公司签订的买卖合同约定适用德国法律，他们之间关于物权转移的约定也可以适用德国法律，但不能对抗合同第三人沃勒普和天群公司。沃勒普和天群公司根据租赁合同享有的占有、使用、收益等其他物权仍应根据物之所在地法得到保护。

拓展案例

案例一：　陆承业等诉张淑霞分割受益人确定的出国劳务人员
在国外获得的死亡保险赔偿金案[1]

[基本案情]

陆启春系出国劳工人员，被派往美国关岛工作。雇主为其投保了雇主责任险。后陆启春因工伤死亡，留有遗产若干，未留遗嘱。另有 4 万美元保险赔偿金，美国保险公司按美国法律规定汇给死者妻子张淑霞。张淑霞自愿捐赠 2 万美元给市建一公司，市建一公司接受了赠与，双方办理了公证手续。陆启春父母陆承业、蔡相女向南京市鼓楼区人民法院起诉，要求继承陆启春遗产，分割 4 万美元保险赔偿金。

[法律问题]

1. 本案涉及何种物权法律关系？

2. 按照《涉外民事关系法律适用法》的规定，本案应适用何地法律解决？

[重点提示]

对于不动产而言，其所在地不会发生变动。但是对于动产，由于其所在地可能发生变动，从而使物之所在地法律也会随之变动，此时会产生到底适用什么时间的所在地法律的问题。本案中，由于涉案的保险赔偿金是在美国关岛获得，随后被汇到中国境内，因此该笔保险金的物之所在地发生了变动，由此提出一个问题：物权应当适用何时的物之所在地法律？

---

〔1〕　参见江苏省南京市中级人民法院（1997）宁民再终字第 3 号民事判决书。

案例二：　　　　　　　　　　霍普尔诉古姆案[1]

［基本案情］

某甲在美国建造了一些船舶，经过登记注册，他把它们抵押给自己的债权人霍普尔，并且在国籍证书上背书注明该项抵押，然后把船舶送到英国出卖。后因背书有碍船舶在英国拍卖，甲和霍普尔协商议定，以后抵押权不再在证书上以背书载明。随后，甲把其中的一条船舶没有背书而抵押给霍普尔，并送到英国。按照有关美国法，霍普尔取得了有效的权利。该船在英国被甲卖给古姆。霍普尔在英国法院向古姆提起诉讼，主张该船转让给古姆无效。1867 年，英国法院审理该案时认为，该船的所有权转让给古姆是否有效，是一个应由新的物之所在地（英国）法决定的问题。而根据英国的国内法，该船的所有权是可以不顾霍普尔的抵押权而有效地转移给古姆的。最后，法院适用了新的物之所在地法，即英国法处理了该案。

［法律问题］

1. 当作为诉讼标的的船舶在美国时，以该船为标的而发生的抵押关系应依何国法？

2. 当该船到达英国后，以该船为标的而发生的买卖关系又应依何国法？

3. 船舶出卖给古姆的效果若依行为地法，该案的判决结果是否会有变化？

［重点提示］

思考物之所在地发生了变化的动产该如何适用法律。

第三节　国有化问题

经典案例

意大利 AGIP 公司诉刚果人民共和国案[2]

［基本案情］

1962 年，意大利 AGIP 公司依据刚果法律在刚果设立布拉公司，该公司主要从事石油产品的销售经营。1974 年 1 月，刚果政府依该国有关法令对石油产品销售

---

〔1〕　杜新丽主编：《国际私法教学案例》，中国政法大学出版社 1999 年版，第 80 ~ 81 页。

〔2〕　赵一民主编：《国际私法案例教程》，知识产权出版社 2005 年版，第 84 页。

行为实行国有化。依据此前 AGIP 公司与刚果政府达成的一项协议，布拉公司作为例外不在国有化之列。该协议规定，AGIP 公司将布拉公司 50% 的股份转让给刚果政府，后者同意保留布拉公司私法上有限责任公司的地位。刚果政府在协议中还作了将为布拉公司融资提供部分担保，以及有关确保布拉公司销售份额等多项承诺。协议还规定，对由该规定的适用或解释所产生的任何争议，应依刚果人民共和国已经批准的《解决国家与他国国民之间投资争端公约》的规定组成仲裁庭予以解决，适用的法律应为刚果的法律，必要时以国际法原则作为补充适用。

由于刚果政府未履行其在协议中的所作的部分承诺，布拉公司因而难以经营。1975 年 4 月，刚果政府宣布对布拉公司实行国有化，理由是：该公司停止经营活动严重损害了作为公司股东的刚果的国家利益。刚果政府同时还宣布国有化法令不产生任何要求补偿的权利。后来，刚果政府通过发布新的法令同意给予补偿。AGIP 公司对此表示不满，遂在《解决国家与他国国民之间投资争端公约》中规定的常设机构提起仲裁，要求刚果政府赔偿 AGIP 公司所遭受的全部损失。

[法律问题]

1. 刚果政府对布拉公司实行国有化是否合法？为什么？

2. 国际社会在国有化补偿问题方面的理论和实践如何？

[参考结论与法理分析]

（一）法院意见

仲裁庭经过审理认为，刚果政府对布拉公司实行国有化违反了该政府与 AGIP 公司所订协议有关条款，这种违反协议的行为，按照刚果的法律并参照国际法，是不合法、不正当的行为，因而应视为无效，故裁决刚果政府败诉，由其承担全部补偿 AGIP 公司实际所受损失的责任。

（二）法理分析

本案涉及的是国有化问题。国有化是指主权国家或政府依据本国法律，将某些属于私人（包括外国法人和自然人）所有的财产和权利收归国有，由国家或它的机构加以控制和使用并予以一定补偿的一种法律措施。国有化的国际私法问题主要集中在两个方面：①一国国有化法律或法令的效力能否及于该国境内属于外国法人或自然人所有的财产；②该国国有化法律或法令能否及于为该国法人或自然人所有但位于外国的财产。这两方面所涉及的就是国有化法律、法令的域内与域外效力问题。

关于国有化法律、法令对外国人在本国境内财产的效力，原来各国依习惯国际法上禁止征收外国人财产的规则，拒绝承认。但近年来，由于国家主权原则和属地优越权原则受到广泛尊重，各国一般倾向承认内国国有化法律、法令对位于其境内的外国人的财产的效力。但同时各国也认为，国家实施国有化的权利，不是完全的和绝对的，需要受到某些限制，即实施国有化的几个条件：①以公共利益为目的；②实行不歧视待遇；③一些西方学者还提出第三个条件，即给予外国人公正的补偿，而发展中国家一直反对这个条件。

关于对境内外国人的财产被国有化是否给以补偿的问题，各国的做法有所不同，归纳起来大致有三种：①不予补偿；②给予"充分、有效、及时"的补偿；③给予"适当、合理"的补偿。对外国人的财产实行国有化而不给予补偿，在一定程度上不符合争议的要求；而要求给予"充分、有效、及时"的补偿也不符合公认的国际法原则。国际法的历史发展表明，传统的"充分、有效、及时"的补偿标准正逐渐被"适当、合理"的补偿标准所代替。

关于国有化法律、法令对该国法人或自然人的位于外国的财产的效力，一般认为分为两种情况：①没有补偿的没收。西方学者认为这种国有化具有刑罚性质，因而其法律、法令只有域内效力，对位于外国的财产不产生效力；②有补偿的征用。西方学者认为有补偿就属于民事行为，因而实施这种国有化的法律、法令具有域外效力。

在本案中，由于刚果政府未履行其与意大利 AGIP 公司所签协议中所作的部分承诺，导致布拉公司难以经营，而其后又以布拉公司停止经营活动损害了作为公司股东的刚果国家利益为由，对布拉公司实行国有化，并且拒绝任何形式的补偿。在这一过程，明显可以看出刚果政府实行对布拉公司国有化的不法性和不正当性。①刚果政府已经通过协议的方式确认不对布拉公司实行国有化，后来又违反承诺对布拉公司实行国有化，这就使该国有化行为从一开始就不具合法性。②刚果政府对布拉公司实行国有化也缺乏合理根据。布拉公司之所以会出现难以经营的情况，很大程度上是由于刚果政府不完全履行承诺造成的，所以刚果政府以一个由自己本身造成的情况为理由对该公司实行国有化，缺乏合理因素。③该国有化行为也不符合公认的实施国有化的条件。在实行该行为时，刚果政府明显对意大利 AGIP 公司实行歧视待遇，且没有对 AGIP 公司给予补偿。

综上，刚果政府对布拉公司的国有化行为是不合法、不正当的，应被视为无效。刚果政府应承担补偿意大利 AGIP 公司实际所受全部损失的责任。

拓展案例

佩弗诉匈牙利人民共和国案

[基本案情]

一家银行欠原告佩弗一笔钱，原匈牙利信贷总银行为该银行的债务担保人。

后来，匈牙利人民共和国对匈牙利信贷总银行实行了国有化。于是，原告在意大利罗马法院向匈牙利人民共和国提起诉讼，请求原匈牙利信贷总银行偿还所担保的欠款。原告声称，由于匈牙利人民共和国对匈牙利信贷总银行实行了国有化，后者作为一个独立的实体已不复存在，前者已取代后者，因此前者有责任代替后者偿还债务。在第一审中，匈牙利人民共和国到庭抗辩，主张意大利法院对匈牙利国家没有管辖权。意大利法院确认了该抗辩，驳回原告的诉讼请求。原告不服，上诉到意大利最高上诉法院，请求撤销下级法院的裁决。

在上诉中，原告进一步声称，匈牙利人民共和国对匈牙利信贷总银行实行国有化，并不是行使主权职能，这种措施是私法性质的。因此，匈牙利人民共和国不享受意大利法院的管辖豁免。

意大利最高上诉法院认为，原告上诉理由没有法律依据。该法院判决指出，众所周知，对从外国国家以国际法主体资格而从事的活动中产生的关系，以及有关它充当主权权力的掌握者的关系，不能用国内法加以调整。来源于尊重外国国家和外国独立自主原则的国际法规则的要求。根据意大利《宪法》第10条，意大利法符合这一规则。意大利法院认为，外国国家不能被诉，应对之实施管辖豁免。另一方面，如果外国国家已经和对方结成私法性质的关系，从事私法性质的活动，意大利法院则可以对该外国国家行使管辖权。在本案中，运用上述原则，下级法院的裁决是正确的。匈牙利人民共和国根据对本国银行实行国有化的规定，成为匈牙利信贷总银行的继承者并取而代之，这即是行使主权职能。虽然上诉人和匈牙利人民共和国之间法律关系肯定是私法性质的，但上诉人和匈牙利人民共和国之间的关系肯定不是私法性质的。匈牙利人民共和国接替原来的债务人，是通过行使主权行为来实现的。如果这种接替是通过私法行为实现的，例如将一项财产转让给该国家，而该国家不是靠行使主权权力取得的，那么，在这种情况下，就没有理由认为该国家享有管辖豁免。然而，在本案中，我们面临的情况是，匈牙利为了公共利益，按照它所推行的政策，对银行实行了国有化。这是与上述假设的情况不同的。按照上诉人的观点，匈牙利的国有化法律的效力和范围不在讨论之列，这是站不住脚的。因此，该法院判决意大利法院对匈牙利共和国没有管辖权。

[法律问题]

1. 意大利法院对匈牙利人民共和国对银行实行的国有化措施予以承认的依据是什么？

2. 你认为匈牙利人民共和国接替原来的债务人，是私法性质的行为还是主权行为？

3. 意大利法院承认匈牙利人民共和国享有管辖豁免，是从"限制豁免"的角度还是"绝对豁免"的角度出发?

[**重点提示**]

　　分析本案应当注意以下几点:①国有化是国家对属于私人所有的财产采取的收归国有的强制性措施。实行国有化属于国家的主权权利,外国国家从尊重别国的主权原则出发,应该承认这种法律措施的效力;②该案例不仅涉及国有化问题,而且还涉及国家及财产豁免权问题。

第八章

知识产权的法律适用

知识概要

　　知识产权（intellectual property）是指基于智力的创造性活动而产生的权利，又称无形财产权、智慧产权。它是个人或组织对其在科学、技术、文学、艺术等领域内创造的精神财富或智力成果享有的专有权或独占权。知识产权分为工业产权（cindustrial property）和著作权（copyright），其中工业产权又包括专利权（patent）和商标权（trade mark）。作为一种法定的无形财产权，知识产权具有时间性、地域性和独占性等特点，这也是它与有形财产权的显著区别。知识产权的这些特点，尤其是其严格的地域性，使得根据一国法律获得承认和保护的知识产权一般只在该国领域内发生法律效力，而不会发生法律冲突。因此，传统国际私法通常不讨论知识产权的法律适用问题。

　　国际社会保护知识产权的努力始于19世纪，从那时起，各国开始签订各种双边、多边、地区性以及全球性的国际条约来保护知识产权不受侵犯。二战结束后，知识产权的国际保护进一步得到加强。随着一系列知识产权国际条约的签订，知识产权的保护从一国范围扩及到他国领域，这就从不同角度动摇了知识产权的属地性，从而使知识产权的法律冲突问题逐渐显现出来。因此，20世纪50年代以后，许多国家新颁布的国际私法开始规定知识产权的法律适用规则。

一、专利权的法律适用

　　专利权，是指一国专利主管部门根据该国法律规定，授予发明创造人或合法申请人对某项发明创造在法定期限内所享有的一种独占权或专有权。各国专利权法律冲突主要表现在客体、授予条件、申请原则、审查制度和保护期限等方面。解决专利权的相关法律冲突的法律适用原则包括：①专利权的成立、内容和效力，适用专利申请地法；②专利权的保护，适用专利权原始国法；③专利权的保护，适用专利证发出国或专利申请地法；④专利权的创立、内容和消灭，适用权利行为或侵权行为发生地法。

二、商标权的法律适用

商标权是商标所有人对法律确认并给予保护的商标所享有的权利，主要包括商标专用权、商标续展权、商标转让权、商标许可使用权等。商标权法律冲突主要表现在获取原则、使用规定和保护期限等方面。目前，解决商标权的相关法律冲突的法律适用原则包括：①商标权的成立、内容和效力，适用商标注册地法；②商标权的成立、内容和效力，适用商标先使用地法；③商标权的保护，适用商标注册证发出国或商标申请地法；④商标权的成立内容和消灭，适用实施权利地法或侵权行为地法。

三、著作权的法律适用

著作权又称版权，是指作者及其他著作权人依著作权法对文学、艺术和科学作品所享有的各项权利。著作权跨国保护的法律冲突主要表现在客体、内容、内容的限制和保护期限等方面。目前解决著作权的相关法律冲突的法律适用原则包括：①著作权的成立、内容和范围，适用最初发表地法；②未发表的作品的著作权，适用作者的属人法；③著作权的创立、内容和消灭，适用实施权利的行为或侵权行为地法；④著作权的保护，适用被请求保护国法；⑤著作权合同适用合同准据法。

四、知识产权的国际保护

知识产权由于有严格的地域性，权利人要想获得国际保护，必须到有关国家逐个申请。此外，由于各国知识产权保护水平有高有低，权利人的利益不能得到切实有效的保护。随着科学技术的不断进步和国际经济交往的日益扩大，知识产品的国际市场在逐步形成，这就更需要建立相应的知识产权国际保护的制度。

国际社会早在 19 世纪末就开始注意知识产权国际保护的工作。目前，保护知识产权的国际条约主要有《保护工业产权巴黎公约》、《伯尔尼公约》、《世界版权公约》、《保护录音制品制作者防止未经许可复制其制品公约》、《与贸易有关的知识产权协议》（简称 TRIPS 协议）。

五、我国关于知识产权法律适用的规定

在全球国际化的背景下，关于专利权、商标权与著作权的归属与内容发生跨国争议，已愈加常见，我国《涉外民事关系法律适用法》就此类争议问题作了专门的规定，该法第 48 条规定："知识产权的归属和内容，适用被请求保护地法律"。第 49 条规定："当事人可以协议选择知识产权转让和许可适用的法律。当事人没有选择的，适用本法对合同的有关规定"。第 50 条规定："知识产权的侵权责任，适用被请求保护地法律，当事人也可以在侵权行为发生后协议

选择适用法院地法律。"

需要指出的是，我国关于涉外知识产权案件的立法采取的是"整体法"的体例安排，即将三类知识产权的法律冲突的法律适用问题统一规定于"知识产权"的条款中，这样做，既保证了与有关知识产权的法律适用规则的完整性，又不影响每个单独条款发挥功效。

第一节　专利权

经典案例

案例一：　FF. 西里·诺明西斯有限公司诉中国湘潭喜尔电器 有限公司等侵犯专利权案[1]

原告为 FF. 西里·诺明西斯有限公司（英文名称 FF Seeley Nominnees Pty Ltd.），住所地为澳大利亚联邦南澳大利亚州。被告为湘潭喜尔电器有限公司，住所地为中华人民共和国湖南省湘潭市。另一被告为北京京客隆超市连锁有限公司，住所地为中华人民共和国北京市朝阳区。

原告是名称为"蒸发式可移动空气冷却器"中国外观设计专利（专利号97329537.6）的专利权人。2003 年 9 月 1 日，原告在被告京客隆公司经营的北京京源商场，以人民币 998 元的价格购买了一台外包装及机体均注明生产者为被告喜尔公司的"喜尔 XIER"冷暖蒸发空调机（空气调节扇 XE－01B 型），并取得了被告京客隆公司开具的销售发票一张。原告认为二被告的生产、销售行为并未征得其许可，已构成对其专利权的侵犯，故诉至法院。

2004 年 5 月 24 日（答辩期内），被告喜尔公司向国家知识产权局专利复审委员会提出宣告涉案外观设计专利的专利权无效的申请并被受理。被告喜尔公司认为在原告申请日前，已有西雷公司的"喜来尔"产品在市场上公开销售，而该产品与涉外案件外观设计专利完全相同，故涉案外观设计专利不符合《中华人民共和国专利法》第 23 条中关于新颖性的规定，应属无效，本案应终止诉讼。

[法律问题]

1. 如何理解知识产权的地域性？

---

〔1〕　参见北京市第二中级人民法院（2004）二中民初字第 5002 号民事判决书。

2. 如何解决与专利权有关的法律冲突问题？

[**参考结论与法理分析**]

（一）法院意见

法院认为，原告作为外国公司，依照我国专利法的规定，在我国申请并获得的涉案外观设计的专利权，应根据我国法律受到保护。被告喜尔公司虽然在答辩期内提出了宣告涉案外观设计专利权无效的请求并被国家知识产权局专利复审委员会受理，但其理由并不充分，故法院对其要求终止诉讼的主张及请求不予支持，并判定被告侵权成立。我国专利法规定，为生产经营目的销售不知道是未经专利权人许可而制造并销售的专利产品，能证明有合法来源的，不承担赔偿责任。因此被告京客隆公司销售涉案被控侵权产品属来源合法，故该被告除应停止销售外，不承担赔偿责任。

（二）法理分析

本案是一起涉外专利权（外观设计）侵权纠纷案。

知识产权不同于一般的财产权，知识产权具有独占性、地域性和时间性的特点，其中专利权是最能体现知识产权地域性特征的。《保护文学和艺术作品伯尔尼公约》中在著作权方面确定的自动保护制度、《保护工业产权巴黎公约》中在商标方面有关驰名商标的特殊保护都使其多少具有了一些超越地域性的成分，只有专利权仍坚持地域性之特点而不松动。无论申请人国籍、住所在何处，只要在哪里申请专利，就必须按哪里的法律规定办理申请手续，专利权被授予后，也只能在授予国境内有效。专利权人如果想就同一发明创造在另一国境内享有专利权，他就必须按该另一国的法律到其境内办理有关手续并获得批准。因此，一项发明创造是否符合法定的申请条件，能否被授予专利，只能依照申请地法律判断。同样，专利权的内容，即专利权人在依法取得专利权后可独享的各项具体权利（包括制造权、使用权、销售权、进口权、转让权和许可使用权等所产生的效力），以及专利在被授予后对专利权人、非专利权人、专利权授予机构等所产生的效力，也必须适用专利申请地法。此即《保护工业产权巴黎公约》第 4 条（之 2）所规定之"独立性原则"："本联盟国家的国民向本联盟各国申请的专利，与在其他国家，不论是否本联盟的成员国，就同一发明所取得的专利是相互独立的。"

《保护工业产权巴黎公约》是专利权方面最主要的国际公约，它不仅是知识产权领域第一个世界性的多边公约，同时也是成员国最为广泛，对其他世界性和地区性工业产权公约影响最大的公约，其中规定了工业产权方面各成员国应该遵循的共同规则及成员国进行国内立法的最低要求。中国和澳大利亚都是《保护工业产权巴黎公约》的成员国，所以本案首先考虑公约的规定。公约第 2 条规定了国民待遇原则："即任何本同盟成员国的国民，在工业产权方面，在其他本同盟成员国内应该享有各该国法律现在或今后给予该国国民的各种便利；本公约所特别规定的权利不得遭受任何损害"。因而，他们只要遵守对该国国民适应的条件和手续，就应该和该国国民享有同样的保护，并在他们的权利遭受任何侵害时，得到同样的法律救济。

综上，本案中根据公约的规定，中国对澳大利亚只负有如下义务：根据中华人民共和国有关专利的法律对澳大利亚国民的专利申请予以审查注册，并根据中国的专利法对已注册的专利予以保护，中国的有关专利的法律必须符合公约所要求之最低保护标准。这正如法院在其意见陈述中所说的那样：原告作为外国公司，依照我国专利法的规定，在我国申请并获得的涉外外观设计的专利权，应根据我国法律受到保护。

案例二：　　美国伊莱利利公司诉中国江苏豪森药业股份有限公司侵害发明专利权纠纷案[1]

［基本案情］

2001 年 4 月 13 日，（美国）伊莱利利公司（简称伊莱利利公司）向江苏省高级人民法院提起本案诉讼称，其拥有抗癌药品吉西他滨及吉西他滨盐酸盐的三项中国发明专利权，江苏豪森药业股份有限公司（简称豪森公司）未经许可，自 2000 年起使用涉案专利方法制备了吉西他滨和吉西他滨盐酸盐并对该产品进行了促销，构成专利侵权，应承担相应法律责任。请求判令：①豪森公司停止侵犯专利权的行为；②豪森公司赔偿其因侵权而遭受的经济损失 550 万元人民币；③豪森公司在《中国医药报》上公开赔礼道歉，消除不良影响；④豪森公司承担本案的诉讼费用；⑤豪森公司承担其诉讼损失，包括律师费、调查费和其他合理费用。后原告不满一审判决与重审判决，向最高人民法院提起上诉，最高人民法院组织合议庭对本案进行了审理。

1993 年 6 月 21 日，美国伊莱利利公司向中华人民共和国国家专利局（简称国家专利局）提出"立体选择性糖基化方法"的方法发明专利（简称专利一）申请，于 1998 年 6 月 20 日获得授权，专利号为 93109045.8。1995 年 11 月 1 日，美国伊莱利利公司向国家专利局提出"提纯和分离 2'－脱氧－2，2'二氟核苷的方法"的方法发明专利（简称专利二）申请，于 1999 年 3 月 25 日获得授权，专利号为 95196272.8。1995 年 11 月 14 日，美国伊莱利利公司向国家专利局提出

---

〔1〕　最高人民法院（2009）民三终字第 6 号民事判决书。

"1－（2'－脱氧－2'，2'－二氟－D－呋喃核糖基）－4－氨基嘧啶－2－酮盐酸盐的制备方法"的方法发明专利（简称专利三）申请，于1999年9月4日获得授权，专利号为95196792.4。上述三项专利构成生产制备吉西他滨盐酸盐和吉西他滨的完整技术方案。2007年2月28日，中华人民共和国国家知识产权局专利复审委员会作出第9525号无效宣告请求审查决定，宣告专利一的专利权全部无效。

豪森公司于2000年3月28日向国家药品监督管理局申报注射用盐酸吉西他滨新药临床研究，2000年6月21日，国家药品监督管理局同意在北京肿瘤医院等四家单位进行临床研究。2000年11月，豪森公司申请新药生产证书。2001年5月18日，国家药品监督管理局核发了新药证书及生产批件，新药保护期至2007年5月17日，所申报的生产工艺名称为中试工艺。

豪森公司提供了2001年5月18日的新药证书、生产批件及与之相对应的向国家药品监督管理局申报材料（含生产工艺）一套，2002年3月29日的新药补充申请批件及与之相对应的补充申报资料（含生产工艺）一套。原审法院依职权向江苏省药品监督管理局调取了豪森公司在该局备案的上述申报资料。原审法院经对豪森公司在江苏省药品监督管理局备案的申报资料与其向国家药品监督管理局的报批资料进行了核对，两者的生产工艺的名称、内容一致。

原审法院经双方当事人同意，委托中华人民共和国科学技术部知识产权事务中心（简称知识产权事务中心）进行技术鉴定。经鉴定，豪森公司提交的研制方法与伊莱利利公司三项专利的独立权利要求所记载的方法不相同。

在二审庭审中，双方当事人确认，吉西他滨盐酸盐的制备方法不是只有本案专利方法一种，但是这并不能说明被诉侵权制备方法是否落入专利二和专利三的保护范围。

［法律问题］

1. 本案原被告之间的举证责任如何分配？

2. 如何确认专利侵权案件中应当适用的法律？

［参考结论与法理分析］

（一）法院意见

原审法院认为，根据《专利法》（1992年修正）第60条第2款关于"在发生侵权纠纷的时候，如果发明专利是一项新产品的制造方法，制造同样产品的单位或者个人应当提供其产品制造方法的证明"的规定，本案确定吉西他滨是否为新产品的法律意义在于，豪森公司是否应当对其制造吉西他滨的方法承担举证责任。就本案而言，目前并无证据显示在1993年6月21日伊莱利利公司提出涉案发明专利申请前，国内已有吉西他滨产品出现。故应当认定吉西他滨为新产品，豪森公司应承担其产品制造方法的证明责任。

最高人民法院认为，本案二审中当事人争议的主要问题之一即为被诉侵权制备方法中的$10\alpha/10\beta$的比例是否应当由豪森公司负举证责任。对此，原审法院已经从江苏省药品监督管理局调取了豪森公司的相关申报材料，经与国家药品监督管理局的报批资料核对，两者的生产工艺名称、内容一致。豪森公司亦提供了相关的生产批件及对应的申报材料、生产工艺、补充材料等。比对的结果是不落入专利二、专利三的保护范围，故不能认为豪森公司没有提供其制备吉西他滨盐酸盐的方法。况且，根据专利法的规定，被诉侵权人对新产品的制造方法承担倒置举证责任是有条件的，即专利权人首先应当证明被诉侵权方法所生产的产品与涉案专利方法所生产的产品属于相同的产品；同时，还应当证明依据专利方法直接获得的产品是新产品。

即使根据《专利法》（1992年修正）第60条第2款的规定，对合成步骤的举证责任也应当由美国伊莱利利公司负担，而不应当倒置由豪森公司承担。美国伊莱利利公司上诉主张豪森公司应当举证证明甲磺酸酯$10\alpha/10\beta$的比例的理由，法院不予支持。

（二）法理分析

《专利法》（1992年修正）第60条第2款规定："在发生侵权纠纷的时候，如果发明专利是一项新产品的制造方法，制造同样产品的单位或者个人应当提供其产品制造方法的证明。"据此，在侵权纠纷中，若该发明专利是一项新产品的制造方法，由被诉侵权人承担证明责任，即实行举证责任倒置。但是，根据我国《专利法》（1992年修正）的规定，被诉侵权人对新产品的制造方法承担倒置举证责任应满足以下条件：①专利权人应当证明被诉侵权方法所生产的产品与涉案专利方法所生产的产品属于相同的产品；②专利权人还应当证明依据专利方法直接获得的产品是新产品。因此，本案中，举证责任应当由美国伊莱利利公司负担，而不应当倒置由豪森公司承担。

关于知识产权侵权案件的法律适用问题，知识产权侵权案件虽然也属于侵权案件的一种，但由于知识产权本身的特殊性，其法律适用与一般侵权案件有所不同。在《涉外民事关系法律适用法》出台之前，依照《民法通则》第146条的规定，侵权行为适用侵权行为地法，当事人双方有共同国籍或共同住所的，适用共同国籍国法或共同住所地法。2010年颁布的《涉外民事关系法律适用法》第50条规定："知识产权的侵权责任，适用被请求保护地法律，当事人也可以在侵权行为发生后协议选择适用法院地法律。"

拓展案例

本田汽车外观设计专利无效案[1]

[基本案情]

本田技研工业株式会社因不服北京市高级人民法院判定其汽车外观设计专利权无效的行政判决，向最高人民法院申请再审，被申请人为中国国家知识产权局专利复审委员会。

本田株式会社是 01319523.9 号"汽车"外观设计专利权（简称本专利）的专利权人。双环公司于 2003 年 12 月 24 日、新凯公司于 2004 年 12 月 10 日分别就本专利向专利复审委员会提出无效宣告请求。专利复审委员会将上述两无效宣告请求案合案审查，于 2005 年 3 月 28 日进行了口头审理。2006 年 3 月 7 日，专利复审委员会作出第 8105 号无效宣告请求审查决定（简称第 8105 号决定），宣告本专利无效。该决定认为：①根据双环公司在请求书中的表述，请求书对其无效理由作了一定的说明，尽管该请求书中没有详细论述，确有不妥之处，但尚不足以认定构成不予受理的情形，且本田株式会社已对所有证据进行了充分的意见陈述，并未导致其无法陈述意见。②将本专利与日本国外观设计公报 JP1004783（简称证据 1）进行比较可以看出，两者的汽车各组成部分的形状以及相互之间的比例关系基本相同，整体视觉形状和设计风格基本相同。虽然本专利与证据 1 产品在外观上存在若干细部差别，例如，本专利前大灯呈近似三角形的不规则四边形，而证据 1 的前大灯呈近似梯形；本专利前保险杠下方的两侧配置有辅助灯，而证据 1 中未见相应配置；本专利与证据 1 的护板都呈倒 U 形，但本专利护板内设有水平隔片，其底部有小护牙，而证据 1 护板内设有数个空格；本专利中间窗玻璃由一边呈直角、另一边线条呈折线状构成不规则梯形，证据 1 中间窗玻璃呈直角梯形；本专利后组合灯从车顶附近一直延伸到后保险杠翘起部，证据 1 后组合灯设于车体上部；从本专利与证据 1 汽车后部线条看，本专利线条略为圆滑；两者后保险杠的形状也略有不同等。但是，本专利与证据 1 的产品在外观上的上述区别均属于局部的差别，根据整体观察、综合判断的原则，上述差别对于汽车的整体视觉形状和风格来说属于较细微的差

---

〔1〕 最高人民法院（2010）行提字第 3 号行政判决书。

别，不足以使普通消费者产生明显不同的视觉效果而将两者认定为具有不同款式的产品，而两者的主体部分的相同之处却使普通消费者易于将两者混同。至于本田株式会社强调的"本专利车身较高、重心高，为细长的造型，而证据1重心低，属于车身较宽的造型"，从对两者进行整体观察来看，没有产生本田株式会社所述的明显不同的视觉效果，故对本田株式会社的观点不予支持。综上，本专利与证据1属于相近似的外观设计，不符合《专利法》第23条的规定。

本田株式会社不服专利复审委员会作出的第8105号决定，向北京市第一中级人民法院提起诉讼。

北京市第一中级人民法院认为，专利复审委员会受理该无效请求符合法律法规的规定。本专利与在先设计均为汽车整车的外观设计，一般消费者在购买和使用过程中，对汽车的整体进行观察是实际生活中经常出现的情形，故本专利与在先设计的比较应采用整体观察的方式。本专利与证据1的外观设计虽存在一定的差别，但对于汽车整体外观而言，一般消费者更容易对汽车整体的设计风格，轮廓形状、组成部件的相互间比例关系等因素施以更多注意，二者的差别尚不足以使一般消费者对两者整体外观设计产生明显的视觉差异。因此，本专利与证据1属于相近似的外观设计。专利复审委员会作出的第8105号决定认定事实清楚，适用法律准确，程序合法，据此作出（2006）一中行初字第779号行政判决，维持专利复审委员会作出的第8105号决定。一审案件受理费1000元，由本田株式会社负担。

本田株式会社不服一审判决，向北京市高级人民法院提起上诉。

北京市高级人民法院二审认为，本案中，判断的主体应当是对"汽车"这一类产品有常识性了解的人，其对外观设计产品之间在形状、图案上的差别具有一定的分辨力，但不会注意到产品的形状、图案的微小变化。如果一般消费者在对本专利与证据1进行整体观察后，二者的差别对于产品外观设计的整体视觉效果不具有显著的影响，则本专利与证据1构成相近似的外观设计。

[法律问题]

1. 审查本田汽车和证据1汽车两个外观设计的差异性应当依据何国法律？

2. 知识产权法律冲突的常见形式有哪些？

[重点提示]

《涉外民事关系法律适用法》关于知识产权法律适用的规定。

第二节　商标权

经典案例

案例一：菲利普·莫里斯产品有限公司与上海打火机总厂等
商标侵权上诉纠纷案[1]

[基本案情]

原告美国菲利普公司（以下简称美国公司）将万宝路（Marlboro）商标于1987年在中国国家商标局登记注册，使用范围包括打火机，有效期限至2002年。1991年，上海光明打火机厂与香港德辉国际洋行洽谈生产T902系列打火机。该系列打火机外壳图案中，部分使用了原告注册的万宝路商标。上海光明打火机厂于同年试生产，1993年开始批量生产，并委托上海环龙工艺厂加工印制该系列产品的外图案。上海环龙工艺厂从1991年至1995年8月共为上海光明打火机厂加工印制了该系列打火机万宝路商标标识外壳577 327只，全部外壳均已由上海光明打火机厂组装成品后在国内外销售。上海光明打火机厂无自营进出口权，故该系列的部分产品由该厂委托中国航空技术进出口上海公司代理出口。中国航空技术进出口上海公司曾直接给上海光明打火机厂下发生产订单，订购10万只打火机用于出口，其余477 327只打火机由上海光明打火机厂自行销售。中国航空技术进出口上海公司自上海光明打火机厂收进T902系列重油万宝路商标打火机平均价格每只为2.2元人民币，上海光明打火机厂交由其下属门市部——上海明光经销部销售的T902系列重油打火机的价格不一，从部分发票存银中可以看出，最高销售价为每只4.5元人民币，最低销售价为每只2.1元人民币。美国公司针对上海光明打火机厂、上海环龙工艺厂和中国航空技术进出口上海公司侵害其商标专用权的行为，以上述三公司为被告，在上海提起诉讼。

在诉讼中，上述三被告均未举证证明美国公司许可香港德辉国际洋行使用万宝路商标，美国公司也否认许可香港德辉国际洋行使用其公司注册的万宝路商标。在一审过程中，三被告均承认其行为侵犯了原告的万宝路注册商标

---

[1]　初审：上海市闸北区人民法院（1995）闸经初字第1438号民事判决书；终审：上海市第二中级人民法院（1996）沪二中经终（知）字第1589号民事判决书。

专用权，表示愿对原告做部分赔偿。一审法院委托上海华审资产评估事务所对上海光明打火机厂生产的 T902 系列万宝路商标重油打火机生产成本进行了审核，结论为内销生产成本为每只 2.04 元人民币。此外，上海光明打火机厂于 1995 年 1 月 1 日经上海主管部门批准与他厂合并为上海打火机总厂，上海光明打火机厂的债权债务由上海打火机总厂承担。据此，一审法院判决如下：①三被告立即停止对原告万宝路商标专用权的侵害，停止生产、加工印刷、销售万宝路商标打火机；②三被告在上海《新民晚报》上公开向原告赔礼道歉，内容须经本案法院审核确认；③被告上海打火机总厂赔偿原告人民币 570 464.46 元；④被告中国航空技术进出口上海公司赔偿原告人民币 29 535.54 元；⑤被告上海打火机总厂、被告上海环龙工艺厂对被告中国航空技术进出口上海公司的给付义务负连带责任；⑥被告上海环龙工艺厂对被告上海打火机总厂的给付义务负连带责任；⑦T902 系列重油万宝路商标打火机厂生产成本鉴定费人民币 3500 元由被告上海打火机总厂负担。案件受理费 11 010 元，由被告上海打火机总厂、被告上海环龙工艺厂各负担 4404 元，由被告中国航空技术进出口上海公司负担 2202。

判决后，被告上海打火机厂总厂不服，提起上诉。

[法律问题]

1. 外国人在我国注册商标的法律依据是什么？
2. 如何确定商标国际注册的期限？
3. 侵犯注册商标专用权的行为构成是什么？
4. 如何处理侵犯商标专用权的行为？

[参考结论与法理分析]

（一）法院意见

上海市第二中级人民法院经审理后认定：原审法院认定的事实基本属实。被上诉人万宝路商标已经我国商标局核准注册，应受我国法律保护。上诉人未经被上诉人许可，擅自将被上诉人已经注册了的商标印制在其生产、销售的打火机的外壳上，属侵犯他人商标专用权的行为，应承担相应的法律责任。上诉人委托原审被告上海环龙工艺厂加工印制 T902 系列重油打火机万宝路商标标识的数量已经查明，上诉人处并无该外壳的库存品，故原审法院根据该侵权产品外壳的数量确定侵权产品数量是正确的，本院应予支持。上诉人声称仅加工生产了 10 万余只该侵权产品，无证据印证，本院不予支持。原审法院根据上海打火机总厂销售的平均价格，以及该价格与侵权产品生产成本之差价，结合其生产、销售侵权产品的数量，酌情确定赔偿数额，也是正确的，本院亦予以支持。上诉人称"生产成本远远高于销售金额"，亦无相应证据印证，且与事实不符，本院不予以采信。上诉人在庭审中提出本案赔偿数额应按照侵权产品使用了万宝路商标所产生的增加值酌情确定，因上诉人未提起具体计算依据，本院难以支持。关于上诉人所述原审原告起诉行为违反法律规定一节，上诉人无视原审原告的委托代理人已取得合法代理权的事实，以原审起诉状原告自身未签名、盖章等便不具有法律效力为由要求法院发回重审，于法无据，本院不予支持。依照法律规定，委托代理人在代理权限内，以被代理人的名义独立实施的民事法律行为，其产生的法律后果归属于被代理人。原审原告的委托代理人既然依法取得有效的诉讼代理权，且代理权包括"代为起诉"的内容，那么，其以原审原告（被代理人）名义起诉的行为应视为原审原告的民事法律行为，该起诉行为依法有据，应予以保护。依照《中华人民共和国商标法》、《民法通则》、《中华人民共和国民事诉讼法》有关规定判决如下：驳回上诉，维持原判决。

（二）法理分析

我国调整商标关系的法律可以分为两大类：一类是我国缔结或加入的国际条约；另一类是我国关于商标的国内立法。从国际条约看，又可以分为多边条约和双边条约。调整商标关系的国际条约主要有三个：①1883 年 3 月 20 日签订于巴黎的《保护工业产权巴黎公约》；②1891 年 4 月 14 日签订于马德里的《商标国际注册马德里协定》；③1973 年 6 月 12 日订立于维也纳的《商标注册条约》。我国是《巴黎公约》和《马德里协定》的成员国，二者对商标注册和商标保护规定的基本精神是一致的，就是在缔约国之间实行国民待遇。1982 年，我国颁布了《商标法》，1988 年，国家工商行政管理局发布了《商标法实施细则》，在这些法律、法规中，均规定了外国人或者外国企业在中国申请商标注册的，应当按其所属国和中华人民共和国所签订的协议或者共同参加的国际条约办理，或者按照对等原则办理。我国缔结或者参加的国际条约、我国国内立法的规定是外国人在我国申请商标注册和请求司法保护的法律依据。

关于商标注册的期限，我国《商标法》第 39 条作出了规定：注册商标的有效期是 10 年，自核准注册之日起计算。但是，商标法是国内法，对我国公民、法人在我国注册的商标期限有强制力。对于外国公民、法人在我国注册的商标期限除受《商标法》调整之外，更重要的是受我国参加或者缔结的国际条约调整。在我国缔结或者参加的国际条约与我国民事法律有不同规定时，应适用国际条约的规定。因此，本案中，美国菲利普·莫里斯产品有限公司在我国将其所有的万宝路商标于 1987 年在我国国家商标局登记注册，商标有效期至 2002 年 3 月，商标有效期限为 15 年，长于 10 年，与我国《商标法》规定的商标有效期限不相抵触。

我国缔结或者参加的国际条约对如何认定侵犯商标专用权的行为，以及如何保护商标专用权做了原则性的规定，而我国《商标法》对侵犯注册商标的行为作了具体规定：凡具有下列行为之一的，均构成侵犯商标专用权：①未经注册商标所有人的许可，在同一种商品或者类似商品上使用与其注册商标相同或者近似的商标的；②销售明知是假冒注册商标商品的；③伪造、擅自制造他人注册商标标识或者销售伪造、擅自制造的注册商标标识的；④给他人的注册商标专用权造成其他损害的。对于第 4 项，商标法实施细则进行了解释和细化：①经销明知或应知是侵犯他人注册商标专用权商品的；②在同一种或类似的商品上，将与他人注册商标相同或者近似的文字、图形作为商品名称或商品装潢使用，并足以造成误认的；③故意为侵犯他人注册商标专用权行为提供仓储、运输、邮寄、隐瞒等便利条件的。

对于侵犯商标注册专用权的行为，可以采用行政的或者司法的方式解决。行政方式是指被侵权人有权向县级以上工商行政管理部门提出处理要求，司法方式是指被侵权人可以向人民法院提起诉讼，请求法院作出停止侵害，赔偿损失的判决。

案例二： 微软公司诉天津市医药集团有限公司侵犯商标专用权及不正当竞争纠纷案[1]

［基本案情］

豪特密尔公司是一家在美国加利福尼亚州注册成立的公司，"hotmail"是豪特密尔公司英文名称的显著部分，1996 年 3 月 27 日，豪特密尔公司在国际互联网上注册了"hotmail. com"网址域名。

1998 年，微软公司与豪特密尔公司签署合并协议和方案，约定：寄存公司（微软公司）应享有豪特密尔公司一切种类的位于任何地方的所有资产及该财产中的每一项权益，以及豪特密尔公司的属于公共及私人的权利、特权、豁免权、特许权和授权。豪特密尔公司先后于 1999 年 1 月和 1999 年 5 月两次在国家工商行政管理局商标局获得"HOTMAIL"注册商标，第一次注册证号为第 1239847 号，核定使用的服务为第 38 类，信息传送、电讯服务、电子邮递。第二次注册证号为第 1277497 号，核定使用的服务为第 35 类，广告、进出口代理、商业调查、商业研究、贸易业务的专业咨询、市场分析、市场研究、商业信息、推销（替他人）、工商管理辅助业。经中国国家工商行政管理局商标局核准，两次注

册商标都转给了微软公司。1997 年 11 月 20 日，天津医药集团在中国互联网络信息中心注册了"hotmail. com. cn"域名，1998 年 11 月 20 日天津医药集团进行了续展交费，1999 年 11 月 20 日后天津医药集团未交续展费，被告对该域名没有实际使用。原告微软公司以被告天津市医药集团有限公司侵犯商标专用权及不正当竞争为由向我国法院提起诉讼。

[法律问题]

我国法院是否要对微软公司的商标权进行保护？若进行保护，依据什么法律进行保护？

[参考结论与法理分析]

（一）法院意见

法院认为，原告以"HOTMAIL"为标识的服务除互联网上的免费电子邮件外，并未在中国普通公众中产生影响，故"HOTMAIL"作为服务商标，尚不构成驰名商标。原告微软公司虽向法院提交了"HOTMAIL"在其他国家注册商标的商标注册证书，但"HOTMAIL"在这些国家注册商标时间多晚于被告 1997 年 11 月 20 日注册"hotmail. com. cn"域名的时间，且这些证据没有经过相应的公证、认证，故这些证据亦不足以证明"HOTMAIL"是驰名商标。在这里法院虽然提到了"HOTMAIL"在其他国家的状况，但对该状况的提起是在已经认定"HOTMAIL"在我国并非驰名商标的表述之后，所以法院提到的"HOTMAIL"在其他国家的状况并不是法院认定其为驰名与否的依据，而是对原告陈述的一种回应。基于上述理由，法院对原告微软公司关于被告天津医药集团注册"hotmail. com. cn"域名的行为侵犯了其商标专用权的主张，没有予以支持。

（二）法理分析

地域性是知识产权的重要特征之一，各国均只承认和保护依本国法律取得的知识产权，不适用外国法，也不承认根据外国法产生的这一权利，但是商标权的独立性不是绝对的，关于驰名商标的做法和规定就是例外。《保护工业产权巴黎公约》第 6 条（之 2）是有关驰名商标的条款，其第 1 款规定："本联盟各国承诺，如本国法律允许，应依职权，或依有关当事人的请求，对商标注册或使用国主管机关认为在该国已经属于有权享受本公约利益的人所有而驰名、并且用于相同或类似商品的商标构成复制、仿制或翻译，易于产生混淆的商标，拒绝或取消注册，并禁止使用。这些规定，在商标的主要部分构成对上述驰名商标的复制或仿制，易于产生混淆时，也应运用。"《中华人民共和国商标法》第 13 条规定："……就相同或者类似商品申请注册的商标是复制、摹仿或者翻译他人未在中国注册的驰名商标，容易导致混淆的，不予注册并禁止使用。就不相同或不相类似商品申请注册的商标是复制、摹仿或者翻译他人已经在中国注册的驰名商标，误导公众，致使该驰名商标注册人的利益可能受到损害的，不予注册并禁止使用。"因此，对于未在我国注册的一般商标，我国法律不予保护，对于驰名商标，即使未在我国注册，我国法律亦对其进行保护，只是保护的程度不同，突破了地域性的绝对限制。本案中，原告是美国法人，我国和美国是巴黎公约成员国，本案的处理应当适用我国相关法律和巴黎公约有关规定。根据我国商标法规定，被告在同种或近似服务中使用了与"hotmail"相同或者近似商标时，才构成对原告商标专用权的侵犯。被告注册"hotmail. com. cn"后未实际使用，没有以"HOT-MAIL"为标识向公众提供与原告服务商标相同或者近似的服务。只有作为驰名商标，原告的主张才成立。

虽然国际条约有关驰名商标的规定在一定程度上突破了知识产权的地域性原则，但就具体商标是否是驰名商标的认定仍具有地域性，驰名与否还是由相关国家依据本国的法律规定认定。各国在驰名商标认定中的规定和操作亦不一样，我国的做法是个案认定，认定机构是商标局或法院。

拓展案例

苹果公司、IP 申请发展有限公司与唯冠科技（深圳）有限公司商标权权属纠纷上诉案[1]

［基本案情］

2000 年，唯冠集团旗下的子公司分别在多个国家、地区注册了 iPad 商标，其中包括唯冠科技（深圳）有限公司（简称深圳唯冠公司）在中国大陆注册的 iPad 商标。2009 年，苹果公司通过 IP 申请发展有限公司（简称 IP 公司）与唯冠集团旗下一家子公司——台湾唯冠公司在台湾签署了《商标转让协议》，约定将 iPad 商标以 3.5 万英镑价格转让给苹果公司。2010 年 2 月，IP 公司签订《权利转让协议》向苹果公司转让涉案商标。2010 年 4 月 19 日，苹果公司、IP 公司向深圳市中级人民法院起诉深圳唯冠公司，主张根据 IP 公司与台湾唯冠公司签订的《商标转让协议书》及相关证据，请求判令深圳唯冠公司 2001 年获准在计算机等商品上注册的"IPAD"商标和商标专用权归其所有及判令深圳唯冠公司赔偿其损失 400 万元。深圳市中级人民法院经过审理认为商标转让协议是台湾

---

〔1〕　参见广东省高级人民法院（2012）粤高法民三终字第 8、9 号民事调解书。

唯冠公司签订的，对深圳唯冠公司没有约束力，也不构成表见代理，深圳市中级人民法院 2011 年 11 月 17 日作出一审判决，驳回了两原告的诉讼请求。苹果公司、IP 公司不服向广东省高级人民法院提起上诉。在二审期间，广东省高级人民法院经多次调解，终使双方于 2012 年 6 月达成调解协议，由苹果公司支付 6000 万美元，唯冠公司将涉案"iPad"商标过户给苹果公司。

[法律问题]

1. 台湾唯冠确实与苹果公司的代理机构 IP 申请发展有限公司签订了出售"iPad"商标的协议，而台湾唯冠与深圳唯冠同属于唯冠集团，那么为什么深圳唯冠不承认这个协议对其有约束力呢？

2. 本案中，如果广东省高院判决苹果公司败诉，且双方不能达成新的商标转让协议，深圳唯冠可否对苹果公司主张侵权赔偿？

3. IP 公司与台湾唯冠的商标转让协议中有关于由香港法院和香港法律排他性管辖的约定，那么为什么这个案件会在中国大陆起诉并适用中国法律呢？

[重点提示]

参考《涉外民事关系法律适用法》、《侵权责任法》以及《最高院关于审理商标民事纠纷案件适用法律若干问题的解释》的相关规定。

第三节　著作权

经典案例

案例一：　　　　北影录音录像公司诉北京电影学院
　　　　　　　　侵犯作品专有使用权纠纷案[1]

[基本案情]

1992 年 5 月 5 日，作家汪曾祺先生将其小说《受戒》的电影、电视剧改编权和拍摄权转让给了本案原告北影录音录像公司，该转让合同有效期过后又被延至 1998 年 3 月。1992 年 10 月，北京电影学院文学系学生吴琼为完成改编课程作业，将小说《受戒》改变成电影剧本，上交被告。被告审核后选定吴琼改编的剧本《受戒》作为学生毕业作品进行拍摄。1993 年 5 月，北京电影学院八九级学生联合拍摄完成电影《受戒》。片中注明了"根据汪曾祺同名小说改编"

---

〔1〕　参见北京市第一中级人民法院（1995）一中知终字第 19 号民事判决书。

和"北京电影学院出品"字幕。该片曾在北京电影学院小剧场内放映一次，用于教学观摩，观看者为该校师生。1994年7月，经广播电影电视部批准，被告携该片参加法国朗格鲁瓦国际学生电影节。在该电影节上，该片共放映两次，观众为参加电影节的各国学生和老师，也有当地公民。该片放映时，电影节组委会对外公开出售少量电影票。被告共拷贝电影《受戒》两份，一份存于该院，另一份正由朗格鲁瓦电影节组委会寄回被告。1995年，原告将被告诉诸北京市海淀区人民法院，称被告侵犯了其作品改编专有权。

[法律问题]

1. 本案是否存在涉外因素？如何判定？

2. 北京电影学院挑选在校学生吴琼的课堂练习作品，即根据汪曾祺的同名小说《受戒》改编的电影剧本，并组织应届毕业生根据该剧本摄制毕业电影作品，用于评定学生学习成绩，是否侵犯著作权人的著作权？

3. 北京电影学院将电影《受戒》送往法国参加朗格鲁瓦国际学生电影节是否受《中华人民共和国著作权法》第22条第1款的保护？

4. 著作权领域同时存在着《伯尔尼公约》和《世界版权公约》，二者如何适用？

[参考结论与法理分析]

（一）法院意见

在本案审理中，一审法院海淀区人民法院以及二审北京市第一中级人民法院都认为，《中华人民共和国著作权法》第22条第1款第6项规定："为学校课堂教学或者科学研究，翻译或者少量复制已经发表的作品，供教学或者科研人员使用，但不得出版发行。"上述行为，"可以不经著作权人许可，不向其支付报酬，但应当指明作者姓名、作品名称，并且不得侵犯著作权人依照本法享有的其他权利"。被告北京电影学院从教学实际需要出发，挑选在校学生吴琼的课堂练习作品，即根据汪曾祺的同名小说《受戒》改编的电影剧本，并组织应届毕业生根据该剧本摄制毕业电影作品，用于评定学生学习成绩。虽然该电影剧本的改编与电影的摄制未取得小说《受戒》的专有使用权人即原告北影录音录像公司的许可，但该作品摄制完成后，在国内使用方式仅限于在北京电影学院内进行教学观摩和教学评定，作品未进入社会公知领域发行放映。因此，在此阶段，北京电影学院摄制该部电影的行为，应属合理使用他人作品，不构成对北影录音录像公司依法取得的小说《受戒》的专有使用权的侵犯。但是，1994年11月，北京电影学院将电影《受戒》送往法国参加朗格鲁瓦国际学生电影节，电影节放映该片时，观众除特定的学生、教师外，还有当地公民，且组委会还出售了少量门票，这已超出在本校内课堂教学使用的范畴，违反了著作权法的规定，构成了对北影录音录像公司依法取得的小说《受戒》专有使用权的侵犯。

（二）法理分析

本案的涉外因素不在于当事人和标的物，而在于引起权利义务关系产生的法律事实。原告和被告之间在中国境内就小说《受戒》的改编、拍摄等行为引起的权利义务关系，都不具有涉外因素，应当完全根据中国法判断被告的行为是否构成侵权。但是，涉案电影《受戒》在法国境内参加国际学生电影节并放映等行为则是发生在中国境外的法律事实，应当依据冲突规则确定应适用的法律。

既然本案为涉外著作权侵权，则应当考虑我国关于涉外著作权侵权方面法律适用的规定。我国2010年颁布的《涉外民事关系法律适用法》第50条规定："知识产权的侵权责任，适用被请求保护地法律，当事人也可以在侵权行为发生后协议选择适用法院地法律。"《保护文学与艺术作品伯尔尼公约》第5条第2款规定，除本公约条款外，保护的程度以及为保护作者权利而向其提供的补救方法完全由被要求给以保护的国家的法律规定。根据公约的规定，公约只就"保护的程度"和"补救的方法"两个方面作出了规定。换言之，虽然《保护文学与艺术作品伯尔尼公约》、《世界版权公约》等国际公约及一些区域性公约确立了著作权国际保护的基本规则，但是没有规定各成员国对涉外著作权纠纷案件的管辖权问题。它只关注各成员国的国内法对于外国著作权人的权益提供达到一定水平的实体法律保护，而没有对如何解决各成员国现行著作权法之间的冲突作出规定。

根据知识产权地域性和独立保护原则，依据中国法产生的著作权权利内容和保护方式只在中国境内有效，原告在法国境内的著作权取决于法国法的规定。由于中国和法国都是《伯尔尼公约》缔约国，根据国民待遇原则，中国国民的作品可以在法国获得著作权保护，由此，法院应查明法国法关于著作权权利内容、著作权合理使用和侵权认定的有关规定，对被告在法国境内的行为进行认定。

对于著作权领域同时存在着《伯尔尼公约》和《世界版权公约》，二者如何适用的问题。《伯尔尼公约》规定的保护水平要高于《世界版权公约》规定的保护水平。为协调《伯尔尼公约》与《世界版权公约》的关系，《世界版权公约》第17条规定，本公约完全不影响《伯尔尼公约》的规定。在与第17条相关的附加声明中又指出："《伯尔尼公约》成员之间，关系到起源国是伯尔尼联盟的国家之一的作品的保护时，不适用《世界版权公约》。"因此，在参加两个公约的国家关系中，《伯尔尼公约》占优先地位。在案件当事人所属国均为《伯尔尼公约》、《世界版权公约》成员国的情况下，仅需引用《伯尔尼公约》。

案例二：　　　美国微软公司诉北京巨人电脑公司侵犯
计算机软件著作权案[1]

[基本案情]

原告美国微软公司（以下称微软公司）是 MS－DOS6.0，MS－DOS6.2，Windows3.1 等计算机软件的著作权人。1993 下半年至 1994 年 3 月，原告发现被告北京巨人电脑公司（以下称巨人公司）对其软件产品有侵权行为，于是，原告于 1994 年 3 月 4 日，以消费者身份在北京海淀区海淀路乙 31 号"巨人"经营地点内购买了被告销售的新加坡 IPC 计算机一台，该机内装有 Windows3.1 测试版及 MS－DOS6.0 版计算机软件。根据新加坡 IPC 公司的资料显示，该机内原配置仅为 MS－DOS5.0 版计算机软件。原告遂于 1994 年 3 月份以被告侵犯其软件著作权为由向北京市中级人民法院起诉，声称被告未经其授权擅自将其制作的部分软件复制并向公众发行和展示，谋取不法利润。1994 年 12 月 22 日，原告再次在上述地点购买到被告销售的 Windows3.1 版计算机软件复制品。原告的上述两次购买行为及被告的销售行为，均已由北京市公证处公证。原告认为被告上述行为侵犯了其合法权益，故请求法院判令被告立即停止一切侵权行为，并公开向原告赔礼道歉；赔偿原告的软件在北京的销售收入损失。

[法律问题]

1. 本案如何确定管辖权？

2. 审理涉外知识产权民事案件，能否引用《巴黎公约》、《伯尔尼公约》等国际条约作为依据？

3. 本案为计算机版权的侵权案件，如何解决法律适用问题？

[参考结论与法理分析]

（一）法院意见

法院认为，原告微软公司是 MS—DOS5.0 版，MS—DOS6.0 版，MS—DOS6.2 版（包括测试版），Windows 3.1 版（包括英文版、中文版、测试版），Microsoft Foxpro For Windows2.5 版等计算机软件的著作权人，根据《中华人民共和国政府与美利坚合众国政府关于保护知识产权的谅解备忘录》及中美两国均已加入的《伯尔尼保护文学艺术作品公约》的规定，上述计算机软件作品受中国法律保护。被告巨人公司未经著作权人许可，以营利为目的，非法复制、销

---

〔1〕　参见北京市第一中级人民法院（1994）中经知初字第 587 号民事判决书。

售 MS—DOS5.0 版，MS—DOS6.0 版，Windows3.1 版计算机软件复制品的行为，已构成对原告计算机软件著作权的侵犯，应承担相应的法律责任；由于被告巨人公司在本案诉讼过程中，明知无合法授权而复制、销售他人计算机软件的行为属违法行为，再次销售原告的 Windows 3.1 版计算机软件，属故意继续实施侵权行为，因此，被告对该行为亦应承担相应的责任；此外，被告巨人公司还非法持有原告微软公司的 MS—DOS 6.2 版、MS—DOS 6.2 测试版中文系统、Windows 3.1 版中文测试版、Microsoft Foxpro For Windows 2.5 版等计算机软件的复制品。被告巨人公司非法持有上述原告微软公司计算机软件复制品的行为，亦构成对原告计算机软件著作权的侵犯，应承担适当的责任。被告巨人公司向本院提交的购买 MS—DOS 6.2 版、Microsoft Foxpro For Windows 2.5 版软件的发票缺乏真实性，不能作为合法持有原告软件的证据，本院不予采信。被告的其他抗辩理由亦不能成立，本院不予支持。由于本案中原告所提赔偿请求偏高，其实际损失和被告非法销售复制软件的利润均难以计算，因此对原告的赔偿应根据本案中被告侵权的事实、情节和手段及本案的具体情况予以确定。此外，原告微软公司所提为本诉讼支付的审计费、调查取证费、公证费及其他诉讼费用应由被告巨人公司赔偿之请求正当，但计算有误，对合理部分，本院予以支持。综上，被告的侵权行为成立。被告除应承担相应的赔偿责任外，还应停止侵害，消除影响，公开向原告赔礼道歉。

（二）法理分析

本案需解决下面三个问题：①本案如何确定管辖权；②审理涉外知识产权民事案件，能否引用《巴黎公约》、《伯尔尼公约》等国际条约作为依据；③本案为计算机版权的侵权案件，如何解决法律适用问题。

关于管辖权的确定，首先对本案进行识别，不论从原告的诉讼请求及其诉讼理由上看，还是从本案的诉讼标的上看，本案都应当被识别为一个涉外的侵犯计算机版权的案件。我国《民事诉讼法》第 28 条规定："因侵权行为提起的诉讼，由侵权行为地或者被告住所地人民法院管辖。"本案中，侵权行为地是北京，因此我国法院对此案有管辖权。同时根据我国《民事诉讼法》第 19 条第 1 款和《最高人民法院关于适用〈中华人民共和国民事诉讼法〉若干问题的意见》第 1 条有关级别管辖的规定，北京市中级人民法院对此案有管辖权。

我国分别加入了《保护文学和艺术作品伯尔尼公约》和《世界版权公约》，并且未作任何保留。从而使我国和美国一起成为这两个公约的成员国。那么这两个公约的适用顺序是怎样的？为协调《伯尔尼公约》与《世界版权公约》的关系，《世界版权公约》第 17 条规定："本公约完全不影响《伯尔尼公约》的规定。"在与第 17 条相关的附加声明中又指出："《伯尔尼公约》成员之间，关系到起源国是伯尔尼联盟的国家之一的作品的保护时，不适用《世界版权公约》。"因此，在适用两公约时，应优先适用《伯尔尼公约》。根据《伯尔尼公约》第5条规定"①就享有本公约保护的作品而论，作者在作品起源国以外的本同盟成员国中享有各该国法律现在给予和今后可能给予其国民的权利，以及本公约特别授予的权利。②享有和行使这些权利不需要履行任何手续，也不论作品起源国是否存在保护。因此，除本公约条款外，保护的程度以及为保护作者权利而向其提供的补救方法完全由被要求给以保护的国家的法律规定。"这条体现了"版权独立性原则"，其是指享有国民待遇的作者，其作品在公约的任一成员国中只能依据该国的国内法和公约的最低要求取得版权保护。根据此原则，版权在国外的保护范围、保护方式、侵权救济等具体内容是以各成员国的版权法为依据的。适用具体国家的版权法时，只要遵守《伯尔尼公约》的基本原则和最低要求即可。因此，对于此案，所适用的法律应该为中国法律。

对于计算机软件的保护，中国主要是以版权保护的手段来对其进行保护的。中国保护计算机软件版权的法律主要有《中华人民共和国著作权法》和国务院颁布的《计算机软件保护条例》和《著作权法实施条例》。对于外国著作权人的著作权的保护问题，根据《中华人民共和国著作权法》第2条第2款规定："外国人、无国籍人的作品根据其作者所属国或者经常居住地国同中国签订的协议或者共同参加的国际条约享有的著作权，受本法保护。"《计算机软件保护条例》第5条第3款规定："外国人、无国籍人的软件，依照其开发者所属国或者经常居住地国同中国签订的协议或者依照中国参加的国际条约享有的著作权，受本条例保护。"因此，外国软件要得到中国法律的保护，必须符合下列条件之一：①该外国与中国签订有双边协议，其中规定了相互保护计算机软件在内的作品的版权；②该外国和中国共同参加了版权保护的国际公约。

拓展案例

金某告中国某科技出版社著作权侵权案[1]

[基本案情]

中国公民李某、张某与韩国人金某合著一本有关内科的医学著作，由中国某科技出版社用中文出版，合署了3人的姓名。后来，张某与李某将该书译成英文，由中国某出版社转让给英国某出版社在英国出版。张某、李某在将书稿

---

〔1〕　参见 http://www.ppkao.com/sf/2012/123868.html，最后访问时间：2013年8月30日。

交给中国国内出版社时，在书稿上未署韩国作者金某的姓名。出版社由于疏忽也未提出异议，就在英国出版发行。该书英文版在英国出版以后，被韩国作者金某发现，并找到英国出版社，英国出版社称此稿系中国出版社转让，署名中没有韩国金某的名字。金某遂来中国状告中国某科技出版社侵权。

[法律问题]

1. 根据我国的法律规定金某是否有著作权？

2. 金某是韩国人，假定中国法院因其作品在中国境内发表而给予其国民待遇，使其取得了著作权，这和我国所参加的《保护文学艺术作品的伯尔尼公约》规定的"双国籍国民待遇原则"是否相矛盾？

[重点提示]

本案是一起合作作品涉外著作权纠纷案，韩国人金某参加了创作，并在作品的中文版中署名，而且该作品首先在中国境内发表。上述问题主要涉及我国《著作权法》第 2 条、第 11 条和第 13 条的规定以及《伯尔尼公约》第 3 条的规定。

第九章

国际合同的法律适用

知识概要

从国际私法的理论和各国的实践来看，在解决国际合同的法律冲突方面历来存在两种不同的方法。①分割论和单一论：分割论是指将合同分割为几个不同方面，分别适用不同地方的法律。这一方法可以追溯到法则区别说时代。早在巴托鲁斯创立法则区别说时就认为，合同的形式及合同的实质有效性问题适用合同缔结地法；合同的效力适用合同履行地法；当事人的缔约能力则应适用当事人的住所地法。单一论则是指将合同看做一个整体，统一适用一个地方的法律。目前，欧洲大多数国家都采用这一做法。②主观论与客观论：主观论是指合同的准据法应当由当事人自主选择；而客观论则指应当根据合同与某个场所之间的客观联系来确定准据法。国际合同的法律适用方面，通常遵循意思自治原则和最密切联系原则。

一、意思自治原则

意思自治原则（the doctrine of the autonomy of the parties）是指当事人通过协商自行选择合同所应适用的法律。这一原则最早由法国著名法学家杜摩兰于16世纪首创。现已成为世界各国在处理涉外合同准据法方面一致接受的原则，是当代国际社会确定合同准据法的首要的最普遍的原则[1]。适用这一原则的好处有：①有利于当事人预见法律行为的后果和维护法律关系的稳定性；②由于当事人在缔结合同时就约定了一旦发生争议应当适用的法律，有利于争议的迅速解决。选择法律的方式通常涉及明示选择和默示选择。对于默示选择，各国态度并不完全一致。有些国家如中国、土耳其、秘鲁等不承认任何形式的默示选择；有些国家如美国、荷兰等则有限度地接受默示选择；而像英国、法国、德

---

[1] 李双元、蒋新苗编著：《国际私法学案例教程》，知识产权出版社 2012 年版，第 262 页。

国、瑞士等国家则完全承认默示选择，由法官通过当事人的缔约行为或其他一些因素来推定当事人的选择意图。关于当事人协议选择法律的范围，当代国际社会的普遍做法是，只允许当事人选择与合同有关国家的实体法，而不包括冲突法，以免发生反致。目前当事人意思自治原则已为世界各国所普遍接受，但同时各国也都在立法上设置种种条件对其加以限制[1]。主要有以下限制：①当事人选择法律只能在特定国家的任意法范围内进行；②当事人选择法律必须是"善意"的，不得违背公共秩序。③当事人选择法律必须有合理的依据。

二、最密切联系原则

最密切联系原则（theory of the most significant relationship）是指合同当事人没有选择法律或选择无效的情况下，由法院综合分析与合同或当事人有关的各自因素，推断出与案件有最密切联系的地方的法律予以适用的一项原则。对于如何确定最密切联系地，各国学者都有不同程度的探讨。其中，合同自体法（proper law of contract）和特征履行说（approach of characteristic performance）是当代国际私法上合同领域法律适用、合同准据法的确定的最为先进的原则和方法。合同自体法理论最早由英国法学家创立，首先应当适用当事人自主选择的法律，而在当事人未选择时，应适用与合同有最密切联系的法律。那么，该如何判断哪个国家的法律与合同存在最密切的联系呢？此时就有了特征履行方法。该方法最早由哈堡格于1902年提出，其目的是解决在采用意思自治原则时如果当事人之间未选择法律时应怎样确定最密切联系的根据的问题。

第一节 合同当事人的缔约能力

经典案例

案例一： **阿拉伯联合酋长国迪拜阿里山海湾资源公司诉**
杭州杭钢对外经济有限公司货物买卖合同纠纷案[2]

[基本案情]

阿拉伯联合酋长国迪拜阿里山海湾资源有限公司（以下简称"海湾公司"）

---

〔1〕 赵相林主编：《国际私法》，中国政法大学出版社2011年版，第261~262页。
〔2〕 参见中国涉外商事海事审判网：http://www.ccmt.org.cn/shownews.php? id=1529，最后访问时间：2013年8月2日。

与杭州杭钢对外经济有限公司（以下简称"杭钢公司"）就买卖塑料原料事宜进行了电话磋商。2001年6月7日，海湾公司上海代表处向杭钢公司发送传真，告知这批塑料原料的品名、价格、数量、包装、交货、付款方式等，并载明"请贵公司书面确认，书面合同后补"字样。杭钢公司收到传真后，在传真件上加注"以上条款我公司已确认，具体事宜到6月11日协商待定"后，于当日将此传真件传回了海湾公司上海代表处。6月13日，海湾公司上海代表处再次向杭钢公司发送传真，要求杭钢公司最迟在6月14日确认是否要该批货物，后杭钢公司回复无法购买这批货物。为此，海湾公司向杭州市中级人民法院起诉，要求确认其与杭钢公司的货物买卖合同成立，并判令杭钢公司承担违约责任。在诉讼中，海湾公司和杭钢公司协议选择适用1980年《联合国国际货物销售合同公约》（以下简称"《公约》"）。

[法律问题]

1. 1980年《联合国国际货物销售合同公约》的适用条件是什么？
2. 本案国际货物买卖合同是否成立？
3. 我国《涉外民事关系法律适用法》中对当事人的缔约能力作何规定？

[参考结论与法理分析]

（一）法院意见

杭州市中级人民法院认为：我国《民法通则》规定"涉外合同的当事人可以选择处理合同争议所适用的法律"，故海湾公司与杭钢公司协议选择适用的《公约》应作为处理本案争议的准据法。依据《公约》有关规定，"对发价表示接受但载有添加、限制或其他更改的答复，即为拒绝该项发价，并构成还价"，而杭钢公司对发价的回复是"以上条款我司已确认，具体事宜到6月11日协商待定"，表明其对发价并未无条件接受，而是作出了继续磋商的意思表示，属限制性的答复，应视为拒绝该项发价，并构成还价。故海湾公司认为合同成立是不符合《公约》第19条第（1）项规定的。另海湾公司上海代表处以自己的名义向贸易公司发出要约，且未声明或出示海湾公司的授权，而国外公司驻我国代表机构，仅具有联络、咨询的资格，不具有从事商业交易的民事行为能力。《公约》对合同的效力及当事人的缔约能力未作规制，本案交易磋商地在我国境内，依照最密切联系原则，应以我国法律作为判断当事人缔约能力及合同效力的准据法。依照《民法通则》第58条规定，无民事行为能力人实施的民事行为无效。故本案合同即使成立，也自始无效。海湾公司基于合同成立且有效而主张合同权利的诉讼请求，不能成立。杭州市中级人民法院一审依法驳回了原告海湾资源有限公司的诉讼请求。

（二）法理分析

本案中，尽管双方当事人选择了1980年公约作为合同的准据法，但是该公约对于当事人的缔约能力并没有作出规定。因此，本案合同当事人双方的缔约能力问题还需由我国的冲突规则加以确定。我国 1988 年最高人民法院《民通意见》第 184 条规定："外国法人以其注册登记地国家的法律为其本国法，法人的民事行为能力依其本国法确定。外国法人在我国领域内进行的民事活动，必须符合我国的法律规定。"因此，本案中海湾公司上海代表处的缔约能力问题，须适用我国法律。海湾公司上海代表处以自己的名义向杭钢公司发价，且未声明或出示海湾公司的授权，而外国公司驻我国代表机构仅具有联络、咨询的资格，而不具有从事商业交易的民事行为能力，因此法院认定海湾公司上海代表处无缔约能力，是正确的。

法人的权利能力和行为能力依其属人法确定是国际上通行的做法。但是对属人法的理解差异很大，主要有两派对立观点[1]：主事务所所在地和成立地标准。两种标准所体现的价值取向是不同的，主事务所所在地理论通过适用规则的设计强调公司设立的唯一性，以此达到对所有设立公司的平等对待和有效的法律监管，同时也保证了交易的安全；而公司成立地理论显然赋予了发起人选择公司设立地的自由，鼓励投资。

我国《涉外民事关系法律适用法》对法人的权利能力和行为能力作了较为全面的规定。该法第 14 条规定："法人及其分支机构的民事权利能力、民事行为能力、组织机构、股东权利义务等事项，适用登记地法律。法人的主营业地与登记地不一致的，可以适用主营业地法律。法人的经常居所地，为其主营业地。"

案例二：　中外合作开采石油资源合同缔约能力纠纷案[2]

[基本案情]

A 国的布莱克先生 1999 年 5 月，与我国东北某石油公司签订了一个合作开采石油的合同。合同约定凡因本合同引起的纠纷依英国法律解决，后因布莱克违约而发生纠纷，并诉至黑龙江省某法院。布莱克称："本人 19 岁，人的行为能力适用当事人的属人法，按 A 国的法律属无行为能力人，因而原订合同无效。"

[法律问题]

1. 布莱克签订合同的行为能力应如何认定？
2. 合同中约定的准据法是否有效？
3. 自然人行为能力适用属人法是否存在例外？

---

〔1〕　赵相林主编：《国际私法》，中国政法大学出版社 2011 年版，第 155 页。
〔2〕　李双元、蒋新苗编著：《国际私法学案例教程》，知识产权出版社 2012 年版，第 273～274 页。

[参考结论与法理分析]

（一）参考结论

1. 布莱克签订合同的行为能力应依中国法来认定。有关商务活动的当事人如依其属人法为无行为能力，而依行为地法有行为能力，应认为有行为能力。布莱克签订合同的地点在中国，他已满19岁，虽依其本国法为无行为能力人，但依行为地中国法他具有完全行为能力。

2. 该合同约定的准据法无效。依照我国法律，中外合作勘探开发自然资源合同，不允许采用意思自治原则，必须适用中国的法律。

（二）法理分析

自然人的行为能力，在一般情况下，应依其属人法解决。但为了保护相对人或第三人不致因不明对方的属人法规定而蒙受损失，保护商业活动的稳定与安全，该规则有以下限制和例外：①处理不动产的行为能力适用物之所在地法；②侵权行为的责任能力适用侵权行为地法；③商务活动当事人的行为能力适用商业行为地法。本案即是上述的第三种情况。我国最高人民法院《民通意见》第179～181条规定，对涉外合同当事人的缔约能力原则上应适用当事人的本国法，但行为地法认为有行为能力的也应认为有行为能力。关于涉外合同的法律适用，《民法通则》第145条第1款规定："涉外合同的当事人可以选择处理合同争议所适用的法律，法律另有规定的除外。"说明我国和世界上绝大多数国家一样把意思自治原则作为确定涉外合同的首要原则，同时又规定了若干例外的情形。从已颁布的法律来看，在我国境内履行的中外合资经营企业合同、中外合作经营企业合同、中外合作勘探开发自然资源等合同，排除意思自治原则，必须适用中国的法律，本案属于以上第三类合同。

拓展案例

泰国S公司与中国H公司天然橡胶购销合同纠纷案

[基本案情]

1995年7月10日，泰国S公司与中国H公司在中国境内签订了一份天然橡胶购销合同。合同约定H公司向S公司购买300吨天然橡胶。H公司应于1995年7月20日前开出不可撤销即期信用证。合同签订后H公司又与中国M市塑料公司签订了转售合同，并接受了其定金。在购销合同履行过程中，因H公司资金周转困难，不能如期开出信用证，经与S公司协商同意，H公司于1995年7月31日前开出信用证。H公司于7月30日向开证行办理了开证申请的有关手续，支付了全额保证金。但 S 公司于 1995 年 8 月 8 日才收到通知行发来的信用证。S 公司以 H 公司未履行合同义务为由要求解除合同。H 公司根据合同仲裁条款向仲裁委员会申请仲裁。庭审中，S 公司辩称：H 公司违反了 1994 年 7 月中华人民共和国对外贸易经济合作部和国家计划委员会联合发布的《进口商品经营管理暂行办法》，不是国家核定的公司，也不是化工商会橡胶分会会员，没有国家核准的进口橡胶的经营权和许可证，因此无权签订本案合同。

[法律问题]

1. H 公司是否具备缔约能力？

2. 判断法人行为能力应当如何适用准据法？

[重点提示]

1994 年中国对外贸易经济合作部和国家计划委员会颁布的《进口商品经营管理暂行办法》（已被 2001 年《货物进出口管理条例》废止）规定，橡胶只能由特定的有进出口经营权的公司进口，并且经核定享有此种经营权的公司须参加有关商品分会，服从有关商会的协调监督并领取会员证。

第二节　意思自治原则

经典案例

案例一：新加坡太空梭世界巡回私人有限公司诉上海沛威实业投资有限公司租赁合同纠纷案[1]

[基本案情]

1997 年 10 月，台湾泛亚开发有限公司（以下简称"泛亚公司"）向美国 RINGLING 公司购买了依"发现号"航天飞机实物尺寸复制的"大使号"航模及相关装置。1998 年 7 月，泛亚公司更名为月眉公司；1999 年 3 月，月眉公司将"大使号"及其他宇航模型展品租给新加坡太空梭世界巡回私人有限公司（以下简称"巡回公司"）的关联公司 EHQ 公司。在新加坡展期间，因租金、展品的维护等问题，EHQ 公司与月眉公司发生争议。同年 12 月，巡回公司与上海沛威实业投资有限公司（以下简称"沛威公司"）就航天展展品租赁达成意向；2000 年 1 月，双方签订租赁合同，巡回公司将合同所附清单上的展品出租给沛

---

〔1〕　参见上海市第一中级人民法院（2000）沪一中经初字第 708 号民事判决书。

威公司在上海举办展览，租金 120 万美元，合同所涉事项受新加坡法律管辖和解释。2000 年 7 月，巡回公司向沛威公司交付航天飞机机头一个、充气机身一架及其他展品。在上海展会期间，新加坡《联合早报》就上海展中"发现号"航天飞机展品涉嫌造假事件进行了报道，并称新加坡展承办单位在新加坡展过程中从未宣称上述"发现号"航天飞机系运自美国的实物。

2000 年 5 月，沛威公司向巡回公司支付租金 94 万美元。2001 年 11 月巡回公司向上海市第一中级人民法院提起诉讼，要求被告沛威公司归还所有展品，并支付剩余租金 26 万美元。期间，月眉公司申请作为第三人参加诉讼并要求原告归还航天飞机部件。原告同时向法院提交了与争议问题相关的新加坡法律和司法判例。

[法律问题]

1. 意思自治原则在国际合同领域如何运用？
2. 当事人双方在合同中约定的法律适用条款是否有效？
3. 本案应适用什么准据法？

[参考结论与法理分析]

（一）法院意见

上海市第一中级人民法院认为：就原、被告之间的争议，适用双方已在合同中约定适用的新加坡法律；但对于原告未提供新加坡法律部分所涉争议，适用中国法；月眉公司与原、被告之间的所有权争议，按物之所在地法，同时也是法院地法的中国法律处理。法院还认为，原、被告之间的租赁合同约定，按合同所附清单确定展品，但双方分别提供了记载内容不同的展品清单，因此，应以合同条款外的事实作为确定当事人缔约意思的重要参考：自开始磋商到租赁合同订立直至交付展品前的整个过程中，原告的言行表明其将交付与新加坡展一致的航天飞机展品，其代理人也证明了这一点，故原告交付充气航天飞机机身的行为明显违反合同，依《合同法》第 67 条之规定，被告有权拒付剩余租金。另外，月眉公司已证明其将拥有所有权的航天飞机出租给 EHQ 公司进行展览的事实。综上，判决被告沛威公司向原告巡回公司返还租赁展品，向第三人月眉公司返还航天飞机组件，驳回原告巡回公司的其他诉讼请求。

（二）法理分析

本案涉及的争议包括两部分：①原告巡回公司与被告沛威公司的租赁合同纠纷；②原告巡回公司与第三人月眉公司的航天飞机组件所有权纠纷。按照当事人意思自治原则，涉外合同纠纷的处理，首先适用当事人共同选择的法律。本案中，巡回公司和沛威公司在租赁合同中明确约定"所涉事项受新加坡法律管辖和解释"。我国《民法通则》第 145 条关于"涉外合同的当事人可以选择处理合同争议所适用的法律，法律另有规定的除外"的规定表明，当事人可以协议选择合同准据法；且本案当事人对准据法的选择并没有违反我国的强制性规定，因此当事人在合同中约定适用新加坡法律的行为是有效的，新加坡法律是解决原、被告租赁合同纠纷的准据法。

早在罗马帝国以前，乌尔比安即对公法和私法作了区分，认为规定国家公务的为公法，规定个人利益的为私法。私法规范是任意性的，可以由当事人的意志改变。在私法领域，对当事人而言，"协议就是法律"。这便是被后人所称的"私法自治"原则的雏形[1]。法国在资产阶级革命取得成功以前，各省封建势力在法律适用上均采用属地主义，这极大地阻碍了商业的发展。在这种背景下，法学家杜摩兰顺应时势，主张在契约关系中适用当事人意欲适用的法律。1525 年杜氏在对夫妻财产关系问题的咨询中，提出全部财产适用夫妻结婚时共同住所地法，其理由是夫妻财产关系实际是一种默示契约，夫妻双方已经将契约置于其婚姻住所地法的支配之下[2]。在《巴黎习惯法评述》一书中，他进一步指出，在契约关系中，应该适用当事人自主选择的习惯法。因为在他看来，按照契约自由原则，当事人既然可以自由订立契约，也当然有权选择契约适用的法律。这就是被后人称为意思自治原则的理论。

对于原、被告之间的其他争议应如何适用法律，双方未作出相应的选择。法院依职权进行了查证，但均不能查明，故对原告未提供新加坡法律部分所涉争议，适用中国法；月眉公司与原、被告之间的所有权争议，按物之所在地法，同时也是法院地法的中国法律处理。

案例二：　　江苏省纺织品进出口集团股份有限公司诉
北京华夏企业货运有限公司上海分公司及华夏货运
有限公司海上货物运输合同无单放货赔偿纠纷案[3]

[基本案情]

2002 年 10 月 16 日，江苏省纺织品进出口集团股份有限公司（以下简称"江苏纺织"）将一个集装箱的纺织品交给华夏货运有限公司（以下简称"华夏货运"）从上海出运。华夏货运签发了正本提单，提单抬头为华夏货运，托运人为江苏纺织，收货人为 RAFAEL MORALES，装货港为中国上海港，目的地为美国拉雷多港。涉案货物报关单记载，货物总价为 119 098.18 美元，结汇方式为电汇，成交方式 FOB。华夏货运和北京华夏企业货运有限公司上海分公司（以

---

〔1〕　李双元、蒋新苗编著：《国际私法学案例教程》，知识产权出版社 2012 年版，第 261 页。

〔2〕　[法]亨利·巴蒂福尔、保罗·拉加德：《国际私法总论》，陈洪武等译，中国对外翻译出版公司 1989 年版，第 310 页。

〔3〕　参见上海海事法院（2003）沪海法商初字第 299 号民事判决书。

下简称"北京华夏")之间签署有代理协议，存在业务代理关系。涉案提单为该两被告在我国交通部各自报备的无船承运人提单，并由交通部网站长期公布。

后涉案货物在目的港被无单放货，江苏纺织诉至法院。华夏货运根据涉案提单背面条款的记载主张适用美国法律，并向法院提供了经美国公证机构公证及中国驻纽约总领事馆认证的美国律师事务所律师提供的美国《海上货物运输法》及《提单法》，江苏纺织不同意。涉案提单背面条款第33条为地区条款，其中33.6条为美国地区条款。该条款规定：无论运输从美国开始或者到美国的，承运人的责任（如果存在）必须根据美国《1936年海上货物运输法》的规定来确定。提单背面条款第36条为法律适用及管辖权条款。其中第36.1条规定，本运输合同应根据香港法律解释。

上海海事法院经审理认为，本案提单背面条款只是载有"无论运输是从美国开始或者到美国的，承运人的责任必须根据美国《1936年海上货物运输法》"的内容。此外，美国《1936年海上货物运输法》并未对无单放货行为作出法律界定。另外，被告华夏货运未能证明本案提单是原告自愿选择使用的，提单有关法律适用条款是双方当事人的真实意思表示，因此，对被告华夏货运主张适用美国法律，本院不予支持。根据最密切联系的原则，本案应适用中华人民共和国的法律。遂依据我国《海商法》，认定被告华夏货运应向江苏纺织承担无单放货的损害赔偿责任。判决后，华夏货运不服上诉。

[法律问题]

1. 当事人意思自治原则在海上货物运输合同中具体如何运用？

2. 美国《1936年海上货物运输法》中的地区条款效力如何？

3. 提单中约定的法律适用条款效力如何？有无例外？

[参考结论与法理分析]

（一）法院意见

上海市高级人民法院经审理认为，本案提单是承运人应托运人要求而签发的，应视为双方当事人自愿选择使用。根据提单中的地区条款，本案中承运人的责任应依据美国《1936年海上货物运输法》的规定予以确定。但由于该法及该法指向的美国《提单法》关于无单放货责任的规定，违反了我国《海商法》第44条的强制性规定，所以该地区条款的效力不予确认。对承运人责任的认定，还应依照我国《海商法》进行。原判认定事实基本清楚，适用中国法律和处理结果正确，遂判决驳回上诉，维持原判。

（二）法理分析

1. 当事人意思自治原则在海上货物运输合同中的表现形式。当事人意思自治原则是合同领域选择合同准据法的首要原则，在海上货物运输合同中也不能例外。提单作为海上货物运输合同的证明，一般载明以下一种或几种与法律选择有关的条款：①管辖权与法律适用条款，即指明该提单引起争议适用何国法律解决的条款。被选定的某一国法律即为提单的准据法。②首要条款，指提单中指明该提单受某一国际公约或某一国家法律的某一特定法规制约的条款。由于海牙规则的规定对承运人比较有利，即使是非缔约国的船公司的提单中也常订有"承运人的权利和义务、责任与豁免等适用海牙规则"的首要条款。③地区条款，是根据某些国家国内立法适用范围的强制性规定，在提单中指明从事运往和（或）运出该国家港口的货物运输时必须适用该国国内法规的条款。最常见的是美国地区条款。

2. 提单中不同法律选择条款的效力。在航运实务中，于同一提单上设有两个以上的有关法律选择条款已不鲜见。本案提单即同时载有法律适用条款和美国地区条款。要正确判断海运合同的法律适用，必须准确把握这几种有关法律选择的条款的关系与效力。①提单中的法律适用条款本质上是一种法律选择协议模式，一般认为虽然提单中的法律适用条款是事先印好的，但提单是承运人应托运人的要求而签发的，故提单中的条款包括法律适用条款应视为承、托双方意思自治、协商一致的结果。至于提单由托运人出让后，在非托运人的提单受让人与承运人之间，提单中的法律适用条款是否亦具有同等效果，实践中一直有不同的理解和主张，由于本案不涉及这个问题，所以在此不再赘述。②提单中的首要条款只指明适用某一规则或某一特定法规，一般认为其是将适用于提单的某个公约或某国法律的一部分"并入"合同，本质上只是提单中的一个条款，而就该条款的有效与否的审查、确认，应依调整提单关系的准据法为之。因此，当提单中有明示法律选择条款时，首要条款中被纳入的某公约或法规不再是作为合同准据法，而是作为当事人议定的合同条款被实施，而且该条款仅调整合同的某些事项。③提单中的地区条款是为了满足某国国内法中的某特定法规的强制性规定而设置的，故在该提单货物运输涉及该国港口即提单受该国强制性法律规定制约的情况下，可考虑优先认可该地区条款的有效性。本案中，二审法院即认为地区条款是当事人对承运人责任问题在适用法律上所作的特别约定，并且涉案货物运输涉及美国港口，符合地区条款中规定的适用情形，应优先于法律适用条款适用。

3. 对提单法律选择条款的限制和例外。关于当事人选择法律，纵观国际国内规定，一般都有不违反公共秩序及法律强制性规定的限制。我国法律及有关司法解释也规定，当事人选择法律不得违反我国的公共秩序或法律的基本原则。当事人规避我国强制性或者禁止性法律规范的行为，不发生适用外国法律的效力。

在冲突法上，对当事人意思自治加以限制的强行法，可分为公共秩序和强制性法律规定，前者指的是狭义上的来源于国家立法政策的限制当事人自己选择的法律的适用的法律规定；后者指的就是来源于成文法的限制当事人选择的法律的适用甚至冲突规则的适用的法律规定，还称为"直接适用的法律"。一般认为，公共秩序不是一种可以直接适用的法律规则，它发挥作用的方式仅仅是简单地停止法律选择程序，排除外国法的适用；而强制性法律规定则具有排除冲突规范的适用程序而直接适用于合同的效果。

本案地区条款要得到优先适用，须受公共秩序及强制性法律规定的制约。根据地区条款所指向的美国《1936 年海上货物运输法》及该法指明的美国《提单法》，承运人有理由将货物交付给托运人在记名提单上记名的收货人，在向记名收货人交付货物时，承运人不负有要求记名人出示或提交记名提单的义务。而根据我国《海商法》第 71 条规定，承运人必须凭提单交付货物，并不以记名提单和不记名提单作为区分，亦未允许在记名提单的情况下可以不凭正本提单交货。上述美国法律对本案承运人无单放货责任的规定，显然较我国《海商法》第四章的规定为轻。因此，二审法院认为，既然我国《海商法》第 44 条明确规定，海上货物运输合同和作为合同凭证的提单或者其他运输单证中的条款违反《海商法》第四章规定的无效。则当事人的法律选择协议（地区条款）属于违反我国法律的强制性规定的情形，因此对其效力不予确认。最终，我国《海商法》作为直接适用的法律在本案中得以适用于对承运人责任的认定。原判适用中国法律正确。

案例三：　　　　　　　Desantis v. Wackenhut Corp. [1]

[基本案情]

德克萨斯州公民 Desantis 在与 Wackenhut Corp. 公司（以下简称"W 公司"）签订的劳动合同中明确约定，"由解释或者履行合同所产生的任何问题都由佛罗里达州法律管辖"。然而，合同签订于德州，劳动合同中约定 Desantis 即将就任的分公司亦位于德州休斯敦市。后履行合同发生纠纷，W 公司起诉至法院。双方就应适用的法律产生纠纷。

[法律问题]

1. 若按照中国法律的规定，本案应当适用何种法律？

2. 当事人意思自治原则有何例外情况？

[参考结论与法理分析]

（一）法院意见

本案经过预审法院和上诉法院审理，两法院一致认为应当尊重当事人意思

---

〔1〕 Supreme Court of Texas, 793 S. W. 2d 670 (1990).

自治，适用佛罗里达州的法律。案件最终交至德州最高法院，法院判决认为：本案应当适用德克萨斯州法律。

（二）法理分析

美国《第二次冲突法重述》第 187 条内容如下："当事人选择的州的法律：①如果特定问题是当事人通过其合同对该问题的明示规定可以解决的，则依当事人选择用以支配其合同权利义务的州的法律。②即使特定问题是当事人通过其合同对该问题的明示规定所不能解决的，仍依当事人选择用以支配其合同权利义务的州的法律。但下列情况除外：被选择州与当事人或交易无重要联系，而且当事人的选择也无其他合理依据；适用被选择州的法律将违反某个在决定该特定问题上较被选择州有明显的更大利益的州的根本政策，而且根据第 188 条规则，该州将是当事人未作有效选择时应适用其法律的那个州。③无相反意思表示时，所选择的法律为该州的本地法。"

本案的争议问题，即该劳动合同是否有效，不属于第 187 条第 1 款中"当事人通过其合同对该问题的明示规定可以解决"的范畴，因此，本案适用第 187 条第 2 款的规定。当事人双方在合同中选择佛罗里达州的法律适用于其合同。佛罗里达州与当事人双方均有实质联系：W 公司在该州设有办公地点、Desantis 与 W 公司曾在该州就雇佣问题洽谈等。因此，根据第 187 条第 2 款，应当适用佛州的法律，除非有例外情形。那么，如果要适用德州法律，则需要证明以下三点：①与佛州相比，德州是否与当事人的联系更加密切；②在决定本案合同是否有效的问题上，德州是否比佛州有更重要的利益；③适用佛州法律是否与德州的基本政策相违背。

《冲突法重述》第 188 条规定了当事人未作有效选择时的准据法："……当事人与合同的某个问题有关的权利义务，依在该问题上，按照第 6 条[1]规定的

---

[1] 美国《第二次冲突法重述》第 6 条规定："法律选择的原则
1. 法院，除受宪法约束外，应遵循本州关于法律选择的立法规定。
2. 在无此种规定时，与适用于选择法律的规则有关的因素包括：
（1）州际及国际体制的需要；
（2）法院地的相关政策；
（3）其他利害关系州的相关政策以及在决定特定问题时这些州的有关利益；
（4）对正当期望的保护；
（5）特定领域法律所依据的政策；
（6）结果的确定性、可预见性和一致性，以及
（7）将予适用的法律易于确定和适用。"

原则，与该交易及当事人有重要联系的那个州的本地法。"[1]在本案中，"那个州"即为德州。W 公司雇佣 Desantis 管理其在休斯顿的生意，尽管劳资双方间的部分洽谈发生在佛州，但该雇佣合同最终将在休斯顿市执行，双方的合同履行地均为德州。德州明显比佛州有更密切的联系。

关于上述证明中的第二个问题，在决定本案合同是否有效的问题上，德州比佛州有更重要的利益。此处涉及的几个问题，如 Desantis 受雇于德州、W 公司在德州经营生意等，德州均有重要利益。德州和佛州在保护商业实体的正当期望方面具有共同的利益。然而，佛州在本案合同的履行方面的直接利益仅限于保护一个总部设在其处的商业实体。鉴于本案的情况，德州毫无疑问享有更大的利益。

最后，需要判定适用佛州的法律是否违背德州的基本政策。德州最高法院曾经作出判决："竞业禁止协议属于限制贸易，除非有合理原因不得履行。"本案中 Desantis 与 W 公司所签雇佣合同包括竞业禁止条款。根据一般规则，不合理的限制贸易包含不合理的竞业禁止协议，违反公共政策。那么，判定哪些属于合理的限制则属于公共政策的问题。更重要的是，这项判定确保德州在履行竞业禁止协议时形成统一规则，在这一点上是有基本意义的。没有此类政策，涉及其他州公民的协议将会由其他州的法律和政策调整。如此，可能出现如下混乱情形：某一受雇于其他州雇主的雇员从事竞业将不被惩罚，而其邻居却因类似情况而被告上法庭，这种混乱是不能被接受的。因此，调整竞业禁止协议的法律在德州属于基本政策，本案合同应当适用德州法律。

---

[1]　美国《第二次冲突法重述》第 188 条规定："当事人未作有效选择时的准据法

1. 当事人与合同的某个问题有关的权利义务，依在该问题上，按照第 6 条规定的原则，适用与该交易及当事人有重要联系的那个州的本地法。

2. 当事人未对法律作有效选择时（见第 187 条），适用第六条的原则以确定准据法时应考虑的联系包括：

（1）合同缔结地；

（2）合同谈判地；

（3）合同履行地；

（4）合同标的物所在地，以及

（5）当事人的住所、居所、国籍、公司成立地以及营业地。

对这些联系将按照其对该特定问题的重要程度加以衡量。"

3. 除第 189 条、第 190 条和第 203 条另有规定外，如果合同谈判地与履行地为同一州时，通常依该州的本地法。

拓展案例

案例一：　四川省医药保健品进出口公司诉香港华美集团
有限公司货物买卖合同纠纷案[1]

［基本案情］

1997 年 5 月，四川省医药保健品进出口公司（以下简称"医保公司"）根据乐山三九长征药业股份有限公司的指示，与香港华美集团有限公司（以下简称"华美公司"）签订了一份药品买卖合同。合同签订后，医保公司按约交付了货物。华美公司在约定的付款期限内未支付货款。2001 年 3 月，医保公司向成都市中级人民法院起诉，要求华美公司给付货款及违约金等。在诉讼过程中，医保公司和华美公司一致选择中国法律作为解决争议所使用的法律。

［法律问题］

本案应当适用何种准据法？为什么？

［重点提示］

双方药品买卖行为发生在 1999 年 9 月 1 日之前，医保公司提起诉讼的时间是 2001 年 3 月。1999 年 9 月 1 日，伴随着《合同法》的生效实施，《涉外经济合同法》被废止，且当事人选择合同准据法的行为发生在《合同法》实施之后，那么合同准据法应当适用《涉外经济合同法》还是《合同法》？

案例二：　上诉人王素蓉与被上诉人王素莉、王建华、原审
被告张培俊委托合同纠纷案[2]

［基本案情］

上诉人王素蓉与被上诉人王素莉、王建华、原审被告张培俊委托合同纠纷一案，因王素蓉不服天津市第一中级人民法院（2010）一中民五初字第 59 号民事判决，向天津高级人民法院提起上诉。

原审法院审理查明：王素蓉、王建华与王素莉系兄弟姐妹关系，张培俊与王素蓉为夫妻关系。2008 年，王建华与王素莉口头委托王素蓉在天津购置一处房产用于其父母回国居住。2008 年 4 月至 5 月期间，王素蓉收到王建华与王素

---

〔1〕　参见四川省成都市中级人民法院（2001）成经初字第 122 号民事判决书。

〔2〕　参见天津市高级人民法院（2011）津高民四终字第 173 号民事判决书。

莉的汇款 79 992.54 美元。王素蓉接受委托购房事项后履行了看房、选房的相关义务，但最后并未购买房屋。各方当事人父母于 2008 年年底从美国回国，由王素蓉接至天津居住至 2009 年 8 月底，后父母离开天津市。

2010 年 1 月 23 日，王建华给王素蓉一封信函，主要载明以下内容："……我和小莉各出 45 000 美元在国内买房。房子属于我和小莉共有。但此房由爸妈居住。爸妈现居住在兰州，且住在他们所拥有的房产。经和小莉商量，决定不再买房。爸妈曾存放 40 000 美元在我这儿。请你将我在国内买房的 45 000 美元交给爸妈。除偿还爸妈的 40 000 美元外，剩余的 5000 美元是我孝敬二老的。……你担心二老神志不清无法管钱。烦请你去趟兰州帮二老开个账户，把 45 000 美元存入此账户并按月给爸妈发放生活费……"

王建华与王素莉因委托合同解除后王素蓉拒不返还购房款向原审法院提起诉讼，请求：①王素蓉与张培俊返还王建华与王素莉 56 万元人民币；②王素蓉与张培俊支付利息 18 144 元人民币。

原审法院审理认为：王建华与王素莉均为美籍华人，主体具有涉外因素，本案应为涉外委托合同纠纷。《中华人民共和国涉外民事关系法律适用法》第 41 条规定："当事人可以协议选择合同适用的法律。当事人没有选择的，适用履行义务最能体现该合同特征的一方当事人经常居所地法律或者其他与该合同有最密切联系的法律。"本案各方当事人虽没有协议选择解决纠纷所适用的法律，但在庭审中均援引我国法律作为纠纷解决的依据。同时，王建华与王素莉委托王素蓉在我国境内购买房产，作为履行义务一方的王素蓉经常居住地在我国，故本案应依法适用中华人民共和国法律。

王建华、王素莉与王素蓉经口头协商，达成了由王建华与王素莉委托王素蓉在天津市购买一套房产的合意，双方形成了有效的委托合同法律关系，应受法律保护。王素蓉收到王建华与王素莉汇来的购房款折合成 556 229.64 元人民币后，依约履行了看房、选房的相应合同义务。现各方当事人均已认可解除委托购房事项，故王素蓉应依法返还王建华与王素莉的委托购房款 556 229.64 元。虽各方当事人对于委托事项没有约定报酬，但王素蓉为履行委托事项而支出的交通费 2 680.2 元，应属为处理委托事务而垫付的必要费用，作为委托人的王建华与王素莉应当偿还该笔费用。上述两项款项折抵后，王素蓉应返还王建华与王素莉人民币 553 549.44 元。因张培俊与王素蓉为夫妻关系，张培俊对于王素蓉所负债务，应依法承担共同偿还责任。关于王建华与王素莉主张王素莉与张培俊应支付相应利息的诉讼请求，因各方对此未形成合意，且对解除合同的时间持有异议，故王建华与王素莉计算利息的起算时间及具体数额缺乏法律依据，原审法院对该项诉讼请求不予支持。

　　王素蓉称王建华曾于 2010 年 1 月 23 日来信，授权其将王建华汇来的 40 000 美元归还父母，另 5 000 美元作为父母的赡养费，故其已将该款全部用于父母花销。而王建华信函内容载明将该款项以存入父母开立账户的方式归还父母，并未授权王素蓉用于其他用途，故王素蓉未按照王建华的指示处分该款项。现王建华请求王素蓉返还自己所有款项，属有权处分。王素蓉拒绝返还的理由，不能成立，原审法院不予采纳。

　　综上，原审法院依照《中华人民共和国民法通则》第 108 条，《中华人民共和国合同法》第 398 条的规定，判决：①王素蓉与张培俊自本判决生效后 10 日内返还王素莉与王建华委托购房款 553 549.44 元人民币；②驳回王素莉与王建华的其他诉讼请求。

　　王素蓉不服原审判决，向天津市高级人民法院提起上诉。

[法律问题]

本案中双方当事人是否有效选择了合同的准据法？为什么？

[重点提示]

重点考虑本案一审程序中当事人于庭审时选法的行为是否有效。

第三节　最密切联系原则

经典案例

案例一： **宝得利股份有限公司诉中国电子进出口**
广东公司买卖合同纠纷案[1]

[基本案情]

　　2000 年 11 月 16 日，宝得利股份有限公司（以下简称"宝得利公司"）为买方、中国电子进出口广东公司（以下简称"电子进出口公司"）为卖方签订售货合同。双方在合同中约定：电子进出口公司为宝得利公司提供生姜一批，总价款为 16 579.2 美元，目的口岸为纽约，FOB 广州；装运期限为第一个货柜于 2000 年 11 月底出，第一个货柜出货一个星期后出第二个货柜；宝得利公司在签订合同之后，先预付总货款 30% 的订金，待货到验收后，7 天内付清余款；质量要求：鲜姜要保证符合食品卫生标准，不烂、不碎、不发芽，姜块要大，每

---

〔1〕　参见广东省广州市中级人民法院（2004）穗中法民三初字第 297 号民事判决书。

块最小要求在 100 克以上。

2000 年 11 月 28 日，电子进出口公司送检的两批生姜经中华人民共和国出入境检验检疫局检验合格，取得植物检疫证书，在广州黄埔港装运，运往美国纽约。2001 年 1 月 1 日和 1 月 17 日宝得利公司在美国纽约收到两批货物后，向美国农业部申请对两批生姜进行检验，检验结论为两批生姜均不符合美国的食品卫生标准。之后，宝得利公司将该批生姜作为垃圾处理，并支付了垃圾处理费等相关费用。

2003 年 8 月 5 日，宝得利公司的律师向电子进出口公司发出律师函认为电子进出口公司交付生姜不符合合同约定的质量要求构成违约，要求电子进出口公司承担违约责任。

另外，宝得利公司于 2000 年 11 月 16 日和 12 月 3 日分两次（人民币 20 550 元和人民币 20 541.6 元）共支付了货款总额 30% 的订金，电子进出口公司相应地开具了两份发票。同年 12 月 5 日，电子进出口公司向宝得利公司开具两张金额均为 8289.60 美元的未加盖公司印章的随货发票。

宝得利公司以货物质量存在问题为由向法院起诉，请求判令：①被告返还货款本金 16 579.2 美元及其利息约 2400 美元，折合人民币 155 627.8 元。②被告赔偿原告损失共计 13 236 美元及其利息约 2000 美元，折合人民币 108 535.2 元。③被告在美国支付的律师费、检验费等费用 2493.36 美元（折合人民币 20 445.55 元）。电子进出口公司反诉请求判令被反诉人支付反诉人货款 11 605.44 美元，折合人民币 95 852.47 元。

[法律问题]

1. 最密切联系原则在国际合同领域应当如何适用？

2. 本案当事人未选择法律适用条款，法院应当如何处理？

[参考结论与法理分析]

（一）法院意见

广州市中级人民法院经审理认为，本案是国际货物买卖合同纠纷。原告和被告没有就本案合同争议选择管辖法院，被告住所地和合同履行地均在广东省广州市，根据《民事诉讼法》第 24 条的规定，本院对本案具有管辖权。因原告和被告对处理合同争议所适用的法律未作选择，依照最密切联系原则，法院确认被告住所地和合同履行地的中华人民共和国内地法律作为解决本案争议的准据法。鉴于原告营业所所在地美国和被告营业所所在地中国均是《联合国国际货物销售合同公约》的缔约国，原被告双方之间的货物销售合同关系不属于《联合国国际货物销售合同公约》第 2 条、第 3 条排除适用的范围，而我国国内法对国际货物买卖合同没有明确的规定，根据《民法通则》第 142 条第 2 款规定的"中华人民共和国缔结或者参加的国际条约同中华人民共和国的民事法律有不同规定的，适用国际条约的规定"的精神，本案应适用《联合国国际货物销售合同公约》的有关规定。

宝得利公司和电子进出口公司之间发生的国际货物买卖合同关系合法有效。根据《联合国国际货物销售合同公约》第 39 条的规定，在收货之日起两年后宝得利公司已经丧失声称两批货物质量不符合合同约定的权利，宝得利公司未在实际收到本案两批货物之日起两年之内（即 2003 年 1 月 1 日和 1 月 17 日前）向电子进出口公司通知和主张货物质量问题，视为其已接受了符合合同约定质量的货物。法院据此采纳了电子进出口公司有关宝得利公司就货物质量问题索赔已超过两年期限的抗辩，驳回了本诉原告的诉讼请求。

关于反诉，双方当事人对已经支付了 30% 的货款没有异议。虽然电子进出口公司曾在货物发运前开具了两份发票给宝得利公司，但这两份发票并未加盖电子进出口公司印章，属于在国际货物买卖过程中使用的随货发票，与我国国内法上作为付款凭证的发票的证明效力不同。宝得利公司没有进一步提供其他证据佐证其确实支付过剩余货款，单凭该两份发票无法证实宝得利公司已支付了剩余的 70% 货款给电子进出口公司，故法院支持反诉原告要求反诉被告支付剩余货款的诉讼请求。宝得利公司认为电子进出口公司的反诉超过诉讼时效的抗辩，因双方约定剩余 70% 货款的支付时间为货到验收后 7 日内，本案中宝得利公司收货后检验日期是 2001 年 1 月 1 日和 1 月 17 日，故付款期限应为 2001 年 1 月 8 日和 1 月 25 日。依照《合同法》第 129 条的规定，国际货物买卖合同纠纷的诉讼时效为 4 年，本案电子进出口公司于 2005 年 1 月 8 日提出反诉，并未超过诉讼时效。依照《联合国国际货物销售合同公约》第 39 条，《合同法》第 109 条、第 129 条、第 126 条第 1 款、第 159 条，《民事诉讼法》第 24 条的规定，判决如下：①宝得利股份有限公司于本判决发生法律效力之日起 10 日内向中国电子进出口广东公司清偿货款 11 605.44 美元，折合人民币 95 852.47 元；②驳回宝得利股份有限公司的诉讼请求。

（二）法理分析

本案的处理适用了《联合国国际货物销售合同公约》。《联合国国际货物销售合同公约》可以基于缔约国当事人的选择而得到适用，但本案对该公约的适用不是基于当事人的选择，而是在适用我国内地法的基础上得到适用的。意思自治原则和最密切联系原则是涉外合同纠纷法律适用的两个重要原则，本案纠纷就是通过上述两原则确定了准据法为我国内地法律。本案纠纷之所以适用《联合国国际货物销售合同公约》，是基于《民法通则》第 142 条第 2 款规定的精神，这也是国际条约优先原则的体现。法院审理国际货物合同纠纷时，对是否适用《联合国国际货物销售合同公约》，应考虑以下因素：①合同当事人是否直接选择该公约；②当事人未选择适用法律的，根据最密切联系原则是否适用我国内地法。适用我国内地法的，应根据我国内地法确立的"涉外纠纷优先适用我国缔结或参加的国际条约的原则"，考虑适用《联合国国际货物销售合同公约》；③合同当事人的营业所所在地国是否为缔约国，合同是否属于公约适用的范围，是否存在缔约国声明保留的情形。

案例二： 上诉人（原审被告）上海伽姆普实业有限公司与 被上诉人（原审原告）MoraglisS. A. 承揽合同纠纷案[1]

[基本案情]

上诉人上海伽姆普实业有限公司（以下简称"伽姆普公司"）因与被上诉人 MoraglisS. A. （以下简称"MSA 公司"）承揽合同纠纷一案，不服中华人民共和国上海市第一中级人民法院作出的（2010）沪一中民五（商）初字第 36 号民事判决，向上海市高级人民法院提起上诉。

上海市第一中级人民法院确认如下事实：2009 年 5 月 8 日，MSA 公司作为买方、伽姆普公司作为卖方签订合同一份，约定：伽姆普公司向 MSA 公司提供 M－71 制服 20 000 件，单价为 22. 86 美元，总价值为 457 200 美元。2009 年 6 月 22 日、2009 年 7 月 17 日分两次发送，款项在船运结束时支付。MSA 公司以 150 000 美元作为伽姆普公司永久的保障。双方约定衣服的颜色色差标准。在每次发货前，通标集团（以下简称"SGS"）需进行质量控制检查。如果订单规格发生错误，伽姆普公司将承担百分之百的责任。如发生延误情况，卖方将缴纳 10% 的罚款。双方还约定制服的经向收缩和纬向收缩为 1%。浅绿色、深绿色和板栗色的色差最高值为 1。2009 年 4 月 24 日、5 月 21 日及 6 月 22 日，MSA 公司分别向伽姆普公司汇款 55 000 美元、95 000 美元及 10 700. 80 美元。

希腊 SGS 接受 MSA 公司的委托，对中国市场的衣服质量进行了检查。2009 年 8 月 28 日希腊 SGS 检测报告说明，认为基色的色差为 0. 93，碧绿的色差为 1. 41，棕色的色差为 1. 55。

本案中双方当事人均确认伽姆普公司尚未交付涉案制服给 MSA 公司。

MSA 公司认为，双方签订的服装加工合同约定，由伽姆普公司为其提供符合订单规格的制服，否则，伽姆普公司应承担全部责任。根据 SGS 出具的检测报告，伽姆普公司提供的服装所用的材料不符合订单所规定的标准，导致其不

---

[1] 参见上海市高级人民法院（2012）沪高民二（商）终字第 4 号民事判决书。

能实现合同的目的，伽姆普公司的行为构成根本违约，故请求判令：①解除双方之间签订的合同；②伽姆普公司返还其支付的预付款。

原审法院认为，本案系涉外买卖合同纠纷，根据《中华人民共和国涉外民事关系法律适用法》第41条的规定，当事人可以协议选择合同适用的法律。当事人没有选择的，适用履行义务最能体现该合同特征的一方当事人经常居所地法律或者其他与该合同有最密切联系的法律。本案中，双方当事人并未选择合同所适用的法律，故法院依据特征性履行原则来确认合同应适用的法律。又根据《最高人民法院关于审理涉外民事或商事合同纠纷案件法律适用若干问题的规定》第5条之规定，买卖合同中卖方住所地最能体现买卖合同的特征，本案中的卖方即伽姆普公司住所地位于中国境内，故原审法院适用中华人民共和国法律作为本案准据法。

原审法院认为，本案中MSA公司与伽姆普公司签订的买卖合同系双方当事人真实意思的表示，依法有效成立，各方当事人均应按约履行。MSA公司支付给伽姆普公司的150 000美元款项，性质为定金。SGS检测报告符合合同约定，对双方当事人均具有法律效力。伽姆普公司提供的样衣色差和缩率并未达到合同约定的标准，其行为构成根本违约，MSA公司以伽姆普公司根本违约为由要求解除合同于法有据，MSA公司要求伽姆普公司将其支付的定金予以返还的诉讼请求于法不悖，原审法院予以支持。

经上海市高级人民法院审理查明，上海市第一中级人民法院查明的事实属实。

[法律问题]

1. 本案中主要的法律关系与何地联系最密切？
2. 本案最终应当适用何法律？

[参考结论与法理分析]

（一）法院意见

上海市高级人民法院认为：①原审法院将本案定性为买卖合同错误，本案系承揽合同纠纷，应适用中国法律作为本案的准据法。②关于SGS检测报告的效力。首先，双方当事人在合同中约定产品发货前，需由SGS进行质量检查，表明双方对委托SGS进行质量检测达成了合意。其次，SGS青岛分公司出具的测试报告记载，缩率检测的标准、色差检测的标准均系通行的国际标准。根据SGS的检测报告，伽姆普公司提供的服装未能达到合同的标准。原审法院对SGS的检测报告予以采信，并无不当。原判决认定事实清楚、适用法律不当，但其判决主文正确，法院依法予以维持。

（二）法理分析

本案双方当事人之间形成了合同关系，由于MSA公司系外国公司，他们之间的合同关系应为涉外合同关系。就本案当事人之间合同的性质究竟是国际货物买卖合同还是涉外承揽合同，两级法院的定性是不同的。初审法院认定为买卖合同，但并未说明理由和依据，二审法院对此有明确的分析和论理，且强调双方当事人均主张本案系承揽合同，认定双方系承揽合同，但未指出具体定性的法律依据。关于合同性质问题，即本案合同的定性，应依据我国《涉外民事关系法律适用法》第8条的规定，适用中国法律加以确定。本案合同的定性与其后的法律适用直接相关。一审法院将合同定性为涉外买卖合同，其应适用的法律在当事人未选择适用法律的情况下，则应依据《民法通则》第142条以及相关规定，确定适用相关的国际公约，即《联合国国际货物销售合同公约》，但一审法院直接依据我国《涉外民事关系法律适用法》第41条的规定，认为法院依据特征性履行原则来确定合同应适用的法律。又根据《最高人民法院关于审理涉外民事或商事合同纠纷案件法律适用若干问题的规定》第5条之规定，买卖合同中卖方住所地最能体现买卖合同的特征，本案中的卖方即伽姆普公司住所地位于中国境内，故原审法院适用中华人民共和国法律作为本案的准据法。可以看出，一审法院依据《涉外民事关系法律适用法》第41条，直接适用特征履行原则确定了应适用的法律，并未说明其与最密切联系原则之间是否有关系。二审法院首先指出一审法院对合同定性的错误，即合同应为承揽合同。同时，根据《涉外民事关系法律适用法》第41条的规定，认为本案中双方当事人并未选择合同所适用的法律，故法院依据特征性履行原则确定与合同有最密切联系国家的法律作为合同的准据法。又根据《最高人民法院关于审理涉外民事或商事合同纠纷案件法律适用若干问题的规定》第5条第2款第2项之规定，承揽合同适用加工承揽人住所地法，本案中的承揽人即伽姆普公司住所地位于中国境内，本案应适用中国法律作为本案的准据法。在此，可以看出二审法院在适用《涉外民事关系法律适用法》第41条的规定时，是将特征性履行原则作为确定最密切联系国家的法律方法加以运用，从而确定应适用的法律。虽然两审法院最终都适用了中国法律作为准据法，但其适用的具体方法是有区别的。

案例三：　　　　　　　　Plante v. Columbia Paints[1]

[基本案情]

两名油漆工在喷漆过程中由于爆炸受到身体伤害，家属诉至法院要求保险

───────────

〔1〕　494 N. W. 2d 140 (1992)，Supreme Court of North Dakota.

公司赔偿损失。保险合同规定每次事故赔偿上限为 100 万美元。预审法院适用了北达科他州法律，认定多处损伤为多个事故引起，而每一事故均需赔偿 100 万美元。保险公司 H 公司上诉至北达科他州最高法院，认为预审法院适用法律有误，本案应当适用华盛顿州法律，即按照一次事故进行赔偿。

[法律问题]

本案应当适用何州的法律？

[参考结论与法理分析]

（一）法院意见

北达科他州最高法院认为，本案应当适用华盛顿州的法律。

（二）法理分析

法院运用了莱弗拉尔的"法律选择考虑说"来判定哪个州与本案争议问题有更密切的联系。本案中，北达科他州的连结点有：油漆工的住所、事故发生地、油漆工的雇主在该州购买油漆、油漆工的雇主是北达科他州人、油漆制造商 C 公司的保险所在地；而华盛顿州的连结点则有：C 公司的保险购买地、C 公司总部设在华州。引发本案事故的油漆制造于蒙大纳州。法院认为，北达科他州连结点与侵权诉讼有联系，而保险合同纠纷则与华盛顿州有联系。

结果的可预见性是合同案件中判定有联系与否时需要考虑的因素，因为交易双方需要提前作出计划。当双方当事人没有作出法律选择，尤其是在遇到保险合同这类无法确切知晓合同履行地的合同时，他们应当会期望合同由合同签订地的法律来调整。《第二次冲突法重述》第 188 条也有相应的规定[1]。

---

〔1〕　美国《第二次冲突法重述》第 188 条规定："当事人未作有效选择时的准据法

1. 当事人与合同的某个问题有关的权利义务，依在该问题上，按照第 6 条规定的原则，适用与该交易及当事人有重要联系的那个州的本地法。

2. 当事人未对法律作有效选择时（见第 187 条），适用第 6 条的原则以确定准据法时应考虑的联系包括：

（1）合同缔结地；

（2）合同谈判地；

（3）合同履行地；

（4）合同标的物所在地，以及

（5）当事人的住所、居所、国籍、公司成立地以及营业地。

对这些联系将按照其对该特定问题的重要程度加以衡量。"

3. 除第 189 条、第 190 条和第 203 条另有规定外，如果合同谈判地与履行地为同一州时，通常依该州的本地法。

拓展案例

案例一：　原告 HVAC 公司诉被告乙、丙买卖合同纠纷案[1]

[基本案情]

原告 HVAC 公司（反诉被告）与被告乙、丙（反诉原告）买卖合同纠纷一案，诉至上海市浦东新区人民法院。丙某在答辩期间对甲某提出了反诉。

法院经审理查明：2009 年 9 月 1 日，被告乙某与被告丙签订出口代理协议，约定丙委托乙代理产品出口；丙用"委托出口确认书"通知乙有关产品的价格、出运方式等，乙根据"委托出口确认书"制作出口单证，代理出口收汇结算；协议有效期至 2010 年 9 月 1 日。2009 年 9 月 2 日，被告乙给原告发邮件，介绍了被告丙生产的多种空调天花板出风口的规格和单价。根据上述报价，同年 9 月 16 日，原告通过电子邮件给被告乙注册的邮箱发送订单，购买 5 种空调天花板出风口，订单中写明了两种规格的空调天花板出风口共 2500 件。

2009 年 9 月 17 日，被告丙根据协商的价格制作了一张形式发票并加盖了公章。发票注明：买方为原告；两种规格的空调天花板出风口共 2500 件，总价为 27 700 美元；装运时间为收到预付款后 30 个工作日，装运港为上海，目的港为美国纽约；付款方式为 35% 电汇预付款，余下的在收到提单后付款；收款人是被告乙。被告丙通过电子邮件的附件将前述发票发给了原告。2009 年 9 月 29 日，原告向被告乙汇款 9200 美元。

2010 年 1 月 6 日，原告安排 KRT 审计公司的人员对产品进行了质量检验，发现产品存在部分质量问题。随后，原告要求被告丙降价，被告丙不同意降价。但原告仍然要该批货物。2010 年 2 月 24 日起，原告与货代公司联系，安排有关货物的装箱出运事宜。被告丙拒绝在收到货款前装船。嗣后，被告丙要求原告再付款 10 000 美元，其将释放所有货物。2010 年 3 月 11 日，原告向被告乙汇款 10 000 美元。同年 3 月 12 日，原告通过电子邮件将汇款凭证发到了被告丙的邮箱，并要求被告丙做好空调天花板出风口装船的准备工作。被告丙对此邮件并未回复。

2010 年 9 月 20 日，被告丙将上述空调天花板出风口作为废品进行了处理，收款人民币 48 406 元，并向交款人开具了相应价款的收据。另查明，被告乙将

---

〔1〕　参见上海市浦东新区人民法院（2011）浦民二（商）初字第 2586 号民事判决书。

其收取的原告的汇款合计 19 200 美元，在扣除了约定的费用后，已转交给被告丙。

[法律问题]

1. 本案中原告认为其与被告丙形成买卖合同关系；被告丙则认为双方系承揽合同关系。对此你怎么看？

2. 本案合同应当适用何准据法？为什么？

[重点提示]

注意对案件的定性不同将导致对其适用不同的准据法。

案例二：　华比富通银行与广东省水利厅担保合同纠纷案[1]

[基本案情]

1985 年 10 月 25 日，华比银行（后更名为华比富通银行）与广东水利水电工程发展有限公司（以下简称"水利公司"）签订《普通银行融资合同》，约定华比银行向水利公司提供最高额为港币 1500 万元的短期贷款额度，水利公司可不时以港币 100 万元的整数支取，每次期限由一周到最长三个月不等；利息比香港银行同业拆息率高 0.5%，贷款到期时支付；要求广东省水利厅（以下简称"水利厅"）出具《保函》对该 1500 万元贷款提供担保。

1985 年 9 月 17 日，国家外汇管理局广东分局发布（85）粤外管字第 390 号文给水利厅，批准其为水利公司流动资金贷款 500 万美元进行担保。水利厅遂于同年 10 月 25 日致函华比银行，表示：①同意就华比银行向水利公司提供的港币 1 500 万元的贷款向华比银行提供不可撤销及无条件担保；②华比银行不必用尽对水利公司的求偿权，即可直接请求水利厅偿还水利公司的欠款；③本担保不可撤销，并持续有效至借款人的欠款全部还清为止；④水利厅同意负担华比银行为行使《保函》项下的权利而支出的所有费用及开支；⑤担保书受香港法律约束并根据香港法律解释，等等。收到水利厅该函件后，华比银行依约向水利公司在港币 1500 万元额度内提供短期贷款。

1990 年 9 月 24 日，水利厅致函华比银行，表示："经广东外汇管理局 1990 年 8 月 15 日的（90）粤汇管综函字第 5 号文批复，1985 年的（85）粤外管字 390 号批文继续有效，因此，我厅对贵行 1985 年 10 月 25 日的担保同

---

〔1〕　参见广东省广州市中级人民法院（2002）穗中法民三初 189 号民事判决书；广东省高级人民法院（2004）粤高法民四终字第 232 号民事判决书。

时继续有效"。

1996 年 2 月 2 日，华比银行致函水利公司告知其修改一般信贷额度的条款及条件，在原来合同约定内容的基础上增加了透支额度的使用方式。在该使用方式下，原短期贷款额度仍予保留，增加透支额度为港币 1500 万元、利率按优惠利率加 0.5%，利息按月计算。水利公司为此于同年 2 月 7 日召开董事会会议同意接受华比银行提出的上述内容。但双方并没有把该情况通知水利厅。华比银行改变了融资方式是否构成对原贷款合同的变更呢？一方面，华比银行与水利公司于 1985 年签订的贷款协议中，约定融资方式为"短期贷款"，而原告在 1996 年 2 月 2 日发给水利公司的函件中，融资方式为"短期贷款"及"透支额度"。相比而言，后者增加了"透支额度"方式，而银行在"透资额度"方式下收取的利率亦有别于"短期贷款"方式，由此可认定后者在融资方式上确比前者发生了变化。华比银行在 1996 年的函中首部即表示"基于双方最近讨论结果，我们确认同意按照下列条款及条件修改贵方的一般信贷额度"，表明银行本身亦承认后者对前者作出修改。另一方面，水利公司专门为后者召开董事会，研究并最终同意银行执行后者的融资安排，也表明水利公司本身亦认为该融资条件发生了变化，否则无需特别为此重新召开董事会讨论决定。

之后，华比银行按新增的透支额度继续提供贷款给水利公司，但水利公司未依约还款。华比银行为此曾于 2001 年 2 月 15 日致函水利公司催收欠款，水利公司亦于 2001 年 5 月 3 日、8 月 31 日复函华比银行商议还款事宜。同时，华比银行曾于 2001 年 2 月 15 日、8 月 3 日函告水利厅要求其承担担保责任，均未果。华比银行于 2001 年 12 月 31 日发给水利公司的函件显示：水利公司至 2001 年 12 月 31 日止，尚欠华比银行透支额度项下借款本金港币 4 444 690.24 元及相应利息。该函所附"账户报告"列明水利公司欠款"余额结存"为金额港元 4 444 690.24 DR。同时，在其于 1991 年度出具给水利公司的账户结单中，均特别注明"透支以 DR 表示，DR ＝ 透支"。

[法律问题]

1. 当事人双方在担保函中约定的香港法律是否能够得以适用？为什么？

2. 如果香港法律不能得以适用，那么本案应当如何依据最密切联系原则来确定应当适用的法律？

[重点提示]

结合最密切联系原则的适用条件考虑。

第四节 适用国际条约与国际惯例问题

经典案例

案例一: 宁夏首钢霓虹冶金产品有限公司诉日本新生交易株式 会社货物买卖合同纠纷案[1]

[基本案情]

1998 年 11 月, 宁夏首钢霓虹冶金产品有限公司 (以下简称 "霓虹公司") 与日本新生交易株式会社 (以下简称 "新生公司") 签订了一份白刚玉买卖合同。合同签订后, 霓虹公司分三次将部分白刚玉运抵装运港, 但新生公司多次更改装船时间。后双方协商于 1999 年 11 月就尚未装船的 120 吨白刚玉签订了一份新合同, 约定 FOB 交货方式, 装运港为鲅鱼圈港, 装运期限为 1999 年 11 月~12 月, 质量、重量证由鲅鱼圈出入境检验检疫局出具。1999 年 11 月 23 日, 霓虹公司向鲅鱼圈出入境检验检疫局报检 120 吨白刚玉, 检验结果符合合同要求, 但因货物未装运出口, 检疫局没有出具品质检验证书。26 日, 合同双方到港口换袋验货, 发现港内存放的 60 吨货物吨袋上浮有煤屑, 袋口附近货物有不同程度的煤屑污染; 港外存放的 60 吨货物, 部分吨袋外侧有水湿现象。新生公司向霓虹公司提出质量异议, 双方纠纷成诉。

[法律问题]

1. 《联合国国际货物销售合同公约》的适用条件是什么?

2. 本案应当如何适用法律?

[参考结论与法理分析]

(一) 法院意见

宁夏回族自治区高级人民法院认为: 本案是一起因买卖合同引起的纠纷, 新生公司与霓虹公司所签订的合同是双方当事人的真实意思表示, 不违反《联合国国际货物销售合同公约》和我国的相关法律法规, 应认定有效。双方在履行合同项下第二批 120 吨白刚玉过程中, 由于价格问题, 新生公司拖延装船时间, 致使 120 吨白刚玉长期滞留在港口不能装船。但是, 为了解决这 120 吨白刚玉的问题, 双方后来经过协商又另行签订了一份合同, 并将装运期限变更为

---

[1] 参见宁夏回族自治区高级人民法院 (2002) 宁民商终字第 36 号民事判决书。

1999 年 11 月～12 月。本院认为，这是双方当事人对原合同的变更，应严格履行。在履行此份合同时，双方到港口进行换袋验货，发现货物有煤屑污染和水湿现象。虽然鲅鱼圈出入境检验检疫局在双方换袋验货的前 3 天派出检验人员对 120 吨白刚玉进行了抽检，认为检验结果符合新合同之要求。但是，该局对货物中存在煤屑污染和水湿的问题没有作出合理的解释，且该检验结论不能否定事后货物被煤屑污染和水湿现象的客观事实，故不能作为认定货物符合合同质量要求的依据。由于双方当事人均不能提供出货物中存在煤屑污染和水湿来源于何方的有力证据，根据《联合国国际货物销售合同公约》和《2000 年国际贸易术语解释通则》的相关规定，以及双方合同约定的交货方式为 FOB，本案所涉及的 120 吨白刚玉的风险转移应以指定的装运港越过船舷为界。另外，双方在货物装运前均同意变更合同，特别是同意变更货物的装运期限，这是双方对合同变更的真实意思表示，应严格履行。由于该批货物的风险没有转移给新生公司，霓虹公司在货物装运前未尽妥善保管的义务，致使货物遭受煤屑污染和水湿，对此，霓虹公司应承担本案货物风险损失的全部责任。

（二）法理分析

关于合同的国际条约在我国的适用途径主要包括：①我国加入或缔结该国际条约，且双方当事人所属国均是条约缔约国；②双方当事人在合同中或争议发生后，协议选择某一国际条约[1]。我国于 1986 年加入《联合国国际货物销售合同公约》，该公约自 1988 年 1 月 1 日起对我国生效，根据该公约第 1 条、第 12 条，自该公约对我国生效时起，营业地在我国的当事人与营业地在该公约另一缔约国境内的当事人之间缔结的货物买卖合同，适用该公约，除非双方当事人约定不适用该公约。尽管依该公约第 1 条（b）款，国际私法规则导致适用某一缔约国法律时，该公约也可以得到适用，但我国在加入该公约时对该款规定作了保留。在本案中，作为当事人一方的新生公司，其营业地所在国日本至诉讼时尚未加入该公约[2]，因此，该公约并不能自动适用于本案所涉的国际货物买卖合同。尽管本案当事人还可以通过协议选择该公约的方式，使得该公约成为本案争议所涉合同的准据法，但从案件事实看，双方当事人既没有在合同中约定适用该公约，也没有在诉讼过程中就适用该公约达成一致，法院亦未说明适用该公约的理由。因此，本案中法院适用《联合国国际货物销售合同公约》的做法是不正确的。

至于本案准据法的确定，根据我国《民法通则》第 145 条、《合同法》第

---

〔1〕　章尚锦主编：《国际私法》，中国人民大学出版社 2005 年版，第 253 页。
〔2〕　日本于 2008 年 7 月 1 日加入该公约，公约于 2009 年 8 月 1 日起对日本生效。

126 条，涉外合同的当事人没有选择的，适用与合同有最密切联系的国家的法律。而在国际货物买卖合同中，合同订立时卖方营业所所在地法通常被认为是与合同有最密切联系的法律。而且，从案件的整个情况看，合同当事人一方的国籍、营业地、合同主要履行地、争议所涉标的物等都在中国，中国无疑是与争议所涉合同有着最密切联系的国家。因此，在本案中，合同准据法应该是中国的《合同法》及其他相关的国内法[1]。

案例二： 江苏弘业永盛进出口有限公司诉韩国珠路商社有限公司货物买卖合同纠纷案[2]

[基本案情]

无锡贸易公司与韩国珠路商社有限公司（以下简称"珠路商社"）签订服装买卖合同，FOB 上海，装运期为 2002 年 5 月 2 日。合同签订后，无锡贸易公司委托中华服装公司完成加工任务，有珠路商社派人现场验收，并逐件加盖了检验章。2002 年 5 月，无锡贸易公司将服装运至上海，虽经多次催促，珠路商社一直未通知无锡贸易公司装船，亦未支付货款。2003 年 3 月无锡贸易公司更名为江苏弘业永盛进出口有限公司（以下简称"弘业公司"）。2003 年 7 月 16 日，珠路商社致函弘业公司，要求中止合同，理由是产品存在严重质量问题。双方多次协商未果，弘业公司遂诉至法院，要求珠路商社收取货物、支付货款，并赔偿利息、仓储等各项损失。

[法律问题]

1. 国际惯例在国际合同中该如何适用？
2. 国际惯例与国际公约的关系如何？

[参考结论与法理分析]

（一）法院意见

江苏省无锡市中级人民法院认为：本案所涉合同签订地、合同履行地、原告住所地、标的物所在地均在我国境内，根据最密切联系原则，本案应当适用我国法律以及相关的国际贸易惯例，双方当事人在庭审中亦对此表示同意。本案合同虽未明确约定具体的交货地点，但约定了 FOB 价格条件，根据《2000 年国际贸易术语解释通则》（以下简称"Incoterms 2000"），在 FOB 价格条件下，卖方要完成合同约定的交货义务，须依赖于买方给予其船名、装船点以及装船

时间的充分通知，若买方未尽到此项义务，将直接导致卖方无法履行交货义务。珠路商社一直未给装船通知，致使弘业公司在约定的装运期无法交货，其责任完全在于珠路商社。珠路商社提出服装存在严重质量问题，但未能举证证明。而弘业公司提供的服装实物表明，珠路商社已逐件进行了验收，并加盖了检验章。法院认定珠路商社对该批货物的质量已实际予以认可和接受。珠路商社认为弘业公司还存在着延迟交货的违约行为，但根据现有证据可认定弘业公司已按合同约定的装运期限将经珠路商社验收的货物运至上海仓库，珠路商社对此未能提供相反证据。据此，法院根据我国《合同法》第 60 条、第 107 条以及《民事诉讼法》的相关规定，判决珠路商社收取弘业公司已完成的加工服装并支付货款、赔偿损失。

（二）法理分析

国际惯例主要是指在国际民商事交往过程中逐步形成的为国家（地区）、当事人所普遍承认并遵守和采纳的习惯做法、规则、先例和原则的总和。严格来说，国际惯例不是国家立法，也不是国际条约，不具有当然的法律效力，要取得法律效力必须经过国家的认可。国家认可国际惯例的法律效力一般有间接和直接两种途径。前者是指国际惯例通过当事人的协议选择而间接取得法律拘束力，它是国际惯例取得法律效力的最主要的途径；后者则不以当事人协议为条件而是直接通过国内立法或国际条约赋予国际惯例以法律约束力[1]。在我国的司法实践中，法院援引国际惯例作为合同准据法的情形主要有两种：①当事人在合同中约定或在争议发生后选择国际惯例作为合同准据法；②合同准据法为我国法律，但我国法律以及我国缔结或参加的国际条约没有规定的，可以适用国际惯例[2]。

在本案中，对于合同的法律适用问题，当事人既未在合同中约定，也未在争议发生后或诉讼过程中进行选择，因此依照我国《民法通则》第 145 条及《合同法》第 126 条第 1 款关于"涉外合同的当事人可以选择处理合同争议所适用的法律，但法律另有规定的除外。涉外合同的当事人没有选择的，适用与合同有最密切联系的国家的法律"的规定，考虑到合同缔结地、履行地、卖方的住所地、合同标的物所在地等均在中国境内的事实，法院根据最密切联系原则，确定中国法律为准据法。同时，当事人在合同中采用了 FOB 贸易术语，而我国包括《合同法》在内的相关法律对此并没有相应规定，因此根据《民法通则》第 142 条第 3 款的规定，法院将 Incoterms 2000 这一国际贸易惯例作为解决合同

---

〔1〕 赵相林主编：《国际私法》，中国政法大学出版社 2011 年版，第 270 页。
〔2〕 徐青森、杜焕芳主编：《国际私法案例分析》，中国人民大学出版社 2009 年版，第 174 页。

争议的准据法是适当的。

对于国际公约和国际惯例在适用时的关系如何，我国《民法通则》和《民事诉讼法》均有相应的规定。《民法通则》第 142 条规定："……中华人民共和国缔结或者参加的国际条约同中华人民共和国的民事法律有不同规定的，适用国际条约的规定，但中华人民共和国声明保留的条款除外。中华人民共和国法律和中华人民共和国缔结或者参加的国际条约没有规定的，可以适用国际惯例。"

拓展案例

案例一：　POSSEHL（HK）LIMITED 与中国五金矿产进出口深圳公司买卖合同纠纷案[1]

[基本案情]

2003 年 11 月，POSSEHL（HK）LIMITED（以下简称"P 公司"，住所地香港）作为买方，中国五金矿产进出口深圳公司（以下简称"五金公司"）作为卖方，双方签订了三份买卖合同，由五金公司向 P 公司出售金属。约定装运期限、装运港口、目的口岸，允许货物分批载运和允许转船，卖方应向银行提供已装船清洁提单、发票、中国出入境检验检疫局或工厂出具的品质分析/质量证；约定一切因执行本合同或与本合同有关的争执，如经协商不能得到解决，应提交被告国仲裁机构，按其仲裁规则进行仲裁等。

P 公司与五金公司曾在 2001 年 12 月签订信用证付款方式的买卖合同，P 公司在开立信用证前，五金公司发给 P 公司传真，写明受益人为五金公司，写明地址、账号、开户行，P 公司随后开立信用证，并写有"以上是我公司的信用证资料"。双方在 2002 年 8 月又签订以信用证为付款方式的买卖合同，在 P 公司开立信用证前，五金公司亦发给 P 公司传真，载明五金公司为受益人、写明地址、电话、开户行名称、账号、地址，并写有"请查收开信用证的相关信息"。

双方于 2003 年 11 月 17 日签订三份合同后，至合同约定的最后开证期限 2003 年 12 月 10 日，P 公司未开出信用证。2003 年 12 月 26 日，P 公司发传真给五金公司称："我公司曾通知贵公司并要求贵公司提供开立信用证所需的路线资料，并得到贵公司口头上的许可：开证时间可推迟到 12 月底，届时贵公司将提供资料……我公司现要求贵公司尽快提供开立信用证路线的资料，以便我公司尽快为上述合同项下的硅锰及锰铁开立信用证……"2003 年 12 月 29 日，五金

---

〔1〕　参见广东省高级人民法院（2005）粤高法民四终字第 293 号民事判决书。

公司发传真给 P 公司称："直至今日，我公司仍未收到贵公司的信用证……至于贵公司 12 月 26 日传真中所谈，我公司郑重声明如下：我公司从未同意贵公司可以推迟开证……我公司有关开证资料贵公司完全掌握……"2004 年 1 月 2 日，五金公司又发传真给 P 公司称"由于贵公司未按以上三合同的约定如期向我公司开立信用证，使我公司遭受重大损失，我公司已决定终止该三份合同的履行，解除该三份合同……"

[法律问题]

本案是否可以适用《联合国国际货物销售合同公约》？为什么？

[重点提示]

重点考虑国内法与国际公约的适用顺序。

案例二： 连云港南天国际经贸有限公司诉德国商业银行股份有限公司布鲁塞尔分行信用证议付纠纷案[1]

[基本案情]

2005 年 7 月 28 日，ING BELGIUM NV/SA（旧称比利时布鲁塞尔银行（BANK BRUSSELS LAMBERT SA）以 SWIFT 形式开立了号码为 DTBEGM702761 的不可撤销、可转让跟单信用证。该信用证中载明：开证申请人为 NV UNI-FROST ZWEVEZEELSESTRAAT 142 8851 KOOLSKAMP；受益人为李文义贸易公司；信用证有效期为 2006 年 5 月 31 日；到期地点为比利时；金额为 73 500 欧元；指定的有关银行及信用证兑付方式是由德国商业银行股份有限公司布鲁塞尔分行（以下简称被告）议付；货物为 100 吨单体速冻大蒜粒，原产地为中国，单价为每公斤 0.735 欧元，销售条件为成本加运费；单据要求：①已正式签署商业发票 1 份正本和 3 份副本；②全套正本海运提单，清洁已装船，做成凭指示，空白背书，通知 SHIPEX，地址比利时安特卫普 2000，ITAILELEI 51 BUS 7，表明运费预付；③由国家有权机构出具、签署并盖章的普惠制原产地证书"格式 A"1 份正本和 2 份副本；④详细装箱单 1 份正本和 2 份副本；⑤生产商出具的关于产品符合规格的确认书。附加条款载明：①本跟单信用证项下的所有单据必须以英文出具；②偿付条款：收到单据后，只要单据符合本信用证的所有条款和条件，我们将按照议付行的指示付款；③如果单证不符，我们有权收取 75 欧元或等值的不符点费用；④单据必须通过快递一次性寄给我行；……费用：开证行以外的所有佣金和费用由受益人承担，交单日期规定为单据必须在运输

---

[1] 参见北京市第二中级人民法院（2007）二中民初字第 6571 号民事判决书。

单证签发后 21 日内、同时必须在本信用证有效期内提交，保兑指示：无。

同日，转让行被告根据第一受益人的要求，开出以嘉兴进出口贸易有限公司为第二受益人的不可撤销、未加具保兑的信用证。该信用证主要载明的内容是：到期日是 2006 年 5 月 15 日；到期地点是比利时；开证行是 ING BELGIUM NV/SA（旧称比利时布鲁塞尔银行（BANK BRUSSELS LAMBERT SA）），根特；第一受益人是李文义贸易公司，第二受益人是嘉兴超赢贸易有限公司；金额为 58 500 欧元；兑付方式为由被告议付；货物为 100 吨单体速冻大蒜粒，原产地中国，单价 0.585 欧元/公斤，销售条件为成本加运费（安特卫普）。单据要求：①已正式签署商业发票 1 份正本和 3 份副本；②全套正本海运提单，清洁已装船，做成凭指示，空白背书，通知 SHIPEX，地址比利时安特卫普 2000，ITALIELEI 51 BUS 7，表明运费预付；③由国家有权机构出具、签署并盖章的普惠制原产地证书"格式 A"1 份正本和 2 份副本；④详细装箱单 1 份正本和 2 份副本；⑤生产商出具的关于产品符合规格的确认书。附加条款：①本跟单信用证项下的所有单据必须以英文出具；②如果单证不符，我们有权收取 75 欧元或等值的不符点费用；……收费细节规定：你方的所有费用均由第二受益人承担……单据提交期限 21 天。付款指示载明：①偿付条款为收到单据后，只要单据符合本信用证的所有条款和条件，我们将按照议付行的指示付款；②单据必须通过快递一次性寄给我行，地址：德国商业银行比利时，比利时布鲁塞尔 B - 1040 路易丝 - 施密特大街 87 号（BLD LOUIS SCHMIDT 87 B - 1040 BRUSSELS BELGIUM）；③在此信用证项下的每一次议付的汇票金额必须由议付行在信用证上背书，任何类似汇票结算提示都是议付行在信用证背面已作背书的保证。

同年 8 月 5 日，根据第一受益人李文义贸易公司的指示，被告将信用证修改为通知行为交通银行连云港分行，受益人为连云港南天国际经贸有限公司（以下简称原告）。

原告接证后办理了货物出口手续，发送货物，并将该份信用证项下的有关单据交给交通银行连云港分行，向被告索汇，2005 年 12 月 31 日被告以单据存在不符点为由拒绝付款，双方因此发生纠纷。

[法律问题]

本案应当如何适用法律？

[重点提示]

根据 SWIFT 使用手册的解释，所有以 SWIFT 方式开立的信用证均自动适用 UCP500。

第十章

商事关系的法律适用

知识概要

国际商事活动与国际商事法律关系是商品经济的产物，随着商品经济产生并发展起来。本章将就几种主要的国际商事关系的法律适用问题予以阐述，包括：国际货物买卖合同的法律适用、国际货物运输合同的法律适用、国际货物运输保险合同的法律适用、国际代理的法律适用、国际信托的法律适用、国际破产的法律适用以及国际票据关系的法律适用。

一、国际货物买卖合同的法律适用

国际货物买卖合同的法律适用，一般采取两种方式进行确定：①双方当事人在合同中订立一项法律适用条款，明确规定该合同应适用的法律；②在当事人没有选择法律时，适用有关的国际公约、国际惯例或由管辖法院或仲裁庭依据法院地或仲裁地国家的冲突规则来确定合同应适用的法律。当前国际社会经常适用的用来调整国际货物买卖合同的国际法规则主要包括：1980 年《联合国国际货物销售合同公约》、1974 年《联合国国际货物买卖时效期限公约》、1986 年《国际货物销售合同法律适用公约》以及国际商会 2010 年公布的《2010 年国际贸易术语解释通则》。

二、海上货物运输合同的法律适用

海上货物运输合同包括两种基本的形式：租船合同和班轮运输合同。租船合同进而可以分为光船租船合同、定期租船合同和航次租船合同。租船合同的法律适用，一般尊重当事人的意思自治。在当事人没有约定或约定无效时，则通常适用最密切联系原则来确定准据法。至于提单运输则相对复杂些。提单是最常见的海上货物运输格式合同，国际上调整提单的国际条约主要是 1924 年《海牙规则》、1968 年《维斯比规则》、1978 年《汉堡规则》以及 2009 年《鹿特丹规则》。我国 1992 年颁布的《海商法》中的有关规定大致与《海牙规则》的内容相同。

三、国际货物运输保险合同的法律适用

对于国际货物运输保险合同的准据法如何确定，国际上目前尚无统一的冲突法予以调整，各国大都采用当事人意思自治原则，由当事人通过保险合同中的法律适

用条款来选择适用某一国家的法律。在当事人没有选择合同准据法时，大多数国家主张以保险人的属人法为保险合同的准据法，这是特征履行说和最密切联系原则所进行的法律选择。根据我国法律的规定，国际货物运输保险合同的当事人可以协议选择合同适用的法律；如果没有选择，则适用与保险合同有最密切联系的国家的法律。

四、国际代理的法律适用

国际代理与国内代理相比，主要有如下特点：①国际代理的成立往往既要符合本人所属国家的法律规定，同时又要符合代理权行使地国家的法律规定；②国际代理主要是委托代理，被广泛地运用于国际商事关系中，且代理人多为公司。国际代理涉及代理人的代理权限、代理人与本人的内部关系、代理人与第三人之间的外部关系三个方面的内容。在考虑法律适用问题时，也要从三个方面分别确定应适用的准据法。1978 年海牙国际私法会议外交会议通过的《代理法律适用公约》为国际社会目前较常用的适用于代理关系的国际法规则。我国 2010 年《涉外民事关系法律适用法》第 16 条规定："代理适用代理行为地法律，但被代理人与代理人的民事关系，适用代理关系发生地法律。当事人可以协议选择委托代理适用的法律。"

五、国际信托的法律适用

在国际私法领域，有关信托的法律冲突规则很少且极不统一。1984 年海牙国际私法会议制定通过的《关于信托的法律适用及其承认的公约》是国际社会在统一信托冲突法方面取得的主要成果之一。我国于 2001 年 4 月制定了《信托法》，2010 年《涉外民事关系法律适用法》对信托关系亦作出调整，其第 17 条规定："当事人可以协议选择信托适用的法律。当事人没有选择的，适用信托财产所在地法律或者信托关系发生地法律。"

六、国际破产的法律适用

在国际私法中，国际破产问题向来被认为是一个复杂的问题，不仅涉及管辖权，还涉及物权法和债权法。鉴于其复杂性，各国关于破产的法律适用的立法多采用分割制。大致上，国际破产的法律适用包括如下几方面：①破产当事人的能力：无论债权人还是债务人，在确定其破产能力时一般都采用受理破产申请的法院地法；②破产程序：在此问题上，普通法系国家多采取破产程序受理开始主义，即破产程序以法院受理破产申请为开始的标志。而在大陆法系国家则多采取破产程序宣告开始主义，即破产程序以法院宣告债务人破产为唯一标志；③破产债权：世界各国对该领域通常有两种主张，包括适用破产宣告国法和适用破产宣告时的财产所在地法；④破产财产、破产管理及分配：一般认为应适用破产宣告的法院所在地法。我国关于破产法律适用方面的规定较少，大致包括 2006 年通过的《企业破产法》和 2012 年《民事诉讼法》中规定的企业法人破产还债程序以及 1992 年《最高人民法院关于适用〈中华人民共和国民事诉讼法〉若干问题的意见》中关于涉外破产问题的规定。

七、票据的法律适用

票据关系的法律适用问题，通常从以下几个方面来考查：①票据行为能力：世界各国在确定票据行为能力的准据法时，有适用当事人的属人法和以当事人的属人法为原则、以行为地法为补充两种方法；②票据行为方式：此领域多以采用行为地法作为准据法的方式解决；③票据债务：该领域的准据法选择主要有付款地法和缔约地法；④票据权利：各国间对该领域的规定有着较大的差异，很容易发生法律冲突。在确定准据法时大多数国家主张适用付款地法。20 世纪 30 年代，国际联盟在日内瓦召开国际票据法统一会议，并通过了《解决本票、汇票若干法律冲突公约》、《解决支票若干法律冲突公约》等六个公约。

我国《票据法》专设第五章规定涉外票据的法律适用，其中许多关于涉外票据法律适用的原则与有关国际公约和外国立法是一致的。第 96 条规定："票据债务人的民事行为能力，适用其本国法律。票据债务人的民事行为能力，依照其本国法律为无民事行为能力或者为限制民事行为能力，而依照行为地法律为完全民事行为能力的，适用行为地法律。"第 97 条规定："汇票、本票出票时的记载事项，适用出票地法律。支票出票时的记载事项，适用出票地法律，经当事人协议，也可以适用付款地法律。"第 98 条规定："票据的背书、承兑、付款和保证行为，适用行为地法律。"第 99 条规定："票据追索权的行使期限，适用出票地法律。"第 100 条规定："票据的提示期限、有关拒绝证明的方式、出具拒绝证明的期限，适用付款地法律。"第 101 条规定："票据丧失时，失票人请求保全票据权利的程序，适用付款地法律。"

第一节　国际货物买卖合同的法律适用

经典案例

案例一：　　　　　**加拿大水上休闲运动品有限公司与
东辉塑胶（上海）有限公司买卖合同纠纷案**[1]

[基本案情]

2001 年 10 月，加拿大水上休闲运动品有限公司（以下简称"加拿大公

[1]　参见上海市第一中级人民法院（2003）沪一中民五（商）初第字 76 号民事判决书；上海市高级人民法院（2007）沪高民四（商）终字第 6 号民事判决书。

司"）向东辉塑胶（上海）有限公司（以下简称"东辉公司"）订购塑料充气游泳池。2002 年 1 月，东辉公司开始发货。2002 年 5 月，加拿大公司陆续收到其客户的退货，加拿大公司即停止向东辉公司支付 2002 年 5 月 15 日以后的货款。由于加拿大公司与东辉公司对于东辉公司提供的产品是否有质量问题存在分歧，加拿大公司即自行委托了加拿大一家独立实验室对产品进行抽样检验，结论为产品存在严重缺陷。加拿大公司诉至上海市第一中级人民法院，要求东辉公司返还货款、赔偿损失。原审法院驳回了加拿大公司的诉讼请求。加拿大公司不服，提起上诉，称：原审判决未能查明案件事实，在加拿大实验室的检验报告得不到东辉公司认同的情况下，加拿大公司曾向原审法院提出过质量鉴定申请，但是原审法院未作出任何处理；原审法院对适用法律的选择亦有误，请求二审法院依法改判。二审期间，加拿大公司未提供新证据，仅在庭审结束后，提供了一份证据材料，系其对本案部分事实的书面陈述，但其对所述事实均未提供证据加以证明。东辉公司提交了两份证据材料。二审法院对加拿大公司和东辉公司提交的证据均未采信，但确认了原审法院认定的事实。

[法律问题]

1. 本案能否适用 1980 年《联合国国际货物销售合同公约》？
2. 本案法院的处理是否正确？

[参考结论与法理分析]

（一）法院意见

二审法院认为，关于本案的法律适用问题，双方认可在货物买卖合同的订立和履行过程中并未就法律适用达成协议，故应依据我国国际私法的有关规则来确定准据法。应当看到，公约并不具有强制性，并不当然适用于合同当事人营业地分别位于不同成员国的国际货物买卖合同。当事人如果在合同中明确排除了公约的适用，或对于是否适用公约存在异议，即不能适用公约，应依我国有关涉外民事法律关系法律适用的规定来确定准据法。故虽然中国和加拿大都是公约的成员国，但因东辉公司对适用公约存在异议，本案并不能适用公约。我国《合同法》第 145 条规定，涉外合同的当事人可以选择处理合同争议所适用的法律，法律另有规定的除外。涉外合同的当事人没有选择的，适用与合同有最密切联系的国家的法律。本案中，因当事人未选择法律，故应依据最密切联系原则来确定本案的准据法。从本案案情看，虽无证据表明涉案合同的订立地和履行地在上海，但是合同订立时卖方东辉公司的营业所在地是上海，因此可以认定上海与涉案合同具有最密切联系，故本案准据法应是中华人民共和国法律，即为调整有关合同纠纷的合同法。《民法通则》第 142 条第 2 款规定："中华人民共和国缔结或者参加的国际条约同中华人民共和国的民事法律有不同规定的，适用国际条约的规定，但中华人民共和国声明保留的条款除外……"
本案中，是否适用公约应取决于本案合同争议能否依据合同法进行审理，如果
存在合同法未规范的事项，则对于该事项应适用公约的相关规定。就本案的法
律适用情况看，也并不存在涉案合同纠纷无法适用合同法进行调整的情形，故
本案的准据法应为合同法。

（二）法理分析

依照 CISG 的规定，适用主体需要满足第 1 条第 1 款规定："①本公约适用
于营业地在不同国家的当事人之间所订立的货物销售合同：（a）如果这些国家
是缔约国；或（b）如果国际私法规则导致适用某一缔约国的法律。"我国在加
入该公约时对（b）项进行了保留。最高人民法院在 1987 年 12 月 10 日《转发
对外经济贸易合作部〈关于执行联合国国际货物销售合同公约应注意的几个问
题〉的通知》中指出："我国政府既已加入公约，也就承担了执行公约的义务，
因此，根据公约第一条第①款的规定，自 1988 年 1 月 1 日起我国公司与上述国
家（匈牙利除外）的公司达成的货物买卖合同如不另作法律选择，则合同规定
事项将自动适用公约的有关规定，发生纠纷或诉讼亦须依据公约处理。"

本案二审法院在推理过程中考虑了较多因素，但整个逻辑思路却是混乱的。
它没有根据识别的结果，明确选择应当援引的冲突规范，而是直接援引了我国
《合同法》中的冲突规范，认为当事人没有法律选择协议就应当依据我国国际私
法规则来确定准据法；但同时又援引《公约》中的冲突规范，认为《公约》没
有强制性，因此并不当然地适用于成员国当事人。可见，法院在审理案件之时
并不清楚根据"国际货物买卖合同纠纷"这个识别结果应当是适用《公约》还
是我国《合同法》。而且，可以看出，在选择冲突规范时，二审法院认为《公
约》的冲突规范并不在我国国际私法规则之列；但在确定准据法之时，又将其
视为我国法律体系的一部分，前后矛盾，显然存在问题[1]。

**案例二：　主光石油株式会社诉无锡中瑞集团有限公司
国际货物买卖合同纠纷案**[2]

［基本案情］

主光石油株式会社（以下简称"主光会社"）通过在中国境内从事贸易生
意的韩国籍商人朴淳和寻找卖主购买有光纱，并与无锡中瑞集团有限公司

---

〔1〕　秦瑞亭主编：《国际私法案例精析》，南开大学出版社 2011 年版，第 116 页。
〔2〕　参见江苏省高级人民法院（2002）苏民三终字第 086 号民事判决书。

（以下简称"中瑞公司"）取得联系，由中瑞公司联系生产厂家。主光会社开出受益人为中瑞公司的信用证，除信用证所载条款外，双方未对其他事项进行书面约定。1998 年 1 月 9 日、1998 年 1 月 20 日，中瑞公司分两批将货物出运。第一次装箱出运时，朴淳和及中瑞公司的工作人员均在场，对货物进行了检验后发现货物有受潮现象，即将货物拉回生产厂家烘干后认为无质量问题后出运。第二次装箱出运时，朴淳和因在韩国，委托其公司职员验货，中瑞公司人员在场，认可质量后出运。货物出运后，中瑞公司得到了信用证价款，并向朴淳和支付佣金。1998 年 2 月 27 日、1998 年 3 月 28 日，两批货物运抵巴西后，巴西的最终用户认为货物严重受潮，无法使用。同年 10 月，主光会社通过朴淳和向中瑞公司提出索赔申请，中瑞公司否认有质量问题，双方未达成一致意见。

［法律问题］

1. 本案是否适用《联合国国际货物销售合同公约》？为什么？

2. 本案中买卖合同是否有效成立？为什么？

3. 本案货损应当由谁承担责任？《联合国国际货物销售合同公约》中对风险转移问题是怎样规定的？

［参考结论与法理分析］

（一）法院意见

法院认为，本案的准据法应为中国法。主光会社和中瑞公司订立的口头合同属双方当事人真实意思表示，依据中华人民共和国的相关法律，是合法有效的。朴淳和作为主光会社的业务代理人，认可了货物的质量，至于货物在运抵目的地后出现的质量问题，主光会社未能提供有效证据证明上述问题为中瑞公司不当履约造成的。本案纠纷为国际货物买卖合同纠纷，在买方认可质量的前提下，货物在承运过程中出现的质量问题的，按照 FOB 国际惯例，卖方不应承担责任。因此，主光会社关于确认合同无效及中瑞公司承担违约责任的请求，法院不予支持。

（二）法理分析

1. 关于本案的法律适用。《联合国国际货物销售合同公约》第 1 条第 1 款规定："本公约适用于营业地在不同国家的当事人之间所订立的货物销售合同：（a）如果这些国家是缔约国；或（b）如果国际私法规则导致适用某一缔约国的法律。"中国虽为公约的缔约国，但在核准公约时声明不受上述条款（b）规定的约束，即表明中国仅同意对双方的营业地所在国都为缔约国的当事人之间订立的国际货物销售合同适用《公约》，而中瑞公司与主光会社的营业地分别在中国和韩国境内，韩国非《公约》的缔约国，故本案纠纷的处理不适用《公约》。

由于双方当事人未选择解决争议的法律，根据《民法通则》第 145 条第 2 款的规定，本案应适用与合同有最密切联系的国家的法律。本案的合同履行地、被告所在地均在中国境内，中国应视为与本案合同有最密切联系的国家，故本案应适用中国法律。

2. 合同有效性问题。本案当事人的争议焦点之一是口头合同是否有效的问题。本案的国际货物买卖事实发生于 1997 年，双方当事人之间未订立书面合同，依照当时施行的《涉外经济合同法》，涉外经济合同必须为书面形式。《最高人民法院关于适用〈涉外经济合同法〉若干问题的解答》更明确了涉外经济合同未用书面形式的属无效合同。而 1999 年 10 月 1 日施行的《中华人民共和国合同法》第 10 条第 1 款规定："当事人订立合同。有书面形式、口头形式和其他形式。"即认可口头合同的法律效力。《最高人民法院关于适用〈中华人民共和国合同法〉若干问题的解释（一）》第 3 条规定："人民法院确认合同效力时，对合同法实施以前成立的合同，适用当时的法律合同无效而适用合同法合同有效的，则适用合同法。"故本案所涉口头合同之效力问题应适用《合同法》，同时亦无其他应确认合同无效的事项，故本案的口头合同属有效合同。主光会社提出合同未采用书面形式，违反了法律的强制性规定，要求确认合同无效的主张没有法律依据，且与其提出的要求中瑞公司承担因质量问题的违约责任的主张相互矛盾。至于主光会社提出中瑞公司在没有可靠货源的情况下，生产出存在严重缺陷的产品，将不合格产品出运是欺诈行为，合同应属无效的观点，实际是追究中瑞公司的违约责任，不构成合同无效的理由。

3. 关于货损的风险承担。此问题涉及货物的品质责任及风险责任的划分。货物的品质责任是指由于所交货物不符合合同约定的质量要求，卖方所应承担的违约责任。风险责任是指国际货物买卖过程中，由于不可归责于双方当事人之事由致使货物遭受毁损、灭失所应承担的责任。品质责任只能发生于交货前，只能由卖方承担责任，风险损失在交货前后都可能发生，卖方、买方、承运人、保险人都可能承担。本案中，双方当事人未在合同中约定品质标准和验收方法，也未约定出口检验或买方复检，主要看在交货时货物是否符合合同的约定。由于朴淳和及其代理人发货时均在场，并未对中瑞公司所交货物提出质量问题，既表明主光会社对货物质量予以认可，也表明中瑞公司所交货物质量符合合同约定，中瑞公司以清洁提单结清了信用证项下的款项也说明此点。货物一经装运，按照合同约定的 FOB 价格条件，此后货物出现的任何毁损、灭失以及品质问题均系风险责任，应由买方承担。故主光会社因货物质量问题向中瑞公司主张赔偿损失既无事实依据也无法律依据。

案例三：　**黑龙江省东宁县华埠经济贸易公司与**
中国外运山东威海公司船舶进口代理合同、
废钢船买卖合同纠纷再审案[1]

[基本案情]

1993 年 12 月 8 日，黑龙江省边境贸易管理局批准黑龙江省东宁县华埠经济贸易公司（以下简称"华埠公司"）委托边贸公司代理与俄罗斯、东欧各国开展易货贸易和经济技术合作。1994 年 4 月 21 日，华埠公司以边贸公司名义与俄滨海区公司签订了进口废钢船和出口牛肉罐头两份合同，其中废钢船的价值为 228 000 美元。两份合同均经黑龙江省边境贸易管理局盖章备案，并获中国东宁海关批准对易货贸易进口废钢船减半征税。俄滨海区公司为履行交货义务，于 4 月 24 日办理"尼古拉"号船舶注销登记并依据合同于 4 月 26 日将所有权转移给华埠公司。1994 年 4 月 25 日，华埠公司与原木材公司签订协议，由华埠公司进口废钢船卖给原木材公司，原木材公司于 4 月 29 日前付定金人民币 30 万元，船到大连港后付人民币 150 万元，三天内接船交接完毕，五天内付清余款。4 月 30 日，原木材公司向华埠公司支付买船定金人民币 30 万元，又于 5 月 6 日、7 日相继共支付部分船款 10 万美元。5 月 1 日，废钢船"尼古拉"号驶抵大连港。5 月 5 日，原木材公司与华埠公司补充协议：船舶转移至威海港，华埠公司报关后，原木材公司马上接船，5 天内付清余款。俄方要求先付 10 万美元现金方将船开至威海港。同日，华埠公司与中国外运山东威海公司（以下简称"威海外运"）订立代理合同，委托威海外运"作为船舶代理和货物代理，办理'尼古拉'船舶的一切进口手续"。5 月 7 日，威海外运以华埠公司的名义从"尼古拉"号船长手中接过该船舶的所有船舶文件和俄罗斯主管机关签发的船舶注销登记证书，并于当日向海关报关。5 月 13 日，原木材公司与俄船队公司签订购销"尼古拉"号废钢船协议，转售给原木材公司；解除俄方与华埠公司的购销废钢船合同（原木材公司将该签约日期更改为 5 月 17 日）。5 月 17 日，威海外运在华埠公司未参加和不知情的情况下，同原木材公司一起与俄方办理了该船的船舶和船员交接手续。6 月 1 日，原木材公司以华埠公司名义按东宁海关批准易货贸易减半征税额申报，后经威海海关放行。6 月 2 日，华埠公司向威海外运索要提单及进口船舶等文件，威海外运以其没有支付代理费为由拒绝。6 月 8

〔1〕　参见青岛海事法院（1995）青海法海事重字第 1 号民事判决书；山东省高级人民法院（1997）鲁经终字第 236 号民事判决书；山东省高级人民法院（1997）鲁经再字第 167 号民事裁定书；中华人民共和国最高人民法院（2000）交提字第 3 号民事裁定书。

日，原木材公司向威海外运支付了代理费。原木材公司于6月2日与拆船公司签订买卖合同，将该废钢船以4 971 890元人民币的价格卖给拆船公司拆解。6月5日，威海外运通知威海港监，该轮手续已办完，可以放行；该轮离港后，威海外运又以该轮手续不齐为由要求威海港监不予放行。后华埠公司以威海外运、原木材公司为被告向青岛海事法院提起诉讼，拆船公司作为第三人参诉。现本案经过一审、二审及两次再审审理完结。

[法律问题]

1. 本案涉及哪些法律关系？其各自的准据法是什么？

2. 本案应当如何处理？

[参考结论与法理分析]

（一）法院意见

一审青岛海事法院判决由威海外运赔偿华埠公司的经济损失，原木材公司承担连带责任，原木材公司还应赔偿华埠公司违约金。二审山东省高院维持了一审判决。第一次再审中，山东省高院认为，华埠公司在签订易货贸易合同后又与俄方签订了现汇贸易合同，欺骗海关，伪报贸易性质及交易价格，偷逃关税数额巨大，已涉嫌构成走私犯罪，撤销了一、二审判决，驳回了华埠公司的起诉，并移送公安机关处理。华埠公司不服，向最高人民法院申请再审。最高院认为，本案是华埠公司基于其与威海外运的代理合同及与原木材公司的船舶买卖合同而发生的船舶进口代理合同、国内废钢船买卖合同纠纷，当事人和合同事实均在中国境内，本案应当适用中国法律。本案涉及的船舶系从俄罗斯进口，有关船舶所有权的转移及源于俄罗斯的证据的效力，应当适用于中俄双边条约。华埠公司经边贸公司代理与俄滨海区公司签订的进口废钢船、出口牛肉罐头易货贸易合同，经边贸管理局批准，属于合法有效合同。山东省高院的再审裁定认定华埠公司与俄方实际履行的现汇合同证据不足，据此推定华埠公司以易货贸易合同为名掩盖现汇贸易之实，构成走私嫌疑不当。威海外运在从俄罗斯船长处取得"尼古拉"号船舶文件和注销船籍的证明文件后，既不代理华埠公司到船舶登记机关办理船舶登记手续，又不将有关文件交与华埠公司去办理船舶登记，其不作为损害了华埠公司的合法权益。威海外运在明知船舶是华埠公司进口的情况下，既拒绝交付有关文件，又不通知华埠公司到现场，却和原木材公司一起与俄方办理船舶交接手续，将"尼古拉"号船舶交给原木材公司委请的中方船员管理，从而实际置于原木材公司掌管下，致原木材公司有机会将该轮拖离威海港，威海外运对此应当承担相应的责任。原木材公司作为与华埠公司订立国内废钢船买卖合同的买方，对卖方华埠公司通过国际贸易合同取得从俄罗斯进口"尼古拉"号船舶所有权并转卖给自己的事实是明知的，其欠付华埠公司船款已经构成违约；其明知"尼古拉"号俄罗斯船籍已注销仍与对该轮丧失所有权的俄船队公司船方人员签订"尼古拉"号废钢船买卖合同，属于恶意行为，该"合同"不具有法律效力。威海外运对华埠公司通过贸易合同合法取得"尼古拉"号所有权是明知的。威海外运先后将船舶文件和船舶均交给原木材公司，损害了委托人的合法权益，与原木材公司恶意串通的事实已经构成，应当与原木材公司承担连带民事赔偿责任。

（二）法理分析

本案涉及多个合同纠纷。我国《民法通则》第 145 条规定："涉外合同的当事人可以选择处理合同争议所适用的法律，法律另有规定的除外。涉外合同的当事人没有选择的，适用与合同有最密切联系的国家的法律。"在涉外合同领域，以当事人意思自治原则为首要原则；在当事人未作出相应的选择时，适用与案件有最密切联系地的法律。本案中，主要涉及以下几种合同关系：①华埠公司与俄滨海区公司之间的进口废钢船合同关系。华埠公司与俄滨海区公司之间的进口废钢船合同明确约定卖方须在买方华埠公司住所地交付货物，因此该合同的履行地即为中国。鉴于当事人双方未就该合同的法律适用作出选择，根据最密切联系原则，该合同应当适用中国法律。②华埠公司与原木材公司之间的买卖合同。华埠公司与原木材公司之间的买卖合同，在中国订立，在中国履行，与前述进口废钢船合同一样，与中国具有最密切的联系，因此亦适用中国法律。③华埠公司与威海外运之间的代理合同。华埠公司与威海外运之间的代理合同不属于具有涉外因素的合同。该合同当事人双方未就法律适用问题作出选择，合同订立于中国，履行于中国，当事人双方均为中国法人，理应适用中国法律。④原木材公司与俄船队公司之间的购销废钢船合同。本合同虽然有一方当事人属于俄国籍法人，但双方订立合同时标的物在中国，与俄罗斯的联系相对较少，应以中国法律作为合同准据法。⑤原木材公司与拆船公司的买卖合同。此合同与上述第二个合同一样，属于纯国内合同，不具有涉外因素，应以我国法律作为合同准据法。

拓展案例

案例一：　　崔源某诉徐春某国际货物买卖合同纠纷案[1]

［基本案情］

崔源某系韩国 HWASUNG SUPPLY 的社长和法定代表人，徐春某系东港市安

---

〔1〕　参见辽宁省大连市中级人民法院（2012）大民四初字第 111 号民事判决书。

华食用菌服务专业合作社（以下简称"安华合作社"）的法定代表人。2010 年 3 月，崔源某代表 HWASUNG SUPPLY 与安华合作社签订食用菌购买合同。《合同书》中未约定代理费、海运费、短途运输费的承担方。庭审中，原告承认双方口头约定上述费用由原告承担。《合同书》中未约定处理争议所适用的法律。后履行合同发生争议，崔源某诉至法院。

　　[法律问题]

　　1. 本案的管辖法院可以有哪些？

　　2. 本案应当适用何种法律？

　　[重点提示]

　　可参考《中华人民共和国民事诉讼法》第四编的相关规定。

案例二：　富国皮革工业股份有限公司与诺勒斯卡特里亚皮尔有限公司国际货物买卖合同纠纷案[1]

　　富国皮革工业股份有限公司（以下简称"富国公司"）作为卖方与诺勒斯卡特里亚皮尔有限公司（以下简称"皮尔公司"）分别于 2009 年 2 月 27 日和 3 月 6 日签订了三份合同。货物名称为羊羔皮全色、VogueDp 颜色黑色、NZD 级颜色黑色/褐色，CNF 天津。合同约定：皮尔公司应当在发运前支付 30% 的货款，余款应当在发票日期后的 45 天内支付，交货地点为天津，交货日期起 28 天后，不接受退货，不认可索赔。2009 年 3 月 19 日，富国公司收到皮尔公司支付部分货物 30% 的货款，富国公司于 2009 年 3 月 23 日及 24 日开具发票四张，并于 2009 年 3 月 26 日按皮尔公司的要求将价值 156 734.66 美元的 266 箱货物交于案外人天津市富尔派皮革制衣有限公司（以下简称"富尔派公司"）。但皮尔公司一直未付 109 714.26 美元的余款。富国公司因为皮尔公司未在其开具发票日期后的 45 天内支付上述余款，所以没有再行发货。另，富国公司、皮尔公司案外已履行完毕，两份合同中的收货单位均为富尔派公司，并且富国公司均向富尔派公司开具发票。

　　富国公司向天津市第一中级人民法院起诉，认为皮尔公司在收到货物后，拒绝支付余款，其行为已经给富国公司造成了重大经济损失，请求依法判令皮尔公司立即支付欠款及利息。

　　天津市第一中级人民法院认为：本案是国际货物买卖合同纠纷。合同签订地、履行地均在中华人民共和国境内，应当适用与合同有最密切联系的国家的

―――――――――――

　　〔1〕　参见天津市高级人民法院（2012）津高民四终字第 128 号民事判决书。

法律，所以本案的审理应适用中华人民共和国法律。

[法律问题]

1. 本案法院的法律适用是否正确？为什么？

2. 法院在处理涉外民商事案件时，一般的步骤是什么？

[重点提示]

结合《联合国国际货物销售合同公约》的适用条件考虑。

第二节　海上货物运输合同的法律适用

经典案例

中国湖南省技术进出口股份有限公司诉法国达飞轮船有限公司等海上货物运输合同纠纷案[1]

[基本案情]

2001 年 9 月 14 日，中国湖南省技术进出口股份有限公司（以下简称"湖南技术公司"）将电瓷（共计 31 104 只，价款共 231 724.80 美元）交给湖南湘远国际货运代理有限公司（以下简称"湘远公司"），从中国长沙出运至叙利亚，并向其支付了运费和其他费用。法国达飞轮船有限公司（以下简称"达飞公司"）作为该批货物的承运人向湖南技术公司出具了全套正本提单。货物运抵叙利亚后，达飞公司未经湖南技术公司同意，凭货物买方的担保将货物放出，致使湖南技术公司不能从货物买方处收回货款。湖南技术公司向法院起诉，请求判令达飞公司赔偿其损失，湘远公司同时承担连带责任。本案提单条款约定：承运人或任何潜在承运人在装货港装货至在卸货港卸货期间，货物发生灭失或损坏，承运人的责任将根据海牙规则或任何对海牙规则的修改强制适用于本提单的国内法确定；提单条款未涉及的任何事项应适用法国法，解释提单条款亦适用法国法。但在第二次庭审中，达飞公司明确要求放弃法国法而适用中国法，湖南技术公司表示同意。武汉海事法院因此确定适用中国法作为本案的准据法。湖南技术公司认为，提单中法律适用条款系格式条款，达飞公司没有与湖南技术公司协商，也未提请湖南技术公司注

---

〔1〕 参见武汉海事法院（2002）武海法商字第 43 号民事判决书；湖北省高级人民法院（2004）鄂民四终字第 17 号民事判决书。

意，该条款不是双方的合意，应依据最密切联系原则确定适用的法律为中国法。依据中国《海商法》的规定，承运人应谨慎地运输和保管货物，并向正本提单持有人交付。达飞公司未收回正本提单，凭担保函将货物交给湖南技术公司的贸易对方，已构成无单放货，应承担损害赔偿责任。而达飞公司认为，根据中国《民法通则》第145条和"场所决定行为"的国际私法原则，达飞公司交货是否合法应适用交货行为地叙利亚国的有关法律和港口惯例确定。根据叙利亚国法律，收货人出示担保函等文件，即便无正本提单，承运人也负有在60日内交货的强制义务。因此，货物是被收货人依法强制提取，并非达飞公司有意识交付，不应构成无单放货。

[**法律问题**]

1. 提单的性质如何？提单中对准据法的选择是否有效？

2. 本案应当如何处理？

[**参考结论与法理分析**]

（一）法院意见

武汉海事法院认为：提单是托运人与承运人之间海上货物运输合同的证明，在没有其他约定的情况下，提单背页条款为运输合同条款，当事人可在提单中约定处理合同争议所适用的法律。依据提单规定，提单条款未涉及的任何事项适用法国法，在解释提单条款上亦适用法国法。本案提单条款未对达飞轮船公司是否应凭正本提单放货作出规定，须依据相关法国法确定其法律责任。但达飞轮船公司庭审中明确表示放弃适用法国法而依据中国法处理合同争议，原告湖南技术公司亦表示同意，且当事人以新选择的法律代替原来的选择不为我国法律所禁止。因此，湖南技术公司和达飞轮船公司在诉讼中作出的适用法律的选择有效，中国法律的有关规定为处理本案合同争议的准据法。

（二）法理分析

本案争议在于，实体法的适用是否包括其冲突规范，具体说就是能否依据我国《民法通则》第146条的规定适用叙利亚国法。我国现行法律对实体法的适用是否包括冲突规范没有明确规定。但是，1987年最高人民法院《关于适用〈涉外经济合同法〉若干问题的解答》中曾规定："当事人协议选择的或者人民法院按照最密切联系原则确定的处理合同争议所适用的法律，是指现行的实体法，而不包括冲突法规范和程序法。"新《合同法》施行以后，最高人民法院尚未就此问题作出新的解释，但司法实践中，在处理涉外合同争议的法律适用问题上，仍然适用当事人所选择的作为准据法的实体法，而不包括冲突规范。同时，本案原告湖南技术公司提起的是合同纠纷诉讼，而非侵权之诉，达飞公司认为应当适用我国《民法通则》第146条也无事实依据和法律依据。况且，达飞公司仅提出本案应适用叙利亚法的主张，并未提供相关叙利亚法的具体内容。因此，达飞轮船公司主张依据我国《民法通则》第 146 条的规定适用叙利亚法律的上诉理由不能成立。

拓展案例

全球航海服务责任有限公司与衡水斯凯澜进出口有限公司 海上货物运输合同纠纷案[1]

[基本案情]

2010 年 3 月，衡水斯凯澜进出口有限公司（以下简称"斯凯澜公司"）与 HUTHADA CO.，LTD.（以下简称"HUTHADA 公司"）签订合同，约定斯凯澜公司购买 18 吨棉纱，CNF（中国新港）。付款方式为斯凯澜公司预付 30% 的货款，余款在收到提单副本后 3 天内付清。3 月 29 日，斯凯澜公司向 HUTHADA 公司预付了 11 214 美元。涉案货物的商业发票记载货物重量为 14 862.20 千克，单价 2.08 美元/千克，总价款 30 913.38 美元。涉案货物的出口报关申报价格重量为 14 862.24 千克，货物价值为 30 913.46 美元。4 月 8 日，全球航海服务责任有限公司（以下简称"全球公司"）就涉案运输签发了提单，提单记载：托运人为 HUTHADA 公司，收货人和通知方均为斯凯澜公司，装货港为越南海防港，卸货港为中国新港。货物到达天津新港后，斯凯澜公司在提交进口换单保函、盖章的提单复印件后，提取了涉案货物。保函记载：凭我司的保函及所附提单副本办理放货手续，由此产生的一切责任、经济损失及法律纠纷由我公司承担。

2011 年 5 月 12 日，全球公司与 HUTHADA 公司签订了协议书，就双方因涉案货物无正本提单放货问题，商定由全球公司赔偿 HUTHADA 公司 19 681.46 美元。同日，HUTHADA 公司出具收据单，确认已收到该款项。

全球公司以斯凯澜公司提货后一直没有获得正本提单，全球公司因无正本提单放货赔偿托运人 19 681.46 美元为由，向法院起诉，请求斯凯澜公司赔偿其损失。

[法律问题]

1. 本案应当由哪个法院管辖？
2. 本案应当如何适用法律？为什么？

---

〔1〕 参见天津市高级人民法院（2012）津高民四终字第 0008 号民事判决书。

[重点提示]

结合《中华人民共和国海商法》第 296 条的规定考虑。

第三节 国际货物运输保险合同的法律适用

经典案例

格里尔诉普尔货物运输保险索赔案[1]

[基本案情]

普尔是一位保险人，在英国营业，他向投保人格里尔签发了一张海上货物运输保险单，保险的货物由一艘法国货轮装运，货主就是在英国经商的格里尔。在运输途中，法国货轮发生故障，就近驶入一个港口进行修理。船长为担保借贷合同的债务，以货轮、运费和货物设立抵押。由于货轮和运费不足以偿还借贷合同的债务，格里尔支付了不足部分，从而取得货物。其后，格里尔就其支付金额向保险人普尔索赔，双方发生争议。于是，格里尔在英国法院对普尔提起诉讼，要求其赔偿格里尔为取得货物而支付的金额。货主格里尔为取得货物而支付的金额，按法国法可归于海难造成的损失，因此格里尔能向保险人普尔索赔。但依英国法，保险人普尔对格里尔支付的这笔金额没有赔偿责任。法国法和英国法在本案与保险合同都有联系，前者是运货船舶的船旗国法律，后者是保险人及被保险人的营业地所在国法律。

[法律问题]

1. 英国法院对本案应该适用法国法还是适用英国法？

2. 对国际货物运输保险合同的准据法的确定，国际上有无统一的冲突法予以调整？

[参考结论与法理分析]

对于国际货物运输保险合同的准据法如何确定，国际上目前尚无统一的冲突法予以调整，各国大多采用当事人意思自治原则，在当事人未作选择时，大多数国家主张以保险人的属人法为保险合同的准据法，这是根据特征履行说和最密切联系原则所进行的法律选择。本案中，英国法院审理时采用的冲突规则是：保险合同在当事人没有明示或默示选择对其适用的法律时，合同受保险人

---

〔1〕 李双元、欧福永主编：《国际私法教学案例》，北京大学出版社 2007 年版，第 234～235 页。

营业地法律支配。许多国家采取类似规则，因为保险人营业地与保险合同的联系通常较为密切。

根据我国《民法通则》、《海商法》以及《合同法》有关涉外合同法律适用的规定，国际货物运输保险合同的当事人可以协议选择合同适用的法律；如果没有选择，则适用与保险合同有最密切联系的国家的法律。在司法实践中，我国法院通常将保险人住所地法律视为与涉外保险合同有最密切联系的国家的法律，如果另一国家的法律与保险合同明显具有更密切的联系，则以该另一国家的法律作为合同准据法予以适用。

拓展案例

湖北省技术进出口公司与中国人民保险公司湖北省
分公司保险索赔纠纷案[1]

[基本案情]

2000 年 9 月，湖北省技术进出口公司（以下简称"技术进出口公司"）代理湖北省三高通信技术发展总公司（以下简称"湖北三高公司"）与阿尔卡特网络（亚洲）有限公司签订了一份数字数据网络设备国际货物买卖合同，以 FOB 加拿大 Kanata 离岸价为价格条件。该价格术语 FOB 的解释，参照《国际商会贸易术语解释通则 1990》。合同总价不包括空运费用、投保一切险和所有合同设备运抵目的港的所有运输费用。所有货物到最终用户地须由买方负责运输，卖方负责提供便当的包装措施并采取充分的保护措施。合同签订后，湖北三高公司与大通国际运输有限公司湖北分公司（以下简称"大通公司"）联系运输事宜。2000 年 11 月 15 日，大通公司代理技术进出口公司与中国人民保险公司湖北省分公司（以下简称"保险公司"）在武汉签署的一份《国际运输预约保险启运通知书》载明：被保险人是技术进出口公司（大通公司代理保险）；保险货物项目是一套数字数据网络设备；包装及数量是纸箱 48 件；价格条件是 EX‑Work；货价（原币）851 108 美元；运输路线自 Kanata Ottawa Canada 至中国湖北武汉；投保险别为一切险；保险金额为 978 774.2 美元；保险费为 3915.09 美元；落款栏中盖有中保财产保险有限公司湖北分公司业务专用章和大通国际运输有限公司湖北分公司发票专用章；备注栏载明：（公路运输）Kanata – 渥太华机场；空运：渥太华机场 – 北京机场 – 天河机场（货物离开机场及武汉市内通知保险公

---

[1]　参见湖北省高级人民法院（2002）鄂民四终字第 11 号民事判决书。

司）。2000 年 11 月 15 日，大通公司向保险公司支付了保险费人民币 32 417 元，并收到保险公司出具的收据。2001 年 5 月 24 日，技术进出口公司将上述保险费人民币 32 417 元支付给大通公司。渥太华时间 2000 年 11 月 15 日 19:00 时即北京时间 2000 年 11 月 16 日 8:00 时，被保险货物在渥太华 2270STEVENAGE 路被盗。2000 年 12 月 7 日，大通公司将出险情况告知了保险公司。同年 12 月 21 日，技术进出口公司向保险公司提出了理赔要求遭拒成讼。

[法律问题]

本案应当适用何种法律？为什么？

[重点提示]

结合最密切联系原则在国际合同中的适用考虑。

第四节　国际代理的法律适用

经典案例

韩国海南实业公司与威海化工进出口公司委托代理合同纠纷案[1]

[基本案情]

2001 年 6 月，韩国海南实业公司（以下简称"海南实业"）与山东省威海市化工进出口有限公司（以下简称"威海化工"）口头协商，海南实业将其收购的活鲈鱼苗委托威海化工出口到韩国，但威海化工是否负有租船及找船的代理义务，双方未明确约定。2001 年 6 月 28 日，威海化工与烟台文丰公司签订了租船合同，约定租船时间、租船方式和付款方式等事项。海南实业向威海化工汇款 40 多万元用于支付代理费和运费等。2001 年 7 月 4 日，海南实业将其收购的 26 万尾活鲈鱼苗装船，并取得了烟台文丰公司签发的正本提单三份。但鱼苗随后大量死亡，承运人因此未按照约定将货物运抵韩国。海南实业以威海化工为被告向威海市中级人民法院提起诉讼。一审法院认为：海南实业与威海化工虽未签订书面合同，但根据双方的口头约定及商检、报关及运费均由海南实业承担来看，双方形成的是一种委托代理出口关系，应认定为合法有效。威海化工按双方口头约定履行了代理职责。按照我国外贸代理的有关规定，只有海南实业向威海化工提供了相关费用，而威海化工不行使索赔权利，或在诉讼时效期

---

〔1〕 参见山东省高级人民法院（2002）鲁民四终字第 6 号民事判决书。

间内未向第三人提起诉讼或仲裁，由此给海南实业造成损失的才承担民事责任。根据我国《合同法》的有关规定，法院一审判决驳回了海南实业的诉讼请求。海南实业不服判决，提出上诉。

[法律问题]

1. 涉外代理法律关系应如何适用法律？

2. 本案一审法院的处理是否正确？

[参考结论与法理分析]

（一）法院意见

山东省高级人民法院认为，本案是一起涉外案件。在审理期间，海南实业公司与威海化工公司协商选择中国法律处理本案争议问题。根据《民法通则》第145条第1款，本案应适用中国法律。一审法院适用了对外经贸部《关于对外贸易代理制的暂行规定》。但是该规定调整的是中国国内的公司、企事业单位及个人与中国国内有外贸经营权的公司、企业之间的外贸代理关系，并不调整国外企业与中国境内的外贸代理企业之间的委托代理关系。由于本案所涉及的委托关系的委托方是韩国法人，一审判决适用该规定认定威海化工公司无代理过错系适用法律不当，应当予以纠正。本案属于一般的委托代理关系，应当适用《民法通则》和《合同法》的规定。根据《合同法》的规定，法院判定，由于威海化工公司在履行委托义务中没有过错，因此，受托人威海化工公司对委托人海南实业公司直接承担赔偿责任没有法律依据。原审法院认定事实清楚，虽存在部分法律适用不当的情形，但判决结果正确，因此判决驳回上诉，维持原判。

（二）法理分析

国际代理涉及代理人的代理权限、代理人与本人的内部关系、代理人与第三人之间的外部关系三个方面的问题。代理权的法律适用是整个代理关系中最为核心又最为复杂的问题。纵观英美和大陆法系，可以归纳出以下几种做法：①内部关系准据法说，即代理权应适用本人与代理人之间委托合同的准据法；②本人营业地或住所地法说；③行为地法说；④代理人营业地或居所地法说等。关于内部关系的准据法，多数国家都通过适用支配代理合同的准据法来调整。代理合同的准据法的确定，国际上通行的做法是尊重当事人的意思自治，在当事人未作出选择时，亦有不同做法。至于外部关系的准据法，各国从保护不同当事人利益的角度出发，建立了以下法律适用规则：①适用本人住所地法或代理内部关系的准据法；②适用主合同准据法；③适用代理行为地法；④混合适用代理人营业地、代理人惯常居所地、代理人行为地等法律。

对于本案，海南实业与烟台文丰之间的关系属于代理的外部关系，独立于基础法律关系，也独立于代理人与第三人之间的合同关系，应当适用单独的法律。代理基础法律关系适用双方选择的法律，即中国法律；代理的主要行为原则上也应适用代理人与第三人协议选择的法律。本案中双方没有选择法律，根据我国冲突法，应当适用最密切联系地法律。由于该合同双方当事人为中国法人，合同在中国订立，因此与中国有最密切联系，应当适用中国法律。代理的外部关系应当适用代理人营业所所在地或者代理行为地法律，在本案中均为中国法律。因此，如果海南实业对烟台文丰提起诉讼，对于海南实业和烟台文丰之间的关系，应当适用中国法律的规定。

拓展案例

绍兴县亚美生物化工有限公司与欧美网络（中国）有限公司
无单放货侵权损害赔偿纠纷案[1]

[基本案情]

2002 年 9 月 11 日，绍兴县亚美生物化工有限公司（以下简称"亚美公司"）与土耳其的 SOGUT GIDA VE TURIZM PAZ. SAN. TIC. LTD. STI（以下简称"S 公司"）签订了出口 2 000 公斤添加剂的销售合同，约定贸易方式为 FOB 上海，货物总价为 38 400 美元，付款方式为付款交单。此后，上海天霖星洲国际货运有限公司（以下简称"天星公司"）向欧美网络（中国）有限公司（以下简称"欧网公司"）订舱，并垫付了订舱、内装和报关等费用计人民币 1 520 元。同年 10 月 17 日，欧网公司签发了以其名称为抬头的记名提单，提单载明：起运港上海，卸货港土耳其伊斯坦布尔，托运人亚美公司，收货人和通知人 S 公司，提单签章字样为 "For and on behalf of SEA – AIR LOGISTICS（CHINA）LTD. 陈勇"，提单签章处的印刷体为 "Signed on behalf of the carrier：Sea – Air Logistics（H. K.）LTD.〔即海空网络（香港）有限公司（以下简称'海网公司'）〕"。涉案货物到达目的港后，承运人在没有收回正本提单的情况下将货物交给了收货人。亚美公司在庭审中称因滚动核销，其已将涉案货物的外汇核销单向外汇管理局核销，但未提供相应证据。

天星公司与欧网公司于 2002 年 1 月 2 日签订的《代理协议书》约定，天星公司为欧网公司在上海的进出口货物代办报关、运输、结算等业务。欧网公司

---

〔1〕 参见上海市高级人民法院（2003）沪高民四（海）终字第 132 号民事判决书。

与海网公司于 1999 年 5 月 30 日签订的《国际代理协议》约定，欧网公司作为海网公司的代理人制作和签发提单。涉案提单未向中华人民共和国交通部登记和注册。后亚美公司起诉要求欧网公司和天星公司承担侵害货物所有权的赔偿责任。在庭审中，双方当事人均选择适用中国法律。

　　[法律问题]

　　国际代理关系应当如何适用法律？

　　[重点提示]

　　结合当事人意思自治原则在国际合同中的适用考虑。

第五节　国际信托的法律适用

经典案例

广东省轻工业品进出口（集团）公司与香港 TMT 贸易
有限公司商标权属纠纷案[1]

　　[基本案情]

　　广东省轻工业品进出口（集团）公司（以下简称"广轻公司"）与香港东明贸易有限公司（以下简称"东明公司"）签订包销协议，约定由东明公司定牌及包销广轻公司生产的 TMT 牌吊扇，吊扇所用 TMT 牌文字和图形组合商标由东明公司提供。由于受广轻公司的误导，东明公司误认为当时香港地区的公司不能在内地注册商标，故与广轻公司商定，由广轻公司在国内办理商标注册。东明公司则在香港地区和中东部分国家办理 TMT 商标注册。1982 年东明公司歇业，由其原总经理与另一股东组建 TMT 公司，接手原东明公司与广轻公司的业务，也承受 TMT 商标。TMT 公司成立后，与广轻公司签订的多份包销协议和成交确认书均清楚列明由 TMT 公司提供本案争议商标。广轻公司曾于 1987 年 10 月和 12 月向 TMT 公司发出两份文件，证明广轻公司注册的 1980 年第 142201 号 TMT 商标以及其他相关的两个商标由相关 TMT 公司所有和受益，广轻公司只是作为受托人代表 TMT 公司持有此商标。

　　数年来，TMT 公司继续在 TMT 牌吊扇的主要销售国家和地区办理 TMT 商标注册。1994 年双方又签订一份协议，约定在中国境内，TMT 商标由广轻公司注

---

　　〔1〕　参见最高人民法院（1998）知终字第 8 号民事判决书。

册,该公司有绝对的经营和管理权力,并负责处理境内任何假冒或侵犯该商标的行为。同时在中国境外,该商标由 TMT 公司注册并负责。协议签订后,纠纷发生。TMT 公司认为,广轻公司没有依约打击国内有关厂家的侵权行为,造成其巨大损失,要求将该商标使用权返还给 TMT 公司。广轻公司则认为,TMT 公司未经其许可使用该商标,并在境内另安排了生产和销售。广轻公司向海关总署提起知识产权保护备案,造成 TMT 公司在国内安排生产的产品无法出口。1998 年,TMT 公司以广轻公司违背双方的委托约定,意图侵吞 TMT 公司委托其在国内注册的商标,并阻止 TMT 公司产品的出口造成了其经济损失为由,向法院起诉。广东省高级人民法院认为双方存在商标委托注册并管理的关系,确认广轻公司注册的 TMT 商标归 TMT 公司所有,但 TMT 公司应向广轻公司作出一定的补偿。广轻公司上诉至最高院。

[法律问题]

本案应当如何处理?

[参考结论与法理分析]

(一) 法院意见

最高人民法院认为,双方当事人之间是信托关系而非单纯的委托关系,并依据《民法通则》第 4 条及《民事诉讼法》的有关规定,作出与广东省高级人民法院基本相同的判决,只增加了广轻公司在判决生效之日起 1 个月内负责协助 TMT 公司办理商标注册人变更手续的义务,同时将 TMT 公司对广轻公司的补充额提高至 250 万元人民币。

(二) 法理分析

信托是指将自己的财产委托给足以信赖的第三者,使其按照自己的希望和要求进行管理和运用的法律制度。[1] 从广轻公司和东明公司以及后来的 TMT 公司围绕 TMT 商标所发生的关系来看,它基本符合信托关系的主要法律特征。一方面,双方当事人就争议商标由谁在何处注册、使用、管理有明确的约定和分工,广轻公司是基于这种约定在国内注册争议商标并进行使用和管理的;另一方面,TMT 公司作为争议商标实质上的权利人,通过合作关系授权广轻公司以自己名义在国内注册争议商标,只是在双方不能继续合作下去的情况下,才要求广轻公司返还争议注册商标,这都说明了双方之间的关系应认定为商标权财产信托法律关系,受托人以自己的名义为委托人从事民事活动是本质特征,在信托关系终止时,受托人就应当将占有、管理的委托人的财产、利益返还给委托人。参考信托关系法律适用的理论和《关于信托的准据法及其承认的公约》,

---

〔1〕 黄进:《国际私法》,法律出版社 2005 年版,第 280 页。

本案应当适用我国内地的法律。

拓展案例

金丰（中国）机械工业有限公司与 CHIN FONG ENGINEERING（H. K.）LIMITED［金丰工程（香港）股份有限公司］公司有关纠纷上诉案[1]

［基本案情］

金丰香港公司系在香港注册登记的企业。1994 年 10 月 13 日，金丰香港公司作为唯一股东，总投资 1000 万美元，在浙江省宁波市镇海经济开发区设立了金丰中国公司，公司性质为外商独资企业，经营范围包括锻压机械及其零配件、周边设备、自行车、汽车、摩托车零组件等。据金丰中国公司设立时的《章程》第 4 条规定，"本公司为独资企业中国法人，受中国法律管辖和保护，其一切活动必须遵守中国的法律、法令和有关条例规定"；《章程》第 13 条、第 14 条规定，"董事会是公司最高权力机构"，"董事会由 9 名董事组成。设董事长 1 人，副董事长 1 人，董事 7 人。董事会对外代表公司执行公司业务，对内制定规章制度，编定年度预算、年度营业报告，规划年度生产销售计划、年度分配方案及其他由董事会决定的重大事宜"。《章程》另规定，董事长由选举产生，董事长为公司法定代表人，董事长与董事任期各为 3 年，可以连任；公司总经理、副总经理等高级职员由董事会聘任等。当时，金丰香港公司作为唯一投资股东委派纪明哲为金丰中国公司董事长、纪金龙为副董事长，并委派纪金榜、纪金标、纪金怀、纪明东、纪明晰、林敬俊、王南历担任董事。因金丰香港公司当时的法定代表人为纪明哲，故纪明哲作为唯一投资股东、金丰香港公司的法定代表人在《章程》、委派书等文件上签字确认。

1999 年，金丰香港公司与开曼群岛金丰通商股份有限公司（以下简称"金丰开曼公司"）签订《股权转让协议》，约定金丰中国公司总投资和注册资本增加至 2000 万美元和 1100 万美元，对增加部分的投入，金丰开曼公司以受让股权的方式注入，金丰香港公司与金丰开曼公司按其所持股份比例享受股东权益。签约后，金丰香港公司和金丰开曼公司又签订了《金丰（中国）机械工业有限公司章程修改条款》，对金丰中国公司原《章程》中的股东、总投入、注册资本、利润分成、董事会组成等条款作了修改，约定金丰中国公司注册资本为 1100 万美元，由金丰香港公司和金丰开曼公司各出资 550 万美元，分别持有公

---

[1]　参见浙江省高级人民法院（2010）浙商外终字第 41 号民事判决书。

司 50% 的股份，并将原《章程》第 14 条修改为："董事会原委派人数、人员不变。但纪明哲、纪金龙、纪金榜、纪金标、纪金怀由股东一（金丰香港公司）委派，纪明东、纪明晰、林敬俊、王南历由股东二（金丰开曼公司）委派。董事会对外代表公司执行公司业务，对内制定规章制度，编定年度预算、年度营业报告，规划年度生产销售计划、年度分配方案及其他由董事会决定的重大事宜"。

2000 年 8 月 10 日，金丰香港公司与金丰开曼公司又签订了《股东协议》，约定增加对金丰中国公司的投资，并将金丰中国公司注册资本由 1 100 万美元增加至 1 320 万美元，新增注册资本 220 万美元全部由金丰香港公司出资；增资后，金丰香港公司持有的股权比例为 58%，金丰开曼公司持股比例为 42%；股权变动后，投资双方各自委派的董事会成员不变更。之后，金丰中国公司《章程》的相应条款亦作了修改。

2003 年 12 月 5 日，金丰香港公司和金丰开曼公司再次订立《股权转让协议》，约定金丰香港公司将其持有的部分股权转让给金丰开曼公司。股权转让交割后，金丰香港公司占有公司股权的 40%，金丰开曼公司占有公司股权的 60%。同日，两股东对公司《章程》内容作了相应变更。

另据金丰中国公司在工商机关留存的登记材料记载，2005 年 7 月 18 日，金丰中国公司曾就其法定代表人变更事宜召开董事会并形成决议，决定免去纪明哲的董事长职务，但保留其董事职务，投资方重新委派董事纪金标担任董事长。纪明哲、纪金龙、纪金怀、王南历、纪明东、纪金标、王思之作为董事在落款处签名确认。在附后的《董事（监事）会成员名单》显示，董事长纪金标、副董事长纪金龙以及董事纪金怀、纪明东、纪明哲、王南历、王思之的产生方式均为委派。根据 2005 年 7 月 25 日的两份《外商投资企业董事会成员委派书》记载，金丰香港公司"兹委派下列人员到金丰（中国）机械工业有限公司董事会任职：纪金标为董事长，纪金龙为副董事长，纪金怀、王南历为董事"，纪金标作为投资方金丰香港公司的负责人在落款处签名；金丰开曼公司"兹委派下列人员到金丰（中国）机械工业有限公司董事会任职：纪明哲、纪明东、王思之为董事"，纪金标亦作为投资方金丰开曼公司的负责人在落款处签名。

2007 年 1 月 17 日，金丰香港公司和金丰开曼公司两股东决议免去纪金标金丰中国公司董事长一职，但保留其董事职务，委派陆泰阳为金丰中国公司董事长，并变更部分董事会成员，免去纪金怀、王南历、纪明东董事职务，重新委派沈聪进、萧凯峰为公司董事。纪金标作为金丰香港公司和金丰开曼公司两家公司的负责人在落款处签名确认。

2007 年 11 月 5 日，纪金标作为金丰香港公司和金丰开曼公司两家公司的负责人签署了金丰中国公司董事会成员的任、免职文件，免去萧凯峰董事职务，委派赵子严为公司董事。在附后的《董事、监事、经理、联合管理委员会委员情况表》显示，董事长陆泰阳、董事纪金龙、纪金标、纪明哲、王思之、沈聪进、赵子严的产生方式均为委派。

2007 年 11 月 20 日，金丰香港公司以原委派的三名董事纪金标、纪明哲、王思之另有工作安排为由，要求另行委派纪明东、纪金怀、纪淑媛担任金丰中国公司董事，并致函金丰开曼公司及金丰中国公司董事长陆泰阳提议召开临时股东会决议变更董事事宜。同年 12 月 2 日，金丰香港公司再次致函金丰中国公司确认其上述委派董事，要求金丰中国公司在收到本通知起 5 日内到宁波市工商局镇海分局办理董事变更的工商登记手续，并声明新委派的三名董事纪明东、纪金怀、纪淑媛自通知之日起履行董事职责，原三名董事纪金标、纪明哲和王思之不再履行董事职责。函件另通知：金丰香港公司法定代表人纪金标已变更为纪明东。同时，新委派的三名董事共同致函金丰中国公司提议召开临时董事会。

2007 年 12 月 24 日，金丰香港公司法定代表人纪明东致函金丰中国公司，重申要求确认新委派的董事人员，再次通知金丰中国公司"我公司原向金丰（中国）机械工业有限公司指派纪金标、纪明哲及王思之为金丰（中国）公司的董事。因该三位董事我公司另有安排，为此，对指派金丰（中国）机械工业有限公司的董事更换为纪明东、纪金怀及纪淑媛三名，本通知即日生效。请接到本通知之日起 5 日内到宁波市工商局镇海分局办理变更登记手续。从通知之日起新任的纪明东、纪金怀及纪淑媛三名董事履行董事职责。有关金丰（中国）机械工业有限公司召开董事会、修改章程、公司高级管理人员的人事任免等金丰（中国）公司的重大事宜活动均应有三位董事参与决策。原纪金标、纪明哲及王思之三名董事不再履行董事职责。检附金丰（中国）机械工业有限公司董事免职、委派书"，该函件同时抄送浙江省镇海经济开发区管委会、宁波市工商行政管理局、陆泰阳董事长、纪金标、纪明哲、王思之董事。

2008 年 6 月 6 日，金丰香港公司委派律师致函金丰中国公司董事会及董事长陆泰阳，要求按照《中华人民共和国公司法》的规定召开临时股东会决议董事变更事宜。

2008 年 8 月 5 日，金丰中国公司向宁波市工商局镇海分局出具承诺函，承诺将"依据中华人民共和国相关法律，于法律规定期限内办理董事变更登记手续"。

但虽经金丰香港公司多次催促，金丰中国公司均以两股东未形成一致意见、董事会未形成有效决议等各种理由拒绝接受金丰香港公司新委派的三名董事，并不予办理董事变更的工商登记手续。

另，金丰香港公司在起诉事实中提出要求撤销的三名董事为纪金标、纪明哲和王思之，但在第二次庭审中，金丰香港公司对该部分事实作了变更，明确要求撤销的三名董事为纪金标、纪明哲和纪金龙。

金丰香港公司和金丰开曼公司在设立金丰中国公司的同时，另在金丰中国公司附近设立宁波念初机械工业有限公司（以下简称"念初公司"，念初公司股东还包括金丰全球有限公司，金丰香港公司、金丰开曼公司和金丰全球有限公司各持有念初公司股份22.514%、37.486%和40%），念初公司的经营范围包括锻压机械及其零配件、周边设备、自行车、汽车、摩托车零组件等，董事长纪明东为法定代表人，副董事长为纪金怀，纪淑媛、纪金龙、纪明哲为公司董事。

金丰香港公司为此诉至宁波市中级人民法院，请求：①确认金丰香港公司委派的纪明东、纪金怀、纪淑媛担任金丰中国公司的董事合法有效；②判令金丰中国公司限期办理工商变更登记手续，将纪明东、纪金怀、纪淑媛登记为金丰中国公司董事。

[法律问题]

1. 本案中，宁波市中级人民法院是否有管辖权？为什么？

2. 本案能否按照金丰中国公司《章程》第4条中的约定确定准据法？为什么？

3. 若问题2中的第4条不存在，本案应当如何适用准据法？

[重点提示]

对公司而言，董事与公司股东之间是一种特殊的信托关系。本案应从信托关系着手，并结合《涉外民事关系法律适用法》第17条的规定考虑。

第六节　国际破产的法律适用

经典案例

广东国际信托投资公司破产案[1]

[基本案情]

广东省国际信托投资公司（以下简称"广东国投"）是1980年7月经广东省人民政府批准成立的全民所有制企业。1983年经中国人民银行批准为非银行金融

---

〔1〕　参见《中华人民共和国最高人民法院公报》2003年第2期。

机构并享有外汇经营权，1989年被确定为全国对外借款窗口。20世纪80年代末期，广东国投的经营规模不断扩大，逐步从单一经营信托业务发展成为以金融和实业投资为主的企业集团。但是，广东国投长期以来存在大量高息揽存、账外经营、乱拆借、乱投资等违规经营活动，致使不能支付到期巨额境内外债务，严重资不抵债。为保护债权人的合法权益，中国人民银行于1998年10月决定关闭广东国投，并由中国人民银行组织清算组，对该公司进行关闭清算。经过清算组3个月的清算，当时初步查明广东国投的总资产负债率为168.44%。后报经国务院同意，由主管部门广东省人民政府和中国人民银行批准，原广东国投及其全资子公司于1999年1月分别向广东省高级人民法院和广州市、深圳市中级人民法院提出破产申请。经审理，广东国投及其子公司的破产债权清偿率均超过了当时国内破产债权清偿率8%的记录。广东省高级人民法院认为，《中华人民共和国企业破产法（试行）》第3条第1款规定："企业因经营管理不善造成严重亏损，不能清偿到期债务的，依照本法规定宣告破产。"第8条规定："债务人经其上级主管部门同意后，可以申请宣告破产。"广东国投管理极度混乱，严重资不抵债，不能清偿境内外巨额到期债务，符合法律规定的破产条件，遂于1999年1月16日裁定：广东国投破产还债，指定清算组接管广东国投。2003年2月，广东省高级人民法院宣布，历时4年的广东国投破产案终结破产程序。

[法律问题]

1. 本案应当由哪个法院管辖？为什么？
2. 本案应当如何适用法律？为什么？

[参考结论与法理分析]

（一）国际破产的管辖权

国际社会至今还未制定出调整国际民事诉讼管辖权的全球性公约，因此，国际民事案件的管辖权基本由各国国内法加以调整。国际破产案件对法院地的利益具有重大影响，各国司法实践中在处理国际破产案件时，通常依据其内国法的规定。在确定国际破产案件管辖权方面，各国在立法及司法实践中一般考虑如下几个连接因素[1]：①债务人主营业所所在地；②债务人住所地；③债务人财产所在地；④债务人的国籍所属国。本案中，广东国投的主营业所所在地、主要财产所在地均在我国，对我国政治、经济具有重大影响，因此，本案的管辖权应当根据我国法律加以确定。1986年《企业破产法（试行）》第5条和1991年《民事诉讼法》第205条均规定，破产案件应当由债务人住所地的法院管辖。《民法通则》第39条规定，法人的住所地应为其主要办事机构所在地。

---

〔1〕 赵相林主编：《国际私法》，中国政法大学出版社2011年版，第321~322页。

本案中，广东国投是债务人，又是在广东登记注册的法人，因此，广东省高级人民法院具有管辖权[1]。

（二）国际破产的法律适用

由于国际破产问题的复杂性，各国关于破产的法律适用的立法多采用分割制，大致上将国际破产的法律适用分为破产当事人的能力、破产程序、破产债权、破产财产和破产管理及分配等方面分别规定法律适用问题。对于破产当事人的能力，一般是适用受理破产申请的法院地法；根据程序问题应依法院地法原则，破产程序的法律适用一般也适用破产宣告国法；对于国际破产债权的法律适用，目前有两种主张：①主张适用破产宣告国法，②适用破产宣告时的财产所在地法。而关于破产是动产还是不动产的识别，应依物之所在地法；至于债权人对破产财团的物权，如别除权、取回权，应依物之所在地法，而债务人对抗债权人的抵销权和否认权等，应依破产宣告国法；对于破产管理的法律适用，一般主张适用管理地法，亦即法院地法或破产宣告国法。可见，对于国际破产中绝大多数事项，国际上倾向于适用法院地法。本案中，广东省高级人民法院也采用了这一做法。

拓展案例

Rui Hua Investment Holding Limited 诉扬州通运集装箱有限公司清算组撤销权纠纷案[2]

［基本案情］

扬州通运公司（以下简称"通运公司"）曾多次向扬州中行申请贷款，后逐步转成四笔。截至 2004 年 3 月 21 日，所欠本金分别为 3 500 000 美元，10 658 000 美元，21 000 000 美元，9 842 000 美元，合计 48 500 000 美元。2004 年 6 月 25 日，扬州中行与信达南京办事处签订债权转让协议一份，约定扬州中行将其持有的对通运公司的借款债权转让给信达南京办事处。转让协议签订后，扬州中行将转让事由向通运公司进行了告知。2005 年 6 月 30 日，信达南京办事处与Rui Hua Investment Holding Limited（中文名瑞华投资控股公司，住所地毛里求斯，以下简称"瑞华公司"）签订贷款买卖协议一份，双方约定信达公司将上述

〔1〕徐青森、杜焕芳：《国际私法案例分析》，中国人民大学出版社 2009 年版，第 138~139 页。

〔2〕参见江苏省扬州市中级人民法院（2007）扬民三初字第 0030 号民事裁定书；江苏省高级人民法院（2008）苏民三终字第 0037 号民事裁定书。

债权转让给瑞华公司。2005 年 12 月 28 日，瑞华公司与信达南京办事处在《新华日报》上刊登了债权转让通知暨债务催收联合公告。

2006 年 10 月 10 日，老人涂料（深圳）有限公司向扬州市中级人民法院申请通运公司破产。2006 年 10 月 18 日，扬州市中级人民法院作出 (2006) 扬民破字第 0005 - 1 号民事裁定，宣告通运公司破产。裁定送达后，瑞华公司不服，向江苏省高级人民法院提出申诉。江苏省高级人民法院现已驳回了原告的申诉请求。

[法律问题]

本案应当适用什么法律？

[重点提示]

重点考虑本案应当适用新《破产法》还是旧《破产法》。

第七节 票据的法律适用

经典案例

何泽廉与伍鉴棠等涉外票据追索权纠纷案[1]

[基本案情]

2000 年 10 月间，因业务往来事宜，苏俊荣开出一张香港永隆银行有限公司的支票交给伍鉴棠，该支票出票人是美籍华人苏俊荣，付款人为香港永隆银行有限公司，到期日为 2000 年 11 月 15 日，收款人栏为空白。伍鉴棠收到该支票后，于 10 月 9 日交给何泽廉，用以支付其所欠何泽廉的货款。支票到期后，何泽廉持该支票委托中国银行南海支行办理兑付手续，并在支票的收款人栏填上其本人的姓名。11 月 20 日，中国银行香港分行致函中国银行南海支行，告知上述委托兑付支票已被支付银行退回，在香港永隆银行有限公司出具的退票理由书中载明的退票理由是"请与出票人接洽"（refer to drawer）。中国银行南海支行遂将退票情况通知了何泽廉。苏俊荣确认了该退票事实，并承认支票被退票的原因是当时苏俊荣在香港永隆银行有限公司的账户余额不足。在支票被退后，何泽廉立即同伍鉴棠和苏俊荣交涉，要求二人付款，但均被拒绝。何泽廉遂向广东省佛山市中级人民法院起诉，请求判决伍鉴棠、苏俊荣支付港币 50 645 元和利息 1804.29 元，伍鉴棠和苏俊荣负连带责任。

---

〔1〕 参见广东省佛山市中级人民法院 (2004) 佛中法民初字第 28 号民事判决书。

［**法律问题**］

1. 本案应当如何适用法律？

2. 结合本案谈谈票据的法律适用与其他涉外民事法律关系在法律适用上的异同。

［**参考结论与法理分析**］

（一）法院意见

佛山市人民法院认为，原告的票据追索请求权因在法定期限内不行使而消灭，因此驳回了原告何泽廉的诉讼请求。

（二）法理分析

1. 管辖权。本案被告苏俊荣是美国国籍，本案属于涉外票据追索权纠纷。被告伍鉴棠的住所地在佛山市顺德区，而被告苏俊荣对本院管辖不提出异议，并予以应诉答辩，根据《民事诉讼法》第27条及第245条的规定，原审法院对本案有管辖权。

2. 法律适用。本案原告何泽廉起诉时的依据是中国内地的法律，而被告苏荣俊虽然是基于中国内地实体法作出了答辩意见，但其意见之一明确提出本案应当适用付款地法即香港法律，故本案当事人未能就法律适用问题达成共识。因本案所涉票据的付款行为发生在香港，故该票据属于涉外票据，根据《票据法》第95条的规定，应当依照该法第五章的相关冲突规范确定本案的准据法。

3. 当事人诉讼资格。本案纠纷源于何泽廉在持苏俊荣开出的以香港永隆银行有限公司为付款人的支票要求兑付遭到拒付后，作为票据权利人向伍鉴棠、苏俊荣行使票据追索权。故首先需要审查的是本案当事人是否为票据关系的当事人。所谓票据当事人，是指根据票据法的规定，在票据关系中享有票据权利和承担票据义务的人。《票据法》第97条第2款规定："支票出票时的记载事项，适用出票地法律……"苏俊荣认为本案支票是香港永隆银行有限公司的支票，出票地应当是香港。而根据《票据法》第86条的规定，支票上未记载出票地的，出票人的营业场所、住所或者经常居住地为出票地。本案的支票并没有记载出票地，而出票人苏俊荣的居所在中国内地，根据上述规定，涉案支票虽然是香港永隆银行有限公司印发的票据，但其实际出票地应当是中国内地而非香港，苏俊荣的上述主张不予采纳。从该支票上所载内容可见，何泽廉是收款人，苏俊荣是开票人，均为票据当事人。而伍鉴棠虽然是从苏俊荣处取得支票转而交给何泽廉的人，但是并没有在支票上记载任何背书行为，即伍鉴棠是把支票在无背书的情况下进行转让的转让人，既非票据当事人，也非票据关系人。因此，何泽廉并不享有对伍鉴棠的票据权利，不存在追索权。

4. 票据追索请求权。票据权利人应当及时地行使其追索权，根据《票据法》第 99 条的规定，票据追索权的行使期限适用出票地法律。如前所述，出票地法即是中国内地法律。《票据法》第 17 条第 1 款第 2 项规定："持票人对支票出票人的权利，自出票日起 6 个月。"故何泽廉在此期间有无行使其追索权是其是否仍对苏俊荣享有票据权利的关键所在。本案支票上记载的 2000 年 11 月 15 日是到期日；而没有记载出票日，但按照日常生活经验可知，出票日应当在到期日之前。何泽廉第一次提起票据纠纷诉讼的期间已远远超出法律规定的"自出票日起 6 个月"的期限。而且，何泽廉未能提供证据证明在此前曾向苏俊荣行使过追索权。根据《票据法》第 17 条第 1 款第 1 项和《最高人民法院关于民事诉讼证据的若干规定》第 2 条第 2 款的规定，何泽廉应当承担举证不能的不利后果，即其对苏俊荣享有的票据权利因在法定期限内不行使而消灭。

拓展案例

韩国中小企业银行与天津三星电机有限公司票据付款请求权纠纷案[1]

[基本案情]

2004 年 9 月，天津三星电机公司（以下简称"三星电机公司"）向 SMART ALLOY PARTS 公司购买价值 10 420 美元的离心片。就付款问题，SMART AL-LOY PARTS 公司委托韩国中小企业银行托收，并于 2004 年 9 月 24 日签发了金额为 10 420 美元、见票后 60 天付款的商业汇票。2004 年 9 月 29 日，三星电机公司提取了货物。2004 年 10 月 13 日，中国建设银行天津市分行（以下简称"建行天津分行"）向韩国中小企业银行发送电文，说明该汇票已被三星电机公司承兑，汇票到期日为 2004 年 12 月 7 日。2004 年 11 月 15 日，三星电机公司根据 SMART ALLOY PARTS 公司的指示，通过中国工商银行天津市西青开发区支行，以电汇方式向 SMART ALLOY PARTS 公司指定的 ShinHan Bank，Hwaseong - Byeongjeom MMBC Br 账户支付了 10 420 美元。汇票到期后，韩国中小企业银行没有收到三星电机公司的付款，故诉请三星电机公司支付汇票金额 10 420 美元以及逾期付款利息，诉讼费用由三星电机公司负担。

[法律问题]

本案应当如何适用法律？是否可以适用《托收统一规则》？为什么？

[法律问题]

重点考虑国际惯例的适用条件。

---

〔1〕　参见天津市高级人民法院（2007）津高民四终字第 119 号民事判决书。

第十一章

侵权行为之债的法律适用

知识概要

　　侵权行为之债是指因不法侵害他人非合同权利或受法律保护的权益，并造成损害而承担民事责任所构成的一种法定之债。[1]侵权行为之债分为一般侵权行为之债和特殊侵权行为之债。关于一般侵权行为之债的法律适用，主要有以下几种原则：①侵权行为之债适用侵权行为地法；②侵权行为之债适用法院地法；③当事人共同属人法原则；④侵权行为自体法和最密切联系原则；⑤有限制的意思自治原则。

　　侵权行为适用侵权行为地法的原则直至今日仍受到最广泛的适用。当然，意思自治原则和最密切联系原则在侵权领域的扩张势头亦不容小视。至于法院地原则，在现代社会坚持此原则的国家并不多，但是由法院地原则引申的另一个原则却受到了许多国家的沿用，即双重可诉原则，也称双管规则。该原则由英国法院创立，指当一国法院接到一个发生在外国的侵权行为诉讼时，首先将依自己的法律观点判定这个行为如果发生在内国是否也可以提起侵权之诉，然后再参考行为地法，只有该行为在当地也是不正当的，才能为内国法院所受理。

　　美国国际私法革命中，产生了诸如柯里的"政府利益分析说"、凯弗斯的"结果选择说"以及里斯的《第二次冲突法重述》。最密切联系原则植根于法律关系本座说、"重心说"、"最真实联系"观点、莫里斯的"自体说"，在这些学说和观点的影响下，美国司法实践中也渐渐出现了重力中心、最强联系的概念。最终，最密切联系原则作为一条总的原则被写进了《第二次冲突法重述》。至此，侵权行为的法律适用形成了一套新的灵活的适用规则。

---

　　〔1〕　赵相林主编：《国际私法》，中国政法大学出版社 2007 年版，第 228 页。

　　特殊侵权行为之债主要有以下几种：海上侵权、空中侵权、公路交通事故、涉外产品侵权以及其他类型的特殊侵权。

　　海上侵权是指发生在某一国家的内水或者领海，或者发生在公海上的，通常以船舶为中心的一种特殊类型的侵权行为。以侵权损害的对象及损害结果为标准进行分类，海事侵权行为大致包括如下三种类型：船舶碰撞、海上船舶致人伤亡以及行李毁损的侵权行为、船舶污染。根据这三种不同类型的侵权情形，选择法律的方法亦有不同。

　　空中侵权行为主要有三种类型：①发生在航空器内的侵权行为，比如旅客和乘务人员或旅客之间发生的殴打、侮辱、诽谤等；②因航空器碰撞或航空器与其他物体碰撞所发生的侵权行为；③因航空器事故致旅客死亡或物品毁损的侵权行为。由于航空器飞行的特点，与空中侵权案件发生连接因素的地点相较地面侵权案件要多很多，因此，空中侵权案件的管辖权便成了首要解决的问题。管辖权往往涉及法律适用问题，由于各国的航空法关于赔偿限额的规定不同，当事人为了追求最高赔偿额就会进行法院挑选（forum shopping）。为了防止不正当的法院挑选导致司法资源的浪费，不少法院会运用不方便法院原则拒绝受理与本地连接因素薄弱的案件。

　　空中侵权案件的法律适用问题也不同于一般侵权案件，除了航空器登记国法或法院地法外，不少国际公约有强制适用的效力。例如，《华沙公约》、《蒙特利尔公约》，这两个公约不仅仅规定了国际航空运输的实体法律问题，亦规定了管辖问题。《蒙特利尔公约》还新增了第五管辖权和仲裁解决争议的方法。

　　产品责任是指因产品具有缺陷，或者产品用途、使用方法没有被正确说明而致消费者或使用者人身、财产损害的，产品的生产者和销售者应承担的损害赔偿责任。所谓涉外产品责任就是指权利义务主体（生产者、销售者、消费者、使用者）、客体（产品）和内容（权利义务）三要素中有一个或一个以上与国外有联系的产品责任。

　　产品责任可能仅仅是国内问题，但是在全球化的今天来看，不具备涉外因素的产品责任案件相应地大大减少了。随着全球分工的细化，一件产品的诞生可以围绕地球跑上大半圈，同时，一旦这件产品造成人身财产损害，法律冲突也就应运而生，如若还是单纯从一国国内出发解决问题是不可取的，也是难以令人信服的。此时，产生的最大问题就是涉外产品责任案件应当适用哪国法律。传统上，针对涉外产品责任的法律适用作出专门规定的国家并不多见，绝大多数国家均适用一般侵权行为的法律适用原则对其加以调整，也即"侵权适用侵权行为地法"规则。我国在2010年《涉外民事关系法律适用法》出台前亦是采取这种方式。对于"侵权行为地"的认定,最高法院的司法解释将之解释为"侵权行为实施地"和"侵权结果发生地",此时问题出现了,当两者不一致时,如何选择?谁来选择?司法解释将选择权交给了法院,至于法院应当遵从何种原则、秉承何种精神来选择却是在所不问的,可见在此类案件的法律选择问题上,人民法院具有极大的司法裁量权。总结司法实践,我们能够对人民法院进行法律选择背后所潜藏的价值衡量窥得一二。

关于公路交通事故的法律适用,很多国家未作专门规定,实践中多按照一般侵权行为之债法律适用的规定来办理。但随着公路交通运输的发展,公路交通侵权已经成为各国关注的一个重要问题,有些国家在相关立法中作了专门规定。除了国内法规定外,1971 年《公路交通事故法律适用公约》对公路交通事故的法律适用作出了详细规定,为各国立法提供了参考,甚至有些国家在立法中直接规定适用 1971 年《公路交通事故法律适用公约》。但我国尚未加入该公约。

公路交通事故特指涉及一辆或数辆机动或非机动车辆,并与公路、向公众开放的地面或特定人有权出入的私有地面上的交通有关的事故。值得注意的是,由于公路交通事故牵涉的主体较广,例如保险公司将会具有代位求偿权,车辆制造者、销售者可能构成产品责任侵权等。因此,公约的适用范围排除了上述纠纷,单单规范事故当事人之间的侵权责任。

公路交通事故一般适用事故发生地国家的法律,但也存在一些例外情形适用车辆登记国法或车辆停放地法。同时,公约要求不论适用何地的法律,都应当考虑事故发生时发生地有效的有关交通管理规则和安全规则。

此处所指其他类型的特殊侵权是除了前述几种特殊侵权外的侵权情形,例如:因不正当竞争所产生的侵权行为、通过大众传媒所产生的侵权行为、环境污染侵权、劳工权益的侵害,等等。其中,因不正当竞争所产生的侵权行为的法律适用问题受到了较多的讨论。多数国家主张此类侵权行为适用损害结果发生地法,即受竞争影响的市场所在地国家的法律或当事人营业地法。有些国家的国际私法对此作出了专门规定,例如:奥地利、俄罗斯、瑞士等。

我国法律对此未作出专门规定,故此类侵权行为的法律适用依从一般侵权行为的法律适用规则。《涉外民事关系法律适用法》第 44 条规定:"侵权责任,适用侵权行为地法律,但当事人有共同经常居所地的,适用共同经常居所地法律。侵权行为发生后,当事人协议选择适用法律的,按照其协议。"可见,新法颁布后,我国的一般侵权行为法律适用规则完全可以解决因不正当竞争所产生的侵权行为的法律适用问题,并且第 44 条较国际通行法律适用规则的市场所在地国或当事人营业地具有更为灵活的连结点。

第一节　一般侵权行为之债的法律适用

经典案例

菲利普斯诉艾尔案
（Phillips v. Eyre）[1]

[**基本案情**]

原告菲利普斯在英国法院提起诉讼，指控艾尔在牙买加岛上任总督期间对他实施了殴打和监禁。被告辩称，在他任牙买加总督期间，该岛发生了一起暴乱，总督根据法律授予的权力，用武力平息了这次暴乱。暴乱平息后，该岛立法机关通过了一项赔偿条例，根据该条例，总督和其他官员旨在平息暴乱的行为以及类似的行为都是合法的。而原告指控的监禁和其他伤害行为，是他旨在平息暴乱的手段，被告当时合理地认为这样做有利于达到平息暴乱的目的，所以这个行为应在法律保护之内。一审法院判决原告败诉。原告不服，提出上诉。

[**法律问题**]

1. 牙买加通过的赔偿条例在英国是否有效？

2. 国际私法一般适用何国法来判定一项在国外发生的行为是否构成侵权行为？

[**参考结论与法理分析**]

（一）法院意见

上诉法院认为：①英帝国没有权力在殖民地建立立法机关；②本案中的这一条例违反了英国的制定法，因而是无效的；③被告参与了这一条例的立法，并且是不可缺少的一方，所以他不应从这一条例获得好处；④该条例违反了自然法上的公平原则；⑤即便说这个赔偿条例在牙买加有效，它也不可能有域外效力以至于可以在英国法院作为对抗原告诉讼请求的理由。

法院同时指出，不法行为民事责任的产生来源于行为地的法律，因此必须以行为地法律加以判断。某个发生在外国的行为，根据当地法律是合法的，则

---

[1]　Phillips v. Eyre (1870) L. R. 6 Q. B. 1.

其他地方的法律不能给行为人强加民事责任。审理本案的威尔斯法官说，要在英国对一个发生在国外的侵权行为提起诉讼，必须满足这样两个条件：①假如该行为发生在英国是可诉的；②行为根据行为地法是不正当的。

法院最后根据这两条原则亦即"双重可诉原则"，驳回上诉，维持原判。

（二）法理分析

本案是英国法院处理发生在英国境外侵权行为的权威案例。由该案产生了著名的"双重可诉（double actionability）原则"，且该原则在英国司法实践中始终得到维护。

由本案延伸出了两个问题。

1. 如果对侵权行为地法的有效性存在质疑时，如何判断被诉行为的性质。这个问题也是本案的焦点。威尔斯法官在判决中用了很大一部分的篇幅讨论牙买加赔偿条例的有效性，其用意也是为了之后解决被诉行为性质的认定问题。这在逻辑上来说是合理的，但只解决了原告的诉权问题，在最后双重可诉的认定上，被诉行为的性质依然依从了牙买加赔偿条例来认定是否正当。这个问题可以挖掘出另一个问题，一国法院是否有权认定另一国的某一法律的有效性。例如，有些国家国内政权不稳定，其立法很可能也处在混乱的情况。此时，一国法院受理了发生在此类国家的侵权案件，那么如何认定侵权行为的性质？是否可以直接适用法院地法？笔者认为直接适用法院地法不可取，且不论法院地法的域外效力如何，这样的判决亦难以得到广泛的承认。

2. 对于侵权行为地法的适用应在何种程度上受法院地法的限制。这个问题在各国国际私法的理论和实践中都存在着分歧。包括萨维尼在内的早期的国际私法学者主张民事不法行为的构成条件和法律后果应单纯地依法院地法决定。沃尔夫认为，侵权行为的法律适用决定于行为地法与法院地法"相结合的效果"（the combined effect），问题仅在于两种法律所占的比重大小。到了20世纪末，外国侵权行为地法的适用应受到法院地法限制的观点受到了包括英国学者在内的国际私法学者的严厉批评。其中，法院地法有权限制当事人诉讼权利的观点受到了极大的批判。现代学者认为侵权法并非刑法，而应当更像是合同法，服务于调整经济和其他利益的目的。它不仅仅是通过惩罚实现公平的手段，而且越来越成为分配的手段。因此，法院地法不应当限制外国侵权行为地法的适用。时至今日，侵权行为的法律适用愈加多元化，双重可诉原则不可能成为法院地法扩大适用的根据。目前，英国法律已将双重可诉原则的适用范围缩小，仅适用于诽谤、不正当竞争等领域。

拓展案例

上海圆通速递有限公司与天水长城果汁饮料有限公司
邮寄服务合同纠纷上诉案[1]

[基本案情]

原告长城果汁公司与奥地利雅布世达公司签订了果汁销售协议，由原告长城果汁公司向雅布世达公司出售普通浓缩苹果汁204.5吨，单价为CIF汉堡1905美元/吨。2007年12月7日，原告将货物苹果汁从始发港天津新港交付运输，目的港为德国汉堡，该批货物于2008年1月8日抵达汉堡港。2007年12月21日，原告长城果汁公司将该批货物的正本提单交付被告圆通速递公司，由被告通过快递的方式将提单交付原告的客商奥地利雅布世达公司，被告圆通速递公司以凭证号为E071665324的邮件详情单承接了该项快递业务。在邮件邮寄过程中，由于该提单出现邮寄延误，未在正常邮递时间内到达奥地利客商手中，致使原告所发出的货物在德国汉堡码头超期存放，超期仓储费用最后由原告承担。

原、被告双方就上述所产生的超期仓储费用赔偿事宜进行协商未果，原告遂向甘肃天水市麦积区人民法院提起诉讼。

一审法院认为，原告长城果汁公司与被告圆通速递公司之间建立了邮寄服务合同，在邮件寄递过程中，因被告圆通速递公司邮件延误的侵权行为，给原告长城果汁公司造成了一定的经济损失，因此，本案存在违约之诉与侵权之诉的竞合。庭审中，经一审法院行使释明权，原告选择了侵权之诉。本案中，对原告长城果汁公司的侵权行为的损害结果发生在境外，故本案为涉外侵权赔偿纠纷。经审理，一审法院判决被告赔偿原告由于邮件延误造成的损失以及相应诉讼产生的费用。

被告不服一审判决，以本案不存在违约与侵权责任竞合的问题、原审法院对本案定性错误、一审判决认定主要事实错误、程序错误为由提出上诉，请求撤销原判，驳回被上诉人的诉讼请求。

[法律问题]

1. 本案是否存在侵权和合同竞合的情况？

---

〔1〕　参见甘肃省天水市中级人民法院（2012）天民二终字第00021号民事判决书。

2. 一审法院是否有管辖权？

3. 该案应当适用何地法律？

4. 被告方提出适用《统一国际航空运输某些规则的公约》的主张是否应得到法院的支持？

[重点提示]

该案如果认定为涉外侵权案件，那么是否应当适用侵权行为地法，即德国法？参考《中华人民共和国民法通则》第 146 条、第 106 条和《中华人民共和国合同法》第 122 条的规定。

第二节　特殊侵权行为之债的法律适用

一、海上侵权

经典案例

案例一：　　　　　　　　　　哈利案件[1]

[基本案情]

1868 年，一艘挪威籍的名叫拿破仑的船舶在比利时领水内撞破了一艘英国籍的名叫哈利的船舶。这次碰撞是由于一个引水员的过失造成的，该引水员是比利时法律要求哈利号船必须雇佣的。碰撞发生后，按比利时法，哈利号船东应对引水员的过失负责。可是，根据 1854 年英国的商业航运法的规定，船东对引水员的这种过失是不负责任的。此碰撞案件的第一审于 1867 年由英国高等法院的海事法庭审理。

[法律问题]

1. 公共政策本身能作为法律选择的基础或者根据吗？

2. 根据现代国际私法理论，本案应适用何地法律？

[参考结论与法理分析]

（一）法院意见

一审法庭法官菲利英尔勋爵判决，被告按照侵权行为地法，即比利时法，应负赔偿之责。菲氏废弃了以前英国法院奉行的法院地法的立场，批评了萨维尼关于法院地法应适用于侵权行为的论述。菲氏认为，当事人之间的侵权行为

---

〔1〕 杜新丽主编：《国际私法教学案例》，中国政法大学出版社 1999 年版，第 260 页。

责任应采用侵权行为地法来解决，法院地法在一般情况下是不能适用的，除非公共政策排除了行为地法的适用之后方可适用。而本案中不存在这种排除行为地法适用的公共政策因素。他认为，侵权行为如同合同一样，都能产生债。而侵权行为之债的产生有赖于侵权行为发生时使债权人和债务人受它约束的法律。根据比利时法，哈利号船败诉。案件上诉至英国枢密院。枢密院塞尔温法官认为，本案中被告要求赔偿的侵权行为完全是由于引水员的过失所造成的，而这个引水员是由于被迫才到船上工作的，哈利号船对这个人无权选择，无权将他替换或撤职。此外，这次碰撞的发生完全是由于引水员不听船长的命令超越职权所造成的，如果英国法院适用一项外国法，以损害赔偿的形式就某项英国法不认为有责任的侵权行为予以补救，这将有悖于英国法的基本原则。最后，枢密院的法官们采用了英国的传统做法——适用法院地法，推翻了一审判决，哈利号船胜诉。

（二）法理分析

本案是英国历史上非常有名的案件，对英联邦国家的司法实践有着很大的影响。但就现在来看，仅仅以侵权地法和法院地法作为法律选择的对象，实在过于僵化。而且，法院地法的地位也随着时代的发展而弱化。

单就船舶碰撞的法律适用来看，一般分为两种情况：①船舶碰撞发生在一国领海之内。此时，各国法律一般都支持适用领海国法律；②船舶碰撞发生在公海之上。此时，选法的情况就复杂一些。一般认为，如果碰撞船舶属于同一国籍，适用船旗国法；如果碰撞船舶国籍不同，或适用加害船舶国籍国法，或适用被害船舶国籍国法，或适用法院地法，或由当事船舶选择所适用的法律。除此之外，也出现了国际条约规定船舶碰撞的选法问题，例如《统一船舶碰撞中有关民事管辖权、法律选择、判决的承认和执行方面若干规则的公约》。

如果本案发生在现代，选法问题即可迎刃而解，即适用领海国，碰撞地——比利时法。而另一个问题也出现了，英国法院可不可以以公共政策为由拒绝适用比利时法，转而适用英国法？答案是肯定的，菲利英尔勋爵亦认可这一点，只是他并不认为本案具有排除适用比利时法的公共政策因素。至于枢密院法官们的做法实际上就是在运用公共政策原则排除适用比利时法，以防止伤害英国当事人的正当利益，同时也避免违背英国法的基本原则。这样的做法即使放在现代亦是可行的。但在理论上来说，公共政策原则并不是法律选择的方法，因为它并不像一般的选法规则那样具有范围和系属，它更像是保障选法公平的一个防护网，是一种例外的存在。

案例二： 美国美森轮船有限公司

（MATSON NAVIGATION COMPANY，INC.）与宁波布莱莲特国际贸易

有限公司海上货物运输无单放货侵权损害赔偿纠纷案[1]

[基本案情]

2008 年 8 月 22 日、9 月 2 日和 9 月 4 日，一审原告布莱莲特公司与收货人 CUTIE PIE BABY，INC.（以下简称"C 公司"）签订购买婴儿服装的订单。布莱莲特公司的代理人——纺织品公司以自己的名义与收货人 C 公司签订了销售确认书。此后，纺织品公司委托宁波致远国际货运有限公司（以下简称"致远货代"）安排涉案货物运输，致远货代委托美森公司运输并向一审被告美国美森轮船有限公司出具了托运单。美森公司接受委托后，通过其代理宁波船舶代理有限公司于 2008 年 10 月 28 日代为签发的编号为 MATS21469272000、抬头为美森公司的一式三份正本提单，载明托运人布莱莲特公司，收货人 C 公司，装货港宁波，卸货港加州长滩，交货地加州洛杉矶，货物共 728 箱装于一个集装箱内。布莱莲特公司现持有全套正本提单。2008 年 11 月 13 日，美森公司在未收回正本提单的情况下，将货物交付给提单载明的收货人 C 公司。布莱莲特公司以美森公司无单放货侵害其所有权为由向上海海事法院提起侵权之诉。

一审法院经审理认定，美森公司目的港代理人在代理权限内实施的无单放货行为应由美森公司承担民事责任。美森公司不服一审判决，向上海市高级人民法院提起上诉。

[法律问题]

1. 如何认定本案的侵权行为地？

2. 如果侵权行为地有多个，此时如何选择该适用的法律？

3. 本案是否可以适用美国法？

[参考结论与法理分析]

（一）法院意见

本案系布莱莲特公司以美森公司无正本提单放货，导致其货物所有权受到侵害为由提起的涉外侵权之诉。根据法律规定，侵权行为的损害赔偿，适用侵权行为地法律。侵权行为地包括侵权行为实施地和侵权结果发生地，如果两者不一致时，人民法院可以选择适用。本案中，美森公司确认其无正本提单将货物放给记名收货人，故侵权行为发生地在美国；布莱莲特公司是涉案提单载明的托运人和提单持有人，其系中国法人，美森公司无正本提单放货侵害其货物

---

[1]　参见上海市高级人民法院（2009）沪高民四（海）终字第 143 号民事判决书。

所有权，故侵权行为结果地发生在中国。法院可以适用中国法律作为处理本案纠纷的准据法。且本案提单在中国境内签发，涉案海上货物运输合同关系在中国建立，较侵权行为发生地美国而言，中国与本案具有更密切的联系。故布莱莲特公司要求选择中国法律作为解决涉案纠纷的准据法，符合我国法律规定，应予准许。

我国法律规定，承运人的法定责任是适航、管货、不得进行不合理绕航和正确交付货物。本案中，布莱莲特公司是正本提单持有人。美森公司作为承运人，在涉案货物运抵目的港后，美森公司没有取得布莱莲特公司的同意，在未收回正本提单的情况下将货物交给了非正本提单持有人，负有过错，其无单放货行为侵害了布莱莲特公司作为提单持有人持有提单所享有的货物权利，且其无单放货行为与布莱莲特公司的经济损失有因果关系，应承担赔偿责任。

二审法院认为，原判认定事实清楚，适用法律正确，应予维持。美森公司的上诉理由不能成立，二审法院不予支持。

（二）法理分析

本案实体部分是一般常见的无正本提单放货的海事侵权，被告美森公司亦对此行为供认不讳，案件的法律事实部分清晰明了，归责问题也不大。至于美森公司抗辩提出的布莱莲特公司并不存在货损事实这一点，由于美森公司无法提出确凿证据证明其主张，故无法得到法院支持。实体问题的理论讨论空间不大，值得挖掘的是本案的法律选择过程。

本案的被告美森公司是一家美国公司，涉案的目的港是美国加州长滩，本案具有涉外因素无疑。因为原告布莱莲特公司是以美森公司无单放货侵害其所有权为由提起侵权之诉，故法院应寻找侵权法律关系的冲突规范来确定本案的准据法，而非适用合同法律关系的冲突规则。根据《民法通则》和《民通意见》，侵权行为适用侵权行为地法，侵权行为地包括侵权行为实施地和侵权结果发生地，二者不一致时，人民法院可以择一适用。一审法院法律选择的过程亦引用了这两条，一审判决写道："本案侵权行为实施地在美国，正本提单持有人的布莱莲特公司系中国法人，无单放货行为侵害了其对货物的权利，故侵权结果发生地在中国境内。法院确定以中国法律作为审理本案纠纷的准据法。"就这句话来看，的确符合前述两部法律文件的规定，直接行使了法院享有的法律选择权。但是，判决书本身却无法体现法官在进行法律选择时进行了怎样的价值衡量，逻辑链条不完整，甚至令人感觉法官有图方便直接适用中国法之嫌。

二审法院对此进行了弥补，二审判决新增加了两句话："本案提单在中国境内签发，涉案海上货物运输合同关系在中国建立，较侵权行为发生地美国而言，中国与本案具有更密切的联系。故布莱莲特公司要求选择中国法律作为解决涉案纠纷的准据法，符合我国法律规定，应予准许。"这两句话不可小觑。前一句将内国法与外国法进行了比较，强调提单签发地和运输合同缔结地都在中国，无形中在本案侵权行为实施地这一连结点之上叠加了提单签发地和运输合同缔结地这两个连结点，从而证明了本案的侵权结果发生地中国较之侵权行为实施地美国与本案的法律关系具有更密切的联系。本案二审审结之时为 2010 年 3 月 29 日，彼时《涉外民事关系法律适用法》尚在起草阶段，直至 2010 年 10 月 28 日才予以公布。本案援引的法律依据也仍是《民法通则》和《民通意见》，二者对于侵权行为的法律适用并未规定适用最密切联系原则，《民通意见》也未对法院在侵权行为实施地和侵权结果发生地之间进行选择有任何指引，换言之，即使像一审法院那样直接作出准据法选择亦无不妥，因为这本身即是法院享有的权力。当然，对于这样强势的权力是否会引来当事人的不满以及理论界的诟病是毋庸置疑的。二审法院通过构建重叠的连结点来确认准据法，并且明确表示其运用了最密切联系原则，这一点更是超出了当时法律的规定，足以显现该案法官深厚的国际私法素养，甚为可贵。

再来看第二句话，"布莱莲特公司要求选择中国法律"作为本案的准据法，判决原文之后还写道："美森公司要求适用美国法律为处理本案纠纷的准据法的上述理由"这一点是否从侧面反映出当事人亦能在侵权案件中参与法律选择过程？当然，在当时法律无授权的前提下，当事人是不能在侵权案件中选择法律的，但是这正体现出了司法实践中在侵权案件中当事人是有选择法律的诉求的。如果本案美森公司和布莱莲特公司协商一致选择了中国法或者美国法作为本案的准据法，那么法院应不应该考虑双方当事人的诉求？就目前国际私法发展趋势来看，在侵权领域引入当事人意思自治已不是罕见之事了，对于类似本案这种侵权与合同竞合的法律关系来说更是易于理解和接受。这也是为什么在 2010 年公布的《涉外民事关系法律适用法》第 44 条规定，"侵权责任，适用侵权行为地法律，但当事人有共同经常居所地的，适用共同经常居所地法律。侵权行为发生后，当事人协议选择适用法律的，按照其协议"。该法更是一般性地规定了最密切联系原则。如果说我国国际私法法典或单行法之所以迟迟未出台是因为担心从外国引入的过于先进的法律制度可能会与我国国情相冲突，那么本案恰恰说明实践已经超出了当时的立法，我国的法律环境已经逐步成熟，能够较好地适用国际私法的相关规则。在此意义上来看，本案是值得铭记的。

拓展案例

墨西哥湾石油泄漏案

[基本案情]

2010年4月20日，英国石油公司BP租赁越洋钻探的深水地平线钻井平台，在美国墨西哥湾中部密西西比峡谷超深水域252区块马贡多（Macondo）探井作业时，发生井喷爆炸着火事故，该钻井平台燃烧36个小时后沉没，共造成11人死亡、17人受伤。4月24日，事故油井开始漏油，持续87天，约有490万桶原油流入墨西哥湾，污染波及沿岸5个州。

美国政府12月15日就墨西哥湾漏油事件提起油污侵权诉讼。被起诉的除了BP，还有其合作伙伴美国的阿纳达科和日本的三井物产，深水地平线钻井平台的所有者Transocean，以及为该钻井平台提供保险服务的伦敦劳合社（Lloyd's of London）旗下的QBE syndicate 1036公司等。

[法律问题]

1. 本案的法律适用依据是什么？
2. 海上油污侵权的归责原则是什么？

[重点提示]

参考美国《清洁水法》、《美国1990年油污法》。

二、空中侵权

经典案例

案例一：　中国公民陆红诉美国联合航空公司案

[基本案情]

原告：陆红，女，48岁，住址：安徽省合肥市合裕路。

被告：美国联合航空公司，住所地：美国芝加哥（11555 W . T OUHY . ARE . GHICAGO IL . 60666 U.S.A）。公司驻上海办事处地址：上海市南京西路。

原告陆红因与被告美国联合航空公司（以下简称"美联航"）发生国际航空旅客运输损害赔偿纠纷，向上海市静安区人民法院提起诉讼。

原告陆红诉称：原告在乘坐被告的航班过程中受伤，虽经手术治疗，现仍遗留功能性障碍，必须进行相应的功能锻炼及物理治疗，待适当时机再行手术，效果尚难肯定。致原告伤残且经济损失惨重，完全是被告的责任。经与被告多次协商赔偿，没有结果。为此，原告根据《统一国际航空运输某些规则的公约》（以下简称"《华沙公约》"）、《修订1929年10月12日在华沙签订的统一国际航空运输某些规则的公约的议定书》（以下简称"《海牙议定书》"）的规定，以及《蒙特利尔协议》所确定的7.5万美元赔偿责任限额，请求判令被告赔偿原告伤残补助费及生活护理费计7.5万美元。

诉讼中，原告陆红变更诉讼请求，要求被告按照《吉隆坡协议》规定的10万特别提款权（即132 099美元）承担赔偿责任。判令被告承担护理费人民币14 300元（含护理人员的交通费用7800元）、原告的误工损失人民币105 877.50元、原告不能胜任岗位工作造成的工资损失人民币153 750元、原告不能担任总经理职务的损失人民币713 700元、精神安抚费人民币50 000元、原告从现在起至70岁的护理治疗费人民币138 000元、本案律师费人民币66 299元、律师差旅费人民币30 000元，并判令被告负担本案的诉讼费用。

被告美联航辩称：作为事故责任方，被告已支付医疗费用人民币86 748.10元，但原告在事故发生半年之后提出其右膝半月板损伤，却无法证明这个损伤与此次航空事故有关联。原告提供的安徽省高级人民法院司法鉴定中心的鉴定书，是非法院依法委托进行的鉴定，不能作为本案的证据使用，应当对原告的伤情重新进行司法鉴定。本案应以法院委托的鉴定机构作出的鉴定书所确定的伤残标准为依据，在法律规定的范围内进行合理赔偿。对于赔偿标准，本案应适用《华沙公约》或者《中华人民共和国民用航空法》的规定。《吉隆坡协议》中的10万特别提款权，只是承运人实行客观责任制和是否行使责任抗辩的数额界限，不是对旅客的赔偿责任。《吉隆坡协议》既不是国际惯例，也不是国际条约，仅是作为国际航空运输协会成员的承运人之间订立的内部协议。原告只是一名旅客，并非该协议的签约主体，并且该协议的内容也未纳入旅客运输合同中，故无权引用该协议向被告索赔。

上海市静安区人民法院经审理查明：1998年5月12日，原告陆红乘坐被告美联航的UA801班机，由美国夏威夷经日本飞往香港。该机在日本东京成田机场起飞时，飞机左翼引擎发生故障，机上乘客紧急撤离。陆红在紧急撤离过程中受伤，被送往成田红十字医院救护。经该院摄片诊断为右踝骨折。5月14日，陆红到香港伊丽莎白医院做检查，结论为右踝侧面局部发炎，不能立即进行手术。陆红征得美联航同意后，于5月16日入住安徽省立医院治疗，诊断为：陆红右侧内、外、后踝骨折伴粉碎性移位。该院先后两次对陆红进行手术治疗。1998年12月22日，陆红出院，休息至1999年3月底。陆红受伤住院期间，聘用两名护工护理；出院后至上班期间，聘用一名护工护理。陆红受伤前的工资收入是每月人民币 12 400 元，受伤后休息期间的工资收入是每月人民币 1255 元，每月工资收入减少人民币 11 145 元。陆红受伤后，美联航曾向其致函，表示事故责任在于美联航，美联航承担了陆红两次手术的医疗费用计人民币 86 748.10 元。

审理中，法院应被告美联航的申请，依法委托上海市人身伤害司法鉴定专家委员会对原告陆红右下肢的损伤情况和伤残级别进行司法鉴定，结论为：①陆红因航空事故致右踝三踝骨折伴关节半脱位，现右踝关节活动受限，丧失功能 50% 以上，长距离行走受限，参照《道路交通事故受伤人员伤残评定》4.9.F 及附录 A8 之规定，综合评定为Ⅷ级伤残；②根据被鉴定人的伤情，可酌情给予营养 3 个月，护理 3 个月；③被鉴定人右膝关节麦氏征及过伸试验均阴性，送检的 MRI 片示未见半月板撕裂征象，仅为退行性变，与本次航空事故无直接的因果关系。

另查明，原告陆红所购被告美联航的机票，在"责任范围国际旅客须知"中载明：对于旅客死亡或人身伤害的责任，在大多数情况下对已探明的损失赔偿责任限度为每位乘客不超过 7.5 万美元。到达这种限度的责任，与公司方是否有过失无关。上述 7.5 万美元的责任限度，包括法律收费和费用。以上事实，有原告陆红乘坐的被告美联航 UA801 航班飞机票、日本成田医院和香港伊丽莎白医院的报告、安徽省立医院的就诊报告及陆红的两次出院小结、陆红与美联航之间的往来信函等证实。以上证据经质证、认证，均可以作为认定本案事实的依据。

[法律问题]

1. 本案的法律适用问题如何解决？是否能由当事人选择准据法？

2. 本案中存在侵权责任和违约责任竞合的问题，此情形下如何确定案件的性质？

3. 有关赔偿责任限额问题，当事人约定的赔偿责任限额是否可以高于《华沙公约》以及《海牙议定书》规定的最高赔偿责任限额？

[参考结论与法理分析]

（一）法院意见

上海市静安区人民法院认为：本案是涉外旅客运输合同纠纷与侵权纠纷的竞合。

1. 关于本案的法律适用。双方当事人对本案应适用的法律，一致的选择是《华沙公约》。《中华人民共和国合同法》第 126 条第 1 款规定："涉外合同的当事人可以选择处理合同争议所适用的法律，但法律另有规定的除外。涉外合同的当事人没有选择的，适用与合同有最密切联系的国家的法律。"这是我国法律在涉外案件法律适用方面对"当事人意思自治"原则的体现，这已成为当今各国处理民商事法律关系的重要原则。"当事人意思自治"原则是相对的、有限制的，世界各国立法都对"当事人意思自治"原则有一定程度的限制，主要体现在三个方面：①当事人所选择的法律必须与当事人或合同有实质性联系；②当事人选择的法律不违反公共秩序；③当事人选择的法律不违反强制性规定。当事人必须在不违反法律强制性规定的前提下，选择与他们本身或者与他们之间的合同有实质联系的法律。《民法通则》第142条第2款规定："中华人民共和国缔结或者参加的国际条约同中华人民共和国的民事法律有不同规定的，适用国际条约的规定，但中华人民共和国声明保留的条款除外。"第3款规定："中华人民共和国法律和中华人民共和国缔结或者参加的国际条约没有规定的，可以适用国际惯例。"由此可见，先国际条约，再国内法，再国际惯例，是我国法律对涉外民事案件法律适用顺序作出的强制性规定。当事人在协议选择涉外民事案件适用的法律时，必须符合这个规定。

我国与美国都是《华沙公约》和《海牙议定书》的成员国。作为公约缔约国，我国有义务遵守和履行公约，故本案应首先适用《华沙公约》和《海牙议定书》。根据"当事人意思自治"的原则，本案双方当事人也一致选择适用《华沙公约》。这一选择不违反我国在涉外民事案件法律适用方面的强行性规定，应当允许。

2. 关于违约责任与侵权责任的确定。原告陆红因乘坐被告美联航的班机受伤致残，而向美联航索赔，索赔请求中包括精神损害赔偿。乘坐班机发生纠纷，通常是旅客运输合同纠纷，解决的是违约责任。但因乘坐班机受伤致残，违约行为同时侵犯了人身权利，就可能使违约责任与侵权责任竞合。《合同法》第122条规定："因当事人一方的违约行为，侵害对方人身、财产权益的，受损害方有权选择依照本法要求其承担违约责任或者依照其他法律要求其承担侵权责任。"由此可见，违约责任与侵权责任不能在同一民事案件中并存，二者必居其一，应由受损害方选择。陆红在请求美联航承担违约责任的同时，又请求精神损害赔偿，应视作对责任选择不明。在这种情况下，如何确定责任的选择，对为受害当事人提供必要的司法救济尤为重要。违约责任与侵权责任的重要区别在于，两者的责任范围不同。合同的损害赔偿责任严格按合同的约定执行，主要是对财产损失进行赔偿；侵权的损害赔偿责任按侵权造成的损害后果确定，不仅包括财产损失的赔偿，还包括人身伤害和精神损害的赔偿。从最大程度保护受害人利益的角度出发，法院依职权为受害当事人选择适用侵权损害赔偿责任。

3. 关于赔偿责任限额问题。《海牙议定书》规定，承运人对每一旅客所负的责任，以 25 万法郎为限，但旅客可与承运人以特别合同约定一较高的责任限度。本案中，双方当事人在机票上约定的承运人赔偿责任限额是 7.5 万美元。这个限额不仅体现了"当事人意思自治"原则，也符合《海牙议定书》的规定。从主权国家应当遵守国际义务考虑，法院对双方当事人约定的这一最高赔偿责任限额应予认定。

人身伤害的损害赔偿，应以实际造成的损失为依据。原告陆红请求被告美联航赔偿护理费、误工费、伤残补偿费，对其中的合理部分，应由美联航赔偿。由于美联航的行为给陆红造成了一定的身体与精神上的痛苦，陆红请求美联航赔偿精神抚慰金，亦应允许。按照双方当事人的约定，7.5 万美元的赔偿责任限额内包括法律收费和费用。因此，陆红请求赔偿的律师费用和律师差旅费，也应当根据实际情况酌情支持。由于以上各项的赔偿总额并未超过 7.5 万美元，故应予支持。

综上，上海市静安区人民法院于 2001 年 11 月 26 日判决：①被告美联航于本判决生效之日起 10 日内，赔偿原告陆红的护理费人民币 7000 元、误工费人民币 105 877.50 元、伤残补偿费人民币 186 000 元、精神抚慰金人民币 50 000 元。②被告美联航于本判决生效之日起 10 日内，赔偿原告陆红聘请律师支出的代理费人民币 16 595.10 元、律师差旅费人民币 11 802.50 元。鉴定费人民币 11 243 元、实际执行费人民币 6000 元，由被告美联航负担。

第一审宣判后，双方当事人均未上诉，一审判决已经发生法律效力。

（二）法理分析

对于本案的判决结果，笔者并无异议，但法院的判决理由及法律依据有待商榷。

1. 关于本案的法律适用。

（1）1929 年《华沙公约》之适用并不是当事人选择的结果。作为统一国际航空运输某些规则的国际公约，《华沙公约》的一个重要特点就是其所定规则的强制性适用，凡属公约缔约国，发生了属于《华沙公约》所界定的"国际运输"纠纷，均应适用《华沙公约》的规定，因此适用《华沙公约》是中美两国的条约义务。

《华沙公约》的强制性适用是《华沙公约》本身所要求的，《华沙公约》第 1 条第 1 款规定："本公约适用于所有以航空器运送旅客、行李或货物而收取报酬的国际运输……"何为"国际运输"？《华沙公约》第 1 条第 2 款规定："本公约所指的'国际运输'的意义是：根据有关各方所订的合同，不论在运输中是否有间断或转运，其出发地和目的地是在两个缔约国或非缔约国的主权、宗主权、委任统治权或权力管辖下的领土内有一个约定的经停地点的任何运输……"按照《华沙公约》的规定，凡加入华沙公约的国家对国际运输中发生的有关旅客人身伤亡、行李或货物的毁损，均应适用1929年《华沙公约》作为处理争议的依据，而不能适用国内法或通过国际私法规范指向的某一国内法。从本案来看，飞机的出发地与目的地在两个缔约国，属于《华沙公约》调整的"国际运输"，对于此种国际运输，《华沙公约》具有优先及排他适用的效力。

（2）本案不能直接适用1955年《海牙议定书》，本案实际上适用了1966年《蒙特利尔协议》的规定。1929年《华沙公约》订立时正处于航空业发展的初期，因此对航空运输企业的保护较多，一个重要的表现就是公约规定了较低的承运人赔偿责任限额。自《华沙公约》签订以来，关于承运人赔偿限额的高低一直是各国争执的一个焦点问题，发达国家尤其是美国，强烈要求提高限额。另一方面，二战后航空运输业迅速发展，航空技术不断提高，修改《华沙公约》的呼声很高。1955年各国签订了《海牙议定书》对公约作了修改，将旅客的责任限额提高到250 000法郎，对行李和货物的责任限额不变。该议定书于1963年8月1日生效。

美国对于《海牙议定书》十分不满，美国认为《海牙议定书》中规定的旅客责任限额太低，美国表示，由于日益增长的诉讼成本，律师费和通货膨胀，赔偿限额的提高仍然是不足的。1965年11月15日，他们发出退出《华沙公约》的通知，并将按公约的规定退出公约。但是6个月后，在退出即将生效的时候，1966年5月，在国际航空运输协会（IATA）主持下，进出美国的航空公司与美国民用航空委员会在蒙特利尔达成自愿协议即1966年《蒙特利尔协议》。

《蒙特利尔协议》规定，自1966年5月16日起，每一承运人将下列内容列入其承运条件中，包括其提交给任何政府的附有承运条件的运价中："承运人应援用1929年10月12日在华沙签订的统一国际航空运输某些规则的公约或者1955年9月28日在海牙签订的议定书修正的该公约所规定的责任限额。但是，根据该公约或者上述议定书修正的该公约第22条第1款的规定，承运人同意，在经营该公约或者上述议定书修正的该公约定义下的任何国际航空运输时，按照运输合同的约定，其始发地点、目的地点或约定的经停地点有一个在美利坚合众国，则：①对每一旅客死亡、受伤或其他身体损害所确定的责任限额，包括法律费用，应是75 000美元。但是，在一国提出赔偿要求而该国规定要分开判给法律费用时，则责任限额应是58 000美元，不包括法律费用……"

综上所述，我们可以看出，《蒙特利尔协议》只适用于飞入或飞出美国航线的旅客伤亡事故，它规定了比《海牙议定书》更高的责任限额，正是由于上述情况，美国一直没有批准《海牙议定书》，在本案审理时美国并不是《海牙议定书》的缔约国，[1]因此本案不能直接适用《海牙议定书》。本案中，原告陆红所购被告美联航的机票，在"责任范围国际旅客须知"中载明：对于旅客死亡或人身伤害的责任，在大多数情况下对已探明的损失赔偿责任限度为每位乘客不超过 7.5 万美元。到达这种限度的责任，与公司方是否有过失无关。上述 7.5 万美元的责任限度，包括法律收费和费用。上述内容正是依据 1966 年《蒙特利尔协议》作出的，因此本案实际上适用了 1966 年《蒙特利尔协议》的规定。

2. 关于违约责任与侵权责任的确定。本案确实存在违约责任与侵权责任的竞合问题。所谓违约责任与侵权责任的竞合是指，在有些情况下，当行为人实施了某一违法行为，此行为可能既具有违约行为的性质又满足侵权责任的构成要件，同时符合了合同法律规范和侵权法律规范，这就导致了法律上的侵权责任与违约责任的竞合。在责任竞合的情况下，侵权行为人的违法行为的多重性必然导致双重请求权的存在，即受害人既可以基于侵权行为提起侵权之诉，也可以基于违约行为提起违约之诉。陆红购买美联航的机票，与航空公司订立了旅客运输合同，发生纠纷，解决的是违约责任问题。但其因乘坐班机受伤致残，侵犯了人身权利，发生了侵权责任，在这里，出现了违约责任与侵权责任竞合问题。虽然我国《合同法》允许受损害方进行选择，[2]但本案并不需要适用我国《合同法》的规定。因为《华沙公约》第 24 条规定："①如果遇到第 18、19条所规定的情况，不论其根据如何，一切有关责任的诉讼只能按照本公约所列条件和限额提出。②如果遇到第 17 条所规定的情况，也适用上项规定，但不妨碍确定谁有权提出诉讼以及他们各自的权利。"[3]上述规定说明，《华沙公约》对于当事人提起诉讼的依据不予考虑，不管是违约责任还是侵权责任，只能按

---

[1]　美国于 2003 年 9 月 15 日批准加入 1955 年《海牙议定书》，同年 12 月 14 日对美国生效。载于网址：http：//www.icao.int/.

[2]　1999 年《中华人民共和国合同法》第 122 条规定："因当事人一方的违约行为，侵害对方人身、财产权益的，受损害方有权选择依照本法要求其承担违约责任或者依照其他法律要求其承担侵权责任。"《最高人民法院关于适用〈中华人民共和国合同法〉若干问题的解释（一）》第 30 条规定："债权人依照合同法第 122 条的规定向人民法院起诉时作出选择后，在一审开庭以前又变更诉讼请求的，人民法院应当准许……"

[3]　《华沙公约》第 17 条规定："对于旅客因死亡、受伤或身体上的任何其他损害而产生的损失，如果造成这种损失的事故是发生在航空器上或上下航空器过程中，承运人应负责任。"第 18 条规定："①对于任何已登记的行李或货物因毁灭、遗失或损坏而产生的损失，如果造成这种损失的事故是发生在航空运输期间，承运人应负责任。②上款所指航空运输的意义，包括行李或货物在承运人保管下的期间，不论是在航空站内、在航空器上或在航空站外降落的任何地点。③航空运输的期间不包括在航空站以外的任何陆运、海运或河运。但是如果这种运输是为了履行空运合同，是为了装货、交货或转运，任何损失应该被认为是在航空运输期间发生事故的结果，除非有相反证据。"第 19 条规定："承运人对旅客、行李或货物在航空运输过程中因延误而造成的损失应负责任。"

照公约所列条件和限额提出。因此本案不必考虑违约责任与侵权责任的竞合问题。

3. 关于赔偿责任限额问题。如上所述，本案不能适用《海牙议定书》而只能适用《华沙公约》。根据《华沙公约》，当事人在机票上约定的责任限额虽然高于《华沙公约》的规定，但仍然是有效的。因为同海牙议定书一样，《华沙公约》同样允许当事人约定较高的责任限额。《华沙公约》第 22 条第 1 款规定："运送旅客时，承运人对每一旅客的责任以 125000 法郎为限。如果根据受理法院的法律，可以分期付款方式赔偿损失时，付款的总值不得超过这个限额，但是旅客可以根据他同承运人的特别协议，规定一个较高的责任限额。"本案中，双方当事人在机票上约定的承运人赔偿责任限额是 7.5 万美元，这一责任限额是根据 1966 年《蒙特利尔协议》的规定确定的，法院对这一责任限额的认定是正确的。

案例二： 上海盛帆房地产开发有限公司与韩国大韩航空 有限公司赔偿纠纷案[1]

[基本案情]

1999 年 4 月 15 日下午 4 时许，上海市闵行区莘庄镇莘西南路区域，被告韩国大韩航空公司的一架 MD－11 大型货机坠毁于由原告上海盛帆房地产开发有限公司开发建设的沁春园小区，致使该地块的在建房屋以及工地相关财产受到不同程度的损害。故原告提出诉讼，要求判令：①被告赔偿原告因坠机事件而导致的部分经济损失人民币 2 亿元；②被告按原告实际诉讼所得的 10% 支付原告律师费；③诉讼费由被告负担。

1994 年 12 月，原告获得闵行区人民政府同意取得闵行区沪杭铁路以南、大河浜以西、中春路以北的土地使用权用于建造商品房。1996 年，原告取得沁春园小区的建设用地规划许可证。坠机事故前，原告对本案所涉地块已完成房地产开发的前期工作，该地占地面积为 320.22 亩。坠机事故后，原告即停工至今。2001 年 9 月，部分土地被铁道部征用，征用后本案中未建房屋的地块占地面积为 194.89 亩。

审理中，法院委托上海明方复兴工程造价咨询事务所有限公司对原告的损失进行审价。上海明方复兴工程造价咨询事务所有限公司于 2004 年 3 月 5 日出具了审价鉴证报告，鉴证结论为：①房地产开发项目前期费用的利息损失为人

---

[1] 上海市第一中级人民法院（2002）沪一中民一（民）初字第 182 号民事判决书。

民币 68 201 752 元；②房地产开发项目重建前期恢复费用为人民币 67 088 803 元；③事故后相关费用损失为人民币 2 541 213 元（其中伤残人员抚恤金及利息为人民币 2 041 213 元，审价鉴证费为人民币 500 000 元）。

经审计，原告投入地块的资金共计人民币 237 981 108 元。

[法律问题]

1. 本案如何定性？

2. 本案在适用法律时是否存在适用顺序？

[参考结论与法理分析]

（一）法院意见

法院认为，根据我国法律对于侵权行为准据法的适用规定，民用航空器对地面第三者的损害赔偿，适用侵权行为地法律。本案侵权行为地为我国上海，故本案应适用我国的实体法。我国法律的适用顺序为国际条约、国内法、国际惯例。因我国未参加相关的国际条约，而我国国内法对该侵权行为的赔偿已作法律规定，故本案适用我国的国内法。根据我国法律规定，损坏国家、集体或者他人财产的，应当恢复原状或者折价赔偿。被告飞机坠落造成原告财产损失，原告作为被告飞机坠落的直接受害者，享有赔偿请求权。被告作为航空器的经营人应承担赔偿责任，赔偿原告因此造成的经济损失。

由于被告的坠机事故，造成了原告停工及未按期进行房地产开发建设，使原告的房地产开发经营受损，所以被告应对原告延误开发房产的损失作出赔偿，赔偿范围包括原告在该地块已投入资金的银行贷款利息以及原告继续开发房产所多支出的费用。

综上所述，依据《中华人民共和国民法通则》第 146 条第 1 款、第 142 条、第 123 条、第 117 条第 2 款、第 134 条、《中华人民共和国民用航空法》第 189 条第 1 款、第 184 条、第 157 条、第 158 条第 1 款之规定，判决如下：

被告韩国大韩航空有限公司应于本判决生效后 30 日内赔偿原告上海盛帆房地产开发有限公司损失人民币 49 739 727 元。

本案案件受理费人民币 1 010 010 元，由原告上海盛帆房地产开发有限公司承担人民币 751 301 元，被告韩国大韩航空有限公司承担人民币 258 709 元；审计费人民币 500 000 元，由原、被告双方各半负担。

（二）法理分析

本案的关键在于如何正确地适用法律和确定赔偿额。

1. 法律适用问题。本案是一起典型的外国航空器致地面第三人损害的案件。既然是一起涉外案件，根据当时的立法情况，首先就应当依据《民法通则》第 142 条的规定，即中华人民共和国缔结或者参加的国际条约同中华人民共和国的民事法律有不同规定的，适用国际条约的规定，但中华人民共和国声明保留的条款除外。中华人民共和国法律和中华人民共和国缔结或者参加的国际条约没有规定的，可以适用国际惯例，来确定究竟是应当适用国际条约还是适用国内法。《民法通则》第 142 条规定的法律适用顺序依次为：国际条约、国内法和国际惯例。我国并没有批准 1952 年《罗马公约》，所以此案并没有国际公约可以适用，本案应当适用的法律是国内法，即《民用航空法》。

2. 赔偿额度问题。《民用航空法》第 157 条和 158 条第 1 款规定，飞行中的民用航空器或者从飞行中的民用航空器上落下的人或者物造成地面第三人损害的，民用航空器的经营者应当进行赔偿，但赔偿范围限于事故所造成的直接后果。根据上述条款，民用航空器的经营者应当对遭受损失的第三人承担无过错责任，唯一的免责条款是损害是民用航空器依照国家有关的空中交通规则在空中通过造成的。因此大韩航空应当对原告进行赔偿是毫无疑问的，但问题在于《民用航空法》并未像旅客、行李运输一样规定赔偿的限额，这就给法院适用法律确定合理的赔偿额造成了困难。最终，法院在综合考虑以下因素的基础上很好地解决了这一问题：首先，此案是一起侵权责任纠纷，而不是一起违约责任纠纷；其次，此案作为一起涉外案件，应当参照国际惯例；再次，赔偿额应当考虑我国当时的经济发展水状况和生活水平；最后，赔偿限额的提高已经成为 1952 年《罗马公约》现代化进程中的趋势。鉴于此，笔者认为法院判决的赔偿额是比较公平合理的。

案例三：　　　　马美兰诉泰国航空国际大众有限公司案

[基本案情]

原告马美兰因人身损害赔偿纠纷一案将被告泰国航空国际大众有限公司诉至北京市东城区人民法院。

2008 年 3 月 11 日，原告马某之子脱某在北京通过芒果网为原告全家五口人预定北京至泰国曼谷旅游的往返电子机票，时间为：2008 年 3 月 29 日，北京—曼谷；4 月 4 日，曼谷—北京。3 月 29 日，原告全家五口人乘坐被告——泰国国际航空大众有限公司 TG675 航班飞往曼谷。飞机起飞 4 个小时左右，原告马某带外孙女去洗手间时，因飞机在没有预警的情况下出现紧急事故摔倒在过道中，导致右脚踝处骨折。医院诊断为右脚踝严重骨折，不得不在泰国住院手术治疗，并接受了钢板钢钉加固手术。原告之子脱某在事故后连续 3 天 24 小时进行陪护，其他家庭成员也被困酒店 7 天之久。原告所有旅游度假计划全部泡汤：一人受伤住院，一人全程 24 小时护理，其他人不得不更换至医院附近的酒店以照顾伤者。全家人不仅没有享受到旅游的乐趣，还经历了亲人受伤的恐惧和担心。原告马某初次手术结束经医生批准后于 4 月 4 日返回北京。

原告回国后又多次在北京市积水潭医院和朝阳医院接受治疗。原告虽经手术治疗，但仍必须进行相应的功能锻炼及物理治疗，根据恢复状况再行手术。现原告右脚踝里外侧已打上钢板钢钉，根据医嘱，需两年后取出。

后经证实，原告受伤是因为飞机出现代号 TCAS RA（Traffic Alert and Collision Avoidance System）的事故导致飞机急速拉高造成的。被告泰国国际航空大众有限公司在事故发生后承担了当时的医疗费用、住宿费用等费用，但拒绝承担其他费用，并拒绝承担原告到泰国进行二次手术的费用。原告方多次与被告协商，但没有结果。

原告认为，本案应当适用 1999 年《蒙特利尔公约》的相关规定，并向被告索赔二次手术费、精神损害抚慰金等 62 万余元。

被告认为，中国法院对此案没有管辖权。理由如下：

《中华人民共和国民事诉讼法》第 29 条规定："因侵权行为提起的诉讼，由侵权行为地或者被告住所地人民法院管辖。"

《最高人民法院关于适用〈中华人民共和国民事诉讼法〉若干问题的意见》第 28 条规定："民事诉讼法第 29 条规定的侵权行为地，包括侵权行为实施地、侵权结果发生地。"

《民事诉讼法》第四编"涉外民事诉讼程序的特别规定"第 235 条规定："在中华人民共和国领域内进行涉外民事诉讼，适用本编规定。本编没有规定的，适用本法其他有关规定。"《民事诉讼法》第四编没有就人身损害侵权赔偿纠纷管辖权问题作出任何规定，因此应适用《民事诉讼法》的其他规定，即上引《民事诉讼法》第 29 条和《最高人民法院关于适用〈中华人民共和国民事诉讼法〉若干问题的意见》第 28 条。

根据上述法律规定，有权管辖本案的法院有：①侵权行为地法院；②侵权结果发生地法院；③被告的住所地法院。因原告诉称是在飞机飞行 4 个多小时后摔倒受伤的，当时飞机早已在泰国境内飞行，即将降落泰国机场（北京至曼谷总飞行时间为 4 小时 10 分，上午 8:30 起飞，当日 12:40 到达）。显然，本案的侵权行为地和结果发生地均在泰国境内。另外，被告的住所地也在泰国曼谷。因此，只有泰国的有关法院对本案享有管辖权。

［法律问题］

1. 中国法院对本案是否具有管辖权？

2. 本案是否能适用 1999 年《蒙特利尔公约》的规定？

[参考结论与法理分析]

（一）法院意见

法院审理认定，泰国不是1999年《蒙特利尔公约》的签署国，马女士不能证明其向泰航订票时双方存在关于适用该公约的相关规定。该案的侵权行为地及泰航的住所地均不在北京，本院不具有管辖权，裁定驳回原告马美兰的起诉。

原告不服一审裁定，已经向北京市第二中级人民法院提出上诉，目前案件正在进一步审理中。

（二）法理分析

笔者认为一审法院的上述裁定适用法律错误，应当根据1999年《蒙特利尔公约》裁定中国法院具有管辖权。

1. 根据《民法通则》第142条的规定，中华人民共和国缔结或者参加的国际条约同中华人民共和国的民事法律有不同规定的，适用国际条约的规定，但中华人民共和国声明保留的条款除外。中华人民共和国法律和中华人民共和国缔结或者参加的国际条约没有规定的，可以适用国际惯例。中国法院在审理涉外案件时，适用法律的顺序应该依次是：国际条约、国内法和国际惯例。本案涉及的国际条约即1999年《蒙特利尔公约》。我国于1999年签署了该公约，公约于2005年7月31日对我国正式生效。

2. 我们需要确定本案是否属于1999年《蒙特利尔公约》所调整的"国际运输"。《蒙特利尔公约》第1条第1款规定："本公约适用于所有以航空器运送人员、行李或者货物而收取报酬的国际运输。本公约同样适用于航空运输企业以航空器履行的免费运输。"《蒙特利尔公约》第1条第2款规定："就本公约而言，'国际运输'系指根据当事人的约定，不论在运输中有无间断或者转运，其出发地点和目的地点是在两个当事国的领土内，或者在一个当事国的领土内，而在另一国的领土内有一个约定的经停地点的任何运输，即使该国为非当事国。就本公约而言，在一个当事国的领土内两个地点之间的运输，而在另一国的领土内没有约定的经停地点的，不是国际运输。"由此可见，《蒙特利尔公约》规定的"国际运输"有三种类型：①出发地和目的地在两个缔约国境内，无论中间有无约定的经停地；②出发地和目的地在一个缔约国境内，在另一个缔约国境内有一个约定的经停地；③出发地和目的地在一个缔约国境内，在另一个非缔约国境内有一个约定的经停地。本案中，原告购买的是一张北京—曼谷—北京的往返机票，据此，运输合同的出发地和目的地都是北京，约定的经停地则是曼谷。中国是《蒙特利尔公约》的缔约国，泰国不是。因此，此次运输符合公约规定的第三种"国际运输"，与被告所属国籍无关。此外，根据《蒙特利尔公约》第49条的规定，公约的适用属于强制性的和排他性的，即只要运输符合公约规定的"国际运输"，就必须适用公约规定的内容，既不能以国内法排除公约的适用，乘客与承运人之间也不能以意思自治的方式减损公约的内容。综上所述，本案必须适用《蒙特利尔公约》。

3. 中国法院是否有管辖权必须依据《蒙特利尔公约》的管辖权规则确定。《蒙特利尔公约》第 33 条第 1 款规定："损害赔偿诉讼必须在一个当事国的领土内，由原告选择，向承运人住所地、主要营业地或者订立合同的营业地的法院，或者向目的地点的法院提起。"《蒙特利尔公约》第 33 条第 2 款规定："对于因旅客死亡或者伤害而产生的损失，诉讼可以向本条第 1 款所述的法院之一提起，或者在这样一个当事国领土内提起，即在发生事故时旅客的主要且永久居所在该国领土内，并且承运人使用自己的航空器或者根据商务协议使用另一承运人的航空器经营到达该国领土或者从该国领土始发的旅客航空运输业务，并且在该国领土内该承运人通过其本人或者与其有商务协议的另一承运人租赁或者所有的处所从事其旅客航空运输经营。"即原告可以在以下五个法院中择其一起诉：①承运人住所地法院；②承运人主要营业地法院；③运输合同订立地法院；④目的地法院；⑤原告永久居所所在地法院。具体到本案，即使被告的住所地和主要营地都不在中国，但马女士是在北京购买的机票，即运输合同的订立地是北京，运输合同的目的地也是北京，马女士的永久居所地仍然是北京且被告使用自己的航空器经营往返北京的航空运输业务。综上所述，公约所规定的后三个法院地都在北京，无论泰国是不是《蒙特利尔公约》的缔约国，中国法院都毫无疑问地具有本案的管辖权。

1999 年《蒙特利尔公约》与《华沙公约》一样规定了强制适用的条款，公约第 49 条规定："运输合同的任何条款和在损失发生以前达成的所有特别协议，其当事人借以违反本公约规则的，无论是选择所适用的法律还是变更有关管辖权的规则，均属无效。"即只要属于公约规定的国际运输，双方当事人的国籍在所不问，必须要适用公约的规定。因此，公约的强制适用条款排除了当事人的意思自治。

笔者认为，1999 年《蒙特利尔公约》之所以要规定强制适用条款，原因在于公约的起草者想要尽可能地扩大公约的适用范围，更好地保护旅客和托运人的利益。作为华沙公约体系的现代化产物，1999 年《蒙特利尔公约》提高了承运人的责任限额，引入了双梯度责任制度并且将旅客住所地法院有条件地纳入了管辖法院之一，在很大程度上弥补了《华沙公约》在制定时为了保护刚刚起步的民用航空运输业所导致的对旅客和托运人利益保护不足的缺陷，使得国际航空运输规则更加趋于完善和现代化。如果《蒙特利尔公约》允许当事人通过意思自治原则自由地选择运输合同所适用的法律，那么承运人很有可能从利益最大化的角度出发，利用自己相对于旅客和托运人的优势地位，通过格式条款选择适用《华沙公约》或者其他责任限额较低的法律规则，这对于旅客和托运人是十分不利的，会使 1999 年《蒙特利尔公约》形同虚设。

1999 年《蒙特利尔公约》关于国际航空运输管辖权的规定主要是第 33 条，与之前的《华沙公约》相比，主要是在承运人住所地、承运人主要营业地、合同订立地、目的地四个法院的基础上增加了原告住所地，即所谓的"第五管辖权"。

尽管 1999 年《蒙特利尔公约》最终纳入了"第五管辖权"，但是在公约起草的过程中，"第五管辖权"引起了缔约各方的激烈争论，主要表现为以美国为首的发达国家极力主张纳入，而广大发展中国家以及法国则极力反对。

美国一直认为，一方面，乘客在其居住地起诉承运人要求赔偿是固有的权利，这是许多国家的国内法都认可的，现在这一权利却被《华沙公约》剥夺了。另一方面，在乘客的居住地国起诉，能够确保他们在最熟悉的法院起诉，适用他们所预期的法律和赔偿标准，并得到公正的审判。

法国代表团则强烈反对"第五管辖权"的纳入。他们在向大会提交的工作报告中陈述了如下理由：①从保护乘客利益的角度来看，现有的管辖权规则已经足够保护乘客的合法权益，"第五管辖权"不仅只能适用于很少的案件，而且有时还会侵害乘客的利益。此外，"第五管辖权"还为法院滥用"不方便法院原则"提供了机会，法院可以以"不方便法院原则"驳回外国原告的起诉，要求其按照"第五管辖权"去方便法院起诉，这将增加乘客的诉讼成本。②从维护国际民航运输业的健康发展的角度来看，"第五管辖权"会对国际民航运输业产生不利影响。这一附加管辖权不仅会使得那些原本居住在最慷慨法院国家的居民去居住国起诉，还会使那些外国居民争先恐后地去最慷慨法院寻求救济，如果他们的起诉没有因"不方便法院原则"被驳回，那么赔偿额度的大幅升高会大大增加承运人的成本，最终这些成本将通过机票涨价转嫁到乘客身上，对民航业造成不利影响。

最终经过一番激烈的争论和博弈，各国都作出了相应的妥协，这就形成了公约正式文本中的这种附加多项条件的"第五管辖权"。原告选择第五管辖权法院，至少应该满足以下四个条件：①发生事故时，乘客的"主要永久居所"必须在当事国领土内。根据公约规定，"主要永久居所"是指事故发生时，乘客固定且永久的居住地，它是唯一的，这就避免了乘客在几个居住地中挑选最有利于自己的法院。并且，乘客的国籍不能成为判断"主要永久居所"的决定性标准。②承运人必须使用自己的航空器或者根据商务协议使用另一承运人的航空器经营到达该当事国领土或者从该当事国领土始发的旅客运输业务。这里的"商务协议"主要是指航空联盟和代码共享，但是不包括代售机票、代理货运等代理协议。③承运人必须在该当事国领土内，通过其本人或者与其有商务协议的另一承运人租赁或者所有的处所从事旅客运输经营。即承运人必须在该当事国拥有一个经营场所，自有或租赁在所不问。但是，必须在该经营场所内从事旅客运输经营。这里的运输经营的范围要比上一条件中的运输业务广泛，它泛指一切与旅客运输有关的经营活动，不仅包括航班经营，还包括机票销售、广告营销等活动。④仅适用于乘客人身伤亡提起的诉讼。旅客因行李、托运货物毁损、灭失或者延误提起的诉讼则只能在第33条第1款规定的四个管辖法院中择一起诉。

拓展案例

案例一：　　　　　　　　　　　　**包头空难案**

[基本案情]

2004年11月21日8时21分，一架由包头飞往上海的民航班机在起飞不久后出现事故，坠入包头市南海公园的湖中并发生爆炸起火，机上47名乘客、6名机组人员以及地面2人共55人在事故中丧生。事故调查组认为，飞机在包头机场过夜时存在结霜的天气条件，机翼污染物最大可能是霜。飞机起飞前没有进行除霜（冰）。东航公司对这起事故的发生负有一定的领导和管理责任，东航云南公司在日常安全管理中存在薄弱环节。

2005年10月，部分包头空难遇难者家属对东航公司赔偿不满，委托律师将事故飞机制造商（加拿大庞巴迪公司）、航空运营商（东方航空股份有限公司和东方航空集团公司）以及事故飞机发动机制造商（美国通用电气公司）列为被告，向美国加州高等法院提起民事赔偿诉讼。美国法院受理此案后不久裁决中止审理，认为案件管辖应是中国法院。案件上诉后，美国法院维持了裁决。在3次递交民事诉讼状未获准立案后，2009年3月16日，律师再次向北京市第二中级人民法院递交了诉讼材料。同年8月10日，北京二中院通知该案的原告代理律师郝俊波，法院予以立案。这也是国内法院受理的首起空难集体诉讼案，现该案已调解结案。

[法律问题]

1. 本案是否有涉外因素？
2. 美国法院对本案有无管辖权？如有，管辖权的依据是什么？
3. 美国法院拒绝审理本案的依据是什么？
4. 本案有管辖权的法院有哪些？北京二中院受理本案的依据是什么？

[重点提示]

本案在 2012 年 10 月 9 日进行了开庭质证环节，但截至 2013 年 8 月 4 日仍然未结案。有关管辖权问题，可以回顾"不方便法院原则"的含义和适用情形。

案例二：   韩亚航空空难案

[基本案情]

2013 年 7 月 6 日 11 点半（旧金山时间），一架韩亚航空公司的波音 777 - 200ER 客机，执飞 OZ214 航班从上海经停首尔飞旧金山，在美国旧金山机场着陆时失事，事故已导致 181 人受伤，2 人死亡。机上乘客共 307 名，其中有 141 名中国乘客，死亡的两名乘客均为中国籍，其中一名女死者系被消防车碾压致死。一名在空难中骨折受伤的加拿大籍华人教授，7 月 31 日在美国旧金山向联邦法院提起诉讼，要求韩亚航空公司赔偿 500 万美元。律师称，这是空难事件后第一起由外籍乘客在美提出的索赔案。此后，陆续有乘客提起诉讼，该事件势必引发一系列的诉讼。

[法律问题]

1. 本案的被告有哪些？

2. 有管辖权的法院有哪些？管辖依据是什么？

3. 本案应当适用何国法律？是否应当适用国际公约？

[重点提示]

参考《华沙公约》及 1999 年《蒙特利尔公约》有关管辖权、责任制度的规定，以及美国、韩国、中国的国际私法的相关规定。

三、产品侵权

经典案例

案例一：   黄小玲诉中山华帝燃具股份有限公司
                        人身损害赔偿纠纷案[1]

[基本案情]

原告黄小玲以产品质量缺陷致人伤残为由将中山华帝燃具股份有限公司诉

---

〔1〕 一审：广东省广州市东山区人民法院（2004）东法民一初字第 1436 号民事判决书；二审：广东省广州市中级人民法院（2005）穗中法民一终字第 2247 号民事判决书。

至广州市东山区人民法院，原告黄小玲系香港特别行政区居民。

2004年3月7日凌晨1时15分左右，黄小玲在广州市先烈中路104号412房（其弟黄强家）洗澡期间，当打开热水器准备搓洗毛巾时，突然发生煤气爆炸，黄小玲被烧伤，随后其被送往广州市红十字会医院住院治疗。当日11时30分，黄小玲的亲属以使用的"华帝"牌热水器发生爆炸为由向公安机关报警。次日，黄小玲的母亲杨绮文向其投保的中国人民财产保险股份有限公司广州市分公司报案，该公司遂派员到现场勘查。勘查情况为："见浴室1扇玻璃门已被爆炸碎裂，浴室内1块塑料拉布已烧净不见，有部分残留碎塑料，厨房墙体瓷片震裂。经查热水器为：华帝牌5.5升燃气快速热水器。"黄小玲洗澡使用的热水器是其弟黄强于1997年11月9日购买的由华帝公司生产的华帝牌5.5升燃气快速热水器。同月9日下午，华帝公司向黄小玲家属支付了2000元，并拆走了该热水器。同月10日，黄小玲的弟弟黄强与华帝公司代表签订了"关于黄小玲女士因冲凉被烧伤事件的经过和双方处理意见"，内容为：2004年3月7日凌晨一点钟左右，黄小玲在其弟弟黄强家中使用"华帝"牌5.5升热水器冲凉时，发生意外事故。事故造成黄小玲被烧伤并入院救治，现黄小玲女士仍在医院住院治疗。事故发生后，热水器生产厂家高度重视，并积极和当事人家属协商解决办法。热水器及相关产品没有进行检测，事故原因也没有进行权威鉴定。现热水器厂家及当事人家属一致对以上事实予以确认，并就此事件的解决在不分责任的前提下达成以下意见：①为不影响当事人家属正常生活，双方同意将热水器产品拆除由厂家带回，同时厂家无偿为黄强家更换一台电热水器，以供其家人正常生活使用。②双方均同意待当事人黄小玲完全治疗康复后，再就当事人因此事件而产生的医疗费共同协商费用承担方式和解决方案。③双方均同意在以后对此事件的处理过程中，遵循共同承担责任、相互理解的原则处理此事故。2004年4月1日，黄小玲出院，共住院26天。为此，黄小玲支付了医疗费35 460.92元。事后，华帝公司两次向黄小玲支付了医疗费合计15 000元。2004年6月21日，中山大学法医鉴定中心根据黄小玲的委托作出司法鉴定：黄小玲身体大面积疤痕符合高温作用所致，由于疤痕面积广，疤痕粗糙不平，故严重影响肢体活动。目前损伤程度按照《道路交通事故受伤人员伤残评定》第4条、第7条、第10条，属伤残七级。此后双方因对黄小玲烧伤事故的原因及赔偿数额不能达成一致，黄小玲遂提起诉讼。

一审广州市东山区人民法院根据《中华人民共和国民法通则》第106条第2款、第119条、第134条第7项，及《最高人民法院关于审理人身损害赔偿案件适用法律若干问题的解释》第17条第1款、第19条、第22条、第24条、第25条的规定，于2005年1月31日作出判决：①被告中山华帝燃具股份有限公司在本判决发生法律效力之日起 7 日内，一次性赔偿原告黄小玲 58 925.44 元（医疗费 35 460.92 元，交通费 115 元，住院伙食补助费 750 元，残疾赔偿金 71 904 元，法医鉴定费 235 元，合共 108 464.92 元的 70 % 即 75 925.44 元，再扣除被告已支付的 17 000 元）。逾期付款，则逾付部分按《中华人民共和国民事诉讼法》第 232 条的规定执行。②驳回原告黄小玲要求被告中山华帝燃具股份有限公司赔偿误工费、护理费、营养费、精神损害抚慰金的诉讼请求。

判决后，双方均不服提出上诉。

[法律问题]

1. 黄小玲的人身损害是否因为华帝热水器的缺陷问题造成，谁来举证？

2. 如何认定赔偿范围？

3. 因黄小玲为香港居民，是否能据此按香港居民年人均收入计算赔偿额？

[参考结论与法理分析]

（一）法院意见

二审广州市中级人民法院认为：黄小玲在事故发生时所使用的热水器是华帝牌直排式热水器，由于直排式热水器在设计上存在的明显缺陷，导致热水器散发出来的可燃混合气体不能合理排出，容易在室内积存，并在遇火时产生燃烧爆炸等危险情况。因此，根据黄小玲提供事故现场照片所示、保险公司的勘查记录以及华帝公司与黄小玲签订的《烧伤经过和处理意见》和黄小玲烧伤事实、法医鉴定的证据证实，本院可以认定黄小玲的烧伤是使用华帝牌直排式热水器时因爆炸烧伤所致。华帝公司上诉认为黄小玲的烧伤不能证明是使用华帝牌直排式热水器造成的损害，此抗辩理由明显违背其在《烧伤经过和处理意见》中所认定的事实，属反悔表现。而且根据《最高人民法院关于民事诉讼证据的若干规定》第 4 条第 1 款第 6 项的规定，华帝公司作为热水器的生产厂家，应承担证明黄小玲使用的华帝牌热水器没有缺陷或存在其他法定免责事由的举证责任，否则就应承担举证不能的法律后果。本案事故发生后，华帝公司已将现场使用的热水器取走，其事后自行作出的各项指标正常的检测结论不能视为是对原热水器的检测，故该检测结论没有证明效力。其次，因直排式热水器具有相当的危险性，华帝公司不能在产品出售后，将其产品安全保障义务转由客户承担。因此，华帝公司上诉认为黄小玲使用安装不当和使用已被国家明令淘汰的热水器，应由黄小玲自负损失责任的理由是不成立的。况且，虽然直排式热水器已被国家禁止生产和出售，但国家并未有禁止已经使用直排式热水器的用户继续使用。而且华帝公司上诉认为黄小玲使用已经超过 6 年使用期限的热水器也存在过错一节，根据《家用燃气燃烧器具安全管理规程》的规定，人工煤气热水器的报废年限为 6 年，液化石油气和天然气热水器的报废年限为 8 年，黄小玲使用的热水器使用尚不满 8 年，而华帝公司在本案又未能提供证据证实黄小玲使用的热水器系人工煤气热水器，故华帝公司以黄小玲使用直排式热水器存在过错，请求免责，本院不予支持。由于华帝公司不能提供有效的证据证明其热水器没有缺陷或存在其他法定免责事由，因此，依据法律规定，华帝公司应承担缺陷产品致人损害的全部侵权责任。黄小玲同意让华帝公司拆走热水器，因此，导致热水器物证无法出示的责任在控制物证一方的华帝公司，而不在黄小玲，因此，没有依据应由黄小玲承担热水器被取走的不利后果。原审法院以黄小玲同意华帝公司拆走热水器致本案事故原因无法查明为由，判决黄小玲自己承担 30% 的损失有违举证责任的分配原则，故本院予以纠正。由于华帝公司生产的直排式热水器存在明显缺陷已导致黄小玲身体大面积烧伤，造成七级伤残的严重后果，因此，华帝公司应赔偿黄小玲的全部损失。现黄小玲损失有医疗费 35 460.92 元（华帝公司向黄小玲支付了 17 000 元的医疗费）、法医鉴定费 235 元、交通费 115 元以及住院伙食补助费 750 元，因证据充分，原审法院予以支持正确，本院予以维持。关于残疾赔偿金问题，因黄小玲系香港特别行政区居民，其损害赔偿数额应按照国内城镇居民的相关标准计算，原审法院以广东省 2003 年度道路交通事故损害赔偿计算标准中的年人平均生活费计算黄小玲的残疾赔偿金（8988 元/年 × 20 年 × 40% = 71 904 元）并无不当，本院予以维持。黄小玲上诉要求按香港的人均可支配收入计算没有依据，本院不予支持。关于黄小玲上诉提出的护理费一节，因黄小玲丈夫的薪金证明这一证据是在香港形成，依法应经过认证程序才具有证据效力，原审法院以其未经认证程序为由不予采信该证明正确，本院予以维持。鉴于黄小玲确有住院治疗的事实，且其伤情也表明其需要有人照顾护理，本院根据其住院时间结合医院一般护理费用标准，酌定其护理费为 26 天 × 30 元/天 = 780 元。关于误工费的计算，原审法院认为仅依据黄小玲之妹黄小敏的证词不足证实黄小玲的收入状况并无不当。然而，黄小玲受伤住院这一事实可以确认，其住院 26 天，做法医鉴定一天，故本院确认其误工时间为 27 天，参照广东省 2003 年度道路交通事故损害赔偿计算标准中劳动力人均年纯收入的标准，黄小玲的误工费计为 27 天 × 17 元/天 = 459 元。关于黄小玲上诉提出营养费的认定问题，因黄小玲身体大面积烧伤已是事实，其在医院的出院小结中已表明，其出院后需要加强营养支持治疗，原审法院在有此依据的情况下，不予支持黄小玲营养费的诉请不当，本院予以纠正。根据黄小玲的伤情，黄小玲诉请营养费 750 元合理，华帝公司应予赔偿。至于精神损害赔偿的法律适用问题，因本案一审起诉发生在《最高人民法院关于审理人身损害赔偿案件适用法律若干问题的解释》生效实施之后，根据该法第 31 条的规定，精神损害抚慰金与物质损害赔偿金应一次性支付。因此，黄小玲上诉要求赔偿精神损害抚慰金合法有据，本院予以支持。原审法院未支持黄小玲的精神损害赔偿不当，属适用法律错误，本院予以纠正。现结合黄小玲的具体伤残情况，本院酌情确定华帝公司向黄小玲赔偿精神损害赔偿金 20 000 元。综上所述，黄小玲上诉请求部分有理，本院予以支持；华帝公司上诉依据不足，本院不予支持。原审法院认定事实不清，法律适用存在不当，本院予以纠正。根据《中华人民共和国民事诉讼法》第 15 条第 1 款第 2、3 项的规定，判决如下：①撤销广州市东山区人民法院（2004）东法民一初字第 1436 号民事判决第二项。②变更广州市东山区人民法院（2004）东法民一初字第 1436 号民事判决第一项为：中山华帝燃具股份有限公司自本判决之日起 7 日内，一次性赔偿黄小玲医疗费 35 460.92 元、交通费 115 元、住院伙食补助费 750 元、残疾赔偿金 71904 元、法医鉴定费 235 元、护理费 780 元、误工费 459 元、营养费 750 元，合计 110 453.92 元（中山华帝燃具股份有限公司已支付的 17 000 元在执行中扣除）。逾期付款，则逾付部分按《中华人民共和国民事诉讼法》第 232 条的规定执行。③驳回黄小玲的其他诉讼请求。

（二）法理分析

1. 缺陷产品是否引起损害。这是任何缺陷产品侵权案件中都需要证明或回答的问题。在本案这一问题表现为黄小玲人身损害是否由缺陷产品引起。《最高人民法院关于民事诉讼证据的若干规定》第 2 条第 1 款规定："当事人对自己提出的诉讼请求所依据的事实或者反驳对方诉讼请求所依据的事实有责任提供证据加以证明。"黄小玲向华帝公司主张损害赔偿请求权，其需要举证证实其取得损害赔偿请求权的法律事实，这样的事实在本案表现为华帝公司生产的热水器因存在缺陷而导致其人身受到损害。为证明这一事实，黄小玲提供了事故现场照片、保险公司的现场勘查记录、华帝公司与黄小玲签订的《烧伤经过和处理意见》、医院病历、法医鉴定等证据。在这个事实判断的问题上，虽然两级法院都认定了华帝公司生产的热水器因缺陷导致了黄小玲的损害这一事实，但一、二审反映的是不同的审理思维。一审属于法律推定的事实，二审属于法官推定的事实。

2. 赔偿范围的认定。本案残疾赔偿金的计算值得注意，黄小玲一直主张其是香港居民，残疾赔偿金应当按照香港年人均收入来计算，但是这一主张并未得到一、二审法院的支持，而是参照广东省 2003 年度道路交通事故损害赔偿计算标准中的年人平均生活费计算其残疾赔偿金。关于残疾赔偿金和死亡赔偿金的计算，根据《最高人民法院关于审理人身损害赔偿案件适用法律若干问题的解释》第 25 条和第 29 条的规定，一般应以受诉法院所在地上一年度城镇居民的人均可支配收入或农村居民的人均纯收入为标准来计算。然而该《解释》第

30 条同时又规定："赔偿权利人举证证明其住所地或者经常居住地城镇居民人均可支配收入或者农村居民人均纯收入高于受诉法院所在地标准的，残疾赔偿金或者死亡赔偿金可以按照其住所地或者经常居住地的相关标准计算。"黄小玲正是基于该条规定要求参照香港的人均可支配收入 9500 元/月计算其残疾赔偿金。按照这样两个不同标准计算出来的残疾赔偿金将相差甚远。但是一、二审法院均未支持黄小玲的主张，主要原因在于第 30 条在赋予被侵权人权利的同时，也赋予了法院一个潜在的自由裁量权——这主要是由"可以"一词引发出来的。"可以"按照更高标准计算，也就"可以不"按照更高标准计算，这完全由法官按照案情裁量决定。本案法官没有按照香港居民年人均收入来计算黄小玲的残疾赔偿金，并未给出合理解释，只在二审判决中写到黄小玲的主张"没有依据，本院不予支持"，再未作过多言语。从法律条文层面来看，这样的处理确实并无不妥，但是追根溯源，这样的条文规定又是否真的是为了实现实质正义？这点值得商榷。

案例二：　　甘肃省公路局诉日本横滨橡胶株式会社产品质量责任侵权案[1]

[基本案情]

原告甘肃省公路局以产品质量致人死亡致财产损失为由将日本横滨橡胶株式会社诉至陕西省西安市中级人民法院。

2000 年 3 月 22 日，甘肃省公路局从天津开发区中汽贸易有限公司购进一辆美国产的福特吉普 4.0 越野车，车牌照为甘 A05291。2000 年 10 月 31 日，甘肃省公路局司机芦恩来从兰州城关区宝龙汽车配件经销部购买两条型号为（255/70R 16）的轮胎，用以替换福特吉普越野车原装日本产的"凡士通"轮胎。2001 年 8 月 9 日 17 时 5 分左右，芦恩来驾驶甘 A05291 福特越野车，由兰州往西安，途径西安绕城高速公路（北段）、行驶至 K20 + 707 米下行处，由于该车左前轮胎爆破，车速过高，致使车辆失控，在 K20 + 580 米处碰撞紧急停车带防护钢板，冲出路面又碰撞通道水泥侧墙后侧翻失火，造成车内四人即芦恩来、张炳乾、许敬龙、安芝桂死亡，车辆报废的特大交通事故。2001 年 8 月 14 日，陕西省高等公路管理局西铜管理处向有关人员出具了道路交通事故责任认定书，认为：驾驶员芦恩来，违反《中华人民共和国道路交通管理条例》第 7 条第 2

---

〔1〕　一审：陕西省西安市中级人民法院（2002）西经二初字第 074 号民事判决书；二审：陕西省高级人民法院（2005）陕民三终字第 19 号民事裁定书。

款及《高速公路交通管理办法》第 11 条之规定，负事故全部责任。嗣后，甘肃省公路局后勤中心在 2001 年 11 月 20 日向芦恩来的遗属支付抚恤费 108 051.80 元，甘肃省交通厅分别于 2001 年 9 月 25 日向安芝桂遗属支付抚恤费 114 332.80 元，于 2001 年 11 月 17 日向许敬龙遗属支付困难补助费 101 032.80 元，于 2001 年 11 月 20 日向张炳乾遗属支付抚恤费 136 272.80 元。另外，保险公司也依据投保单向甘肃省公路局进行了理赔，并支付了相应的保险金。2002 年 8 月 2 日，原告以事发后经现场勘查及检验证实，爆破轮胎是被告生产的产品，其应承担相应民事责任等为由，将被告诉至法院。

[法律问题]

1. 原告提出本案应当适用日本《制造物责任法》，是否合理？

2. 本案的举证责任如何分配？应当依据何国法律进行分配？

[参考结论与法理分析]

（一）法院意见

原告认为：审理本案的准据法应适用日本的《制造物责任法》。针对该法的适用问题，其提交了相关"律师事务所的咨询意见"，该意见有关责任归属的原则及举证责任的说明如下：

1. 责任归属的原则。《制造物责任法》在第 3 条中规定，因制造物的缺陷导致他人生命、身体及财产受到伤害时，该法第 2 条第 3 项规定的制造商等负有赔偿责任，并且在此过错的存在不作为要件。另外，要免除制造商等的赔偿责任须证明第 4 条所定的事由，即使证明不存在一般的过失，也不能免除赔偿责任。这就意味着《制造物责任法》采用了无过错责任的原则。

2. 举证责任。制造物的缺陷必须由被害方证实。关于缺陷在第 2 条第 2 项中有规定。

被告认为：审理本案的准据法应适用中华人民共和国法律。

法院认为：审理本案的准据法选择适用日本的《制造物责任法》较为妥当，并在开庭前，向各方当事人明确告知。

诉讼期间，原、被告双方均向法庭申请调取陕西省高等公路管理局西铜管理处处理本起交通事故的档案及相应的物证资料。该处出示的档案资料、照片、车辆残骸及当时现场提取仅存的一块长度约为 62 厘米，宽度约为 15 厘米，并印有标识为 YOKOHAMA、LANDAR G039 的轮胎残片。该残片是否为事故车左前轮爆破遗留在事故现场的轮胎残片，档案资料未记载，轮胎残片原物未经科学鉴定无法印证，处理事故的相关人员的证言对此问题也未确认。因此，庭审中法庭释明负有举证责任的当事人对该待证事实申请启动鉴定程序来确认。

根据原告向法庭递交的"律师事务所咨询意见"中明确阐述的日本《制造物

责任法》适用中有关责任归属的原则及举证责任之规定,原告应当依法履行下列事项之举证责任:①"8·9"事故现场仅存的残片为爆胎残片;②"8·9"事故现场的爆胎产品是被告制造的产品;③该制造物的缺陷为非免责事由的原因所致;④该制造物的缺陷导致了损害结果的发生;⑤财产损失的计算依据。但是原告未能举证证明作为②~⑤项前提的第①项的真实性,也未能依程序进行对第①项的司法鉴定。

依据日本《制造物责任法》第1条即"为保护被害者,保障国民生活的安定及国民经济的健全发展,本法规定因产品缺陷而对人的生命、身体及财产造成损害时制造商等承担损害赔偿责任"之规定,原告要求适用《制造物责任法》追究制造商的损害赔偿责任,首先应证明"8·9"事故现场爆胎产品是被告制造的产品,及该产品存在缺陷之事实,而原告现有的证据不足以认定该事实存在,故其诉讼请求,不能成立。

一审定案结论:

陕西省西安市中级人民法院依照《中华人民共和国民法通则》第146条、《中华人民共和国民事诉讼法》第72条、第243条、第249条,日本《制造物责任法》第1条、第2条、第3条之规定,判决如下:

驳回原告甘肃省公路局之诉讼请求。

宣判后,原、被告均不服,上诉至陕西省高级人民法院,嗣后又均撤回上诉。至此,遵判息诉。

(二)法理分析

1. 关于涉案准据法的适用问题。依照《中华人民共和国民法通则》第146条之规定,涉及涉外民事侵权行为的损害赔偿案件,适用的准据法应为侵权行为地法律。根据《最高人民法院关于贯彻执行〈中华人民共和国民法通则〉若干问题的意见(试行)》第187条,即侵权行为地法律包括侵权行为实施地法律和侵权结果发生地法律,如果两者不一致时,人民法院可以选择适用。本案中,涉诉轮胎生产地为日本,涉诉的损害结果发生地在中国,受理法院依法既可以选择适用日本法为审理本案的准据法,也可以选择适用中国法律为审理本案的准据法。本案原告系涉诉案件的受害人,诉讼中,其明确要求适用日本《制造物责任法》审理本案,参照国际司法救济的一般原则,在审理产品缺陷责任纠纷案件中,由于受害人处于弱势地位,尽量方便受害人对产品责任的诉讼,在法律适用上对受害人要求适当予以考虑,目的在于更好地保护受害人的合法权益,因而法院选择适用日本的《制造物责任法》作为审理本案的准据法。

2. 围绕本案诉讼请求,如何处理当事人之间主要争议焦点问题。根据原告向法庭递交的"律师事务所咨询意见"中明确阐述的日本《制造物责任法》适用中有关责任归属的原则及举证责任之规定，原告应当依法履行下列事项之举证责任：①"8·9"事故现场仅存的残片为爆胎残片；②"8·9"事故现场的爆胎产品是被告制造的产品；③该制造物的缺陷为非免责事由的原因所致；④该制造物的缺陷导致了损害结果的发生；⑤财产损失的计算依据。关于第1项待证事实问题，从法庭调取的事故处理档案里未有明确记载，原告向法庭出示的证据因存在轮胎来源合法性、事故车只更换两条轮胎及肇事司机已身亡等问题，也不能直接印证，因而事故现场仅存的印有"横滨"标识的轮胎残片及事故车残骸将成为查明上述待证事实的重要线索。由于待证事实属专门性问题，只有具备专门知识和技能的人员，按照法律规定的条件和程序，运用一定的科学知识、技术手段，才能对该待证事实作出鉴别和评定，故启动鉴定程序，得出鉴定结论，才是认定该残片为爆胎残片的合法依据。据此，法院根据涉外案件的举证责任适用法院地法的原则，依据《最高人民法院关于民事诉讼证据的若干规定》，书面向原告释明，限期履行举证义务。否则，将承担举证不能的法律后果。原告虽然依法对待证事实向法院递交了鉴定申请，但未在法定期限内足额交纳鉴定费用，也未说明交费不能的理由，故鉴定程序未能启动，致使该待证事实无法通过鉴定结论予以认定。嗣后，原告又再次提出鉴定申请，被告以原告的行为违反《最高人民法院关于民事诉讼证据的若干规定》为由，认为法院不应接受此项委托事宜。被告的抗辩理由正当、合法，法院予以支持。由于第①项待证事实是认定本案损害赔偿责任存在的前提条件，而原告未履行对待证事之举证义务，故法院依法无须再对第②～⑤项待证事实进行审核。

拓展案例

莫尔伯贸易公司诉盐城中大国际贸易有限公司
产品质量损害赔偿纠纷案[1]

[基本案情]

被告盐城中大国际贸易有限公司系车辆销售商，曾授权原告莫尔伯贸易公司作为其在约旦的经销代理。2005年7月，原告从被告处购买盐城中威客车有限公司生产的中大牌 YCK6126HG 型客车5辆，单价59 500美元，交货方式FOB，从中国上海经约旦亚喀巴港至萨喀自由区。客车运至约旦萨喀自由区后，莫尔伯贸易公司将其销售给拉格哈丹对外运输公司。客车运营过程中，在2006

---

〔1〕　参见江苏省盐城市中级人民法院（2009）盐民三初字第0053号民事判决书。

年 9 月 14 日，其中一辆底盘号为 LYJCH02P9YZW0025 的客车发生交通事故，造成人员伤害和车辆损坏。约旦阿尔·杜拉尔警署对事故进行调查并出具第 176 号《交通事故调查报告》，该《报告》载明：由于司机超速行驶、突然变道并且刹车失灵而导致发生碰撞及翻车事故。

拉格哈丹对外运输公司委托专业鉴定人对包括事故车辆在内的三辆客车后轴进行检验并出具《货损检验报告》，结论为：后轴设计不符合客车安全要求，轴架的裂开和断裂导致减震器底部断裂，并导致车辆失去平衡而发生车祸。

交通事故发生前，拉格哈丹对外运输公司曾发函给中大贸易公司，提出客车存在质量问题。事故发生后，拉格哈丹对外运输公司以及原告向被告索赔未果，原告向盐城市中级人民法院起诉。

　　[法律问题]

　　1. 原告与被告是否具有适格的诉讼主体资格？

　　2. 本案应当适用何国法？

　　3. 受理本案的盐城中级人民法院是否具有管辖权？依据是什么？

　　[重点提示]

　　参考《中华人民共和国民事诉讼法》第 29 条和第 108 条、《中华人民共和国民法通则》第 146 条、《最高人民法院关于贯彻执行〈中华人民共和国民法通则〉若干问题的意见（试行）》第 178 条、《中华人民共和国产品质量法》第 43 条。

　　四、公路交通侵权

经典案例

　　案例一：　　　　　　　**中国李某诉法国汽车司机案**[1]

　　[基本案情]

　　李某是我国某大学的教师，1986 年李某被该大学送往法国巴黎大学做访问学者，为期两年。1987 年 4 月 26 日当地时间 6 时左右，李某在返回寓所的途中，被一法国司机驾驶的小汽车撞成重伤。之后，李某在中国提起诉讼。

　　[法律问题]

　　此案应适用何国的法律？

---

〔1〕 李双元、欧福永主编：《国际私法教学案例》，北京大学出版社 2007 年版，第 182 页。

[参考结论与法理分析]

（一）法院意见

本案应适用法国的法律。侵权行为的损害赔偿适用侵权行为地法是国际私法上的普遍规则，我国《民法通则》也明确规定，"侵权行为的损害赔偿，适用侵权行为地法律"。

（二）法理分析

本案是一起典型的涉外公路交通事故引起的损害赔偿的纠纷案，原告为中国公民，被告为法国公民，事故的发生地或者说侵权行为地在法国，我国未对公路交通事故这种特殊侵权行为单独制定法律适用规则，因此应根据一般涉外侵权行为法律适用的规定处理，即适用侵权行为地法即法国法。

1971年《公路交通事故法律适用公约》明确规定，公路交通事故的准据法应该是事故发生国家的内国法。但公约也规定了例外情形：①适用登记地国法。这包括三种情况：一是只有一部车辆涉及事故，且它是在非事故发生地国登记的；二是有两部或两部以上的车辆涉及事故，且所有车辆均于同一国家登记；三是车外的一人或数人与事故有关而在事故发生时在车辆之外并可能负有责任，且均在车辆登记国有惯常居所。②适用车辆的经常停放地法，即在车辆没有登记或在几个国家登记的情形下，则可以适用车辆经常停放地法取代登记地法。我国《民法通则》有关涉外侵权的法律适用规定与公约的一般性法律适用规定无异，只是缺乏了例外情形。我国2012年出台的《涉外民事关系法律适用法》中亦没有单独为公路交通事故作出法律适用规定。未来此类侵权的法律适用依旧遵从一般侵权的法律适用规则。

案例二：邹军诉国别达也夫·谢力克汉那、乳诺所娃·阿谢里·阿吉利热诺夫那道路交通事故人身损害赔偿纠纷案[1]

[基本案情]

原告邹军因与被告国别达也夫·谢力克汉那、乳诺所娃·阿谢里·阿吉利热诺夫那发生道路交通事故人身损害赔偿纠纷，向新疆维吾尔自治区乌鲁木齐市中级人民法院提起诉讼。人民法院经审理查明：2008年11月6日16时30分，被告国别达也夫驾驶主车车号为Z111YMD"豪乐"大型货车（挂车车号为0233ZD）沿克拉玛依市迎宾路由北向南行驶至武警支队门前路段时，与新J-11272号"庆铃"轻型普通货车及原告（该车辆及原告在进行园林树木维护，

---

〔1〕 参见新疆维吾尔自治区乌鲁木齐市中级人民法院（2009）乌中民三初字第55号民事判决书。

该车辆停驶处放置了隔离墩）相撞，造成车辆损失及原告受伤。克拉玛依市公安局交通警察支队市区交警大队于 2008 年 12 月 5 日作出第 20080127 号《交通事故认定书》，载明："根据现场勘查、调查取证及检验鉴定，在此事故中当事人国别达也夫·谢力克汉那系饮酒后（达到醉酒标准）驾驶机动车，肇事时行驶车速为每小时 90 公里，其行为违反了《中华人民共和国道路交通安全法》第 22 条第 2 款、第 42 条第 1 款之规定；当事人邹军无交通违法行为。根据《中华人民共和国道路交通安全法实施条例》第 91 条之规定，当事人国别达也夫·谢力克汉那负此事故的全部责任，当事人邹军无责任。"原告邹军为城市居民户口，其受伤后两次住院治疗共 46 天（2008 年 11 月 7 日~11 月 28 日，2009 年 5 月 4 日~5 月 27 日），支出治疗费 82 328.86 元。医院出具《诊断书》记载："2008 年 11 月 7 日~11 月 16 日，陪护 2 人；2008 年 11 月 17 日~11 月 27 日，陪护 1 人。"根据原告住院时间及医疗机构开具的病假证明，其因伤误工 68 天，支出交通费 500 元，诉讼中支出翻译费 600 元。本案审理中，经原告邹军申请，本院委托新疆中信司法鉴定中心对其面部伤残进行等级鉴定，鉴定结果为两处十级伤残。原告邹军支付鉴定费 600 元。被告乳诺所娃系肇事车辆的车主，其与被告国别达也夫系雇佣关系。

[法律问题]

1. 本案如何确定准据法？

2. 中国有无必要为公路交通侵权纠纷制定专门的法律冲突规则？

[参考结论与法理分析]

（一）法院意见

本案系不同国籍民事主体之间发生的道路交通事故人身损害赔偿纠纷。依据我国法律规定，侵权行为的损害赔偿，适用侵权行为地法律。本案中交通事故发生于我国新疆克拉玛依市，侵权行为地在我国境内，故应适用中华人民共和国法律作为本案的准据法，公民的健康权依法受法律保护。被告国别达也夫醉酒后驾驶车辆不当引发交通事故，造成原告邹军面部两处十级伤残，被告国别达也夫的雇主即肇事车辆所有人被告乳诺所娃应对原告因此事故造成的损失承担赔偿责任。被告国别达也夫因醉酒驾车导致事故发生，其行为存在重大过失，应当与其雇主即被告乳诺所娃承担连带赔偿责任。

法院判决被告乳诺所娃·阿谢里·阿吉利热诺夫那赔偿原告邹军相应费用共计 124 790.14 元。被告国别达也夫·谢力克汉那对上述赔偿款项承担连带赔偿责任。

（二）法理分析

侵权行为地法这一冲突规则长期以来一直统治着侵权法律适用领域。几乎所有的国家和地区都接受了这一冲突规则。但是自 20 世纪下半期以来，随着国际交往的日益频繁和科学技术的不断发展，作为传统冲突规则的侵权行为地法开始显露出弊端，其原有的理论基础也开始受到极大的挑战和怀疑。

贝科克诉杰克逊案被认为是美国司法界从适用传统的"以损害发生地为标志"的侵权行为地法原则向采用最密切联系原则转变的一个重大转折。本案中，在贝科克小姐是否应当得到赔偿的问题上，富德法官没有按照"侵权适用侵权行为地法"这一传统冲突规则的规定适用加拿大安大略省的法律，而是以其在 1954 年奥丁诉奥丁案中所确立的"重力中心"和"关系聚集地"的法律选择方法为基础，进一步提出"最密切联系"的概念，并以此为由适用了纽约州的法律。

最密切联系原则的精髓在于使传统的硬性连结点软化，增加法律适用的灵活性。依照该原则，对于某一涉外侵权的准据法要在综合考虑侵权行为实施地、损害结果发生地与当事人的国籍、住所、居所、营业所等多种因素的基础上，根据案件的具体情况加以确定。该案过后，最密切联系原则成为美国确定侵权行为准据法的主要依据。里斯也正是在对该案以及其他相关案例进行研究总结的基础上，在《第二次冲突法重述》中确定了最密切联系原则，并对国际私法的立法和实践产生了重大影响。

拓展案例

布莱特（Brett Clifton Douglass）与王小春等
机动车交通事故责任纠纷上诉案[1]

［基本案情］

上诉人（原审原告）布莱特（Brett Clifton Douglass），系美国公民。

被上诉人（原审被告）王小春。

被上诉人（原审被告）阳光财产保险股份有限公司湖南省分公司常德中心支公司。

布莱特因与王小春、阳光财产保险股份有限公司湖南省分公司常德中心支公司（下称"阳光保险"）在湖南常德市武陵区发生机动车交通事故责任纠纷，故将后二者诉至湖南常德武陵区人民法院。武陵区人民法院认为该案性质为涉外侵权，属于中级人民法院集中管辖的范围，本法院无管辖权，因此

---

〔1〕　参见湖南省常德市中级人民法院（2012）常立民终字第 288 号民事判决书。

以武陵区人民法院（2012）武民初字第 01957 号民事裁定驳回了原告布莱特的诉讼请求。

原告不服武陵区人民法院的裁定，向常德中级人民法院提起上诉。

[法律问题]

1. 中级人民法院集中管辖涉外案件的范围是什么？

2. 基层人民法院有无管辖涉外侵权案件的权力？如有，这类涉外侵权案件有哪些？

[重点提示]

参考《中华人民共和国民事诉讼法》第 19 条、《最高人民法院关于适用〈中华人民共和国民事诉讼法〉若干问题的意见》第 141 条。

五、其他类型的特殊侵权

经典案例

顶超（开曼岛）控股有限公司［TingChao（C. I）Holding Corp］与汪庆用侵犯商标专用权及不正当竞争纠纷上诉案[1]

[基本案情]

2000 年 10 月 28 日，一审原告顶超（开曼岛）控股有限公司经中国国家工商行政管理总局商标局核准，依法取得"乐购"文字图形组合注册商标，注册证号为第 1467812 号，核定服务项目第 35 类，有效期限是 2000 年 10 月 28 日~2010 年 10 月 27 日。2007 年 1 月 21 日，顶超公司经中国国家工商行政管理总局商标局核准，依法取得"乐购"文字注册商标，注册证号第 3982000 号，核定服务项目第 35 类，有效期限是 2007 年 1 月 21 日~2017 年 1 月 20 日。顶超公司的上述注册商标在超市业具有较高知名度。2010 年 1 月 13 日、5 月 15 日，顶超公司两次在一审被告汪庆用经营的英山乐购购物超市连锁有限公司杭州市江干区三村加盟店（以下简称"英山乐购三村店"）购物，发现该店店面招牌上有"LEGOU 乐购英山乐购三村店 NO：868"文字标识，其中"乐购"二字字号较大且醒目，电子秤标签上有"乐购超市"文字标识、购物袋上有"LEGOU 乐购"文字标识，并位于购物袋中心位置；会员卡上有"LEGOU 乐购"文字标识，其中"乐购"二字字号较大且醒目；促销广告上有"LEGOU 乐购"文字标

〔1〕 参见浙江省杭州市中级人民法院（2010）浙杭知初字第 406 号民事判决书；浙江省高级人民法院（2010）浙知终字第 300 号民事判决书。

识等情况。汪庆用为英山乐购三村店业主，2009 年 7 月 28 日其与英山公司订立特许加盟连锁经营合同，英山公司许可汪庆用经营的店铺成为其加盟连锁店，合同有效期限 10 年。汪庆用为此一次性支付加盟费 2000 元人民币。合同订立后，汪庆用经工商行政管理机关核准，于 2009 年 10 月 14 日成立英山乐购三村店，经营地址位于杭州市江干区九堡镇三村 4 区 94 号，经营范围为零售预包装食品、百货、服装。

顶超公司遂向一审法院杭州市中级人民法院起诉，请求判令汪庆用：①停止侵犯顶超公司注册商标专用权及不正当竞争行为，停止在其超市内外任何地方及经营中使用"乐购"字样；②赔偿经济损失人民币 50 万元；③赔偿顶超公司为调查和制止侵权行为所支出的合理费用人民币 25 000 元；④在《钱江晚报》上刊登声明，赔礼道歉、消除影响；⑤承担诉讼费用。

[法律问题]

1. 本案是否存在涉外因素？

2. 本案如何确定管辖权？

3. 本案应当适应何国法律？是否能适用开曼岛的法律？

4. 法院应不应当支持原告的诉讼请求？

[参考结论与法理分析]

（一）法院意见

本案系涉外侵权纠纷案件，根据《中华人民共和国民事诉讼法》第 29 条、第 237 条的规定，本院为侵权行为地法院，依法对本案具有管辖权。根据《中华人民共和国民法通则》第 146 条的规定，本案适用侵权行为地法，即中华人民共和国法律。

顶超公司的涉案注册商标核定使用的商品和服务类别为第 35 类，均包括"推销（替他人）"。本案中，汪庆用经营的英山乐购三村店的经营范围为零售、预包装食品、百货，其经营的方式是将他人生产的多种商品进行分类，并按照分类区域向普通消费者进行展示、宣传、推销，以达到出售他人商品，获得利润的目的，其主要职能为销售商品的企业。参考《商标注册用商品和服务国际分类表》第 9 版，在原第 35 类注释中将"尤其不包括：其主要职能是销售商品的企业，即商业企业的活动"予以删除。因此，根据相关公众对服务的一般认识，英山乐购三村店在服务目的、内容、方式和对象等方面，与顶超公司注册商标核定使用的第 35 类中"推销（替他人）"的服务类别构成相类似。

《中华人民共和国商标法》第 56 条第 1、2 款规定：侵犯商标专用权的赔偿数额，为侵权人在侵权期间因侵权所获得的利益，或者被侵权人在被侵权期间因被侵权所受的损失，包括被侵权人为制止侵权行为所支付的合理开支。前款所称侵权人因侵权所得利益，或者被侵权人因被侵权所受到损失难以确定的，由人民法院根据侵权行为的情节判决给予 50 万元以下的赔偿。本案中，顶超公司没有提供汪庆用因侵权所获得的利益或其因被侵权所受到的损失，而是依照法定赔偿方式主张赔偿数额。因此，法院认为汪庆用在本案中所应承担的赔偿数额应与其侵权性质、范围和时间等相适宜，同时本案中还存在以下事实：①英山乐购三村店工商核准成立的时间为 2009 年 10 月，至顶超公司起诉时经营时间 7 个月；②英山乐购三村店为个体工商户，经营地址位于城乡结合部，服务对象比较单一；③英山乐购三村店在一审期间已经变更了个体工商户的字号、物价牌等商业标识。

顶超公司要求汪庆用在《钱江晚报》上刊登声明消除影响，法院认为，汪庆用所应承担的民事责任的范围和方式应与其侵权的范围和方式相适宜，英山乐购三村店作为地处城乡结合部的个体工商户，并非大型超市，其服务对象主要为附近居民，其侵权给顶超公司造成的不利影响范围并不大，要求其在全国范围发行的报纸上刊登声明与其侵权范围不相适宜。

原审法院于 2010 年 10 月 12 日判决：①汪庆用立即停止侵犯顶超（开曼岛）控股有限公司享有的注册号为 1467812 号、3982000 号注册商标专用权的行为，即停止在经营中使用"乐购"字样。②汪庆用赔偿顶超（开曼岛）控股有限公司经济损失人民币 6 5000 元（包括顶超公司为制止侵权行为支付的合理费用），于判决生效之日起 10 日内履行完毕。③汪庆用于判决生效之日起 10 日内在其经营的英山乐购购物超市连锁有限公司杭州江干区三村加盟店门口张贴声明，为顶超（开曼岛）控股有限公司消除影响（内容须经原审法院审核）。④驳回顶超（开曼岛）控股有限公司的其他诉讼请求。如果未按照判决指定的期间履行给付金钱义务，应当按照《中华人民共和国民事诉讼法》第 229 条之规定，加倍支付迟延履行期间的债务利息。案件受理费人民币 9050 元，财产保全申请费人民币 3145 元，合计人民币 12 195 元，由顶超公司负担人民币 5400 元，汪庆用负担人民币 6795 元。宣判后，顶超公司不服，向浙江高院提起上诉。二审后，浙江高院认为原审判决认定事实清楚，适用法律正确，实体处理恰当，驳回上诉，维持原判。

（二）法理分析

本案在实体部分的判决阐述得很清楚恰当，但对于管辖和法律适用问题处理却轻描淡写，即简单地运用侵权行为适用侵权行为地法的原则。对于本案的涉外因素也没有进行分析，使得本案更像是一起国内案件。实际上，本案的唯一涉外因素仅仅是原告顶超公司的注册地在开曼岛。众所周知，开曼岛作为避税天堂，吸引了不少企业以该岛作为其注册地，而这些企业的目标市场自然不是开曼岛。所以，不管是依据国际通行规则，还是依据我国法律，开曼岛都与本案无实际联系。与本案有实际联系的只有我国，故本案最应当适用的还是我国法律。

拓展案例

广州威尔曼药业有限公司与辉瑞有限公司（PFIZER INC.）侵犯经营秘密及其他不正当竞争纠纷上诉案[1]

［基本案情］

一审被告辉瑞公司是美国一家大型跨国药品生产公司，"枸橼酸西地那非"是其在全球范围内生产及销售治疗 ED 疾病的创新型药品。2000 年 6 月辉瑞公司在中国正式推出该治疗 ED 药品。"甲磺酸酚妥拉明"是一审原告广州威尔曼公司研发并与第三方合作生产的药品，该药品亦是用于治疗 ED，于 2003 年 9 月正式投放国内市场。威尔曼公司的"甲磺酸酚妥拉明"与辉瑞公司的"枸橼酸西地那非"属同类药品。

2003 年 11 月 18 日，案外人上海万亚信息咨询有限公司接受辉瑞公司的委托，对威尔曼公司及上海东方制药有限公司进行调查，委托调查取证的范围是：获取上述公司的工商登记注册资料，了解上述公司生产、销售"伟哥"这一药品的具体情况，试探该药品在上述公司中受重视的程度，调查该药品自问世以来的具体产量及销售形式，掌握上述公司日常经营的其他情况，同时收集与之相关的其他信息及相应的证据材料。调查员于 2003 年 11 月 21 日向辉瑞公司出具了一份详细调查报告及附件，内容包括：①威尔曼公司及两家分公司的工商资料与实地调查情况；②上海东方制药有限公司的工商资料、药品，尤其是"伟哥"的生产情况及申请"伟哥"商标的基本情况；③在威尔曼杭州招商处调查的该药品的宣传册、宣传"伟哥"药品的扑克牌、"伟哥"的批发价、市场终端价及其在全国的销售形势；④湘北威尔曼制药有限公司及长沙分公司的工商资料、销售目标、税利情况。

在国家工商行政管理局商标局受理的辉瑞公司对"伟哥"商标提出商标异议案当中，威尔曼公司在辉瑞公司所附异议证据材料当中发现该份调查报告。威尔曼公司指控该份调查报告侵犯其商业秘密，因而提起诉讼。

---

〔1〕 参见广东省高级人民法院（2009）粤高法民三终字第 99 号民事判决书。

[法律问题]

1. 本案是否存在涉外因素？依据是什么？

2. 本案应该由何地的法院管辖？

3. 本案应当适用何国法律？依据是什么？

[重点提示]

参考《中华人民共和国反不正当竞争法》第 10 条、《最高人民法院关于审理不正当竞争民事案件应用法律若干问题的解释》第 14 条、《中华人民共和国民事诉讼法》第 64 条、《公安部关于禁止开设"私人侦探所"性质的民间机构的通知》。

第十二章

不当得利和无因管理的法律适用

知识概要

不当得利是指没有法律上的原因取得利益，致他人受损害的事实。不当得利发端于罗马法，有非常悠久的发展历史，但长时期的发展并没有带来不当得利在世界范围内的统一，反而，各国对不当得利的法律规定变得千差万别。这使得涉外不当得利案件的法律冲突十分明显。直至 20 世纪中后期，随着返还请求权由单纯的救济方式发展为独立的请求权基础，这一情形才得以改观。

为了解决不当得利的法律适用问题，理论界提出了三种解决模式：①主张对所有不当得利请求权不加区分，采用单一的法律适用规则；②主张将不当得利分为若干种类，不同种类适用不同的法律适用规则；③主张在确定不当得利的准据法时，彻底地抛弃传统的法律适用规则，而采用"个案分析法"，即由法官充分利用自由裁量权去解决具体案件的法律适用规则。根据上诉理论，各国立法和学者主要提出了涉外不当得利案件应当适用的几种准据法：法院地法、属人法、发生地法、物之所在地法、合同准据法以及有关法律关系的准据法。

我国《涉外民事关系法律适用法》第 47 条规定："不当得利、无因管理，适用当事人协议选择适用的法律。当事人没有选择的，适用当事人共同经常居所地法律；没有共同经常居所地的，适用不当得利、无因管理发生地法律。"我国新法在该条规则中引入了当事人意思自治原则，这对于不当得利领域是一种新兴规则，同时也反映了意思自治原则的扩张趋势。此外，该条规则还将当事人共同属人法和发生地法分别作为第二、第三顺位法律适用规则。

无因管理是指无法律上的义务而为他人管理其事务，其性质属于事实行为，为债的发生原因之一。我国《民法通则》第 93 条规定："没有法定的或者约定的义务，为避免他人利益受损失进行管理或者服务的，有权要求受益人偿付由此而支出的必要费用。"

理论上，解决无因管理案件法律适用问题的模式一般有以下几种：准用委任合同准据法、事务管理地法、弹性准据法。其中，弹性准据法是指灵活地选择准据法，例如，将事务管理地法与最密切联系原则结合，或适用英式自体法，或者采用个案分析法。根据上述模式，各国立法和学者对无因管理的法律适用问题提出了若干具体规则，例如，适用委任合同准据法；适用共同属人法；适用事务管理地法；适用无因管理起因法律关系之准据法。我国《涉外民事关系法律适用法》第47条对无因管理的法律适用作出了专门规定，该条并没有将无因管理和起因法律关系或基础契约联系起来，也没有过分灵活化法律适用规则，而是引入了当事人意思自治原则，辅之以共同属人法和发生地法。这种规则倒是也自成一派，至于实际效果有待观察。

第一节　不当得利的法律适用

经典案例

美国某公司诉毛里求斯某公司不当得利案[1]

[**基本案情**]

2003年10月，美国某公司与毛里求斯某公司在中国青岛订立了一份买卖合同，由毛里求斯某公司将其在中国购买的锗锭5000千克出口到买方美国，合同约定锗锭单价为每千克445美元，CIF旧金山，通过瑞士银行付款，交货期限规定为2004年1月交1000千克，2月和3月各交2000千克。在合同签订后，买方于2004年2月和4月分别开出支付1000千克和2000千克锗锭的货款，因买方工作人员的问题，却按锗锭单价每千克455美元付款。毛里求斯公司拿到货款后，一直未声张。美国某公司发现后，通过各种关系与毛里求斯公司沟通，希望协商解决问题。但几经努力，买方美国某公司在与毛里求斯某公司协商解决不成之后，于2004年6月在中国提起诉讼，要求被告返还其多支付给毛里求斯某公司的5万美元及利息。

[**法律问题**]

1. 本案中，毛里求斯某公司是否应返还美国某公司多支付的5万美元及其利息？

2. 不当得利的法律适用应如何处理？

[**参考结论与法理分析**]

（一）法院意见

法院判决决定，毛里求斯某公司返还美国某公司多支付的5万美元并赔偿

---

〔1〕　李双元、蒋新苗编著：《国际私法案例教程》，知识产权出版社2012年版，第356页。

其利息损失。

(二) 法理分析

对于不当得利应适用的准据法，一般认为应适用不当得利发生地法（即原因事实发生地法）。其理由是，不当得利涉及不当得利发生地国的公共秩序、社会道德风尚和法律观念。不当得利的准据法适用范围包括：何为不当得利？他方是否必须因此种得利而受损害？什么叫损害？损害与得利之间是否必须存在因果关系？根据违反公共秩序的合同而履行的给付，是否可以以该合同不具效力为由要求对方作为不当得利而返还？得利者应承担哪些债务？得利者的善意或恶意是否影响返还的范围等。此外，对于不当得利的法律适用，还有主张以支配原法律义务或关系的法律为准据法的。就本案来看，受理法院为中国法院，根据我国《涉外民事关系法律适用法》第 47 条，本案当事人可协商选择适用的准据法；除外之外，本案双方当事人不存在共同经常居所地，故不构成适用共同经常居所地法的条件；如果双方当事人达不成选择法律的协议，则适用不当得利发生地法律，即中国法。在本案发生之时，《涉外民事关系法律适用法》尚未生效，故本案法律适用问题依据为《民法通则》第 146 条，"侵权行为的损害赔偿，适用侵权行为地法律。当事人双方国籍相同或者在同一国家有住所的，也可以适用当事人本国法律或者住所地法律"。据此，本案仍然应当适用中国法。

我国《民法通则》第 92 条规定："没有合法根据，取得不当利益，造成他人损失的，应当将取得的不当利益返还受损失的人。"《最高人民法院关于贯彻执行〈中华人民共和国民法通则〉若干问题的意见》第 131 条规定："返还的不当利益，应当包括原物和原物所生的孳息。利用不当得利所取得的其他利益，扣除劳务管理费用后，应当予以收缴。"据此两条，本案的毛里求斯某公司应返还美国某公司多支付的 5 万美元并赔偿其利息损失。

拓展案例

A 公司与 B 公司不当得利纠纷[1]

[基本案情]

A 公司与 B 公司（系外国企业）之间原存在经销代理关系，至 2010 年 7、8 月份双方结束代理关系，B 公司至今尚欠 A 公司款项 2299 美元。A 公司与 B 公司签订的代理合同"纠纷"部分约定：本合同引发的任何争议，争端或索赔都

---

〔1〕 上海市第一中级人民法院（2012）沪一中民四（商）终字第 S378 号民事判决书。

将提交美国印第安纳州的印第安纳波利斯，依据《美国仲裁协会商业仲裁规则》进行仲裁。

2010 年 9 月 29 日，A 公司账户收到 B 公司的汇款 99 985 美元。

B 公司诉称：因双方之间存在一些业务往来，A 公司曾于 2008 年 5 月 22 日通过电子邮件向 B 公司提供了 A 公司中信银行账户信息。2009 年 12 月 21 日，B 公司在上海设立的全资子公司"安际能源技术（上海）有限公司"正式成立，注册资本为 27.5 万美元。2010 年 9 月 28 日，B 公司通过其在摩根大通银行的账户向安际（上海）公司汇入 10 万美元以缴纳出资款项，但这笔款项经花旗银行最终错误地转入了 A 公司在上述中信银行的账户。B 公司向 A 公司追讨该款无果，遂起诉。

A 公司则辩称：A 公司的确收到 B 公司支付的该笔美金，但双方之间存在代理销售合同关系，该笔款项是 B 公司支付给 A 公司的 2009 年佣金。B 公司实际应当支付给 A 公司佣金 101 907.52 美元。

［法律问题］

1. A 公司是否构成不当得利？

2. 本案的法律适用问题如何解决？

3. A 公司和 B 公司的代理合同中有关仲裁的规定是否对本案造成影响？

［重点提示］

参考《中华人民共和国民法通则》第 92 条、《最高人民法院关于贯彻执行〈中华人民共和国民法通则〉若干问题的意见（试行）》第 131 条、《涉外民事关系法律适用法》第 47 条。

第二节　无因管理的法律适用

经典案例

汇丰银行上海分行诉美国佛罗里达梅隆联合国银行
无因管理纠纷案[1]

［基本案情］

上海申达股份有限公司（以下简称"申达公司"）与美国万隆公司建立国际

---

〔1〕　徐青森、杜焕芳主编：《国际私法案例分析》，中国人民大学出版社 2009 年版，第 191 页。

货物买卖合同关系，美国万隆公司为货款结算事宜向申达公司申请付款方式为 Release Documents against Payment（以下简称"D/P"方式，译名为"付款交单"）。申达公司同意美国万隆公司提出的 D/P 付款方式。申达公司于 1999 年 12 月 31 日委托上海新海捷船务有限公司承运货物，并按其与美国万隆公司约定的日期将货物装船运抵至目的地。申达公司于 2000 年 1 月 12 日开出汇票一份。该汇票记载，开证行联合国民银行；金额 140 393.55 美元；D/P（付款放单）。申达公司于 2000 年 1 月 14 日将该汇票、提单、发票等单据交给了香港汇丰银行股份有限公司上海分行（以下简称"汇丰分行"），并填写了给汇丰上海分行的托收委托书。该委托书记载，托收按国际商会第 522 号 [托收统一规则]（1995 年修订版）（以下简称"522 规则"）规定办理等。同日，汇丰上海分行致函申达公司，确认其已收到申达公司托收项下的汇票/单据，并表示本次托收按 522 规则办理。同日，汇丰上海分行还制作了《汇票提示清单》，该单载明托收方式为 D/P，并对收件银行提出了不要放弃托收和所需收取利息及手续费的要求。该《汇票提示清单》的收件人写为美国加利福尼亚州联合国民银行（以下简称"加州银行"），而地址却误写为美国佛罗里达州 33130 迈阿密西南一路 1399 号，即美国佛罗里达州梅隆联合国民银行（以下简称"佛州银行"）。该《汇票提示清单》及所附汇票、提单、发票等单据均由佛州银行收到。

佛州银行收到上述单据后不顾《汇票提示清单》载明的付款放单规定，将提单等单据径直寄给了美国万隆公司。美国万隆公司并非通过正常途径取得提单并提取了全部货物。申达公司曾向美国万隆公司催索货款，但遭该公司无理拒绝。后来申达公司通过诉讼获得汇丰银行上海分行共计 8 275.49 美元的赔偿。汇丰银行上海分行因此以佛州银行不当无因管理为由，将美国佛罗里达州梅隆联合国民银行诉至中国法院，请求法院判决佛州银行给以一定的赔偿。

[法律问题]

无因管理纠纷如何适用法律？

[参考结论与法理分析]

（一）法院意见

本案涉及的是无因管理的法律适用问题。关于本案的法律适用，我国《民法通则》第 93 条对无因管理制度作出了规定："没有法定的或者约定的义务，为避免他人利益受损失进行管理或者服务的，有权要求受益人偿付由此而支付的必要费用。"但对于无因管理之债的法律适用问题则未作专门规定。在实践中，处理有关无因管理的案件，一般主张依无因管理的事实发生地法。

本案中德州银行的无因管理行为发生在美国，依据当今国际社会的通行做法和我国的司法实践，应该适用无因管理的事实发生地法作为解决双方当事人争议的准据法，所以本案的准据法是美国法。

就本案来说，英美法系与大陆法系不同，并没有无因管理这个概念。按照英美法系正统的观点，认为对一人未经他人要求提供的劳务，不管这些劳务带来多大的得益，给予补偿，甚至偿还是完全不恰当的、不可能的。美国《返还法重述》把好管闲事的干涉作为根本禁止的事项之一。该书第 1 条要求不公平得益的人返还，但第 2 条接着就说："好管闲事地授予另一人得益的人，无权就此项得益要求返还。"该条的评论解释说：一人一般不应该成为债务人，除非他愿意。一般认为，在英美法系中执行部分无因管理功能有以下几种制度：①"必要时的代理原则"，该原则包括一般提供生活必需品诉讼与保持财产诉讼；②拟制信托（contrutive trust）；③不当得利制度，管理人可以以不当得利为由对本人提起诉讼；④针对管理人的不法管理问题，本人可以准契约义务对管理人提起赔偿之诉。

在英美法系中虽然没有大陆法系所特有的无因管理概念，但并不代表如果出现了大陆法系中无因管理的情形，当事人的合法权益得不到救济，当事人仍然可以通过其他制度得到救济。本案的准据法是美国法，虽然美国没有无因管理概念，但根据英美法系的准契约义务的规定，本案的无因管理人德州银行仍然要对汇丰银行上海分行的业务本着善意、谨慎、合理行事，而不能使汇丰银行上海分行的利益受到损失。所以在本案中，德州银行应该对汇丰银行上海分行给以一定的赔偿。

（二）法理分析

无因管理是指无法律上的义务而为他人管理其事务的行为。无因管理是一项古老的法律制度，起源于罗马法。一般认为，无因管理的构成要件有：①管理他人事务；②为避免他人利益损失而为管理；③无法律上的义务。无因管理的管理人原本无管理的义务，但因无因管理的成立，管理人也就承担了一定的义务，其主要义务如下：①适当管理义务。即不违反本人的意思，以有利于本人的方法为适当管理，这是管理人的基本义务。若管理人未尽适当管理义务的，发生债务不履行的法律后果，应当依法承担相应的民事责任。若管理人能证明自己是没有过错的，则可不承担民事责任。②通知义务。管理人在开始管理后，应将开始管理的事实通知本人，但管理人的此项义务以能够通知和有必要通知为限。③报告与计算义务。

根据各国国际私法关于无因管理准据法的规定，可将其法律适用原则归纳为以下几种：①通行的原则是事实发生地法原则，又称事务管理地法。受"场所支配行为"这一古老法律原则和"既得权理论的共同影响"，不少学者提出"无因管理应适用事务管理地法"，这也是被大多数国家的立法所肯定与采纳的观点。采用事务管理地法主要有两条理由：一是无因管理制度深受行为发生地关于公平、正义等概念的影响，且有维护社会利益、协调经济平衡之功效，具有明显的属地性，故应由当地法律调整之。二是无因管理是因管理人实施管理行为而生之债，因此事务管理地应与之有最密切联系。②适用当事人的属人法。有大陆法学者提出属人法说，认为涉外法定之债（包括不当得利与无因管理）的当事人若有共同属人法，则其共同属人法应优先适用。该说曾被一些大陆法国家的立法与司法实践所采纳，在英美法国家亦有类似主张。③无因管理起因法律关系之准据法原则。采用这种法律适用规则的理由和好处主要有：符合最密切联系原则；在判断无因管理之债是否存在时，当事人先前存在的法律关系是重要的依据与参考标准，有助于解决因识别而产生的问题，从而增加判决结果的一致性等。④委任合同准据法原则，该原则较为少用。

拓展案例

汉得普无因管理诉讼案[1]

［基本案情］

毛里求斯人逢喜神在英国经营一家纸浆原材料进出口公司，在英国科勒购买了一套别墅并常年居住在英国。因业务需要购买了船票，乘坐一家英国航运公司的轮船从英国前往毛里求斯，准备一个月后就返回英国。不巧，逢喜神随船托运的行李在运输途中丢失。为获得航运公司的赔偿，他在毛里求斯法院对航运公司提起诉讼。根据船票上的免责条款，航运公司对旅客的行李在途中灭失后的损坏不负责。逢喜神不服气，一定要讨回公道，为此，逢喜神因诉讼在毛里求斯耗费了近半年。这可苦了逢喜神关在英国科勒别墅的一条德国良种犬。终于在逢喜神回到毛里求斯的第二个月的一天，这条德国良种犬逃出了逢喜神的别墅，在科勒的大街小巷到处乱窜并咬伤了一个小孩。逢喜神在英国科勒的邻居汉得普知道后便把那条德国良种犬牵回自己家的小杂屋关好并每天喂养食物。打听到逢喜神因诉讼在毛里求斯尚未回英国，汉得普又出钱为被狗咬伤的那个小孩治疗。半年后，逢喜神从毛里求斯回到英国，汉得普将那条德国良种犬送到逢喜神家，并告诉他已为被狗咬伤了的那个小孩付了医疗费，要求逢喜神支付相关费用。可逢喜神不仅不感谢汉得普，而且说自己未要汉得普管，更不用说支付相关费用了。为此，汉得普将逢喜神告上了法庭。

---

〔1〕李双元、蒋新苗编著：《国际私法案例教程》，知识产权出版社 2012 年版，第 358 页。

［**法律问题**］

汉得普的主张能否得到法院的支持？

［**重点提示**］

参考无因管理法律适用的相关理论。

第三编 程 序

第十三章

国际民事诉讼

知识概要

国际民事诉讼是解决国际民商事争议的一种常见机制，本章主要以案例分析国际民事诉讼中的三大问题：外国人民事诉讼地位、管辖权和司法协助。其中司法协助分为三个部分，即域外送达、域外调查取证和外国法院判决的承认与执行。

国际民事诉讼管辖权是指一国法院受理某一国际民商事案件并行使审判权的资格或权限，也称为司法管辖权、法院管辖权或裁判管辖权。国际民商事诉讼管辖权以国家权力为基础，目的是在国际社会范畴内进行管辖权的分配，这与国内民事诉讼管辖权强调的在一国境内何种法院之间以及何地法院之间进行管辖权限的分配存在根本不同。

国际民事诉讼管辖权的依据主要有以下几种：国籍管辖、住所管辖、物之所在地管辖、行为地管辖、专属管辖、应诉管辖、协议管辖。管辖权依据的多元化也是造成管辖权冲突的原因之一。管辖权冲突分为积极冲突和消极冲突，积极冲突即有两个或两个以上的国家法院对某一涉外民事案件具有管辖权，而消极冲突则是无法院受理或拒绝受理某一涉外民事案件。为了解决管辖权冲突，国家间通过缔结一些国际条约协调冲突，更多的情形下，要靠一国法院的自律意识以避免一事两诉或长臂管辖。近年来，意识自治原则在管辖权领域的扩张也有利于解决管辖权冲突。

域外送达是指在国际民事诉讼中，请求国依据其参加的国际条约或其本国法律规定的方式，将司法文书和司法外文书交由居住在被请求国的诉讼当事人或诉讼参与人的制度。域外送达在国际民事诉讼中的作用举足轻重，对于法院而言，只有合法而有效地送达了文书，才能保障诉讼活动的进行，法院才能就案件作出判决，对于受送达人而言，受送达人只有收到诉讼文书并获悉诉讼文书的内容，才能确定自己如何行使诉讼权利和承担诉讼义务。

域外调查取证是指一国主管机关对本国法院审理的民事案件进行境外调查或收集证据的制度。在国际民事诉讼中，域外调查取证涉及别国主权，各国法院对是否允许外国法院或其他机关直接在本国调查取证及是否接受外国法院提出的关于代为进行调查取证的委托，均持十分慎重的态度，一般而言，须以存在条约关系或互惠关系为前提。

承认和执行外国法院判决关系到国际民事诉讼程序能否最终实现，是国际民事诉讼程序的核心所在。承认外国法院判决是指一国承认外国法院判决所确认的当事人之间的权利义务及其他事项在本国境内具有同等的法律效力。执行外国法院判决是指一国在承认外国法院判决的基础上，依照本国的法定程序，与执行本国法院判决一样，对外国法院判决予以强制执行。

承认和执行外国判决并非与承认和执行国内判决一样，前者的条件要严苛得多。国家之间一般需具备国际条约关系或互惠关系，方有可能相互承认和执行对方的法院判决，这是大前提。此外，各个国家对外国判决还要进行审查，各国对此审查的内容又有所不同。因此，承认与执行外国判决是国际私法领域中一个较为复杂的问题。

第一节　国际民事诉讼管辖权

经典案例

案例一：天津某外贸公司诉日本三元株式会社货物买卖合同纠纷案[1]

［基本案情］

日本三元株式会社与天津某外贸公司商谈购买钢材。1998 年春，三元株式会社授权其北京分社代表该会社在春季广交会上与天津某外贸公司正式签订了钢材购销合同。合同约定：双方以 FOB 价格条件成交，由天津某外贸公司提供 1500 吨钢材，1998 年 9 月 10 日前在大连交货。1998 年 6 月，双方通过传真达成补充规定：①合同履行中如出现争议，由北京市高级人民法院管辖；②合同的履行及争议的处理，应按照日本有关法律进行。天津某外贸公司于 9 月 9 日如约将钢材运至大连。检验后，三元株式会社以质量不合约定为由，拒绝收货装船。双方遂起争议。1998 年 11 月，天津某外贸公司向北京市高级人民法院提起

---

〔1〕 李双元、欧福永主编：《国际私法教学案例》，北京大学出版社 2007 年版，第 375 页。

诉讼。

[法律问题]

1. 北京市高级人民法院对本案有无管辖权？

2. 若北京市高级人民法院对本案无管辖权，那么原告可否在中国其他法院提起诉讼？若在中国境内提起诉讼，哪些法院有管辖权？

[参考结论与法理分析]

本案是一起涉外货物买卖合同纠纷案件，涉及涉外合同的管辖权和法律适用问题。相关法律条文包括《中华人民共和国民法通则》第 145 条、150 条和《中华人民共和国民事诉讼法》第 19 条、第 35 条、第 243 条、第 244 条。

涉外民商事案件的管辖权依据从理论上来说有以下几种：国籍管辖、住所管辖、物之所在地管辖、行为地管辖、专属管辖、协议管辖、应诉管辖。一般民商事案件，在找寻管辖法院时，第一个浮出水面的应是被告住所地法院，这一找寻方法在涉外民商事案件中亦适用。但是由于涉外案件涉及两个或更多的国家，所以被告的住所会有多个，从而产生住所冲突难以选择。在涉外合同纠纷案件中，为了较为便捷快速地解决纠纷，同时也由于契约自由的本性，法律和理论都支持赋予当事人选择管辖法院的权利。本案中双方当事人在合同中约定了由北京市高级人民法院管辖涉外合同纠纷。《最高人民法院关于涉外民商事案件诉讼管辖若干问题的规定》第 1 条规定："第一审涉外民商事案件由下列人民法院管辖：①国务院批准设立的经济技术开发区人民法院；②省会、自治区首府、直辖市所在地的中级人民法院；③经济特区、计划单列市中级人民法院；④最高人民法院指定的其他中级人民法院；⑤高级人民法院。上述中级人民法院的区域管辖范围由所在地的高级人民法院确定。"

可见，高级人民法院可以审理第一审涉外民商事案件，但是，与此同时，《中华人民共和国民事诉讼法》第 20 条规定："高级人民法院管辖在本辖区有重大影响的第一审民事案件。"本案并非此种案件。

本案被告日本三元株式会社与原告天津某外贸公司签订的钢材购销合同是一种涉外合同。合同中书面约定了管辖法院为北京市高级人民法院。依据《中华人民共和国民事诉讼法》第 244 条的规定，这种协议确定管辖法院的形式应予认可。但是协议的内容违反了《中华人民共和国民事诉讼法》第 20 条关于高级人民法院管辖重大涉外案件的级别管辖的规定，因而导致该协议管辖的约定无效。因此，北京市高级人民法院对本案无管辖权。

本案中合同签订地为广州，合同履行地为大连（合同约定，双方以 FOB 价格条件成交，在大连港交货，根据国际贸易惯例交货地应为合同履行地），诉讼标的物所在地也为大连，被告在北京设有代表机构。因此，本案协议管辖的约定无效后，原告可以在中国其他法院提起诉讼。广州、大连、北京市中级人民法院依法都享有管辖权，原告可以依照《中华人民共和国民事诉讼法》第 35 条之规定，选择其中一个法院起诉。

案例二：　　　　　　　　　张雪芬离婚案[1]

[基本案情]

旅居美国的中国公民张雪芬，为与居住在中国上海市的中国公民贺安迁离婚，向上海市中级人民法院起诉，同时也向其居住地的美国法院起诉。我国法院受理后还未审结前，美国法院已就同一案件作出了判决。就这种情况下我国受诉法院是否还应作出判决的问题，上海市高级人民法院向最高人民法院请示。

[法律问题]

1. 张雪芬已向中国法院起诉，且中国法院已受理，在这种情况下，张雪芬是否还有向美国法院起诉的权利？

2. 美国法院受理张雪芬起诉的法律依据是什么？

[参考结论与法理分析]

本案是典型的一事两诉。一事两诉，又称平行诉讼或重叠诉讼，是国际民商事诉讼管辖权积极冲突的表现方式，这种冲突形式也是管辖权积极冲突形式中最常见的一种，这种形式的特点就是有关国家的法院对同一事实的案件都具有管辖权，而且，也不排斥其他国家法院的管辖。产生的原因主要有两种：①有关国家关于管辖权的立法和实践相同；②有关国家承认平行管辖和协议管辖。

解决一事两诉的途径有多种：①国家间可以缔结国际条约解决管辖冲突，例如，海牙《协议选择法院公约》。②允许当事人协议选择法院可以排除多余的诉讼。③一事不再理原则，即对于外国已经受理的相同当事人基于相同事实和相同目的的诉讼，后受理法院承认外国法院正在进行的诉讼的效力而拒绝或中止本国诉讼的制度。此外，还可采用不方便法院原则，即一国法院依据内国法或有关国际条约，对某一涉外民事案件享有管辖权，但因其本身审理该案非常不方便或不公平，而拒绝行使管辖权，使当事人在另一个更为方便的法院进行诉讼的制度。除了通过国际条约解决的途径有强制效力外，其他三种都是靠各国自律实现，这也意味能否解决一事两诉的情形在于当事人以及受理法院。即使受理法院不愿意解决一事两诉，也不意味着有任何不妥或不公平。只要受理法院有正当的管辖权，那么法院就无一定的理由中止诉讼或拒绝受理案件。

---

[1]　杜新丽主编：《国际私法教学案例》，中国政法大学出版社 1999 年版，第 334 页。

最高人民法院于 1985 年 9 月 18 日批复指出：在张雪芬未撤回向我国法院起诉的情况下，按《中华人民共和国民事诉讼法（试行）》第 20 条第 1 款规定，我国受诉法院得依法作出裁决，不受外国法院受理同一案件和是否作出裁决的影响。该批复还进一步明确：关于华侨向居住国法院起诉离婚，其国内配偶不应诉；或外国法院判决离婚后，其国内配偶不上诉，而另向我国法院提起离婚之诉，我国法院是否受理的问题，因我国领域内的中国公民的婚姻关系，受我国法律的保护和调整，按《中华人民共和国民事诉讼法》规定，我国法院应予受理并依法裁决。

案例三：　农银财务有限公司诉广东三星企业（集团）公司车桥股份有限公司担保合同纠纷案[1]

［基本案情］

上诉人农银财务有限公司（以下简称"农银公司"）为与被上诉人广东三星企业（集团）公司车桥股份有限公司（以下简称"三星车桥公司"）担保合同纠纷一案，不服广东省高级人民法院（以下简称"原审法院"）（2002）粤高法民四初字第 1 号民事判决，向最高人民法院提起上诉。

原审法院查明：农银公司与俊兴投资有限公司（以下简称"俊兴公司"）从 1995 年至 1996 年在香港签订了四份融资协议：①1995 年 11 月 20 日双方签订了港农银财字（95）第 9536 号《抵押贷款协议》。约定协议受香港法律管制，借款人及贷款人均同意接受香港法庭之裁判。②1995 年 12 月 15 日，双方签订了港农银字（95）第 9539 号《抵押贷款协议》，其贷款期限、利率、法律和管辖权的选择与上述港农银财字（95）第 9536 号《抵押贷款协议》相同。③1995 年 12 月 15 日，双方签订了港农银字（95）第 9525 号《信用证融资抵押协议》，约定协议受香港及内地法律管制，借贷双方均同意接受香港及内地法院之裁决。④1996 年 5 月 12 日双方签订了港农银字（96）第 9601 号《信用证融资抵押协议》，约定借贷双方同意合同受香港和内地法律之管制，并接受香港及内地法院之裁决。

对前述各《抵押贷款协议》和《信用证融资抵押协议》所规定的融资，三星车桥公司作为担保人提供了担保。

原审法院另查明，农银公司是于 1988 年 11 月 1 日在香港登记注册的有限公司，具有香港放债人牌照。俊兴公司是于 1992 年 6 月 4 日在香港登记注册的有

---

[1]　最高人民法院（2004）民四终字第 23 号民事判决书。

限公司。三星车桥公司是在广东省阳江市经工商登记成立的联营企业,具有企业法人资格,其经营范围是汽车配件的生产、制造、销售等。

对原审法院查明的以上事实,本案双方当事人没有异议。

1998 年 7 月 18 日,农银公司向原审法院起诉,请求判令三星车桥公司对俊兴公司拖欠的债务承担连带保证责任并以三星车桥公司用作抵押的土地使用权优先受偿。

[法律问题]

1. 相关合同中存在的有效管辖权条款是否应该适用于当事人之间的争议?

2. 如果本案争议不在相关合同的有效管辖权条款的管辖范围内,中国法院应该如何主张管辖权?

[参考结论与法理分析]

(一) 法院意见

原审法院认为:本案当事人之间存在基于土地使用权抵押而形成的抵押合同关系和基于不可撤销担保而形成的保证合同关系,因此本案属担保合同纠纷。因农银公司是香港的当事人,故本案属涉港案件,根据《最高人民法院关于审理涉港澳经济纠纷案件若干问题的解答》第 3 条第 1、2 项关于涉港澳案件法律适用问题的规定,涉港澳案件在诉讼程序方面按照中国内地关于涉外民事诉讼程序的法律规定办理,在实体方面按中国内地关于涉外民事法律关系的法律适用的规定办理,故本案在法律适用上按涉外案件办理。

虽然本案所涉各《抵押贷款协议》和《信用证融资抵押协议》中均有法律和管辖权选择条款,但其清楚地表明此类选择属借贷双方的约定,而非本案原被告双方的约定,因此上述协议中的法律和管辖权选择条款不能作为确定本案管辖权和准据法的根据。本案被告三星车桥公司的住所地在广东省阳江市,属于该院的管辖区域。根据《中华人民共和国民事诉讼法》第 22 条第 2 款关于被告住所地法院可对合同纠纷行使管辖权的规定,本院依法对本案争议拥有管辖权。本案当事人没有选择抵押合同关系和保证合同关系所适用的法律,根据《中华人民共和国民法通则》第 145 条第 2 款关于"涉外合同的当事人没有选择的,适用与合同有最密切联系的国家的法律"的规定,本案争议应依最密切联系原则确定准据法。由于反映担保合同最本质特征的是担保人的履行行为,即担保合同的特征性履行方是担保人,而本案担保人三星车桥公司的住所地在内地,故本案抵押合同关系和保证合同关系均与内地有最密切联系,因而均应受内地法律支配。

最高法院认为,原审判决认定事实清楚,适用法律正确,故驳回上诉,维持原判。

（二）法理分析

本案涉及一般地域管辖与协议管辖条款的并入问题。

原审法院就管辖权探讨了两个问题：①相关合同中存在的有效管辖权条款是否应该适用于当事人之间的争议。②如果本案争议不在相关合同的有效管辖权条款的管辖范围内，中国法院应该如何主张管辖权。

对于第一个问题，原审法院的答案是其争议因为不在相关合同有效管辖权条款的适用范围内，因此，管辖权条款对本案的当事人没有约束力。这里涉及的问题实质上是协议管辖条款的并入问题。协议管辖条款的并入是指一个合同虽然本身没有约定管辖权条款，是否可以因为该合同与其他含有管辖权条款的合同之间存在的特殊关系，而使该其他合同中的管辖权条款并入本合同的问题。在本案中涉及作为主合同的抵押贷款协议中定有管辖权条款，而作为从合同的担保书则无相关约定。问题是主合同中的管辖权协议条款是否可以扩张适用于作为保证人的第三人。一审法院的意见是不应该扩张适用，其理由是抵押贷款协议的当事人与保证合同的当事人并非同一，所以不是同一合同，主合同的管辖权条款不能约束从合同当事人。

对于第二个问题，由于作为保证人的第三人不受主债权债务人之间的贷款协议中管辖权协议条款的约束，主债权人与保证人之间的争议应该根据法律的规定来确定法院的管辖权，本案的初审法院根据一般管辖条款，即《民事诉讼法》的第 22 条确定，由于作为保证人的法人的住所地在中国，因此中国的法院具有管辖权。

案例四：　乌拉尔钾肥股份有限公司与济南槐荫化工总厂中外合资经营合同纠纷案[1]

［基本案情］

1992 年 1 月 27 日，乌拉尔公司（签订合同时为乌拉尔钾肥生产联合体，1992 年 7 月 1 日变更为现名）与化工总厂签订一份中外合资经营企业合同，双方约定共同投资兴建中外合资经营企业济南司普润化工产品有限公司（以下简称司普润公司），合资期限为 15 年，出资总额为 1000 万美元。化工总厂以……设备及……三处厂房作为投资，投资总额 510 万美元，乌拉尔钾肥生产联合体以生产原料折价 490 万美元出资。关于投资的违约责任，双方约定如任何一方未按约定出资，从逾期第一个月算起，每逾期一个月，违约一方缴付应缴出资

---

〔1〕　山东省高级人民法院（2002）鲁民四终字第 2 号民事判决书。

额的1%的违约金给守约方，如逾期三个月仍未提交，除累计缴付应缴出资额的3%的违约金外，守约方有权终止合同，并要求违约方赔偿损失。合同签订后，……双方均已投资到位。但化工总厂未将应投入的厂房的所有权人变更为司普润公司。

原审法院认为：乌拉尔公司与化工总厂之间签订的合资合同系双方当事人真实意思表示，合同内容不违背我国法律规定，故双方所签的合同系有效合同。乌拉尔钾肥联合体变更为乌拉尔公司后，其权利、义务均应由乌拉尔公司享有和承担。合同签订后经验资部门验资证实，双方均按约将应投入部分投入合资公司，已履行了投资义务。合同中仅约定化工总厂以厂房作为投资，未包括厂房占有下的土地使用权，乌拉尔公司要求化工总厂变更土地使用权的请求已超出化工总厂的投资范围，故其要求化工总厂变更厂房产权的请求，符合法律规定，予以支持，其要求化工总厂变更土地使用权的请求，不予采纳。化工总厂未将厂房的产权变更到司普润公司名下，属履约瑕疵，但该履约瑕疵与合同中约定的出资不到位应承担违约责任系两个不同的概念，该履约瑕疵并未影响司普润公司的实际占有、使用、收益，合同中约定的违约责任仅限于出资不到位，不包括履约瑕疵，故乌拉尔公司要求化工总厂承担违约责任的诉讼请求于法无据，不予支持。……

依照《中华人民共和国民法通则》第88条第1款、第106条第1款之规定，判决如下：①化工总厂于判决生效后30日内将位于济南市……的厂房产权变更到司普润公司名下。②驳回乌拉尔公司的其他诉讼请求。……

乌拉尔公司不服原审判决，上诉称：化工总厂未将其应投资的厂房建筑物及该建筑物使用范围内的土地使用权转让给司普润公司属于投资不到位；原审法院判令将地上建筑物与该建筑物使用范围内的土地使用权归属不同的当事人，违反了不动产物权上的不可分割性及我国对不动产的法律规定；化工总厂将不属于其所有的财产进行投资，违反了有关规定，应承担投资不到位的违约责任；原审法院将化工总厂的违约行为认定为履约瑕疵是对事实的错误判断，损害了上诉人的合法权益。请求二审法院支持我公司要求化工总厂投资到位，并承担违约责任的诉讼请求。

化工总厂答辩称：①乌拉尔公司要求支付39 800美元违约金的请求应予驳回。理由是：验资报告证明我方已经投资到位；化工总厂要求我方承担违约责任的诉讼请求已超过法律规定的诉讼时效。②我方以生产设备和厂房向合资企业进行投资，按照合同附件《中方投资内容明细表》的记载，我方作为出资的厂房并不包括厂房占用下的土地使用权，即双方认可厂房是以动产形式出资的。《中外合资经营企业法实施条例》第25条规定：合营者可以用货币出资，也可以用建筑物、厂房、机器设备或其他物料、工业产权、专用技术、场地使用权等作价出资……建筑物和场地使用权可以分别单独作价出资,乌拉尔公司要求变更土地使用权的请求已超出我方的出资范围。③未将厂房办理过户手续责任不在于我方,要办理厂房过户登记,必须同时解决场地使用权的处置问题。④乌拉尔公司依据合资合同要求我方承担违约责任依法不能成立。综上,乌拉尔公司的上诉请求依法不能成立,请求驳回上诉,维持原审法院判决。

在原审查明事实的基础上,根据乌拉尔公司和化工总厂提供的证据,本院查明:化工总厂出具的《中方现有固定资产重估价值计算表》表明,化工总厂的投资分为厂房建筑物、机器设备、运输设备三部分,其中厂房建筑物部分坐落于济南市吴家堡镇西堡村南和济南市鲁鹰南路12号……济槐房(系)字第3010号房产证证实,化工总厂位于济南市吴家堡镇西堡村南的厂房为全民所有的自管房,国有土地使用证号现为槐荫国用(1998)字第1233003号,属于工业划拨土地。济南市鲁鹰南路12号的厂房建筑物属于中国人民解放军空军济南场站(以下简称"空军场站")所有,……乌拉尔公司与化工总厂合营合同签订后,以上资产由司普润公司使用,但未办理房屋所有权变更登记手续。山东济南会计师事务所接受司普润公司的委托对合营企业中外双方的投资情况进行验资,1993年3月26日,该所以(1993)鲁济会询字第94号报告书确认:化工总厂投入的房屋、机器设备和交通工具等价值510万美元,并经主管部门批准将其产权移交给合资公司。山东济南第二会计师事务所接受司普润公司的委托,对合营企业中外双方的投资情况进行验资,1994年4月27日,该所以(1994)鲁济二会外字第114号报告书确认:中方以房屋设备作价出资折合510万美元,认缴资本全部到位。乌拉尔公司与化工总厂在合资合同中约定,凡与合同有关的争议双方应通过友好协商解决,若协商不成,应提交北京中国国际贸易促进会对外经济贸易仲裁委员会或其他合法的仲裁机构仲裁;也可以经过起诉,由法院解决。

2000年6月11日,乌拉尔公司向中华人民共和国山东省济南市中级人民法院提起诉讼,请求法院判令化工总厂立即办理其应投入司普润公司的价值1 327 000美元的房产及土地使用权的变更登记,并支付违约金39 800美元,承担律师代理费人民币100 000元。

[法律问题]

1. 我国法律规定的专属管辖范围包括哪些?

2. 中外合资经营合同纠纷案件的准据法如何确定?是否可以依据一般合同法律适用规则确定准据法?

[参考结论与法理分析]

(一)法院意见

本案属于中外合资经营合同纠纷,法院认为乌拉尔公司选择向法院起诉符合合同约定，也符合《中华人民共和国民事诉讼法》第 246 条[1]的规定。根据《中华人民共和国民事诉讼法》关于地域管辖和级别管辖的规定，中华人民共和国山东省济南市中级人民法院对本案依法享有管辖权。乌拉尔公司与化工总厂协商成立的司普润公司是中外合资经营企业，是中国企业法人，因此，双方因中外合资经营合同产生的纠纷应适用中华人民共和国的法律。因合同签订于1992 年，因此，应适用 1992 年以前的法律作为本案的准据法。

（二）法理分析

本案是有关中外合资经营企业合同当事人一方是否履行出资义务的纠纷。根据《中华人民共和国民事诉讼法》第 244 条的规定，中外合资企业纠纷应该由中国法院专属管辖。值得注意的是，第 244 条是我国有关国际民事案件管辖权的规定，这一规定只是说明了中国法院对这几类特殊案件能够行使专属管辖，但是，到底是中国的哪一个法院能够对某一具体的案件行使管辖权，从这一条规定并不能得到答案。这在实践中产生了解释上的问题。针对这一问题，最高人民法院专门进行了司法解释，《第二次全国涉外商事海事审判工作会议纪要》第 5 条规定，中外合资经营企业合同、中外合作经营企业合同，合资、合作企业的注册登记地为合同履行地；涉及转让在我国境内依法设立的中外合资经营企业、中外合作经营企业、外商独资企业的合同，上述外商投资企业的注册登记地为合同履行地。根据《中华人民共和国民事诉讼法》的规定，合同履行地的人民法院对上述合同纠纷享有管辖权。从而完善了我国《中华人民共和国民事诉讼法》第 244 条的规定。

对于我国立法与实践上认同的几种专属管辖的依据的适当性，在理论界一直存在争议。比如对涉外继承案件的专属管辖，有学者从国内外的实践进行研究，认为涉外继承的专属管辖应该废除。又比如对中外合资经营企业合同、中外合作经营企业合同、外商独资企业合同是否一定应该由中国法院进行专属管辖，亦有学者提出质疑；而对中外合作勘探开发自然资源合同纠纷是否有必要单独规定一种专属管辖类型，而不是直接归入不动产案件，由不动产所在地国家的法院处理的专属管辖的类型中去，是否合适，学者也表示疑问。

国外有关专属管辖的规定，除了不动产案件的专属管辖和我国的规定类似外（有细微差别），一般普遍规定公司注册地法院对公司内部事务诉讼的专属管辖权，以及专利权和商标权的注册地法院对专利商标确权诉讼的专属管辖，这在我国法律目前没有规定，学者认为我国应该考虑借鉴。

---

〔1〕 这里指的是 2007 年修订以前的《民事诉讼法》第 246 条，该条在 2007 年《民事诉讼法》修订后成为第 244 条。

案例五：　德国亚欧交流有限责任公司与绥芬河市青云经贸有限公司合作协议纠纷案[1]

[基本案情]

上诉人德国亚欧交流有限责任公司（以下简称德国亚欧公司）因与被上诉人绥芬河市青云经贸有限公司（以下简称青云公司）合作协议纠纷一案，不服黑龙江省高级人民法院（以下简称原审法院）（2005）黑高商外初字第 1 号民事裁定，向最高人民法院提起上诉。

2005 年 10 月 27 日，青云公司向原审法院提起诉讼，请求解除其与德国亚欧公司之间签订的《"德国科隆中国商品批发市场 D 座"合作协议》，并请求判令德国亚欧公司返还进场费 22 400 735.37 元人民币、赔偿项目运作费用 220 482.94 元人民币。

青云公司诉称，2004 年 6 月 30 日，青云公司与德国亚欧公司在中国山东省青岛市签订《"德国科隆中国商品批发市场 D 座"合作协议》一份，约定双方就"德国科隆中国商品批发市场 D 座"的招商代理项目进行合作。该协议第 8 条第 4 项约定"甲乙双方如因本协议及本协议涉及项目产生纠纷，由双方协商解决，协商不成时，由协议签署地法院管辖仲裁"；第 5 项约定"甲乙双方因本协议产生的纠纷，解决依据的法律为中国法律"。2005 年 1 月 26 日，青云公司与德国亚欧公司在中国黑龙江省绥芬河市签署《"德国科隆中国商品批发市场 D 座"合作协议的补充协议》一份，就有关合作项目的商务考察签证和进场费等问题进行了约定。

德国亚欧公司对管辖权提出异议，认为本案系涉外案件，争议协议的履行地、被告住所地、争议涉及的不动产所在地及协议约定的管辖地均不在黑龙江省，依据《中华人民共和国民事诉讼法》第 243 条之规定，原审法院对本案没有管辖权，请求将本案移送有管辖权的法院审理或驳回起诉。

原审法院审查认为：根据《中华人民共和国民事诉讼法》第 244 条之规定，"涉外合同或者涉外财产权益纠纷的当事人，可以用书面协议选择与争议有实际联系的地点的法院管辖"。本案纠纷所涉合作协议中，双方约定："如因本协议及本协议涉及项目产生纠纷，……由协议签署地法院管辖仲裁。"该约定为双方当事人对协议管辖的真实意思表示，不违反中华人民共和国法律规定，合法有效。因此，因合作协议产生的纠纷应由该协议签署地法院管辖。本案双方当事人在山东省青岛市签订合作协议后，又在黑龙江省绥芬河市签订合作协议的补

---

〔1〕　最高人民法院（2006）民四终字第 8 号民事裁定书。

充协议，该补充协议属于合作协议的组成部分，故青岛市和绥芬河市均属于合作协议的签署地。因此，本案纠纷黑龙江省人民法院有管辖权。双方当事人约定管辖不违反级别管辖的规定，故该院管辖此案并无不当。综上，被告德国亚欧公司对本案管辖提出的异议没有事实和法律依据。该院依照《中华人民共和国民事诉讼法》第38条规定，裁定：驳回德国亚欧公司的管辖异议。

德国亚欧公司不服原审裁定，向本院提起上诉称：①原审裁定认定事实不清，合作协议的签署地为青岛市，但合作协议的补充协议的签署地并不在绥芬河市。2004年11月3日，双方当事人的法定代表人在上海市就合作协议的起止时间等问题签订了补充协议（一），该补充协议（一）的签署地为上海市。2005年1月24日，双方当事人在绥芬河市就进场费等问题进行了协商并达成一致，由于夏畑未带公章，遂于1月26日夏返回北京时，将由青云公司起草并签字盖章的补充协议（二）带回北京，签字盖章后转给青云公司。根据中国相关法律规定，合同双方签字盖章不在同一地点的，最后签字或者盖章的地点为合同成立的地点。故补充协议（二）的签署地应为北京市。②原审裁定适用法律错误。原审裁定引用《中华人民共和国民事诉讼法》第244条，认为本案应由补充协议的签署地法院管辖。补充协议属于主合同的组成部分，但并不导致补充协议的签订地等同于主合同的签订地。本案双方在签订合作协议时，约定由协议签署地法院管辖，因尚未签订任何补充协议，故双方的真实意思是指由主合同签署地法院管辖，并不包括补充协议的签署地，更何况补充协议的签署地也不在黑龙江省。③本案合作协议第8条第4项约定，合作纠纷由协议签署地法院管辖，即本案应由主合同的签署地青岛市中级人民法院管辖。即使合作协议对于管辖约定不明，原审法院也没有管辖权，原审法院管辖本案并不符合《中华人民共和国民事诉讼法》第243条规定的情形。请求：驳回青云公司的起诉或将本案移交有管辖权的法院审理。青云公司未作书面答辩。

[法律问题]

1. 当事人协议选择管辖法院有无限制条件？如有，通常有哪些限制条件？

2. 如果当事人已经在主合同中约定了管辖权条款，当事人是否还能变更该管辖权条款？如何变更？

[参考结论与法理分析]

（一）法院意见

最高人民法院认为：本案纠纷为管辖权异议，属于程序问题，解决案件的程序问题应适用法院地法即《中华人民共和国民事诉讼法》。对此，《中华人民共和国民事诉讼法》第3条有明确规定，即"人民法院受理公民之间、法人之间、其他组织之间以及他们相互之间因财产关系和人身关系提起的民事诉讼，适用本法的规定"。

青云公司据以起诉的《"德国科隆中国商品批发商场 D 座"合作协议》第 8 条第 4 项约定:"如因本协议及本协议涉及项目产生纠纷,……由协议签署地法院管辖仲裁。"本案双方当事人对该协议签订于山东省青岛市无异议。《中华人民共和国民事诉讼法》第 244 条规定:"涉外合同或者涉外财产权益纠纷的当事人,可以用书面协议选择与争议有实际联系的地点的法院管辖……"因此,本案双方当事人在合作协议中选择协议签订地法院管辖本案,符合上述法律规定,该管辖条款应认定有效。根据约定,合作协议签订地法院即青岛市的人民法院对合作纠纷拥有管辖权。原审法院驳回德国亚欧公司管辖异议的理由是合作协议的补充协议是在黑龙江省的绥芬河市签订的,因此绥芬河市亦为合作协议的签订地,故原审法院对本案拥有管辖权。上述理由是错误的。本案并不是当事人之间签订的《"德国科隆中国商品批发市场 D 座"合作协议》存在多个签字地点应如何认定协议签订地的问题,而应该是当事人选择了管辖法院后该管辖条款是否有效以及当事人是否变更了管辖条款的问题。本案双方当事人签订合作协议时,明确选择了该协议的签订地法院作为合作纠纷的管辖法院,实际上,在当事人之间已经明确选择了青岛市的人民法院为管辖法院。虽然以后当事人之间又在其他地点对合作协议进行了补充,但补充协议并没有就管辖条款进行任何修改。因此,合作协议中的管辖条款对本案双方当事人具有约束力。在合作协议选择管辖法院条款有效的情况下,原审法院依据所谓补充协议的签订地对合作协议纠纷行使管辖权没有事实和法律依据。德国亚欧公司关于原审法院对本案纠纷没有管辖权的上诉理由成立,原审裁定应予撤销。最高人民法院于 1999 年 4 月 9 日发布的《关于各高级人民法院受理第一审民事、经济纠纷案件问题的通知》第 2 条第 2 款规定,山东省高级人民法院受理第一审涉外和涉港澳台的经济纠纷案件,争议金额不得低于 3000 万元人民币,而原审原告青云公司起诉的标的额为 2400 余万元人民币,因此,本案应由山东省青岛市中级人民法院管辖。

(二)法理分析

本案判决体现了对当事人协议选择中国法院管辖权的最大限度的尊重。对于选择中国法院的管辖权协议,我国立法和司法实践认定其具有效力。从我国的立法来看,尽管有第 242 条有关当事人协议选择的法院必须与案件有"实际联系"的要求,但根据最高法院的司法解释,以及海事特别程序法的规定,对于选择中国法院的协议管辖,事实上是可以不需要这种实际联系的。这是选择中国法院的协议管辖制度和选择外国法院的协议管辖制度的最大区别。因此,最高法院在判决书中的理由称:"……《中华人民共和国民事诉讼法》第 244 条规定：'涉外合同或者涉外财产权益纠纷的当事人，可以用书面协议选择与争议有实际联系的地点的法院管辖……'因此，本案双方当事人在合作协议中选择协议签订地法院管辖本案，符合上述法律规定，该管辖条款应认定有效。"这一判决理由还没有涉及第 244 条规定有关选择中国法院的例外情形，这是我们要加以注意的。

最高法院指出本案的关键问题是补充协议是否应该受主要协议中的管辖权条款的约束，而不是补充协议的签订改变了主要合同的签订地，以至于改变了主要合同管辖权条款所指定的管辖地，这一分析是完全准确的。管辖权条款的适用范围尤其是存在多个相互关联合同的情形下到底如何判断，是协议管辖的重要问题之一，但是对于这一问题，由于具有高度的事实相关性，需要法官在个案中根据具体情况加以判断，所以这一问题在法律中并没有相关的规定，而法院在实际判例中的认定对于其他相关案件的判决具有很好的参考作用。

选择外国法院的管辖权协议制度中的几个主要问题：

1. 选择外国法院的管辖权协议的准据法。最高法院在该案的判决中指出，在中国法院涉讼的选择外国法院的管辖权协议的准据法是中国法，即法院地法。这一做法与目前国际上很多国家的做法是一致的。但是值得注意的是 2005 年缔结的《海牙法院选择协议公约》的规定与我国现行的做法并不一致。按照海牙公约的规定，法院选择协议的准据法一般情况下应该是被选择法院所属国家的法律，只有在三种例外情况下，受理案件的法院地法才能作为管辖权协议的准据法。那么如果一个管辖权协议选择的是中国法院，则中国法才能成为管辖权协议的准据法，而如果一个管辖权协议指定的是外国法院，则该外国的法律应该成为管辖权协议的准据法。

管辖权是一个程序问题，应该适用法院地法。在一个管辖权协议无效的时候，应该适用法院地程序法来确定涉外案件的管辖权。管辖权协议的准据法和管辖权协议所在合同的准据法应该加以区分。

2. 选择外国法院的管辖权协议中的"实际联系"要件。根据《中华人民共和国民事诉讼法》第 242 条的规定，管辖权协议所选择的法院必须与案件具有"实质性联系"。但是对于如何判断有"实质性联系"存在，法律并未具体加以规定。最高人民法院分别在 2004 年的《解答》第 1 条和 2005 年的《第二次全国涉外商事海事审判工作会议纪要》第 4 条中规定了什么叫"实际联系"。如 2004 年《解答》第 1 条规定："理解'与争议有实际联系'，应当综合考察当事人住所地、登记地、主要营业地或营业地、合同签订地、合同履行地、标的物所在地等诸多因素。"2005 年《会议纪要》第 5 条规定唯一不同的就是没有"主要营业地"，但考虑使用"等诸多因素"字眼，解释上包括主要营业地显然也不是问题。上述规定非常清楚，不过在实践中还是发生了一些问题。①"等因素"还可能包含其他什么因素。②是否只要上述任何因素存在，"实际联系"就存在。分析如下：

（1）选择被管辖权协议指定法院所属国的法律作为合同的准据法是否可以建立"实际联系"。最高人民法院曾经在批复江苏省高院的"中化连云港公司与中东海星综合贸易公司案"中确认，如果一个选择外国法院的管辖权协议，同时指定该外国法院所属国的法律作为合同的准据法，以"该外国法院所属国的法律作为合同的准据法"就构成了该外国和争议之间的"实际联系"，即使除此以外，该外国与争议无任何其他联系，该管辖权条款并不因为缺乏实际联系而无效。在该案件中，当事人分别在一份买卖尿素合同的第 13、17、18 条约定："合同受瑞士法律支配，合同当事人如果发生争议，应该提交仲裁，或者应该提交瑞士苏黎世法院裁决。"江苏省高院就这一案件请求最高院答复，最高院最后答复，"实际联系"包括通过选择某一个国家的法律而建立的联系，从而肯定了合同中管辖权协议是有效的。

显然，除了最高人民法院在司法解释中所确定的联系因素以外，还有合同准据法这一因素也可以作为联系因素。

最高法院的这一判决值得肯定。其进步在于进一步缓和了实际联系对管辖权协议的约束，有助于走向充分尊重当事人的意思自治，同时采取司法判决逐步发展法律的方式，能够避免僵化而不周全的规定所带来的弊端。

不过国际上的一些不同做法也值得关注，有些国家如法国、德国、英国、美国均肯定当事人可以选择第三国中立法院作为国际商事争议的管辖法院，最高法院要求准据法或者其他因素作为连接因素，将可能使当事人希望选择第三方中立法院的愿望落空，其结果与上述国家的做法有所不同。另外，最高法院将法律选择作为确定连接因素的标准，能够增加管辖权协议得到承认的机会，但也可能会在实践中带来一定的不确定性，所以要谨慎处理。

（2）是否存在任何一个法定因素即可以建立实际联系。关于实际联系标准的第二个问题是，是否只要存在司法解释中明文规定的任何一个因素即能够确认实际联系的存在。中国有些法院判决对这一问题给出了否定的答案。如在中国某保险公司香港分公司诉荷兰某邮船公司和某省汕头海运公司案中，原告某保险公司香港分公司系一批货物的保险人，两被告系该批货物的承运人。因为货物在运输过程中灭失，原告在依保险合同理赔后，取得代位求偿权，对两被告提起诉讼。根据提单背面条款第 25 条：运输合同项下的任何诉讼必须由荷兰鹿特丹法院审理。厦门海事法院经审查认为：提单约定的鹿特丹法院仅为本案其中一个被告的住所地法院，鹿特丹非本次运输货物的起运地、中转地、目的地以及海事事故发生地，与本案争议并无"实际联系"，遂否定了约定荷兰鹿特丹法院管辖的管辖协议的效力。

　　显然，按照最高法院的司法解释，当事人的住所地在本案中即被告的住所地为鹿特丹，因此应该存在"实际联系"，该海事法院以因素的多少而不是以连接因素的有无来确定"实际联系"，显然缺乏充分理由。同时也再次说明"实际联系"要求的不确定性以及其在实践中极易遭到滥用。类似的案件还有广州海事法院审理的中国人民保险公司广州市分公司与中波轮船股份公司海上货物运输货损纠纷案。由此可见，法律所明确规定的这些因素能否单独成为建立实际联系的充分条件，既有不确定性，又易遭到滥用。

案例六：　　　　　　　　ASAHI 金属工业公司上诉案
（ASAHI METAL INDUSTRY CO., LTD. v. SUPERIOR COURT）[1]

[基本案情]

　　ASAHI 金属工业公司（下称 ASAHI 公司）是一家位于日本的制造生产轮胎阀门零部件的工厂，并将之销售给几家轮胎生产商，其中包括一家台湾公司——Cheng Shin 橡胶公司（下称 Cheng Shin 公司）。1978 年至 1982 年间，Asahi 公司每年轮运至少 100 000 件轮胎阀门零部件给 Cheng Shin 公司。每年 Cheng Shin 公司将大量由 Asahi 零部件组装而成的轮胎售往美国加利福尼亚州。Asahi 公司预见到了由其生产的零部件组装而成的轮胎将会被售往加州，但其并没有预见到自己会涉及一场在加州提起的诉讼。

　　1978 年，一辆大众汽车在加州高速公路上失去控制，与一辆拖拉机发生碰撞，致使该汽车司机 Zurcher 受到重伤，他同行的妻子死亡。1979 年，Zurcher 向加州法院提起产品责任诉讼，诉称其事故发生的原因在于缺陷轮胎的爆破。Cheng Shin 公司作为轮胎生产商，被列为被告之一。根据加州法律的长臂管辖条款，Cheng Shin 公司则反过来向加州法院提起交叉诉讼，转而向 Asahi 公司索赔。Asahi 公司要求撤回传票，受理法院驳回了该动议。接着，上诉法院撤销了受理法院的判决，州高等法院撤销了上诉法院的判决。最后，案件上诉至最高法院。最高法院认为，Asahi 公司知道自己生产的产品将被售往加州这一事实，但该公司并未在美国开展商业活动，故不能证实 Asahi 公司与法院地国存在最低限度的联系，法院不能扩大属人管辖范围至 Asahi 公司。最高法院撤销了州高等法院的判决，案件发回重审。

---

　　[1]　480 U.S. 102 (1987).

[**法律问题**]

根据美国法律的正当程序条款以及长臂管辖原则，在一起跨国商业纠纷案件中，是否只要是跨国商业链条中的一方则需要受到法院地国的长臂管辖？长臂管辖的构成条件是什么？

[**参考结论与法理分析**]

（一）法院意见

该案历经美国四级法院，最终由最高法院定案止纷，但是对该案的争议却远远没有停歇。

最高法院对该案进行审查的几位法官之间对于判决的支撑理由也存在着不同意见。以奥康纳法官为首的少数几位法官认为长臂管辖的前提是存在最低限度的联系，而最低限度的联系之基础在于，"被告有意识地掌控其在法院地国的活动，才能引发法院地国法对之的保护及其法律权益"。在本案中，Cheng Shin公司并不能证明Asahi公司有任何目的性的行为参与到加州市场的商业活动中来，Asahi公司也未在加州从事任何商业活动。Asahi公司在加州没有办公机构、代理机构、雇员或财产，它也没有任何宣传广告或招揽生意之行为，它没有创建、控制或雇佣任何人员参与到发售其轮胎阀门至加州市场的项目中来。没有任何证据证明Asahi公司在设计其产品的过程中有意将之售往加州市场。在这些事实的基础上来看，加州高等法院扩大属人管辖至Asahi公司是超出正当程序的要求范围。

绝大多数法官，包括奥康纳法官认为，第14修正案中的正当程序结构上禁止了法院在违背公平原则和实质正义的情形下，扩大属人管辖至Asahi公司。法院管辖权必须考虑以下几个因素：被告的应诉负担，法院地国的利益以及原告权益保护。同时，还需要考虑涉案国家之间的司法利益平衡和基础社会政策保障，以及最有效地解决争议。

在本案中，被告Asahi公司所承担的负担是巨大的。从日本奔赴美国加州法院应诉本就路途遥远，在一个外国司法体系下维护自身权益更是沉重的负担。但是，如果案件与法院地国有最低限度的实际联系，被告的这种负担亦是合理的了。本案中原告利益和加州法院长臂管辖的利益都是微弱的。本案只是一家我国台湾地区的公司和一家日本公司之间的追索损害赔偿纠纷。债权产生之基础的交易事实发生在我国台湾地区，货运发生在日本和我国台湾地区之间。Cheng Shin公司不能证明其在加州法院提起追索损害赔偿诉讼较之日本或台湾具有更方便的因素。由于原告Cheng Shin公司并不是加州居民，加州在本案的诉讼利益可视为零。加州高等法院认为"加州在本案存在利益关系，即保护本国消费者的权益，保证外国生产商遵从加州的产品安全标准"。最高法院认为此处加州利益的定义范围过于宽广。本案性质在于当事人之间的债务追索，并不涉及产品安全标准问题。更何况，加州法律是否能调整日本公司和我国台湾地区的公司之间的追偿债务关系还是一个问题。基于上述原因，在本案中扩大加州法院的属人管辖至 Asahi 公司是不公平、不合理的。

（二）法理分析

最低限度联系，也称最低限度接触，为当前美国司法实践普遍承认，只要不违反基本的正当程序原则，如果被告与某州法院有着最低限度联系，则该州法院对其有对人诉讼的管辖权。

美国最高法院从未对最低限度联系作出明确定义。它在 1958 年 Hanson v. Denckla[1]的判决中指出，最低限度联系是被告人以某种行为有目的地在法院地州从事活动并接受该州法律赋予的利益和保护。由此可见，这一概念具有相当的灵活性，实际上只能由美国法院自由裁量。

由正当程序发展而来的最低限度联系原则对法院涉外案件管辖权的确定具有双重作用：①该原则的出现使得法院管辖权的行使不再拘泥于被告人的出现、住所、居所等硬性因素，代之以灵活的最低限度联系为管辖权依据，表现为法院扩大其管辖权的趋势；②法院在确定对某一涉外案件的管辖权时又必须审查该管辖权的行使是否符合正当程序所要求的最低限度联系，因而表现为对管辖权的一种限制，其目的在于达到公平和实质公正。这一概念在大量案件具体适用中的操作技术上较为复杂，但其代表的基本法律理念很简单，通过这种对于正当程序要求的变形，州法院权利的地域范围大体上与其执行民事司法中的实际便利保持一致。但是，美国法院迄今依然不能克服最低限度联系的标准模糊问题。

拓展案例

案例一：北京凯迪思电子有限公司诉新加坡 Kyoden 私人有限公司
（Singapore Kyoden Pte Ltd）承揽合同纠纷案[2]

[基本案情]

2009 年 3 月~10 月，被告新加坡 Kyoden 私人公司（系新加坡公司，在中国无住所）以采购订单方式陆续与原告凯迪思公司签订 7 份合同，向凯迪思公司定做 PCB 电路板，加工地为原告住所北京大兴区。凯迪思公司将合同约定的电路板

---

〔1〕 357 U. S. 235, 253（1958）.

〔2〕 北京市第一中级人民法院（2010）一中民初字第 10619 号民事判决书。

通过联邦快递（中国）有限公司和中外运－敦豪国际航空快件有限公司北京分公司陆续送至新加坡私人公司，上述订单实际履行发生货款总计118 009.36美元。新加坡私人公司收货后未给付上述货款，至今仍欠凯迪思公司货款118 009.36美元。故原告将被告诉至北京市第一中级人民法院。

[法律问题]

1. 涉外合同纠纷案件的管辖权如何确定？

2. 本案北京市第一中级人民法院是否有管辖权？依据是什么？

[重点提示]

本案属加工承揽合同纠纷。参考《最高人民法院关于涉外民商事案件诉讼管辖若干问题的规定》第1条，《中华人民共和国民事诉讼法》第265条。

案例二：　巴润摩托车有限公司诉美顺国际货运有限公司海上货物运输合同纠纷案[1]

[基本案情]

原告：Baron Motorcycles INC.（巴润摩托车有限公司，系美国注册公司）。

被告：Awell Logistics Group, INC.（美顺国际货运有限公司，系美国注册公司）。

2006年7月，原告巴润摩托车有限公司从春风控股集团有限公司的外贸代理人FREEDMOTOR COMPANY LIMITED处购买一批摩托车及配件等，并由FREEDMOTOR COMPANY LIMITED委托被告美顺国际货运有限公司办理上述货物从中国宁波到美国迈阿密的海运事宜。被告于同年7月29日接收货物后，向春风控股集团有限公司签发了原告为收货人的记名提单。

原告以其凭正本提单向被告提货，但被告始终不予交付货物为由，于2008年10月9日向宁波海事法院提起诉讼，要求被告交付提单项下货物或赔偿货款。

被告美顺国际货运有限公司在提交答辩状期间对管辖权提出异议，认为原、被告都是美国公司，提单按美国法律制作并由被告签发，诉称的事件发生在美国，诉讼标的也在美国，与美国的联系最密切，故应由美国法院管辖，要求驳回被告的起诉。另外，被告还提出原告起诉时已过一年的法定诉讼时效的抗辩。对此，原告还认为，原、被告在交涉过程中，被告一直表示货物在其仓库，可以去提货，表示被告同意履行义务，不能再以诉讼时效届满抗辩。

---

〔1〕　宁波海事法院（2008）甬海法商初字第275号民事判决书；浙江省高级人民法院（2009）浙辖终字第81号民事判决书。

[法律问题]

1. 宁波海事法院对本案是否有管辖权？如有，是否属于适当的管辖权？

2. 宁波海事法院能否拒绝受理本案？理由是什么？

3. 哪些地区的法院对本案有管辖权？

4. 本案是否属于专属管辖的范围？

[重点提示]

参考不方便法院原则的理论构成，以及《中华人民共和国民事诉讼法》第241 条。

第二节　司法协助——域外送达

经典案例

尚铁刚诉英国 IBC 国际集团有限公司
专利权转让合同纠纷案[1]

[基本案情]

原告尚铁刚诉称：2007 年 11 月 12 日，原告与被告英国 IBC 国际集团有限公司在该公司的北京代表处，就原告享有专利权的"碟型超高速太空飞行器"实用新型专利的转让事宜签订《专利权转让备忘录》。该备忘录签订后，由于被告原因导致转让没有成功。根据该备忘录第 6 条的约定，如果由于被告不尽责导致转让不成功，由被告承担原告的经济损失。故原告诉至法院，请求判决被告英国 IBC 国际集团有限公司赔偿原告经济损失人民币 15 000 元并承担本案诉讼费。

英国 IBC 国际集团有限公司的北京代表处登记的地址为中华人民共和国北京市朝阳区朝外大街乙 12 号昆泰国际大厦 2109 室。在审理期间，本院根据中华人民共和国有关法律的规定向被告英国 IBC 国际集团有限公司的北京代表处送达起诉状副本及应诉手续，但在前述地址已不能查找到该代表处，现该代表处去向不明。因此，现须通过涉外送达方式向被告英国 IBC 国际集团有限公司送达起诉状副本及应诉手续等诉讼文件，但原告尚铁刚拒绝承担提供本案涉外送

---

〔1〕 北京市第二中级人民法院（2008）二中民初字第 7039 号民事判决书；北京市高级人民法院（2008）高民终字第 1334 号民事判决书。

达所需相关诉讼文件翻译文本的义务。

[法律问题]

1. 什么情况下需要采取涉外送达的方式？

2. 我国法律规定的涉外送达有几种途径？

[参考结论与法理分析]

本案涉及域外送达问题。国际上通用的域外送达方式主要有以下几种：

1. 外交代表或领事送达。请求国法院将需要送达的司法文书或司法外文书通过本国外交部转交被请求国的外交代表或领事，并由该外交代表或领事送达给有关当事人或诉讼参与人。

2. 邮寄送达。一国法院通过邮寄送达方式将需要送达的文书直接寄给国外的当事人或诉讼参与人。

3. 个人送达。一国法院将需要送达的文书委托给具有一定身份的个人代为送达。"一定身份的人"指当事人的诉讼代理人或其指定的人或与其关系密切的人。

4. 公告送达。一国法院将需要送达的文书通过登报、广播、广告等方式告知当事人，自公告之日起一定期限届满之时视为已送达。此种方式是一种替补方式，只有在前述送达方式不能实行或当事人地址不明，或满足了一定条件的情况下，需要送达文书的国家可采取该途径。

5. 中央机关送达。中央机关是指一国为司法协助目的指定或建立的负责统一对外联系并转递有关司法文书和司法外文书的机关。

6. 法院送达。请求法院将需要送达的文书直接交给被请求国主管法院并由其送达给当事人。采用这一送达方式必须以存在双边或多边司法协助条约为基础。

1965年海牙《送达公约》采用了中央机关送达、外交代表或领事送达、邮寄送达、个人送达，并规定了"其他途径"。所谓"其他途径"即留给各个缔约国自行规定其他送达途径。我国是该公约的缔约国，因此我国在向该公约的其他缔约国送达司法文书或司法外文书时，即适用公约规定的送达方式。《中华人民共和国民事诉讼法》（2012年修订版）第267条第1项规定："依照受送达人所在国与中华人民共和国缔结或者共同参加的国际条约中规定的方式送达。"

新修订的《中华人民共和国民事诉讼法》还新增了一种送达方式——电子送达。第267条第6项规定："采用传真、电子邮件等能够确认受送达人收悉的方式送达。"此款的规定亦是时代进步的要求。

尚铁刚作为本案原告，有义务提供符合要求的涉外送达相关诉讼文件翻译文本。现尚铁刚拒绝承担提供符合要求的涉外送达相关诉讼文件翻译文本的义务，法院无法向被告英国 IBC 国际集团有限公司送达起诉状副本及应诉手续等诉讼文件，致使本案诉讼无法继续进行，故法院依照《中华人民共和国民事诉讼法》第 140 条第 1 款第 3 项之规定，裁定驳回尚铁刚的起诉。

拓展案例

南昌市锋讯网络科技有限公司诉美国加州迈拓公司
（Maxtor Corporation）计算机网络域名纠纷案[1]

[基本案情]

原告锋讯网络公司诉称：①被告美国加州迈拓公司（Maxtor Corporation，住所地美国加州 920 Disc Drive）伪造投诉证据，导致涉及争议域名的香港国际仲裁中心所作 DCN‐0700108 号裁决（简称争议域名裁决）根据错误，应依法撤销。②争议域名裁决漏裁重要情节，程序违规足以撤销。该裁决未对申请仲裁的事项全部作出裁决，属程序重大违规。③争议域名裁决适用规则违背社会公共利益，应予撤销。据此，请求法院依照《中华人民共和国仲裁法》第 58 条第 1 款第 4 项等规定，撤销被告香港国际仲裁中心所作 DCN‐0700108 号裁决。

在诉讼中，原告书面表示因本案的关键是被告伪造了投诉证据，导致争议域名裁决的理由不成立，因此只需要对争议域名裁决进行审查，即法院与香港国际仲裁中心进行沟通是解决纠纷的方法。

受理法院认为，因本案是民事纠纷诉讼案件，民事诉讼活动应当保证当事人其中包括被告方的程序和实体诉讼权利，即应当向被告送达起诉书等诉讼文件以保证必要的诉讼活动进行。原告称诉讼不能对己方不利，故不能承担额外风险，拒绝诉讼文件翻译和涉外送达，即不同意向被告送达翻译文本的诉讼文书。

[法律问题]

1. 本案可以采取何种送达方式？
2. 送达费用的承担如何分配？

[重点提示]

参考《中华人民共和国民事诉讼法》相关规定。

---

〔1〕 北京市第一中级人民法院（2007）一中民初字第 7487 号民事裁定书。

第三节　司法协助——域外取证

经典案例

美国伊利诺伊州北部地区法院来华取证案[1]

[**基本案情**]

2002 年 12 月 14 日，美国伊利诺伊州北部地区法院受理了 Weldbend Corporation v. Silbo Industries Inc. 案，该案原告诉被告使用虚假原产地证明非法从中国进口并销售碳钢管配件。该案涉及产品的原产地问题。2003 年 3 月 25 日，该地区法院依 1970 年 3 月 18 日海牙《关于从国外调取民事或商事证据公约》（以下简称海牙《取证公约》），向中华人民共和国司法部提出协助调查沈阳某容器厂与被告交易情况和相关证人证言的请求。在请求书中，该法院法官 James B. Zagel 首先介绍了双方当事人的争讼事实，接着详细列举了请求举证的具体内容，包括但不局限于沈阳某容器厂的合同、发票、信用证、运输单证等进出口文件。请求取证的法官特别指出："本法官认为，根据中国对海牙《取证公约》的声明，上述文件与本案的主体具有直接且密切的联系。故本法官请求，将上述文件通过官方指定的官员交给我院。"此外，请求书请求在中方指定的时间和地点，按照中国法院规定的程序，传唤相关证人，并在证人宣誓的情况下，对证人进行口头调查并录像。请求书还要求中国法院准许该案双方当事人的美国律师出席取证现场。

司法部作为我国政府指定的负责取证请求的中央机关，接到请求书后，将其转交最高人民法院。最高人民法院经研究，依据海牙《取证公约》的规定，同意美国地方法院的取证请求，并准许双方当事人的代理律师出席取证现场。但是，对于要求证人宣誓、对证人的口头调查以录像方式进行的录证请求予以拒绝，理由是"我国尚无有关规定，且无法操作"。

[**法律问题**]

1. 美国司法机关及律师如何在中国取证？

2. 本案中最高法院拒绝录证请求是否正确？

---

〔1〕　徐青森、杜焕芳主编：《国际私法案例分析》，中国人民大学出版社 2009 年版，第 262 页。

[参考结论与法理分析]

我国关于域外取证的规范有三：

1. 规定在国内法中。如《中华人民共和国民事诉讼法》（1991年）第262条规定，我国人民法院和外国法院，可以依据国际条约或互惠原则，相互请求代为调查取证。但外国法院请求我国法院代为调查取证，不得有损于我国主权、安全和社会公共利益，否则不予执行。该法第263条第2款又规定，外国驻我国使领馆可以向该国公民调查取证，但不得违反中华人民共和国法律，也不得采取强制措施。

2. 规定在我国和外国缔结的双边司法协助条约中，有条约关系的，则应按照该条约的规定进行域外取证。

3. 1997年7月3日第八届全国人民代表大会常务委员会第二十六次会议决定，我国加入1970年海牙《取证公约》，同时：①根据该公约第2条，指定中华人民共和国司法部为负责接收来自另一缔约国司法机关的请求书，并将其转交给执行请求的主管机关的中央机关；②根据该公约第23条声明，对于普通法国家旨在进行审判前文件调查的请求书，仅执行已在请求书中列明并与案件有直接密切联系的文件调查请求；③根据该公约第33条声明，除第15条以外，不适用该公约第二章的规定，即对该公约第二章"由外交或领事人员和特派员获取证据"的所有规定，我国只承诺履行第15条规定的内容："在民事或商事方面，缔约国的外交或领事人员可以在另一缔约国境内以及其行使职权的区域内不受限制地进行只涉及其侨民而且属于该国法院受理的诉讼的所有预审行动"；但"每个缔约国有权宣布这一行动必须由上述人员提出申请后得到管辖权或以声明国指定的主管当局的名义才能进行"。

我国与美国均为海牙《取证公约》的成员国，两国间在民事司法协助领域尚无双边条约，因此，中美两国间的取证事项，应依据海牙《取证公约》进行。美国伊利诺伊州北部地区法院依海牙《取证公约》规定的程序向我国司法部提出取证请求，只要其要求不违反我国的国内法，原则上应予准许。由于我国在加入海牙《取证公约》时，未对当事人到场问题作出反对的声明和保留，所以，对美国代理律师的到场请求，我国最高人民法院经研究后予以准许。

但是，对于要求证人宣誓、对证人的口头调查以录像方式进行的录证请求，最高人民法院以"我国尚无有关规定，且无法操作"为由予以拒绝，这值得商榷。海牙《取证公约》第9条规定，执行请求书的司法机关应适用其本国法规定的方式和程序。但是，该机关应采纳请求机关提出的采用特殊方式或程序的请求，除非其与执行国国内法相抵触或因其国内惯例和程序存在实际困难而不可能执行。我们认为，《中华人民共和国民事诉讼法》（1991年）虽没有关于证人宣誓、对证人的口头调查以录像方式进行录证的规定，但亦无相关禁止性规定，且操作并无实际困难，因此，最高人民法院对此予以拒绝，理由似不够充分。

拓展案例

农银证券有限公司诉广东省兴宁市兴达电力有限公司涉港居间合同纠纷案[1]

［基本案情］

原告农银证券有限公司（以下简称农银证券）诉被告广东省兴宁市兴达电力有限公司（以下简称兴达电力）涉港居间合同纠纷一案，梅州市中级人民法院于 2006 年 3 月 27 日立案受理。诉讼中，原告还向本院提出申请，请求调查收集华润电力在 2004 年 11 月 26 日收购兴达电力一期 29% 股权、二期 51% 权益所涉及的收购协议或合同，由于该公司所在地在香港，申请调取证据属域外取证范畴，因目前我国法律和司法解释对内地法院从香港特别行政区调查取证尚没有具体安排，故对原告的申请，本院于 2006 年 10 月 23 日作出（2006）梅中法民三初字第 8－5 号决定书，决定不予准许。

［法律问题］

我国内地与香港、澳门、台湾地区之间的民事案件如何安排取证？

［重点提示］

目前我国的区际司法协助安排中尚无内地与香港、台湾地区的取证途径。可以参考《内地与澳门特别行政区取证安排》。

第四节　国家间法院判决的承认与执行

经典案例

案例一：　　五味晃申请承认执行日本法院判决案[2]

［基本案情］

1990 年，日本日中物产有限公司及其法定代表人宇佐邦夫以在中国投资

---

〔1〕　广东省梅州市中级人民法院（2006）梅中法民三初字第 8 号民事判决书。
〔2〕　杜新丽主编：《国际私法教学案例》，中国政法大学出版社 1999 年版，第 351 页。

的中国大连发日海产食品有限公司急需资金为由，向申请人五味晃借款15 000万日元。因到期未还，五味晃以日中物产有限公司及宇佐邦夫为被告，起诉至日本横滨地方法院，要求二被告连带偿还该借款，并承担利息。1991年，日本国横滨地方法院小田原分院作出第529号判决，判决二被告偿还借款并承担利息。但因二被告在日本无可供执行的财产，判决生效后一直无法执行。1993年12月21日，日本国熊本县地方法院根据该生效判决，在执行中作出第171号债权扣押令，追加中国大连发日海产食品有限公司为债务第三人，并责令大连发日海产食品有限公司将二被告在该公司的投资款人民币485万元予以扣押，不得向该二被告偿还。随后，熊本县地方法院玉名分院又作出第76号债权转让命令，要求大连发日海产食品有限公司将上述扣押令扣押的人民币485万元转让给五味晃，以替代二被告偿还五味晃的债务。1994年2月，日本国熊本县地方法院依据《海牙送达公约》，通过其中央机关经我国司法部将上述债权扣押令送达给大连发日海产食品有限公司。大连发日海产食品有限公司收到债权扣押令后认为，本公司虽系与该案被告之一日中物产有限公司合资成立，但该公司自1988年后再无投资，故该公司此后在日本国内所欠债务与本公司无关，日本法院欲将该案两被告在国内所欠债务转嫁给本公司，没有道理。况且，本公司系中国法人，只接受中国法律保护和管辖，没有义务履行国外法院的判决和裁定。因此，该公司拒绝履行该债权扣押令。五味晃因日本国法院的裁判未能得到执行，于1994年5月27日向中国大连市中级人民法院提出申请，要求中国法院承认日本国法院的上述判决，承认债权扣押令和债权转让命令的法律效力，并执行日本日中物产有限公司与宇佐邦夫在大连发日海产食品有限公司的投资款。

[法律问题]

1. 我国法院是否应当承认和执行上述日本判决？理由是什么？

2. 我国法院承认和执行外国法院判决时，对外国法院判决要进行哪些审查？

[参考结论与法理分析]

纵观有关国际条约和各国立法，承认和执行外国法院判决一般需要具备以下几个条件：①作出判决的外国法院对案件具有适当管辖权；②外国法院的判决已经生效或具有执行力；③外国法院审理案件的诉讼程序是公正的；④不存在"诉讼竞合"的情形；⑤请求承认和执行的外国判决必须合法取得；⑥外国法院判决不与被请求国公共秩序相抵触；⑦请求国与被请求国之间存在互惠关系。

《中华人民共和国民事诉讼法》第281条规定："外国法院作出的发生法律效力的判决、裁定，需要中华人民共和国人民法院承认和执行的，可以由当事人直接向中华人民共和国有管辖权的中级人民法院申请承认和执行，也可以由外国法院依照该国与中华人民共和国缔结或者参加的国际条约的规定，或者按照互惠原则，请求人民法院承认和执行。"据此可见，申请承认执行外国判决的主体可以是外国法院，也可以是当事人本人。但前提条件是判决作出国与我国存在条约关系或互惠关系。

接着，第282条规定了人民法院审查该类外国判决的内容，"人民法院对申请或者请求承认和执行的外国法院作出的发生法律效力的判决、裁定，依照中华人民共和国缔结或者参加的国际条约，或者按照互惠原则进行审查后，认为不违反中华人民共和国法律的基本原则或者国家主权、安全、社会公共利益的，裁定承认其效力，需要执行的，发出执行令，依照本法的有关规定执行。违反中华人民共和国法律的基本原则或者国家主权、安全、社会公共利益的，不予承认和执行"。可见人民法院的审查只是形式审查，并不涉及案件的实体部分。审查的内容主要是：外国判决是否已经发生法律效力；判决作出国与我国是否存在条约或互惠关系；该外国判决是否违反我国法律的基本原则或国家主权、安全、社会公共利益。

此外，尽管《中华人民共和国民事诉讼法》没有明确规定，但根据《最高人民法院关于中国公民申请承认外国法院离婚判决程序问题的规定》以及司法实践中对外国判决程序公正的追求，还存在几种拒绝承认与执行外国判决的情形：①判决作出国法院不具有管辖权；②判决尚未生效或不具有执行力；③判决作出国法院的诉讼程序不具有必要的公正性，即败诉一方当事人未经合法传唤而出庭参与诉讼，或当事人在无诉讼行为能力时未得到适当的代理；④案件存在诉讼竞合的情形且影响到了承认与执行问题。

本案发生时，中国和日本之间，没有两国共同参加的有关相互承认和执行法院判决的国际条约，亦没有互惠依据。日本横滨地方法院小田原分院作出的判决，其当事人均系日本国国民，且双方借贷行为也发生在日本，与中国大连发日海产食品有限公司无任何法律关系。日本熊本县地方法院在执行上述判决不成情况下，未经通知中方，便追加中国大连发日海产食品有限公司为债务第三人，没有任何法律依据，实属侵犯中华人民共和国司法主权之行为。另外，日本横滨地方法院小田原分院的判决系在被告之一宇佐邦夫缺席情况下作出的，申请人未能向中国法院提供足以证明受案法院已向宇佐邦夫发出过合法传唤的证据。故大连市中级人民法院驳回了五味晃的申请。

案例二：湖北葛洲坝三联实业股份有限公司和湖北平湖旅游船有限公司向美国法院申请执行中国法院就美国罗宾逊直升机有限公司直升机产品侵权判决案[1]

[基本案情]

本案是由于直升机质量问题导致人员伤亡及其他经济损失引发的产品质量责任侵权纠纷。作为直升机的购买及使用者，湖北葛洲坝三联实业股份有限公司（以下简称"三联公司"）和湖北平湖旅游船有限公司（以下简称"平湖公司"）（统称为"原告"）曾于1995年3月在美国加州洛杉矶高等法院提起诉讼（简称为"美国诉讼"），主张由直升机的生产商美国罗宾逊直升机有限公司（简称为"罗宾逊公司"，"被告"）承担飞机坠毁事故中的损害赔偿金。在该法院的听证过程中，罗宾逊公司以"不方便法院原则"提出应由适当的中国法院审理本案，并且罗宾逊公司同意放弃诉讼时效的抗辩。同年11月，美国加州洛杉矶高等法院接受罗宾逊公司关于以"不方便法院原则"要求中止诉讼或驳回起诉的申请，裁定中止诉讼。

2001年1月，三联公司和平湖公司在中国湖北省高级人民法院（简称为"湖北高院"）提起诉讼（简称为"中国诉讼"），要求被告罗宾逊公司承担因产品质量事故造成的直升机损失以及其他经济损失赔偿。该诉讼程序中的传票、诉状、出庭通知等相关文件于2004年2月送达至被告罗宾逊公司，但罗宾逊公司并未出席其后的开庭审理，也未申请延期诉讼或采取其他措施。同年12月，湖北高院在罗宾逊公司缺席庭审的情况下作出判决（简称为"中国判决"），支持三联公司和平湖公司的诉讼请求，判决罗宾逊公司向三联公司和平湖公司支付总计2000多万元人民币的损失赔偿金及相应的利息。

为了使中国判决得以执行，2006年3月，三联公司和平湖公司委托金杜律师事务所，并在具有相关专长的美国律师的协助下，在美国联邦法院加州中部地区法院（联邦地区法院）提起关于承认和执行中国判决的请求。

[法律问题]

1. 法院在审查某一被申请承认与执行的外国判决时，应当考虑哪些因素？
2. 公共秩序保留原则对承认与执行外国判决有何影响？

[参考结论与法理分析]

（一）法院意见

三联公司和平湖公司在美国联邦地区法院申请执行中国判决的法律依据为美国统一州法委员会制定的《承认外国金钱判决统一法》（以下简称"《统一

---

[1] Hubei Gezhouba Sanlian Industrial Co., Ltd. and Hubei Pinghu Cruise Co., Ltd. v. Robinson Helicopter Company, Inc. 06 – 01798（C. D. Cal. 2009）.

法》")。申请承认与执行中国判决的整个程序中，原被告双方的争议焦点主要集中在以下方面：①在中国的诉讼程序中，罗宾逊公司是否在程序上受到了不公正的对待，送达程序是否合法公正；②中国判决是否为终局的、结论性的和可执行的；③是否应考虑公共政策及司法礼让原则的适用情况。

1. 关于中国诉讼的程序公正性问题。被告罗宾逊公司提出：由于送达不当，其未能得到在中国案件中为自己辩护的机会，因此其在程序上受到了不公正的对待；并且，中国法院的送达程序不符合《海牙送达公约》规定的有效送达方式。

联邦地区法院拒绝了罗宾逊公司的上述抗辩，而支持了原告三联公司和平湖公司的主张，作出如下认定：①罗宾逊公司实际上收到了关于中国诉讼及其审理的通知，并且有充足的时间提交证据和准备答辩，或者对中国诉讼中的送达程序提出异议，但是其并没有这样做；②《海牙送达公约》中并没有关于送达效力的规定，而仅仅规定了一些技术上的机制和程序；③原告提供的相关证据表明，关于中国诉讼的送达符合《海牙送达公约》的规定。

2. 关于中国判决是否为终局的、结论性的和可执行的判决。被告罗宾逊公司提出：原告未能举证在2006年3月申请承认与执行之时中国判决是《统一法》所要求的终局的、结论性的和可执行的外国判决；而且，由于《中华人民共和国民事诉讼法》（1991年）第219条规定的当事人申请执行判决的期限为6个月，中国判决在2006年3月已经不可执行。

基于原告的主张和观点，联邦地区法院作出如下认定：由于被告罗宾逊公司并未在《中华人民共和国民事诉讼法》规定的期限内提起上诉或申请延期上诉，中国判决已成为终局的、结论性的和可执行的判决。并且，《中华人民共和国民事诉讼法》（1991年）第219条仅适用于在国内执行的判决，关于在国外执行的判决应当适用第266条（现第264条），而该条并没有规定执行的期限；对于在外国申请执行判决的期限，应当适用受理申请的外国法院所在地的法律规定。因此，在本案中应适用当时有效的《加利福尼亚民事程序法》中规定的关于执行外州判决的期限，即10年。

3. 关于公共政策以及中美之间的司法礼让问题。被告罗宾逊公司提出：根据司法礼让原则，本案的中国判决不应在美国得到承认与执行。中美两国并未签署任何关于相互承认和执行判决的协议，也未加入关于相互承认和执行判决的国际公约；另外，美国法院作出的判决从未在中国得到过承认和执行。由此，请求联邦地区法院拒绝承认和执行中国判决。

对此，联邦地区法院支持了原告提出的如下观点：首先，《统一法》并未规定必须存在互惠关系才能执行外国判决，而且从这部法律过去的适用情况来看，也没有任何证据表明存在这一要求。其次，即便《统一法》存在上述要求，对本案也不会产生影响。由于罗宾逊公司已经自愿选择了中国作为审理地,并选择接受中国法院作出的判决,因此其不得以任何理由来拒绝执行本案的中国判决。

围绕上述争议焦点涉及的相关问题,原被告双方展开了激烈的争辩。经过长达三年多的双方争辩及法院审查过程,美国联邦地区法院全面支持了原告的主张和观点,于 2009 年 8 月作出判决,同意承认与执行本案的中国判决。三联公司和平湖公司由此将获得总额约 650 万美元的赔偿及相应的利息。

(二) 法理分析

本案是第一例在美国申请承认与执行中国法院判决并获得成功的标志性案件,具有重大的现实意义。从本案的结果可以看出,中国的司法制度及程序公正性在国际上正得到越来越广泛的认可。因此,中国法院作出的判决在美国或其他国家得到承认与执行的可能性也正逐渐增大。对于中国企业和个人而言,本案为他们在将来可能面临的涉及外国当事方的诉讼案件中,如何在国外申请承认与执行在中国获得的胜诉判决,提供了很多值得借鉴的经验。

目前,美国法院承认和执行外国法院判决通常适用各个州的法律和案例法确定的规范。总体而言,美国的大部分州(包括加利福尼亚州)都采纳了由美国统一州法委员会制定的《统一法》作为其州法;其他没有采纳《统一法》的州则适用案例法的礼让和互惠原则。《统一法》的适用范围限于金钱支付类的外国判决,规定了一系列与承认和执行外国法院的支付判决有关的判断标准,并且只要求对外国司法体系和法院判决进行程序是否正当的审查而并不对实体问题进行重审。因此,在涉及外国当事方的中国诉讼案件中,当事人需要在中国的诉讼过程中尽量保证各项程序的公正性和完整性,为将来的胜诉判决在国外得以顺利执行奠定必要的基础。本案中湖北高院对国内案件处理的细致、谨慎是获得美方承认及执行的一个极重要因素。这是本案的重要启示之一。

美国从未和任何国家签订司法协助条约,主要是出于对别国司法体系的不信任和诉讼制度差异太大。在本案之前,中美两国之间互不承认与执行对方法院作出的判决。这次中国判决得到美方承认及执行,一方面,可以给中国法院的更多判决在美国申请并获得承认与执行提供充分的参照。对中国公民和企业而言,都是好消息,将来中国企业和公民维权,未必非得去美国,在中国打官司也有可能在美国执行。另一方面,本案将来也可能会被一些外国当事方在要求采用国际通行的"司法礼让和互惠原则"时进行援引,使得美国法院作出的判决在中国的承认与执行也存在了一定的可能性,进而可以推动中美双边的司法互信。

与其他众多申请在外国执行中国判决败诉的案例相比,湖北三联公司案一个特殊之处在于被告有"禁止反言"之情事,即被告起初曾明确主张过美国法院为不方便法院,中国法院才是审理案件的适当法院,并表示案件若由中国有管辖权法院审理，将履行法院判决。但是，当原告获取中国法院判决后，被告却一反当初承诺，拒绝执行败诉结果，这就可能构成了美国法院所经常考虑的"禁止反言"原则。"禁止反言"是英美法中的重要概念，指任何当事人对已作陈述必须信守承诺，不得反悔和食言，否则将承受由此导致的不利裁判结果。实际上，绝大多数情况下，法理不外乎人情，司法所追求的最高价值之一就是公平与正义，判例法国家似乎尤其注意避免以僵化的法律条文裁度千差万别的案件事实。

美国法院判决书中虽未直接将"禁止反言"作为裁判中国判决有效的理由之一，但却在判决书的"案情介绍部分"对被告主张不方便法院的事实加以着重介绍。当然，判决书中不方便法院这一事实的意义更在于论证中国法院管辖权的正当性。各国国际私法理论和实践的一个普遍共识是，只有对具有正当管辖权的法院的判决才能予以承认与执行；倘若原判法院管辖权不适当，那么此判决在外国申请执行的首要条件即无法满足。就美国而言，如果外国法院为了争取判决管辖权而使用的方法没有达到联邦规定的正当程序条款的底限，那么其所作出的判决在任何情况下都将得不到执行。但是这种所谓正当程序标准非常模糊，经常有不同联邦法院就同一事实作出不同结论。为此，美国法院继承英美判例法，依其国内法来判断哪国法院为"方便法院"。换言之，美国法院在决定外国法院管辖权是否适当时，不仅考虑该法院是否具有一定的管辖依据，还关注该法院管辖权是否具有程序正当性。本案被告罗宾逊公司曾在美国法院举证证明美国受诉法院由于种种原因对于案件管辖不合理、不适当、不方便，因此美国法院管辖案件实体也就谈不上遵循美国法上的正当程序，而中国法院行使管辖权符合方便法院的标准，美国法院即应中止诉讼。本案被告抗辩的结果即为美国法院支持罗宾逊公司的不方便法院动议。换言之，美国法院认同中国法院为方便法院这一事实证明中国法院的管辖权符合正当程序，属于合格的司法管辖权，从而满足了中国判决在美国得以执行的管辖权要求。

拓展案例

案例一： 俄罗斯国家交响乐团、阿特蒙特有限责任公司申请
承认英国高等法院判决案[1]

[基本案情]

俄罗斯国家交响乐团（在俄罗斯联邦莫斯科市注册的非商业组织）、阿特蒙

---

〔1〕 北京市第二中级人民法院（2004）二中民特字第928号民事判决书。

特有限责任公司（在美利坚合众国加利福尼亚州注册的公司）通过其在英国伦敦的代理人与北京国际音乐节协会经过多次协商，至 2000 年 7 月 27 日，北京国际音乐节协会以电子邮件的方式邀请俄罗斯国家交响乐团在 2000 年秋季举办的北京国际音乐节上演出，同时表示将把已签署的合同以快件形式寄出。2000 年 8 月 28 日，北京国际音乐节协会以预算费用过高为由，提出取消俄罗斯国家交响乐团在该音乐节上的演出。随后，俄罗斯国家交响乐团与阿特蒙特有限责任公司根据合同管辖条款的约定（即："本合同适用英格兰和威尔士的法律，也适用中华人民共和国的法律，并由高等法院作为管辖法院。"）诉至英国高等法院，要求判令北京国际音乐节协会赔偿损失。

英国高等法院依照《关于向国外送达民事或商事司法文书和司法外文书公约》（《海牙送达公约》）规定的方式，通过我国司法部，最终经由北京市第二中级人民法院向北京国际音乐节协会送达了起诉状和有关文书。北京国际音乐节协会未到庭参加诉讼。英国高等法院于 2002 年 10 月 3 日作出中间判决，判令：①北京国际音乐节协会自判决之日起 14 天内赔偿俄罗斯国家交响乐团、阿特蒙特有限责任公司 282 239 美元及该款项自 2000 年 10 月 12 日起以 2% 的美元基础利率计算的利息损失；②自判决之日起按 8% 的年利率支付该判决债务的利息；③北京国际音乐节协会自判决之日起 14 天内支付 10 000 英镑，以作为支付诉讼费和申请费的部分费用；该判决同时许可俄罗斯国家交响乐团、阿特蒙特有限责任公司以传真的形式通知北京国际音乐节协会第二次开庭的时间和地点。2003 年 2 月 3 日，俄罗斯国家交响乐团、阿特蒙特有限责任公司按照中间判决，以传真的形式向北京国际音乐节协会送达了第二次开庭通知。北京国际音乐节协会未参加第二次庭审活动。英国高等法院于 2003 年 2 月 27 日作出最终判决，作为中间判决的补充。判令：①北京国际音乐节协会赔偿俄罗斯国家交响乐团、阿特蒙特有限责任公司赞助费损失 502 921 美元及该款项自 2000 年 10 月 12 日起以 2% 的美元基础利率计算的利息；②自判决之日按 8% 的年利率支付该判决债务的利息；③向俄罗斯国家交响乐团、阿特蒙特有限责任公司支付诉讼费 1500 英镑。英国高等法院依照《关于向国外送达民事或商事司法文书和司法外文书公约》规定的方式，通过我国司法部，最终经由北京市第二中级人民法院于 2003 年 5 月 12 日向北京国际音乐节协会送达了上述两份判决书。

俄罗斯国家交响乐团与阿特蒙特有限责任公司向北京市第二中级人民法院提出申请，要求承认英国高等法院于 2002 年 10 月 3 日及 2003 年 2 月 27 日作出的关于俄罗斯国家交响乐团、阿特蒙特有限责任公司与北京国际音乐节协会之间合同纠纷的判决在中华人民共和国领域内具有同等法律效力。

[法律问题]

1. 中华人民共和国与作出生效判决的外国法院所在国之间没有司法协助协议，两国之间亦不存在互惠关系时，我国法院如何处理该外国法院作出的生效判决？

2. 二中院是否应该审查该案的程序正当性？该案是否存在程序不公正？

[重点提示]

我国与英国之间没有缔结或者参加相互承认和执行法院判决、裁定的国际条约，亦未建立相应的互惠关系。参考《最高人民法院关于适用〈中华人民共和国民事诉讼法〉若干问题的意见》第318条。

案例二：　　　甘为民申请承认外国法院判决纠纷案[1]

[基本案情]

申请人甘为民于2011年8月10日向南宁市中级人民法院提出申请，要求承认加拿大安大略省高等法院对其与黄英泽离婚一案于2009年7月6日作出的第06–FD–320275号判决。

经审查，2009年加拿大安大略省高等法院所审理的甘为民与黄英泽的离婚诉讼，系甘为民作为原告或申请人提起的，于2009年7月6日作出第06–FD–320275号判决。在审理本案中，法院要求申请人甘为民提交加拿大安大略省高等法院在审理离婚诉讼时已合法传唤被告或被申请人黄英泽出庭的有关文件，但申请人甘为民未能提供。

[法律问题]

申请人有无义务向法院提供证据或文件证明外国判决的程序正当性？

[重点提示]

参考《最高人民法院关于中国公民申请承认外国法院离婚判决程序问题的规定》第9条、第12条、第13条。

---

[1]　广西壮族自治区南宁市中级人民法院（2011）南市民三特字第1号民事裁定书。

第十四章

国际商事仲裁

知识概要

国际商事仲裁（international commercial arbitration），是指在国际商事活动中，当事人根据事先或事后达成的仲裁协议，自愿将他们之间产生的或可能产生的具有国际因素的商事争议交给常设仲裁机构或临时仲裁庭进行审理和裁决的一种争议解决制度。与诉讼和调解相比，国际商事仲裁具有以下几方面特征：①自愿性。仲裁以双方当事人的协议为基础，这个协议完全是建立在自愿基础之上的。②自治性。与诉讼相比，仲裁中的当事人具有高度自治权，他们可以自主选择仲裁地点、仲裁机构、仲裁员、仲裁形式、仲裁程序规则及适用的法律。③保密性。国际商事仲裁庭审理案件一般不公开进行。④快速性。以仲裁方式解决争议相对于诉讼来说更为快捷，仲裁规则中规定的仲裁时限比较短，当事人也可以对此作出更短的约定。⑤裁决的强制执行性。仲裁裁决的效力是终局的，对双方当事人都有拘束力。依据不同的分类标准，可以将国际商事仲裁分为临时仲裁与机构仲裁、依法仲裁与友好仲裁等类型。

一、国际商事仲裁协议

国际商事仲裁协议（arbitration agreement），是指双方当事人同意把他们之间已经发生或者可能发生的具有国际因素的争议交付仲裁解决的书面协议。仲裁协议是仲裁的基础，它既是当事人将争议提交仲裁的依据，也是仲裁机构受理国际商事争议的依据。仲裁协议主要通过仲裁条款（arbitration clause）、仲裁协议书以及其他书面文件中包含的仲裁协议等形式表现。一项有效的仲裁协议的存在，是当事人提起仲裁、仲裁机构受理仲裁以及仲裁裁决能够得到执行的重要条件。关于仲裁协议的有效要件，各国法律和有关国际公约的规定并不完全一致。根据 1958 年《纽约公约》的规定，一项有效的仲裁协议需满足六个条件：①是书面仲裁协议；②是处理当事人之间已经发生或者可能发生的争议的协议；③这种争议与一个特定的法律关系有关；④这种争议是有关一个能用仲裁方式解决的事项；⑤根据对他们适用的法律，当事人在签订协议时有完全行为能力；⑥协议不是无效的、未生效的或不可能执行的。

二、仲裁条款的独立性原则

合同终止、无效或者失效，构成合同一部分的仲裁条款是否也随之终止、无效或者失效，所发生的有关争议是否还应该根据仲裁条款提交仲裁解决，该问题被称作是仲裁条款的独立性问题。传统理论认为，仲裁条款是含有该条款合同的不可分割的一部分，合同无效，则仲裁条款当然无效。然而20世纪60年代后，承认仲裁条款的独立性则成为现代国际商事仲裁立法与实践的主流观点。所谓仲裁条款的独立性原则是指，仲裁条款独立于主合同其他条款而存在，主合同的变更、解除、终止、无效或失效等情形并不影响仲裁条款的效力。世界上大多数国家都承认这一原则，我国仲裁法及仲裁规则也坚持这种立场。

三、国际商事仲裁程序

国际商事仲裁程序是指，从申请人提起仲裁请求开始至作出终局仲裁裁决的整个过程中，有关的仲裁机构、仲裁员、申请人、被申请人以及其他关系人参与仲裁活动时所必须遵守的程序与规则。一般来说，主要包括仲裁申请的提出与受理、仲裁员的指定与仲裁庭的组成、仲裁案件的审理、仲裁中的调解、临时性保全措施、仲裁裁决的作出、仲裁费用的负担与给付等内容。在国际商事仲裁中，对于仲裁程序问题，各国立法和实践允许当事人合意选择仲裁程序的准据法，若无此种选择时，往往适用仲裁机构自身的仲裁规则或仲裁地的仲裁规则，或者由仲裁员或仲裁机构来决定适用的仲裁程序规则。

四、国际商事仲裁裁决

国际商事仲裁裁决从狭义上是指仲裁庭对争议事项进行审理后所作出的终局裁决。仲裁庭作出最终裁决后，整个仲裁程序即告终结。从广义上讲，除了最终裁决外，仲裁庭根据仲裁规则还可以作出中间裁决、部分裁决、合意裁决、缺席裁决、补充裁决等。虽然国际商事仲裁的本质是通过当事人的意思自治解决他们之间争议的契约安排，但是它并不能完全、绝对地摆脱法院的监督与干预，其监督方式之一便是经审查核实，有权撤销仲裁裁决，使其归于无效。纵观各国法律以及有关的国际立法，法院撤销国际商事仲裁裁决的理由主要包括以下几方面：①裁决所依据的仲裁协议无效；②仲裁违反正当的程序规则；③仲裁庭无权或越权仲裁；④仲裁庭的组成或仲裁程序的进行违反应予遵守的法律或规则；⑤仲裁裁决违反本国公共政策或者裁决事项不得以仲裁方式解决。

五、国际商事仲裁裁决的承认与执行

国际商事仲裁的承认与执行是两个既有联系又有区别的问题。"承认"是"执行"的前提,"执行"是"承认"的结果。关于承认与执行外国仲裁裁决的条件,国际公约与各国国内立法通常是通过否定的方式加以规范。根据1958年《纽约公约》第5条,拒绝承认和执行外国仲裁裁决的理由分为两大类:一类是应由被申请执行人证明的五项理由,包括仲裁协议无效、仲裁违反正当程序、仲裁庭超越权限、仲裁庭的组成或仲裁程序不当以及仲裁裁决不具有约束力、已被撤销或停止执行等;一类是法院依职权主动审查的两项理由,包括争议事项不具有可仲裁性以及违反法院地的公共秩序。

我国《民事诉讼法》第283条规定:"国外仲裁机构的裁决,需要中华人民共和国人民法院承认和执行的,应当由当事人直接向被执行人住所地或者其财产所在地的中级人民法院申请,人民法院应当依照中华人民共和国缔结或参加的国际条约,或者按照互惠原则办理。"我国已于1986年加入1958年《纽约公约》,加入时提出两项保留:①"互惠保留",即我国只承认和执行在缔约国领土内作出的仲裁裁决;②"商事保留",即我国只承认和执行属于契约性和非契约性商事法律关系所引起的争议所作出的裁决。

第一节　国际商事仲裁协议

经典案例

案例一：　长沙新冶实业有限公司诉美国 Metals Plus 国际有限公司买卖合同纠纷案[1]

[基本案情]

长沙新冶实业有限公司(以下简称"新冶公司")与美国 Metals Plus 国际有限公司(以下简称"MP公司")于2003年7月4日和10月10日分别签订了两份英文销售合同,其中包含仲裁条款。后因合同纠纷,MP公司于2006年8月1日向长沙仲裁委员会申请仲裁,长沙仲裁委员会同日受理,并于2006年8月4日通知新冶公司。新冶公司于2006年8月11日向长沙仲裁委提出仲裁异议书,认为双方未明确约定仲裁机构,属无效协议,长沙仲裁委员会无管辖权。长沙

---

〔1〕　参见长沙市中级人民法院(2007)长中民三仲字第0244号民事裁定书。

仲裁委员会于 2006 年 10 月 16 日对新冶公司的异议作出（2006）长仲决字第 279 号决定书，认为涉案两份销售合同中的仲裁条款可译为："凡因本合同引起的或与本合同有关的任何争议，如协商不能解决，应根据被告（被申请人）所在国（地）的仲裁机构的规则在被告（被申请人）所在国（地）进行仲裁……"[1] 被申请人某公司营业场所及工商注册登记地均在中国长沙市，仲裁被申请人住所地只有一个仲裁委员会，即长沙仲裁委员会，根据该案仲裁条款能够确定具体的仲裁机构。长沙仲裁委据此于 2007 年 5 月 17 日作出（2006）长仲裁字第 279 号裁决，驳回了新冶公司的仲裁异议。2007 年 6 月 4 日，新冶公司向长沙市中级人民法院申请撤销上述裁决，认为仲裁条款未约定仲裁机构，也不能依其确定仲裁机构，双方又未达成补充协议，仲裁条款无效。长沙仲裁委员会强行管辖本案，违反《仲裁法》的规定。而 MP 公司则主张仲裁条款中的英文"country"一词包括国家、地区、乡村三种含义，依该条款，长沙仲裁委员会对本案有管辖权，其受理和裁决本案是合法的。

［法律问题］

1. 有效的仲裁协议应该包含哪些条款？

2. 本案所涉仲裁协议是否有效？

［参考结论与法理分析］

（一）法院意见

长沙市中级人民法院撤销了长沙仲裁委员会作出的裁决。法院认为，合法有效的仲裁协议是仲裁委员会审理和裁决的前提条件。《仲裁法》第 16 条第 2 款规定："仲裁协议应当具有下列内容：①请求仲裁的意思表示；②仲裁事项；③选定的仲裁委员会。"第 18 条规定："仲裁协议对仲裁事项或者仲裁委员会没有约定或者约定不明确的，当事人可以补充协议；达不成补充协议的，仲裁协议无效。"本案中，双方对存在仲裁协议这一基本事实无争议，争议在于长沙仲裁委员会是否根据该仲裁协议有管辖权，其焦点又在于对仲裁协议中"country"一词的理解。

申请人新冶公司认为"country"一词是指国家，仲裁协议约定在被告所在国的仲裁机构进行仲裁，属于约定不明，双方又未达成补充协议，故该仲裁协议无效。被申请人 MP 公司则认为"country"一词包括国家、地区、乡村三种含义，仲裁协议可理解为约定在被告所在地的仲裁机构进行仲裁，长沙仲裁委员

---

〔1〕 英文销售合同中仲裁条款原文为："All disputes in connection with this contract or the execution thereof shall be settled by negotiation between two parties. If no settlement can be reached, the case in dispute shall then be submitted for arbitration in the country of defendant in accordance with the arbitration regulations of the arbitration organization of the defendant country. ……"编者注。

会有管辖权。

对此，法院认为，仲裁协议是双方当事人合意的产物，除非双方另有约定，对仲裁协议的理解应当按照词句的一般含义，本案的仲裁协议系英文，对其翻译也应当按照通常的译法。英文"country"一词的通常含义是指"国家"，而不包括一国内的行政区域。"被告所在地"系有特定法律含义的词组，对被申请人认为可以将"country of defendant"理解为"被告所在地"的意见，不予采信。

综上，法院认为，双方在仲裁协议中约定"提交被告所在国的仲裁机构仲裁"，而仲裁被申请人某公司所在国即中国境内有很多家仲裁机构。该协议未选定仲裁机构，双方又未达成补充协议，属于《仲裁法》第18条规定的约定不明的情况，该仲裁协议无效。依无效仲裁协议作出的仲裁裁决，应当依法撤销。

（二）法理分析

有效的仲裁协议不仅是当事人申请仲裁、仲裁庭行使管辖权的依据，也是仲裁裁决能否获得承认与执行的保证。一项有效的仲裁协议应当具备以下构成要件[1]：

1. 仲裁协议当事人应具备完全民事行为能力。仲裁协议也是一种契约，是当事人就争议解决方式的约定。因此，无行为能力或者不具有完全行为能力的人签订的仲裁协议，即使其完全符合形式要件和其他实质要件，也是无效的仲裁协议。

2. 仲裁协议当事人的意思表示真实。这里的意思表示真实是指当事人在合意的基础上有选择仲裁作为解决争议方式的真实意愿，它要求当事人意思表示必须真实、明确、肯定。

3. 仲裁协议采用书面形式签订。这也是国际社会的普遍要求。1958年《纽约公约》及1985年联合国《国际商事仲裁示范法》都要求仲裁协议应当为书面形式[2]。

4. 争议事项具有可仲裁性。争议事项的可仲裁性是指当事人约定提交仲裁的事项必须是有关国际法律允许采用仲裁方式处理的事项，如果该争议事项属于有关国家法律所禁止仲裁的事项，这样的仲裁协议也是无效的。

根据我国法律的规定，一项有效的仲裁协议必须具备形式上的合法性和实

---

〔1〕 赵相林主编：《国际私法》，中国政法大学出版社2011年版，第448~449页。

〔2〕 1958年《纽约公约》第2条第2款规定："书面协议，是指当事人所签订或在互换函电中所载明之契约仲裁条款或仲裁协定。"1985年联合国《国际商事仲裁示范法》第7条第2款规定："仲裁协议应是书面的。协议如载于当事各方签字的文件中，或载于往来的书信、电传、电报或提供协议记录的其他电讯手段中，或在申请书和答辩书的交换中，当事一方声称有协议而当事他方不否认即为书面协议。"

质上的合法性[1]。《中华人民共和国仲裁法》第16条第2款规定："仲裁协议应当具有下列内容：①请求仲裁的意思表示；②仲裁事项；③选定的仲裁委员会。"第18条规定："仲裁协议对仲裁事项或者仲裁委员会没有约定或者约定不明确的，当事人可以补充协议；达不成补充协议的，仲裁协议无效。"第17条还专门规定了属于无效仲裁协议的情形："①约定的仲裁事项超出法律规定的仲裁范围的；②无民事行为能力人或者限制民事行为能力人订立的仲裁协议；③一方采取胁迫手段，迫使对方订立仲裁协议的。"

案例二： 上诉人（原审被告）中国恒基伟业集团有限公司、北京北大青鸟有限责任公司与被上诉人（原审原告）广晟投资发展有限公司管辖权纠纷上诉案[2]

[基本案情]

广晟投资发展有限公司（以下简称"广晟公司"）以借款合同纠纷，向广东省高级人民法院起诉中国恒基伟业集团有限公司（以下简称"恒基公司"）、香港青鸟科技发展有限公司（以下简称"香港青鸟公司"）、北京北大青鸟有限责任公司（以下简称"北京青鸟公司"）借款、担保合同纠纷一案，恒基公司和北京青鸟公司在提交答辩状期间对管辖权提出异议，认为《可转换债发行协议》约定有仲裁条款，法院无管辖权，请求驳回起诉。

原审法院审查认为，《可转换债发行协议》中约定了仲裁条款："四方应妥善解决履行中发生的争议，协商解决不成的，提交仲裁解决。本协议适用中华人民共和国香港特别行政区法律。"该条款体现了双方当事人将争议提交仲裁的意思表示，同时约定了解决主合同争议的准据法。但由于当事人没有约定仲裁条款效力的准据法，也没有约定仲裁地，无法确定仲裁地的法律，在此情形下，应适用法院地法即中国内地法律作为确认该仲裁条款效力的准据法。根据《中华人民共和国仲裁法》第18条的规定，当事人仅有仲裁的意思表示，没有确定的仲裁机构名称，当事人也没有就仲裁机构达成补充协议，该仲裁条款应被确认为无效，广晟公司有权向法院提起诉讼。另外，《可转换债发行协议》为双务合同，双方当事人履行义务的地点都可以作为合同履行地，广东省高级人民法院对纠纷有管辖权。

恒基公司不服原审法院上述裁定，向最高人民法院提起上诉称：一审裁定

[1] 赵秀文：《国际商事仲裁法》，中国人民大学出版社2008年版，第96~97页。
[2] 参见最高人民法院（2006）民四终字第28号民事裁定书。

在仲裁条款效力的判定和准据法适用上错误。《可转换债发行协议》的仲裁条款应从整体上理解，凡涉及判定本协议内容的准据法，不论是解决争议还是判定仲裁条款的效力均适用香港法律，该仲裁条款有效。另外，原审法院对合同履行地认定错误。北京青鸟公司亦提起上诉称：原审法院适用法律错误，《可转换债发行协议》已明确约定准据法，该约定自然及于仲裁条款，且协议各方当事人均为香港法人，按照国际私法原则，以当事人属人法确定协议适用的准据法，故本案争议包括确认仲裁条款效力应适用香港法律。另外，《可转换债发行协议》没有实际履行，无合同履行地，即使仲裁条款无效，本案也应由被告住所地法院管辖，即由香港法院管辖，而非原审法院管辖。

［法律问题］

1. 如何理解仲裁条款独立性原则？
2. 本案合同中的仲裁条款是否有效？为什么？

［参考结论与法理分析］

（一）法院意见

最高人民法院审理后认为，当事人对确定仲裁条款效力的准据法是可以在合同中约定的，但这种约定必须是明确约定，合同中约定的适用于解决合同争议的准据法，不能用来判定涉外仲裁条款的效力。本案中，在仲裁条款项下约定"本协议适用中华人民共和国香港特别行政区法律"，是对仲裁条款效力适用的准据法还是适用于解决合同争议的准据法容易产生歧异，不能视为明确约定了仲裁条款效力的准据法。因《可转换债发行协议》中没有约定仲裁地，根据《〈仲裁法〉司法解释》第16条规定，当事人没有约定适用的法律但约定了仲裁地的，适用仲裁地法律，没有约定适用的法律也没有约定仲裁地或者仲裁地约定不明的，适用法院地法律。即适用我国内地法律来认定该仲裁条款效力。根据《中华人民共和国仲裁法》第18条规定，该仲裁条款应属无效，人民法院对本案享有管辖权。在地域管辖方面，根据《中华人民共和国合同法》第62条第3项规定，履行地点不明确，给付货币的，在接受货币一方所在地履行，故本案合同履行地应认定为北京，故北京市高级人民法院对该担保纠纷亦享有管辖权，广东省高级人民法院应将本案移送至北京市高级人民法院审理。

（二）法理分析

仲裁条款的独立性原则又被称为仲裁条款的可分性原则或自治性原则，已成为世界各国普遍接受的仲裁法的基本原则之一，其具体是指，作为主合同一部分的仲裁条款的效力独立于主合同，仲裁条款是否有效应独立判断，不受主合同的效力的影响。

英国是比较早地通过判例确认仲裁条款可独立于它所依据的合同而存在的

国家。早在 20 世纪 40 年代，英国上诉法院在 1942 年审理的海曼诉达文斯（Heyman v. Darwins Ltd.）一案中就确认了这一原则[1]。该原则在中国的立法、司法实践中也经历了逐步转变的过程。一开始，仲裁条款的独立性原则是不被承认的。1995 年《中国国际经济贸易仲裁委员会仲裁规则》第 5 条最早对仲裁条款的独立性原则作出了规定："合同中的仲裁条款应视为与合同其他条款分离地、独立地存在的条款，附属于合同的仲裁协议也应视为与合同其他条款分离地、独立地存在的一个部分；合同的变更、解除、终止、失效或无效，均不影响仲裁条款或仲裁协议的效力。"这一规定在贸仲最新的 2012 年规则中仍被继续采纳。我国《仲裁法》第 19 条也作了如下规定："仲裁协议独立存在，合同的变更、解除、终止或者无效，不影响仲裁协议的效力。"

本案中《可转换债发行协议》订有仲裁条款，约定"本协议适用中华人民共和国香港特别行政区法律"。由于仲裁能直接排除法院的管辖，所以，对仲裁条款效力的确定成为本案首先要裁判的问题。由于仲裁条款独立适用法律，且本案约定的仲裁具有涉外性质，因此对于本案的仲裁条款应首先根据国际私法规则来确定应适用的法律，然后根据该法律来确定仲裁条款（协议）的效力，以及是否有效地排除了司法管辖。

本案中双方当事人在《可转换债发行协议》中约定了以仲裁解决争议，也约定了协议应适用的法律。但是当事人约定的"协议"应适用的法律是否也是仲裁条款（协议）适用的法律呢？根据仲裁条款的独立性原则，合同中的仲裁条款应当有其独立的准据法，因此也有其独立的法律适用规范。《可转换债发行协议》约定了协议的准据法是香港法律，但是对合同准据法的约定和对仲裁协议准据法的约定是两个独立的问题。根据 2006 年的《〈仲裁法〉司法解释》第 16 条，仲裁协议适用当事人约定的法律，当事人没有约定适用的法律但约定了仲裁地的，适用仲裁地法律，没有约定适用的法律也没有约定仲裁地或者仲裁地约定不明的，适用法院地法律。因此本案仲裁协议应本着上述法律适用规范来确定应适用的法律，据此应适用中国内地的法律。而根据中国内地的《仲裁法》，仲裁机构没有约定、约定不明而且达不成补充协议的，仲裁协议无效。因此，本案中当事人约定的仲裁方式无法有效排除司法管辖。

仲裁协议虽是关于解决争议的一种协议，但它本身也可能导致争议的产生。若当事人对仲裁协议约定不完整或不明确，确定仲裁协议的效力往往就成为解决双方实体争议的先决条件。从本案就可以看出仲裁协议准据法对仲裁协议甚至仲裁的重要性。需要指出的是，我国《涉外民事关系法律适用法》第 18 条已

---

〔1〕　赵秀文：《国际商事仲裁法》，中国人民大学出版社 2008 年版，第 75 页。

经对《〈仲裁法〉司法解释》关于仲裁协议的法律适用规范作出了规定:"当事人可以协议选择仲裁协议适用的法律。当事人没有选择的,适用仲裁机构所在地法律或者仲裁地法律。"所以,自《涉外民事关系法律适用法》实施后,涉外仲裁协议的法律适用指引应按照新法的规定执行。

案例三:　　Filanto v. Chilfwech International Corporation[1]

[基本案情]

Filanto（以下简称"费兰多公司"）是一家意大利的公司,Chilfwech International Corporation（以下简称"C公司"）是在纽约注册的公司。1990年初,C公司在与前苏联的一家外贸公司订立了向该外贸公司供应皮靴的合同（以下简称"供货合同"）后,又与费兰多公司进行了购买皮靴的谈判。其中供货合同规定:"与本合同有关的争议在莫斯科仲裁解决。"1990年3月,C公司向费兰多公司发送了一份备忘录协议的要约,并在此协议上签字,此协议包括了所要购买的皮靴的价格,支付和交货条款,以及上述供货合同中的仲裁条款。费兰多公司收到此要约后,没有作出任何反应。同年5月,C公司的银行按照备忘录协议中的规定,向费兰多公司开出以费兰多公司为受益人的信用证。此信用证根据备忘录协议开出,其中也提到供货合同及仲裁条款。据此,费兰多公司便发运了一些皮靴并得到了部分付款。8月,费兰多公司在备忘录协议上签了字并退还给C公司,在附具的信中称,尽管费兰多公司同意按C公司提出的条件供货,但不同意其中的关于在莫斯科仲裁的条款。在履行向C公司提供皮靴的过程中,由于C公司未能付清全部货款,费兰多公司在纽约地方法院提起诉讼,要求C公司付清余款。C公司辩称,原告无权在纽约提起此项诉讼,因为按照双方的约定,费兰多公司的请求只能在莫斯科通过仲裁解决。

[法律问题]

本案中双方当事人间的仲裁条款是否有效?为什么?

[参考结论与法理分析]

（一）法院意见

纽约地方法院认为:当事人应当将争议提交至莫斯科仲裁解决,根据《联合国国际货物买卖合同公约》,原告在未能对被告提出的仲裁条款及时提出异议的情况下,接受了被告对合同的履行,而此项行为本身意味着对仲裁协议的接受。

―――――――――

〔1〕 Filanto v. Chilfwech International Corporation, 789 F. Supp. 1229 (1992). United States District Court (S. D. N. Y.)

（二）法理分析

鉴于当事双方所属的国家均为《联合国国际货物销售合同公约》的当事国，按照公约第 18 条第 1 款的规定，"被要约人声明或作出其他行为表示同意一项要约，即是接受"，尽管"沉默或不作为"本身不等于接受。考虑到本案当事人双方的具体情况，原告的不行为是否构成接受，按照公约第 8 条第 3 款的规定，"在确定一方当事人的意思或一个通情达理的人应有的理解时，应适当地考虑到与事实有关的一切情况，包括谈判情形、当事人之间确立的任何习惯做法、惯例和当事人其后的任何行为。"在本案中，在交易达成之前，原告当然有权利和义务就其对备忘录协议的内容及时提出异议。特别是被告反复引用了其与前苏联外贸公司的合同，且原告也曾有过此项文件，当时并未提出异议。因此，被告的行为视为对仲裁协议的接受。

拓展案例

案例一：铁行渣华有限公司等申请确认提单仲裁条款无效案[1]

[基本案情]

1998 年 5 月，申请人铁行渣华有限公司为被申请人托运 10 个集装箱的货物，装于"Guang Bin Jin 74"轮由香港运到广东某港口，被申请人于 1998 年 5 月 16 日在香港签发提单，该提单背面条款第 2 条内容为："管辖权：所有因此提单产生的争议应按照中华人民共和国法律在中华人民共和国法院审理或在中华人民共和国仲裁。"双方当事人事后没有关于仲裁的补充协议，但当事人确定以中华人民共和国法律认定本案所涉仲裁协议的效力。申请人向广州海事法院提出申请称：被申请人签发的提单背面条款第 2 条既约定了法院管辖，又约定了仲裁，两种约定相互排斥，该条款约定的处理争议的管辖不确定，请求仲裁的意思表示也不明确。条款仅规定"在中国仲裁"，未约定仲裁委员会。该条款缺少《中华人民共和国仲裁法》第 16 条所规定的仲裁协议应当具备的构成要素，申请人对该仲裁条款的效力有异议。根据《中华人民共和国仲裁法》第 20 条的规定，申请法院确认上述仲裁条款无效。

被申请人辩称：提单背面条款第 2 条作为司法管辖条款是有效的。该条款明确了法律适用问题和司法管辖问题，不违反中华人民共和国法律的规定，因而是有效的。该条款既约定在中华人民共和国法院审理，又约定在中华人民共

---

〔1〕　参见广州海事法院（2000）广海事字第 037 号民事裁定书。

和国仲裁，根据中华人民共和国法律，如果双方事后未达成明确的仲裁协议，则根据该条款，有关争议不能由仲裁机构仲裁，而只能由法院管辖。该条款并不是一个简单的仲裁条款，而是一个法律适用及司法管辖条款。即使该条款中有关仲裁的约定部分无效，并不影响整个条款的效力，即这个条款关于"所有因此提单产生的争议应按照中华人民共和国法律在中华人民共和国法院审理"这部分内容仍然是有效的。因此，被申请人反请求法院裁定该提单背面条款第2条中关于法律适用和司法管辖部分有效。

[法律问题]

1. 本案的仲裁条款是否有效？

2. 双方当事人既约定了仲裁，又约定了诉讼，你认为法院应当如何处理？

[重点提示]

重点考虑确定仲裁协议效力时准据法的确定，可结合《纽约公约》第2条、第5条的规定思考。

案例二：太平保险有限公司深圳分公司与深圳市中爱科技发展有限公司申请确认仲裁协议效力案[1]

[基本案情]

2006年8月，深圳市中爱科技发展有限公司（以下简称"中爱公司"）与太平保险有限公司深圳分公司（以下简称"保险公司"）签订货物运输预约保险单。该预约保险单就订约主体、基本权利义务作了约定，投保人和被保险人为中爱公司，保险人为保险公司。保险人根据投保人的申请，在投保人按照本预约保险单中所约定的方式如期履行向保险人缴付相应保险费义务的前提下，依照本预约保险单（包括附件）中所列明的承保条件和条款，承保货物运输保险。预约保险单是对由投保人或被保险人于保单正式生效后运输的约定货物按条件予以承保而签订的正式合约；第2条就保险标的约定，被保险人具有可保利益的全新之常规普通货物，包括家私、钢构件、建材等；第5条就保险期限约定，预约保险单生效时间为双方均签字盖章之日起第二日零时；第10条就保险条件约定，主承保条款为《海洋运输货物保险条款》等，承保险别为海运一切险；第11条就保费结算约定，采取每月结算方式；第14条就预约保险单的终止和变更约定，如需变动和修改，或单方要求提前终止预约保险单，须提前30天书面通知送达对方，解约自向

---

〔1〕 参见广州海事法院（2009）广海法他字第1号民事判决书；广东省高级人民法院（2009）粤高法民四终字第316号民事判决书。

保险人发出或由保险人发出书面解约通知的第二日零时起满720小时开始生效；第15条就争议处理明确约定，一旦发生争议，双方应实事求是，友好协商处理，双方实在不能达成一致意见时，提交中国国际经济贸易仲裁委员会仲裁。

2007年5月21日，保险公司与中爱公司签订货物运输预约保险单补充协议，约定原预约保险单项下保险标的自2007年5月21日起调整为被保险人具有可保利益的全新之常规普通货物，包括家私、钢构件、建材、大理石等；原预约保单其他条件不变。预约保险合同生效后，保险公司于2007年1月31日向中爱公司签发货物运输保险单（1），保险货物项目为钢结构房屋配件（POD）；于2月1日签发货物运输保险单（2），保险货物项目为钢结构房屋配件（POD）；于2月7日签发货物运输保险单（3），保险货物项目为钢结构房屋配件（POD）；于2月27日签发货物运输保险单（4），保险货物项目为钢结构房屋配件（POD）；于11月1日签发货物运输保险单（5），保险货物项目钢结构房屋配件（POD）。该5份运输保险单中均记载，承保中国人民保险公司《海洋运输货物保险条款》一切险，如一份保单已用于索赔，其余自动失效，且均没有记载争议解决办法。

2008年7月7日，C索赔集团寄给保险公司的函件中记载，该集团已从收货人处获取了货物运输保险单（5）原件。12月31日，中爱公司依据预约保险单第15条的约定，向中国国际经济贸易仲裁委员会华南分会提出仲裁申请，请求裁决保险公司就5份保险单项下货物发生的损失向中爱公司支付保险赔偿金。中爱公司认为，本案所涉预约保险单和5份分别签发的保险单共同组成货物运输保险合同。在预约保险单第15条中，中爱公司和保险公司明确约定发生争议提交中国国际经济贸易仲裁委员会仲裁。该仲裁条款是具有法律效力的约定，该预约保险单不仅是双方履行承保的合同依据，而且是在保险单项下货物损坏时将保险理赔争议提交仲裁管辖的合同依据。正本保险单是否已经流转的事实与本案无关。因此，预约保险单中的仲裁条款对保险单具有法律上的约束力，贸仲华南分会对本案具有仲裁管辖权。保险公司则认为，涉案货物赔偿不受预约保险单中争议处理条款的约束和调整，因为预约保险单没有具体货物的信息，其签约目的是承保，并不包括理赔等其他目的；5份保险单中均无有关仲裁的约定，并且预约保险单内容也没有通过任何方式并入或成为分别签发的保险单的一部分，在二者不一致的情况下，应当执行分别签发的保险单，即不存在仲裁协议。

[法律问题]

1. 本案的准据法是什么？

2. 本案的争议事项是否有可循的仲裁条款？为什么？

[重点提示]

参考《最高人民法院关于〈中华人民共和国仲裁法〉若干问题的解释》第

16 条的规定。

第二节　国际商事仲裁程序

经典案例

案例一：　　　　**贺某与郴州市扬生房地产开发有限公司**
请求撤销仲裁裁决案[1]

[**基本案情**]

申请人贺芬芳请求依法撤销郴州仲裁委员会郴仲裁字 [2008] 11 号裁决书，其理由之一是：仲裁庭的组成违法。本案中有一个仲裁员廖忠贞，是湖南星河律师事务所律师，申请人代理人廖正亮，也是湖南星河律师事务所律师，且是该所合伙人、副主任。该代理人与仲裁员廖忠贞同在一个办公室办公，且是领导与被领导关系，属于仲裁法规定的其他关系，可能影响公正裁决的情形。

[**法律问题**]

1. 仲裁员需要回避的情形有哪些？

2. 本案仲裁庭的组成是否违法？

[**参考结论与法理分析**]

（一）法院意见

郴州市中级人民法院认为：《中华人民共和国仲裁法》第 31 条对仲裁庭的组成作出了相应规定，当事人约定由 3 名仲裁员组成仲裁庭的，应当各自选定或者各自委托仲裁委员会主任指定 1 名仲裁员，首席仲裁员由当事人共同选定或者共同委托仲裁委员会主任指定。本案中，仲裁庭的组成人员之一廖忠贞是申请人贺芬芳自己选定的，申请人及其代理人对此事均已明知，且在仲裁过程中一直未提出回避申请，双方对仲裁庭的组成均无异议。现申请人以自己选定的仲裁员与自己的代理人是同事为由请求撤销仲裁，其理由不能成立，法院不予支持。

（二）法理分析

《中华人民共和国仲裁法》第 34 条规定了仲裁员需要回避的情形，其内容如下："仲裁员有下列情形之一的，必须回避，当事人也有权提出回避申请：①是本案当事人或者当事人、代理人的近亲属；②与本案有利害关系；③与本

---

〔1〕　参见郴州市中级人民法院（2009）郴民仲字第 2 号民事裁定书。

案当事人、代理人有其他关系，可能影响公正仲裁的；④私自会见当事人、代理人，或者接受当事人、代理人的请客送礼的。"按此规定来看，本案情形似乎应当属于第三类情况，属于应当回避的情形。然而《仲裁法》第35条进而规定了提出回避的时间限制，即："当事人提出回避申请，应当说明理由，在首次开庭前提出。回避事由在首次开庭后知道的，可以在最后一次开庭终结前提出。"本案申请人及其代理人从一开始就清楚仲裁员与己方的关系，却直到仲裁裁决作出之后才提出回避事由，早已过了时限，其理由法院当然不予支持。

案例二：Amusement Impact Limited 与郑州市海源石化有限责任公司、郑州中小企业担保有限公司财产损害赔偿纠纷案[1]

［基本案情］

2006年10月11日，郑州市海源石化有限责任公司（以下简称"海源公司"）就其与 Amusement Impact Limited（中文译名：艺能游乐设备有限公司，以下简称"艺能公司"）之间的合同纠纷向中国国际经济贸易仲裁委员会提出仲裁申请，仲裁委受案后，海源公司又于2006年11月1日向郑州市中级人民法院申请财产保全。郑州市中级人民法院于2006年11月15日作出（2006）郑民三初字第345号民事裁定，对艺能公司的游乐设备给予了查封。期间郑州市中小企业担保有限公司（以下简称"担保公司"）为海源公司的财产保全申请提供了担保。因海源公司申请仲裁不符合约定和相关规定，后海源公司向仲裁委提出撤回仲裁申请。仲裁委于2007年1月26日下发了［2007］中国贸仲京裁字第0039号《撤案决定》。海源公司随后又就同一纠纷向郑州市中级人民法院提出诉讼。2007年3月14日，郑州市中级人民法院作出（2006）郑民三初字第345－1号民事裁定书，解除了对艺能公司的查封。由于海源公司的错误保全行为，致使艺能公司在保全期间遭受了巨大的经济损失。艺能公司遂向郑州市中级人民法院起诉，要求海源公司承担相应的赔偿责任，担保公司同时承担连带责任。

［法律问题］

1. 仲裁程序中的临时性保全措施包括什么？
2. 不同的保全措施应当如何实施？

［参考结论与法理分析］

（一）法院意见

郑州市中级人民法院认为，本案纠纷的形成是基于海源公司在仲裁过程中申

---

[1]　参见郑州市中级人民法院（2006）郑民三初字第230－1号民事判决书。

请财产保全。本案争议的财产保全行为受到《中华人民共和国仲裁法》和《中华人民共和国民事诉讼法》这一程序法的调整。诉讼保全制度的设定，是为了在当事人的权利义务确定后，保障债权人的权益得以实现。海源公司与艺能公司之间存在经济纠纷，无论是通过仲裁抑或是转而寻求诉讼途径解决，在实体审理并最终确定双方权利义务之前，艺能公司诉称海源公司申请财产保全错误给其造成仲裁期间的损失，没有依据，法院不予支持。海源公司在向仲裁委撤回仲裁申请时，因诉讼保全亦无事实和法律依托，故其应当同时向人民法院申请解除对艺能公司的财产保全，但海源公司撤回仲裁申请后，转而寻求诉讼途径解决纠纷，而迟迟未向法院提出对艺能公司财产保全的解除申请，在此期间给艺能公司造成的经济损失应当由海源公司承担，担保公司承担连带赔偿责任。

（二）法理分析

在国际商事仲裁中，临时性保全措施（interim measures of protection）是指仲裁庭或者法院为便于仲裁程序的进行，在特定情形下发布的具有临时性质的证据保全、财产保全以及通过其他方式维持现状的裁定。其目的在于防止在仲裁程序开始前或进行中当事人转移变卖财产、销毁证据、避免争议标的物的灭失与减损，从而保障仲裁程序的顺利进行与仲裁裁决的切实执行。

在国际商事仲裁实践中，临时性保全措施大体上可以分为三类[1]：①与取证或保护证据有关的措施。在争议得到解决之前，如果一些至关重要的证据被销毁，无疑将给争议的解决设置重大障碍。为了保护相应的证据不会由于这样或者那样的原因被消灭，就应当对该证据采取保全措施。为了保护本国境内的人和物的安全，许多国家的法律不允许当事人或仲裁庭自行调查取证，除非得到法院的许可。在国际商事仲裁中，一些关键性的证据的调取，如果没有各国法院的协助，是很难成功的。②维持现状的措施。维持现状是指在争议得到解决之前，按原来合同规定或者双方当事人的最初约定，继续履行合同中的规定或者双方当事人的最初约定。③防止转移财产的措施。这类措施通常限于对与仲裁案件有关的财产所实施的查封、扣押等，或者是发布禁止当事人转移财产的禁令，或者将这些财产交由第三者保管等。

在哪个机构有权采取临时性保全措施的问题上，国际社会主要有三种模式[2]：①由法院决定是否采取临时性保全措施；②由仲裁庭作出采取临时性保全措施的裁定；③仲裁庭与法院共同行使发布临时性保全措施的决定权。联合国《国际商事仲裁示范法》即采用该模式。《中华人民共和国仲裁法》第28条

[1] 赵秀文：《国际商事仲裁法》，中国人民大学出版社2008年版，第202～203页。

[2] 赵相林主编：《国际私法》，中国政法大学出版社2011年版，第460页。

规定："……当事人申请财产保全的，仲裁委员会应当将当事人的申请依照民事诉讼法的有关规定提交人民法院。……"第 68 条规定："涉外仲裁的当事人申请证据保全的，涉外仲裁委员会应当将当事人的申请提交证据所在地的中级人民法院。"可见，我国采用的是第一种模式。

拓展案例

黑龙江某公司申请撤销中国某海事仲裁委员会仲裁裁决案[1]

[基本案情]

福建省轮船总公司（以下简称"轮船公司"）于 2002 年 7 月 12 日依据"还款协议书"向中国某海事仲裁委员会提出仲裁申请，请求美国某海运有限公司（以下简称"美国某海运公司"）、黑龙江某国际货物运输代理公司轮船公司（以下简称"黑龙江某公司"）支付拖欠的款项 USD 33 814 及利息。该"还款协议书"中约定：①美国某海运公司同意将所欠轮船公司租金 USD27 814 及滞纳金于 6 月 30 日前支付给轮船公司；②轮船公司收到全部付款后不得再向美国某海运公司主张与本次租船有关的任何权利；③美国某海运公司应提供保证人，为本协议的履行提供连带责任担保，若美国某海运公司不能按本协议履行还款义务，轮船公司有权直接要求保证人代为偿还；④若本还款协议无法正常履行，轮船公司仍保留按原租船合同向美国某海运公司索赔的权利；⑤因本协议发生的争议由中国某海事仲裁委员会仲裁解决。在该还款协议保证人一栏中有黑龙江某公司公章。该协议签署日期是 2002 年 5 月 28 日。

中国某海事仲裁委员会于 2002 年 11 月 29 日受理了该案，并于 2002 年 11 月 29 日以特快专递的方式向黑龙江某公司进行了送达，但因"迁移新址不明"被邮局退回。仲裁委员会秘书处于 2002 年 12 月 18 日致函轮船公司，请其核查黑龙江某公司的地址。但轮船公司未提供黑龙江某公司的新地址。仲裁委员会根据其《仲裁规则》第 81 条"向当事人或其代理人发送的任何书面通讯，如经当面递交收讯人或投递至收讯人的营业地点、惯常住所或通讯地址，或者经合理查询不能找到上述任一地点而以挂号信或能提供作过投递企图的记录的其他任何手段投递给收讯人最后一个为人所知的营业地点、惯常住所或通讯地址，即应视为已经送达"之规定，委托北京市某律师事务所宋某某律师向黑龙江某公司再次送达仲裁

---

[1] 参见《最高人民法院关于黑龙江鸿昌国际货物运输代理有限公司申请撤销中国海事仲裁委员会仲裁裁决案的复函》。

通知及附件材料。以后本案所有仲裁文件均通过北京市某律师事务所宋某某律师以平信方式邮寄给黑龙江某公司。送达的地址不变。黑龙江某公司均未收到上述文件。仲裁委员会于 2003 年 4 月 18 日作出裁决：美国某海运公司给付轮船公司所欠租金及滞纳金 USD33 814，并按同期银行贷款利率支付自 2002 年 5 月 31 日起至实际支付之日止的银行利息；黑龙江某公司对上述给付事项承担连带责任。

黑龙江工商行政管理局出具证明：黑龙江某公司 2002 年 10 月 17 日住所地址发生变更；2003 年 8 月 14 日，其住所地址再次变更。

黑龙江某公司在天津海事法院提出撤销仲裁裁决申请，主要理由如下：①整个裁决过程黑龙江某公司毫不知情，并且黑龙江某公司从未收到中国海事仲裁委员会任何仲裁文件。直到黑龙江省延寿县人民法院执行庭执行黑龙江某公司财产时方知所谓租金争议仲裁一案。②仲裁裁决所依据的证据是伪造的。黑龙江某公司从未与轮船公司、美国某海运公司签订过任何还款协议，更不用说协议提交仲裁。还款协议上黑龙江某公司印章是虚假的，该还款协议也是无效的，因此不能作为仲裁所依据的证据使用。

［法律问题］

1. 本案中的当事人是否接到了合法有效的送达？
2. 国际商事仲裁的审理阶段的通常程序有哪些步骤？

［重点提示］

重点考虑某仲裁委员会委托律所送达的行为的合法性。

第三节　国际商事仲裁裁决的撤销制度

经典案例

案例一：　Expert Assbts Limited 和 Resistor Technology Limited
申请撤销仲裁裁决案[1]

［基本案情］

Expert Assbts Limited（以下简称"EA 公司"）和 Resistor Technology Limited（以下简称"RT 公司"）于 2003 年 8 月 11 日依 2003 年合资合同中的仲裁条款

---

〔1〕　参见最高人民法院民四他字〔2006〕第 2 号《关于是否裁定撤销中国国际经济贸易仲裁委员会仲裁裁决的请示的复函》。

向中国国际经济贸易仲裁委员会提出仲裁申请，要求江苏华源药业有限公司（以下简称"华源公司"）依照 2003 年合资合同，对 EA 公司和 RT 公司之间的股权转让行为放弃优先收购权，并配合完成全部转让手续等。华源公司则提出反请求认为由于 EA 公司没有增资到位，"97 股权重组协议"应予终止执行，EA 公司的股权比例和注册资本应被依法作相应的扣减，请求按照实际出资情况确认双方的股权比例。仲裁庭支持了申请人 EA 公司和 RT 公司的部分仲裁请求，认为：本案股权转让/放弃优先购买权条款是一合法有效条款，华源公司应在董事会作出同意股权转让的决议后配合 EA 公司、RT 公司完成有关转让的报批手续。仲裁庭亦支持了华源公司提出的部分反请求，裁决确认 EA 公司未增资到位，其股权比例作相应扣减，依据实际出资情况确认各方当事人的股权比例。

EA 公司和 RT 公司于 2004 年 9 月 27 日以 ［2004］中国贸仲京裁字第 0222 号裁决书第四项裁决内容无仲裁条款、超裁、违背仲裁程序、仲裁庭对行政机关已经变更的行为进行事实认定为由，向北京市第二中级人民法院提出撤销裁决书第四项的申请，裁决书第四项即仲裁庭受理的华源公司在仲裁程序中提出的反请求内容[1]。

北京市第二中级人民法院经审查认为，本案的仲裁裁决并无《中华人民共和国民事诉讼法》第 260 条[2]规定的应当撤销的法定情形，故拟裁定驳回 EA 公司和 RT 公司申请撤销中国国际经济贸易仲裁委员会 ［2004］中国贸仲京裁字第 0222 号裁决第四项的申请。其理由为双方争议的内容均是 2003 年合资合同中规定的内容，合资合同中关于股东股权比例的规定来源于"97 股份重组协议"，仲裁庭将其作为证据进行审查并认定该协议因事实上未生效而不予执行，并未超出仲裁审理范围。

［法律问题］

1. 撤销我国涉外仲裁裁决的理由是什么？

2. 在我国，涉外仲裁裁决与国内仲裁裁决的撤销程序有何不同？

［参考结论与法理分析］

（一）法院意见

最高人民法院认为，中国国际经济贸易仲裁委员会 ［2004］中国贸仲京裁

---

〔1〕 ［2004］中国贸仲京裁字第 0222 号裁决书第四项裁决内容为："4. 本案 97 股权重组协议因事实上未生效而无法执行。合营公司原三股东（靖江葡萄糖厂、江苏医保、香港钟山公司）依据 97 合资合同转让给 EA 公司共 16% 股份因申请人 EA 公司未依 97 合同约定支付购股款项及公积金从而实际上未曾转让，仍属上述三方股东各自依约所有。确认 EA 现投入合资公司的实际出资额为 328.43 万美元，持有合资公司股份比例为 12.60%。确认被申请人现投入合资公司的实际出资额为 1353.61 万美元，持有合营公司股份比例为 51.93%。"编者注。

〔2〕 2012 年《中华人民共和国民事诉讼法》修正后为第 274 条。

字第0222号仲裁裁决书第四项所涉"97股权重组协议",系合资公司江苏江山制药有限公司原四方股东靖江葡萄糖厂、江苏省医药保健品进出口(集团)公司、香港钟山有限公司与EA公司于1997年5月22日签订的"关于股份重组的协议"。根据商务部2003年4月4日印发的《关于江苏江山制药有限公司修改合同章程的批复》,现合资公司江苏江山制药有限公司的股东为江苏华源药业有限公司、江苏省医药保健品进出口(集团)公司、EA公司、RT公司及靖江市新兰生物化工有限公司,其各自所占股份比例分别为42.05%、3.75%、28.6%、23.78%及2%。因此,靖江葡萄糖厂、香港钟山有限公司已经退出了合资公司江苏江山制药有限公司,且经商务部批准的股份比例亦与"97股权重组协议"确定的股份比例不同。由于本案所涉仲裁案件当事人为EA公司、RT公司及华源公司三方,合资公司的另两个股东江苏省医药保健品进出口(集团)公司和靖江市新兰生物化工有限公司并未参加仲裁程序,上述仲裁裁决第四项对"97股权重组协议"的效力及执行作出认定并裁决已退出合资公司的靖江葡萄糖厂、香港钟山公司仍按"97股权重组协议"前的股份比例持有合资公司的股份,不仅超出了仲裁当事人请求的范围,而且影响了案外人的合法权益。该裁项中有关EA公司与华源公司股份比例的裁决,亦改变了国家审批机关批准的股份比例,属于仲裁庭无权仲裁的情形。

(二) 法理分析

各国法律一般均允许当事人基于特定的理由向法院申请撤销已经作出的仲裁裁决,以此作为对仲裁的一种司法监督手段。不过,有权撤销仲裁裁决的法院只能是裁决作出地的法院,而且申请撤销仲裁裁决的理由通常是程序上的,因此受理当事人的撤销仲裁裁决申请的法院不能对裁决作实体上的审查[1]。

根据《中华人民共和国仲裁法》第70条的规定,当事人提出证据证明涉外仲裁裁决有《中华人民共和国民事诉讼法》(1991年)第260条(2012年修正为第274条)第1款规定的情形之一的,经人民法院组成合议庭审查核实,裁定撤销。《中华人民共和国民事诉讼法》第260条第1款规定的情形有如下几种:①当事人在合同中没有订立仲裁条款或者事后没有达成书面仲裁协议的;②被申请人没有得到指定仲裁员或者进行仲裁程序的通知,或者由于其他不属于被申请人负责的原因未能陈述意见的;③仲裁庭的组成或者仲裁的程序与仲裁规则不符的;④裁决的事项不属于仲裁协议的范围或者仲裁机构无权仲裁的。

---

〔1〕 徐青森、杜焕芳主编:《国际私法案例分析》,中国人民大学出版社2009年版,第294页。

　　根据我国中外合资经营企业法的规定，中外合资经营企业股权变更必须报经有关主管机关部门审批，并应根据主管部门审批的结果确定股东的身份。当事人认为股权变更不当并要求变更审批结果的，应通过行政诉讼解决。当事人就此提起民事诉讼，请求人民法院变更其在中外合资经营企业中股权的，应按照《中华人民共和国民事诉讼法》第 111 条第①项的规定[1]（2012 年修正后为第 124 条第①项）处理。据此，华源公司的反请求不应当在仲裁程序中解决，华源公司应当以 EA 公司未按 1997 年审批的合资合同规定向合营公司支付增股价款为由直接向原审批机关提出申请，变更审批机关原审批的股权比例。仲裁裁决中关于 EA 公司与华源公司股份比例的裁决，改变了国家审批机关批准的股份比例，属于仲裁庭无权仲裁的情形。因此，法院据此作出了撤销该仲裁裁决的判决。

案例二：　贝克休斯股份有限公司与重庆长磷科技有限公司、四川德阳新场气田开发有限责任公司、森力发展有限公司（香港）、贝克石油工具（美国）申请撤销中国国际经济贸易仲裁委员会仲裁裁决案[2]

[基本案情]

　　申请人（仲裁被申请人，以下简称"贝克休斯公司"）申请撤销中国国际经济贸易仲裁委员会（以下简称"仲裁委"）[2009] 中国贸仲京裁字第 0376 号裁决案，申请人贝克休斯公司申请称，贝克休斯公司及其所属贝克石油工具与相关当事人之间不存在任何形式的仲裁协议。主要理由包括：①载有仲裁条款的 CL02JK0261 - 3 号买卖合同的签约人及涉及的当事人仅包括最终用户四川德阳新场气田开发有限责任公司（以下简称"新场气田公司"）、代理商重庆长磷科技有限公司（以下简称"长麟公司"）及作为卖方的森力发展有限公司（以下简称"森力公司"），贝克石油工具和贝克休斯公司均没有在合同上签字，不是该买卖合同一方当事人，不应当受到合同中仲裁条款的约束。②贝克石油工具系贝克休斯亚太有限公司（以下简称"贝克休斯亚太公司"）的下属部门，作为另一独立合同即 SD - CL02JK0261 - 3 号买卖合同中的卖方，不受前述 CL02JK0261 - 3 号买卖合同中的仲裁条款的约束。CL02JK0261 - 3

号买卖合同与 SD - CL02JK0261 - 3 号买卖合同实为连环买卖。③仲裁裁决依据的两份传真件从形式上看，真实性尚不确定，从内容上看，该两份传真件的内容也不足以确认贝克石油工具和森力公司之间就 CL02JK0261 - 3 号买卖合同存在任何委托代理关系。④仲裁裁决适用《中华人民共和国合同法》第 402 条错误，将没有签订仲裁协议或仲裁条款的主体列为被申请人。仲裁委将程序问题与实体问题颠倒，先列当事人，然后再在实体法上找依据，不符合仲裁原则。此外，申请人还就仲裁程序等事项提出了申请撤销裁决的理由。被申请人针对申请人的申请提出了答辩。

[法律问题]

1. 合同中仲裁条款的效力是否可以扩张至没有在合同上签字的第三方？
2. 法院对仲裁裁决的司法监督在本案中如何体现？

[参考结论与法理分析]

（一）法院意见

对于贝克休斯公司及其所属贝克石油工具与相关当事人之间是否存在仲裁协议的问题，北京市第一中级人民法院审理后认为：①仲裁委受理该案的依据是新场气田公司、长麟公司和森力公司签订的 CL02JK0261 - 3 号买卖合同中的仲裁条款，贝克石油工具和贝克休斯公司虽然不是涉案合同的签约人，但是否受合同仲裁条款约束的基本事实取决于贝克石油工具是否与合同签约人森力公司之间存在代理关系，但代理关系存在与否属于仲裁审理中实体事项，根据《中华人民共和国仲裁法》和《中华人民共和国民事诉讼法》规定，不属于涉外裁决审查之列。②根据仲裁委员会《仲裁规则》第 6 条规定：如果仲裁委员会依表面证据认为存在由仲裁委员会进行仲裁的协议，则可根据表面证据作出仲裁委员会有管辖权的决定，仲裁程序继续进行。仲裁委员会依表面证据作出的管辖权决定并不妨碍其根据仲裁庭在审理过程中发现的与表面证据不一致的事实或证据重新作出管辖权决定。这表明仲裁委对仲裁案件主体资格的审查，不仅可以依据表面证据作出仲裁案件主体资格的决定，也可以依据仲裁庭审查的事实或证据作出仲裁案件主体资格的决定，故贝克休斯公司提出仲裁委越权违反仲裁程序的事由得不到支持。③贝克休斯公司提出《中华人民共和国合同法》第 402 条第三人仅指外贸代理合同中的外国第三人的主张没有法律依据。在仲裁庭已经确认森力公司与贝克石油工具之间存在委托代理关系、贝克石油工具系贝克休斯亚太公司的分支机构的事实及长麟公司与森力公司书面签订的 CL02JK0261 - 3 号买卖合同中存在仲裁条款的情况下，可以将贝克休斯公司列为当事人，也不存在程序与实体颠倒的问题。总之，贝克休斯公司提出的撤销仲裁裁决的理由不能成立，不予支持。

（二）法理分析

本案的焦点在于仲裁协议效力是否适用于关联方。首先，申请人贝克休斯申请撤销仲裁裁决的理由，表示不是涉案合同的一方当事人，不受仲裁条款的约束；其次，贝克石油工具只是贝克休斯亚太公司的分支机构，不具有独立资格，不能作为一方当事人，而且只是连环销售合同的当事方，不是涉案合同的当事人，也不受涉案合同仲裁条款的约束；再次，申请人与其他当事人之间没有委托代理关系，因此不能从代理的角度将仲裁条款的效力扩张；最后，申请人还提出合同法第402条旨在解决合同的实体问题，而非仲裁条款的扩张问题，而且在当事人主体不确定的情况下，从实体的角度认定案件的管辖权和当事人，存在着程序上和逻辑上的错误，还有法律适用上也存在着错误。

关于本案中合同的仲裁条款的效力是否扩张到没有在合同上签字的贝克休斯，这不仅涉及本案仲裁委是否有管辖权的问题——司法机关监督的重要内容之一，而且这也是申请人申请撤销案件最直接的事由。《中华人民共和国仲裁法》第58条规定，当事人提出证据证明没有仲裁协议的，可以向仲裁委员会所在地的中级人民法院申请撤销裁决，对此，《〈仲裁法〉司法解释》第8条和第9条也仅仅规定了仲裁协议主体承继和合同转让下仲裁条款效力扩张的问题，因此，司法机关如何认定仲裁协议在代理领域效力扩张的问题构成了本案的焦点之一。但是，从法院的裁定来看，又回避了这一问题，通过将代理的存在与否认定为实体问题，因此对于实体问题不作审查，相当于间接地驳回了申请人撤销裁决的该项事由。接着，裁定书又根据《合同法》第402条的规定，在仲裁委员会认定申请人与当事人存在委托代理关系的情况下，指出代理人订立的合同，包括合同中的仲裁条款及于申请人。

看得出，本案司法审查裁定遵循着这样的思路：仲裁裁决适用《合同法》第402条的规定，对此司法不对涉外仲裁案件的法律适用进行审查，因此司法审查在既有的适用法律的基础上，认定本案中外贸（代理）合同当事人的权利义务关系适用《合同法》第402条规定，所以，代理人与第三人订立的合同直接约束申请人（委托人）。据此，合同中约定的仲裁条款也约束本案中未在合同上签字的申请人贝克休斯公司。但是，正如申请人提出的，本案仲裁委员会在受理案件之前——即在受理以贝克休斯为被申请人的仲裁案件时，无从决定法律的适用，也无法确定案件的实体问题，既然是否存在代理关系属于实体问题，因此在受案之初该实体问题就无法预设，因此不能受理以贝克休斯为被申请人的仲裁案件。尽管根据仲裁委员会的仲裁规则，"依表面证据认为存在由仲裁委员会进行仲裁的协议，则可根据表面证据作出仲裁委员会有管辖权的决定"，但本案仲裁案件中申诉人并未提交贝克休斯签署的仲裁协议或仲裁条款，是否存在代理关系未得到"表面证据"证明。至于后来在案件审理过程中认定存在代理关系，但毕竟不能以事后的实体审查结果来决定案件的受理。但是，根据目前普遍接受的理论和实践，委托代理关系可以发生仲裁协议效力扩张的结果，实践中如何适用这一理论则存在争议。

拓展案例

余学强与田敬勇管辖权异议案[1]

［基本案情］

2007 年 2 月 13 日，船东张忠健、田敬勇与租船人余学强签订一份《承包合同》，双方就"胜辉"号轮船的承包经营事项作出约定，该《承包合同》第 25 条约定"本租约发生的环节争执在厦门提交中国海事仲裁委员会仲裁，仲裁的裁决是终局的，对双方均有约束力"。后因拖欠租金纠纷，田敬勇、郑金（美籍）向中国海事仲裁委员会上海分会申请仲裁。余学强提出管辖权异议，认为该仲裁条款无效。中国海事仲裁委员会上海分会认为，"本租约发生的环节争执"按文意解释应当理解为双方在本租约履行环节中发生的争执提交仲裁，约定的仲裁机构"中国海事仲裁委员会"是明确的，"在厦门提交"可以理解为开庭地点在厦门，仲裁条款有效，遂驳回余学强提出的管辖权异议。2009 年 8 月 31 日，中国海事仲裁委员会上海分会对该《承包合同》项下租金争议作出裁决。2009 年 9 月 16 日，余学强向上海海事法院申请撤销该仲裁裁决。

［法律问题］

1. 本案合同中的仲裁条款是否有效？
2. 法院应当如何处理？

［重点提示］

参考《中华人民共和国民事诉讼法》第 112 条、《最高人民法院关于适用〈中华人民共和国民事诉讼法〉若干问题的意见》145 条。

---

〔1〕　参见上海海事法院（2009）沪海法商初字第 927 号民事裁定书。

第四节　国际商事仲裁裁决的承认与执行

经典案例

百事公司诉四川百事可乐饮料有限公司
申请承认及执行外国仲裁裁决案[1]

[基本案情]

1993年8月18日，百事公司与四川省广播电视实业开发公司（2001年改制更名为四川韵律实业有限公司，以下简称"韵律公司"）签订了四川百事可乐饮料有限公司合作经营企业合同，成立了合作企业四川百事。1994年2月25日，百事公司与四川百事签订了商标许可证合同和浓缩液供应协议。百事公司许可四川百事按照合同约定的条件和范围使用百事可乐、百事、七喜、美年达等商标，并同意向其供应浓缩液。合同签订后，四川百事严重违约。百事公司于2002年8月2日向瑞典斯德哥尔摩商会仲裁院（以下简称"仲裁院"）提起仲裁申请，要求终止商标证许可合同和浓缩液供应协议。2005年1月26日，仲裁庭作出076/2002号裁决。据此，百事公司请求人民法院承认仲裁院的该项裁决，执行其中有关的裁决项。

四川百事辩称：076/2002号裁决不应得到我国人民法院的承认及执行，理由主要为：①仲裁程序与双方仲裁条款的约定不符，属于《纽约公约》第5条第1款第（丁）项规定的"仲裁程序与各造间之协议不符"的情形。首先，浓缩液供应协议第13条和商标许可证合同第22条均约定提起仲裁的前置条件是双方就合同争议经过45天的协商期。但百事公司在提出仲裁申请之前根本没有向四川百事发出任何要进行协商的通知，也没有协商的行为。其次，2002年8月，百事公司与百事（中国）投资有限公司（以下简称"百事中国"）以商标许可证合同、浓缩液供应协议、合作经营合同中的三个仲裁条款为依据，联合对四川百事和韵律公司合并提起仲裁申请。仲裁庭作出的《管辖权决定》应当全部驳回百事公司、百事中国的合并仲裁请求，却将商标许可证合同和浓缩液供应协议两个不同合同项下的仲裁合并保留作为076号案审理，与双方仲裁协议的约定不符。②仲裁庭在审理和裁决四川百事反请求依据的国家经贸委与国家发

---

〔1〕　参见成都市中级人民法院（2005）成民初字第912号民事裁定书。

改委颁布的 28 号文时，未给予四川百事充分申辩机会。③仲裁裁决超裁。④仲裁庭的组成与仲裁地所在国法律不符。

[**法律问题**]

1. 拒绝承认与执行外国仲裁裁决的条件有哪些？

2. 本案应当如何处理？

[**参考结论与法理分析**]

（一）法院意见

成都市中级人民法院认为：本案仲裁裁决系对双方当事人签订的商标许可证合同和浓缩液供应协议两份合同产生的纠纷作出的裁决，该两份合同中均明确约定：如本合同的解决（解释）或执行（履行）而产生争议，双方应尝试首先通过协商解决此项争议。如展开协商后 45 天内仍不能以上述方法解决争议，任何一方皆可将争议呈交中国国际经济贸易仲裁委员会或仲裁院根据该委员会或仲裁院的仲裁程序进行仲裁，另一方应同意在该委员会或仲裁院进行仲裁。《斯德哥尔摩商会仲裁院仲裁规则》明确规定：仲裁程序开始于一方当事人向仲裁院提交仲裁申请书。因此当事人提起仲裁、仲裁庭审查受理案件均属于仲裁程序的一部分。仲裁程序包括了仲裁程序的开始和进行，依据当事人的仲裁条款中的约定，如果因合同产生争议，仲裁程序的开始必须具备一定的条件，即在展开协商后 45 天内仍不能以上述方法解决争议，任何一方才可将争议提请仲裁解决。仲裁庭在管辖权决定中提到的"信件"并无具体内容，而四川省审计厅文件也没有写明百事公司与四川百事发生了合同项下的纠纷并经过了协商，故百事公司所举证据不足以证明其在提起仲裁前与四川百事进行了 45 天的协商。仲裁庭在当事人未经协商解决争议的情况下即接受百事公司的申请受理仲裁案件，与当事人间的仲裁协议不符，即本案仲裁裁决存在着仲裁程序与仲裁协议不符的情形。依据《纽约公约》第 5 条第 1 款第（丁）项的规定，不应得到我国人民法院的承认和执行。

（二）法理分析

根据《纽约公约》第 5 条第 1 款的规定，外国仲裁裁决如有以下情形者，被请求承认与执行的国家的主管机关可依被执行人的请求，拒绝承认与执行：①仲裁协议当事人根据对他们适用的法律，存在无行为能力的情况，或者根据仲裁协议选定的准据法或裁决作出地法，该仲裁协议无效；②被执行人未接到关于指派仲裁员或关于仲裁程序的适当通知，或者由于其他情况未能对案件进行申辩；③裁决所处理的事项，并非提交仲裁的事项，或不在仲裁协议列举的事项之内，或裁决中有超出了仲裁协议规定范围的事项的内容；④仲裁庭的组成或仲裁程序与仲裁协议中的约定不符，或在双方当事人无此种约定时与仲地国法律不符;⑤仲裁裁决对当事人未发生拘束力,或者仲裁裁决已被裁决地所在国或裁决所依据法律的主管机关撤销或停止执行。另外,根据《纽约公约》第5条第2款的规定,如果被请求承认和执行外国仲裁裁决的国家的主管机关认为有以下情形者,也可以拒绝承认与执行:①按照该国法律,裁决的事项不可通过仲裁解决;②承认与执行该裁决将违反该国公共秩序。

我国对于该问题的规定主要存在于《中华人民共和国仲裁法》和《中华人民共和国民事诉讼法》中,其规定如下:被申请人提出证据证明裁决具有下列情形之一的,经人民法院审查核实裁定不予执行:当事人在合同中没有订立仲裁条款或者事后没有达成书面仲裁协议的;被申请人没有得到指定仲裁员或者进行仲裁程序的通知,或者由于其他不属于被申请人负责的原因未能陈述意见的;仲裁庭的组成或者仲裁的程序与仲裁规则不符的;裁决的事项不属于仲裁协议的范围或者仲裁机构无权仲裁的。可见,中国人民法院在执行涉外仲裁裁决的程序中,只审查程序,不审查实体对错。对于涉外仲裁裁决是否具有法定的不予执行的理由,由被申请人负举证责任,人民法院不主动进行审查。

拓展案例

案例一:美国 VOEST – ALPINE 国际贸易公司诉江苏省对外经贸 股份有限公司申请承认和执行新加坡仲裁裁决纠纷案[1]

2004年8月25日~26日,被申请人江苏省对外经贸股份有限公司(以下简称省外贸公司)的陈世棋与代表 VA 公司的 Nelson Lo 一直就合同内容进行商谈,8月26日下午双方仍然在讨论合同下的货物数量问题,特别是当 Nelson Lo 告知陈世棋其已经收到了休斯敦总部发过来的修改后的销售确认书时,陈世棋明确表示不要将修改后的销售确认书发给他,但是 Nelson Lo 仍然发送给了陈世棋,对该份修改后的销售确认书,省外贸公司收到后一直没有签署确认,也没有给予任何形式的答复。另外,VA 公司委托的立杰律师事务所于2004年10月27日发送给省外贸公司的信中包含仲裁通知,VA 公司的请求书没有限定答复的时间,省外贸公司也没有回复该通知。2004年12月14日 VA 公司委托中国律师再次送达仲裁通知后,省外贸公司在2004年12月22日就作出答复,否认了仲裁协议的存在。仲裁裁决以省外贸公司未能在合理期间内作出答复为由认定涉案的仲裁协议已经成立。被申请人省外贸公司认为缺乏仲裁协议,要求不予承

〔1〕 参见江苏省南京市中级人民法院(2008)宁民五初字第43号民事裁定书。

认和执行本案新加坡国际仲裁中心在新加坡境内作出的仲裁裁决。

[法律问题]

外国仲裁机构作出的裁决如何在中国申请承认和执行？

[重点提示]

本案涉及外国仲裁机构作出的裁决在我国的承认与执行问题。我国加入的《纽约公约》和《中华人民共和国民事诉讼法》都对该问题作了规定。

案例二：　袁尉伦等诉 Digital Sun Investment Limited 申请执行仲裁裁决案[1]

2007 年 12 月 12 日，中国国际经济贸易仲裁委员会上海分会根据广州市鑫麟精密机械有限公司（以下简称"鑫麟公司"）的申请，受理了鑫麟公司与 DSI 公司之间买卖合同争议仲裁案。仲裁庭组成后，于 2008 年 4 月 8 日开庭审理并于 2008 年 6 月 10 日作出裁决：①DSI 公司应继续履行于 2004 年 11 月 4 日签订的《机械设备买卖合同书》；②DSI 公司向鑫麟公司支付律师费损失人民币 10 000 元（或等值外币）；③DSI 公司向鑫麟公司支付差旅费损失人民币 2160 元（或等值外币）；④驳回鑫麟公司的其他仲裁请求；⑤仲裁费人民币 26 252 元，由 DSI 公司承担 80%，即人民币 21 001.60 元，鑫麟公司承担 20%，即人民币 5 250.40 元。由于鑫麟公司已经预付全部仲裁费，DSI 公司应向鑫麟公司支付人民币 21 006.60 元以偿还鑫麟公司代其垫付的仲裁费。上述裁决第二、三、五项所涉 DSI 公司应付款项，DSI 公司应于仲裁裁决作出之日起 15 日内向鑫麟公司给付完毕。

2008 年 11 月 14 日，因 DSI 公司未履行裁决，袁尉伦、詹丽芳向原审法院申请强制执行，并提供了 DSI 公司可供执行的财产即昆山元茂电子科技有限公司（以下简称"元茂公司"）的股权。元茂公司对此提出异议，认为 DSI 公司在元茂公司无可供执行的财产。经核实，DSI 公司已于 2008 年 8 月 18 日将其在元茂公司的股权转让给香港 Forever Line Limited。

另查明，鑫麟公司系 2002 年 2 月 8 日在香港注册的有股本的私人公司，董事为袁尉伦、詹丽芳。2008 年 2 月 6 日该公司经公告撤销注册并解散。

法院认为：《中华人民共和国民事诉讼法》第 257 条规定，一方当事人不履行仲裁裁决的，对方当事人可向被申请人住所地或者财产所在地的中级人民法院申请执行。本案中，被申请人 DSI 公司系外国企业法人，在袁尉伦、詹丽芳

---

〔1〕　参见江苏省苏州市中级人民法院（2008）苏中民三仲审字第 0005 号民事裁定书。

提出执行申请时在元茂公司已无股权，袁尉伦、詹丽芳又未提供其他证据证明被申请人在本院管辖范围内具有可供执行的财产，根据《中华人民共和国民事诉讼法》第 257 条之规定，原审法院对申请执行涉案仲裁裁决无管辖权。综上，依照《中华人民共和国民事诉讼法》第 257 条的规定，裁定：驳回袁尉伦、詹丽芳关于执行中国国际经济贸易仲裁委员会上海分会〔2008〕中国贸仲沪裁字第 154 号仲裁裁决的申请。

[法律问题]

1. 我国法律规定涉外仲裁裁决不予执行的情形有哪几种？
2. 我国法律规定国内仲裁裁决不予执行的情形有哪几种？
3. 对国内仲裁裁决的审查标准能否用于涉外仲裁裁决？

[重点提示]

结合《纽约公约》第 5 条的规定。